국어는 도구 과목이다. 모든 교과가 국어를 바탕으로 되어 있기 때문이다. 따라서 국어 능력을 향상시키는 것은 학업 능력을 키우는 데 매우 중요한 요소이다. 게다가 초등 과정에서는 학업과 의사소통을 위한 기초적인 언어 능력을 갖춰야 할 뿐만 아니라 고차원적인 사고력도 함께 길러야 한다.

의사소통 능력과 사고력을 키우는 데 있어 독서는 아주 중요한 역할을 한다. 영상 매체를 주로 접하며 긴 글 읽기를 꺼리고, 다양한 인간관계를 통해 이루어지는 생활 속 교육이 점차 줄어드는 현실에서 독서는 매우 유용한 학습법이다. 그러나 적절한 피드백이 없는 독서는, 자칫 편협하고 왜곡된 사고를 갖게 될 위험성을 안고 있다.

그에 대한 보완책이 독해력 훈련이다. 초등 과정에서도 중·고등 과정 못지않게 독해력 훈련이 필요하다. 다양한 영역의 지문을 접할 수 있는 독해력 훈련은 교과와 연계되어 학습에 도움을 줄 뿐 아니라 지적 호기심을 자극하여 능동적인 학습을 유도할 수 있다. 독해력 연습을 통해 사실적 사고를 바탕으로 한 고차원적인 추론 능력과 비판 능력 등을 기를 수 있는 것이다.

이번에 〈자이스토리 초등 국어 독해력 쑥쑥＋낱말 쑥쑥〉이 나왔다. 〈독해력 쑥쑥〉 파트는 중심 낱말 찾기, 중심 문장 찾기, 단락 요약하기, 단락 간의 관계 이해하기, 글의 구조 이해하기, 주제 알아보기 등 6가지 step에 따른 계단식 독해 연습을 통해, 부모님이나 선생님의 도움 없이 학생 스스로 독해력을 훈련할 수 있게 구성되어 있다. 또한 〈낱말 쑥쑥〉 파트는 초등 과정에서 집중적으로 이루어져야 할 어휘력 학습에 꼭 필요하고 중요한 내용이다. 낱말의 사전적 의미를 정확히 익히고, 문맥을 통해 낱말의 뜻을 유추해 보고, 한자를 통해 낱말의 구성을 이해하고, 낱말 퍼즐로 재미있게 학습하는 어휘 학습은 돋보이는 기획이다.

〈자이스토리 초등 국어 독해력 쑥쑥＋낱말 쑥쑥〉에서 제시한 방법으로 독해력과 낱말 학습을 한다면 탄탄한 국어 능력을 키울 수 있을 것이다. 이를 토대로 독서를 한다면 그 효과는 더욱 커질 것이다. 자이스토리 교재를 통해 독해력과 독서 능력이 한 단계 더 높이 발전하기를 바란다.

지니국어논술 학원(대치, 반포, 분당, 압구정) 대표 윤 진 성

교과서 지문 연계표

DAY	자이스토리 독해력 쑥쑥 4학년	교과서 연계 내용	
01	사람이 맨 처음으로 만든 악기는 무엇일까?	예체능	음악 4학년
02	다양한 쓰임을 가진 지도	사회 4-1	1. 지역의 위치와 특성
03	감기에 걸리는 이유	예체능	체육 4학년
04	교과서는 어떤 사각형일까?	수학 4-2	4. 사각형
05	유익한 정보를 알려 주는 설명문	국어 4-1	4. 일에 대한 의견
06	밤하늘을 수놓은 별자리는 어떻게 만들어졌을까?	과학 5-1	3. 태양계와 별
07	발이 넓다? 아는 사람이 많다!	국어 4-1	3. 느낌을 살려 말해요
08	안전하게 지켜야 할 개인 정보	사회 4-2	3. 사회 변화와 문화의 다양성
09	민속놀이는 추석 때 민속촌에서만 즐겨야 할까?	예체능	체육 4학년
10	머리카락과 손발톱에 담긴 정보들	과학 4-1	1. 과학자처럼 탐구해 볼까요?
11	단군 신화에 담긴 비밀	사회 5-2	1. 옛사람들의 삶과 문화
12	무게와 질량은 어떻게 다를까?	과학 4-1	4. 물체의 무게
13	5.5를 자연수로 나타내면 5일까? 6일까?	수학 4-1	4. 큰 수
14	우리나라 지형의 특징을 나타내는 말	사회 4-1	1. 지역의 위치와 특성
15	여럿이 힘을 합해 문제를 해결하는 토의	국어 4-1	1. 생각과 느낌을 나누어요
16	나도 대통령을 뽑고 싶어요!	사회 4-1	3. 지역의 공공 기관과 주민 참여
17	반려동물과 함께 건강하게 살아가려면?	과학 5-1	3. 다양한 생물과 우리 생활
18	아는 만큼 보이는 한국화	예체능	미술 4학년
19	가장 사랑받는 임금, 세종	사회 4-1	2. 우리가 알아보는 지역의 역사
20	유의어와 반의어의 쓰임	국어 4-1	7. 사전은 내 친구
21	길이의 기준이 된 왕의 몸	수학 3-1	5. 길이와 시간
22	어떤 것을 음악이라고 할까?	예체능	음악 4학년
23	어린이들의 마음을 잡아라!	사회 4-2	2. 필요한 것의 생산과 교환
24	끊임없이 움직이는 열	과학 5-1	2. 온도와 열
25	지구가 남겨 준 보물, 화석	과학 4-1	2. 지층과 화석
26	천 년의 역사를 품고 있는 경주	사회 4-1	2. 우리가 알아보는 지역의 역사
27	아름답고 고운 색들을 모두 섞으면?	예체능	미술 4학년
28	어디까지가 우리나라일까?	사회 4-1	1. 지역의 위치와 특성
29	국어사전에서 원하는 낱말을 찾는 방법	국어 4-1	7. 사전은 내 친구
30	분수와 소수를 왜 따로 사용할까?	수학 4-2	1. 분수의 덧셈과 뺄셈
31	시장과 상품	사회 4-2	2. 필요한 것의 생산과 교환
32	인공위성의 역할은 무엇일까?	과학 3-1	5. 지구의 모습
33	글을 매력적으로 만드는 제목	국어 4-1	8. 이런 제안 어때요
34	필리핀의 민속춤, 티니클링	예체능	체육 4학년
35	지역이 이기적이라고?	사회 4-1	3. 지역의 공공 기관과 주민 참여
36	달에서 소리를 듣지 못하는 이유는 무엇일까?	과학 4-1	1. 과학자처럼 탐구해 볼까요?

자이스토리

초등 국어 낱말 쑥쑥 총정리

- DAY별 핵심 낱말 총정리
- DAY별 빈칸 채우기 확인 문제
- 낱말 쑥쑥 종합 테스트 6회
  (6일치 낱말 복습)

4학년

수경출판사

교재 **활용법**

1. 낱말 쑥쑥 총정리를 가지고 다니면서 낱말의 뜻풀이를 복습하세요. 어렵거나 잘 외워지지 않았던 낱말들 위주로 반복하면 좋습니다.

2. 낱말의 뜻풀이를 충분히 익힌 다음, 아래의 예문을 읽고 빈칸에 들어갈 낱말을 직접 써 보세요.

3. STEP 1개가 끝날 때마다 핵심 낱말 총정리에서 학습한 낱말을 낱말 쑥쑥 종합 테스트로 확인해 보세요.

4. 독해 지문 전체를 다 학습한 후에도 언제든지 특별 부록을 통해 낱말을 익힐 수 있습니다. 자투리 시간에 부록을 펼쳐 보세요!

5. 잘 기억나지 않거나 어려운 낱말을 반복해서 학습하고 문제를 통해 익힌다면 어휘력과 독해력이 쑥쑥 자랄 거예요!

차 례

★ 정확히 아는 낱말에는 ☑ 표시를 해 보세요.

☐ **발달하다** : 학문, 기술, 문명 등이 이전보다 더 좋게, 크게 또는 복잡하게 변하다.

☐ **신호** : 서로 의사를 주고받기 위해 한 조직이나 사회에서 미리 정해 놓은 일정한 소리·색깔·빛·몸짓 등의 표시

☐ **흥** : 재미나 즐거움의 느낌

☐ **돋우다** : 감정을 부추기거나 일으키다.

☐ **장단** : 춤, 노래 따위의 빠르기나 가락을 주도하는 박자

☐ **오해하다** : 사실과 다르게 잘못 알다.

☐ **음정** : (음악에서) 동시에 울리거나 차례로 울리는 두 음의 높낮이의 간격

☐ **인류** : 사람을 다른 동물과 구별하여 이르는 말

☐ **조절** : 어떤 사정이나 조건에 알맞게 만드는 것

☐ **추측하다** : 미루어 생각하여 헤아리다.

★ 빈칸에 들어갈 낱말을 찾아 알맞은 형태로 쓰세요.

01 아이가 신이 나서 젓가락으로 ( )을/를 친다.

02 나는 친구의 말을 ( )하여 친구와 다투었다.

03 지우는 에어컨의 온도를 알맞게 ( )하였다.

04 경찰은 범인이 내일쯤 잡힐 것이라고 ( ).

05 축제에 온 사람들이 ( )에 겨워 어깨를 들썩인다.

06 아무리 의학 기술이 ( )해도 고치지 못하는 병이 있다.

07 심판이 호루라기를 불어 멈추라는 ( )을/를 보냈다.

08 그는 깐죽깐죽 말대답을 하면서 내 화를 ( ).

09 고음으로 시작되는 노래는 ( )을/를 잡기가 어렵다.

10 내년에 열리는 올림픽에 전 세계 ( )의 관심이 모아졌다.

★ 정확히 아는 낱말에는 ☑ 표시를 해 보세요.

☐ **파악하다** : 어떤 일의 내용·사정·본질 등을 확실하게 이해하여 알다.

☐ **현상** : 실지로 나타나 보이는 사물의 모양과 상태

☐ **약속되다** : 앞으로의 일이 어떻게 될 것인가가 미리 정해지다.

☐ **기호** : 어떤 뜻을 나타내기 위한 일정한 표시

☐ **편리하다** : 어떤 일을 하는 데 힘이 들지 않고 이용하기 쉽다.

☐ **전달하다** : 지시, 명령, 물품 따위를 다른 사람이나 기관에 전하여 받게 하다.

☐ **성분** : 물질의 바탕을 이루고 있는 것의 한 부분

☐ **기후** : 일정한 지역에서 여러 해에 걸쳐 나타난 기온, 비, 눈, 바람 따위의 평균 상태

☐ **항로** : 배나 비행기가 일정하게 다니는 길

☐ **익히다** : 어떤 일을 능숙하게 할 수 있도록 배우거나 공부하다.

★ 빈칸에 들어갈 낱말을 찾아 알맞은 형태로 쓰세요.

01 어부는 물고기 떼의 움직임을 한눈에 (   ).

02 태양이는 빵 굽는 기술을 매일 (   )고 난 뒤 제빵사가 되었다.

03 이 지역의 (   )은/는 일 년 내내 무덥고 습하다.

04 여행용 세면도구는 휴대하기가 (   ).

05 열차는 (   )된 시간보다 20분이나 늦게 도착하였다.

06 달걀에 들어있는 단백질 (   )은/는 피부를 부드럽게 만든다.

07 기차가 출발하기 전, 승무원은 승객들에게 주의 사항을 (   ).

08 선장은 날씨가 나빠질 거라는 소식을 듣고 (   )을/를 바꾸었다.

09 주말에는 도로에 차가 많아서 길이 막히는 (   )이/가 일어난다.

10 수학에서 더하기를 나타낼 때는 '+' 모양의 (   )을/를 사용한다.

★ 정확히 아는 낱말에는 ☑ 표시를 해 보세요.

☐ **상식** : 보통 사람이 대개 가지고 있을 만한 지식이나 판단력

☐ **바이러스** : 동물, 식물, 세균 따위의 살아 있는 세포에 붙어서 살고 유행성 감기 등의 병원체가 되며, 특수한 현미경으로만 볼 수 있는 아주 작은 미생물

☐ **호흡하다** : 숨을 내쉬고 들이마시다.

☐ **옮다** : 병 따위가 다른 이에게 퍼지다.

☐ **무심코** : 아무런 뜻이나 생각이 없이

☐ **잦다** : 어떤 일이 생기는 것이 잇따라 자주 있다.

☐ **확률** : 어떤 사건이 일어날 수 있는 정도

☐ **유행하다** : 전염병이 널리 퍼져 돌아다니다.

☐ **면역력** : 몸 밖에서 들어온 병균을 이겨 내는 몸의 힘

☐ **예방하다** : 병이나 사고 같은 것이 생기지 않도록 미리 막다.

★ 빈칸에 들어갈 낱말을 찾아 알맞은 형태로 쓰세요.

01 물고기는 물속에 녹아 있는 산소로 (   ).

02 평소에 책을 많이 읽으면 (   )이/가 풍부해진다.

03 우리가 (   ) 버리는 쓰레기들이 환경을 해치고 있다.

04 친구에게서 (   )은 독감이 낫지 않아 한참을 고생하였다.

05 겨울철에는 빙판길에서 넘어지는 사고가 (   ).

06 꾸준히 걷기 운동을 하는 것은 (   )을/를 높이는 데 좋다.

07 충치를 (   )하려면 음식물을 먹은 뒤에 꼭 이를 닦아야 한다.

08 아프리카 일부 지역은 전염병이 (   )하고 있어 여행이 금지된다.

09 기상청은 내일 비가 올 (   )이/가 매우 적다고 발표하였다.

10 공기 중에는 수많은 (   )이/가 떠다니고 있다.

★ **정확히 아는 낱말에는 ☑ 표시를 해 보세요.**

☐ **도형** : 점, 선, 면, 체 또는 그것들의 집합을 통틀어 이르는 말

☐ **관계** : 사람, 사물 따위가 서로 일정한 영향을 주고받도록 되어 있는 것

☐ **기준** : 종류를 나누거나 비교를 하거나 정도를 구별하기 위하여 따르는 일정한 원칙이나 잣대

☐ **해당하다** : 무엇에 잘 어울리든가 바로 들어맞다.

☐ **구분되다** : 일정한 기준에 따라 전체가 몇 가지로 묶여 갈리다.

☐ **불리다** : 무엇이라고 가리켜 말해지거나 이름이 붙여지다.

☐ **평행하다** : 두 개의 직선 또는 평면이 서로 나란히 있어 아무리 연장하여도 서로 만나지 아니하다.

☐ **경우** : 놓여 있는 조건이나 놓이게 된 형편이나 사정

☐ **성질** : 사물이나 현상이 가지고 있는 다른 것과 구별되는 특징

☐ **종합하다** : 관련된 여러 가지를 모아 하나로 합치다.

★ **빈칸에 들어갈 낱말을 찾아 알맞은 형태로 쓰세요.**

01 기름은 물과 섞이지 않는 (　　　　)을/를 갖고 있다.

02 두 개의 직선이 (　　　　)하게 놓여 있지 않으면 결국 만나게 된다.

03 김치, 치즈, 요구르트 등은 발효 음식에 (　　　　).

04 남해는 크고 작은 섬이 많아 '다도해'라고 (　　　　).

05 하루는 낮 12시를 (　　　　)(으)로 오전과 오후로 나뉜다.

06 자연과 인간은 서로 영향을 주고받는 (　　　　)에 있다.

07 여름에는 음식이 상해서 맛이 변하는 (　　　　)이/가 많다.

08 꼭짓점이 세 개 이상인 (　　　　)에는 삼각형, 사각형 등이 있다.

09 이 제품은 크기에 따라 아동용과 성인용으로 (　　　　)되어 있다.

10 우리는 지금까지 나온 의견을 (　　　　)해서 결론을 내렸다.

★ **정확히 아는 낱말에는 ☑ 표시를 해 보세요.**

☐ **유익하다** : 이롭거나 도움이 될 만한 것이 있다.

☐ **접하다** : 무엇을 알게 되거나 경험하다.

☐ **짐작** : 사정이나 형편 따위를 어림잡아 대강 알아차리는 것

☐ **객관적** : 자기 혼자만의 생각이나 감정에서 벗어나, 있는 그대로인 것

☐ **구성** : 몇 가지 부분이나 요소들을 모아서 일정한 전체를 짜 이루는 일

☐ **짜임새** : 글, 이론 따위에서 여러 가지가 모여서 이룬 모양이 제대로 되어 있는 상태

☐ **이끌다** : 사람, 단체, 사물, 현상 따위를 앞에 나서서 끌어 어떤 방향으로 나가게 하다.

☐ **본격적** : 어떤 일의 진행 상태가 본래의 목적에 따라 매우 활발한 것

☐ **요약하다** : 말이나 글에서 중요한 내용만을 뽑아서 간추리다.

☐ **명확하다** : 분명하고 확실하다.

★ **빈칸에 들어갈 낱말을 찾아 알맞은 형태로 쓰세요.**

01 범인을 밝히려면 (   )인 증거가 필요하다.

02 이 연극은 3막 4장으로 (   )되어 있다.

03 그는 어려운 질문에도 (   )하게 대답하였다.

04 ○○약은 우리 몸에 (   )한 성분으로 만든 것이다.

05 우리는 사물놀이를 배우며 국악을 처음으로 (   ).

06 선생님께서 읽은 책의 줄거리를 (   )해 오라고 하셨다.

07 목소리를 들어보니 그는 나이가 많을 것으로 (   )된다.

08 글쓴이의 생각이 (   ) 있게 정리되어야 좋은 글이 된다.

09 민채가 축구를 하자며 지나가던 나를 운동장으로 (   ).

10 장마가 (   )(으)로 시작되면서 강물이 불어나기 시작하였다.

핵심 낱말 총정리

▶ 정답 44쪽

★ 정확히 아는 낱말에는 ☑ 표시를 해 보세요.

☐ **특정하다** : 특별히 정해지거나 선택되어 있다.

☐ **가축** : 집에서 기르는 짐승. 소, 말, 돼지 등

☐ **무역** : 서로 다른 지역들끼리 상품을 사고파는 것

☐ **상인** : 장사를 직업으로 하는 사람

☐ **신화** : 신이나 신 같은 존재에 대한 신비롭고 환상적인 이야기

☐ **제각각** : 사람이나 물건이 모두 각각

☐ **퍼지다** : 널리 번지거나 넓은 범위에 미치다.

☐ **표준** : 사물의 크기·수량·가치·질 등을 재거나 판단하기 위한 비교의 근거나 규칙이 되는 것

☐ **천체** : 우주에 존재하는 모든 물체. 항성, 행성, 혜성, 인공위성 따위를 통틀어 이르는 말

☐ **유용하다** : 쓸모가 있다.

★ 빈칸에 들어갈 낱말을 찾아 알맞은 형태로 쓰세요.

01 오늘은 하늘이 맑아 (   )을/를 관측하기에 좋다.

02 찬장에 모아 놓은 그릇의 크기가 (   ) 달랐다.

03 시장 (   )이/가 생선의 무게에 따라 값을 매겼다.

04 그 분은 (   )한 때에만 학교에 나오셨다.

05 민아는 여러 나라의 (   )을/를 읽는 것을 좋아한다.

06 새로 태어난 아기의 몸무게가 (   )에 약간 못 미쳤다.

07 이 참고서는 설명이 자세해서 예습을 할 때 (   ).

08 운동회를 맞아 씩씩한 행진곡이 운동장에 울려 (   ).

09 이 지역은 일찍이 바닷길이 발달해서 (   )이/가 활발하였다.

10 시골에는 (   )을/를 기르는 집이 많다.

[01~06] 주어진 뜻풀이에 해당하는 낱말에 ○표 하세요.

01 쓸모가 있다. : (유리하다 , 유용하다)

02 미루어 생각하여 헤아리다. : (추가하다 , 추측하다)

03 무엇을 알게 되거나 경험하다. : (더하다 , 접하다)

04 물질의 바탕을 이루고 있는 것의 한 부분 : (성격 , 성분)

05 어떤 사정이나 조건에 알맞게 만드는 것 : (조급 , 조절)

06 어떤 일을 능숙하게 할 수 있도록 배우거나 공부하다. : (막히다 , 익히다)

[07~10] 주어진 초성과 뜻풀이를 참고하여 빈칸에 알맞은 낱말을 써넣으세요.

07 ㅈ ㄷ : 어떤 일이 생기는 것이 잇따라 자주 있다.
➡ 그는 늘 덜렁거려서 실수가 (   ).

08 ㄱ ㅇ : 놓여 있는 조건이나 놓이게 된 형편이나 사정
➡ 가정에서 채소를 기르는 (   )이/가 늘고 있다.

09 ㅇ ㅇ 하다 : 이롭거나 도움이 될 만한 것이 있다.
➡ 가벼운 체조는 신체 건강에 (   ).

10 ㅎ ㄷ 하다 : 무엇에 잘 어울리든가 바로 들어맞다.
➡ 우리나라는 국토의 70%가 산에 (   ).

★ 정확히 아는 낱말에는 ☑ 표시를 해 보세요.

☐ **면적** : 면이 공간을 차지하는 넓이의 크기
☐ **관련되다** : 둘 이상의 사람, 사물, 현상이 서로 어떤 영향을 주고받도록 가까운 관계에 있다.
☐ **수척하다** : 몸이 몹시 야위고 기운이 없다.
☐ **가리다** : 음식을 골라서 먹다.
☐ **양심** : 자신의 행위에 대하여 옳고 그름을 판단하고 바른 말과 행동을 하려는 마음

☐ **가책** : 자기가 저지른 잘못을 마음속으로 깨달아 뉘우치는 것
☐ **오가다** : 거리나 길을 오거니 가거니 하다.
☐ **효과적** : 어떤 목적을 가지고 행동하여서 보람이나 좋은 결과가 드러나는 것
☐ **관심** : 어떤 것에 마음이 끌려 감정과 생각이 쏠리는 것
☐ **풍부하다** : 남을 만큼 넉넉하고 아주 많다.

★ 빈칸에 들어갈 낱말을 찾아 알맞은 형태로 쓰세요.

01 그는 미술에 남다른 ( )을/를 가지고 있다.

02 민규는 ( )에 꺼리는 일은 절대로 하지 않았다.

03 많은 사람들이 이 일과 ( )되어 있다.

04 제주도는 우리나라 섬 중에서 ( )이/가 가장 넓다.

05 철수는 거리에 ( )는 사람들을 쳐다보고 있다.

06 오렌지는 비타민 C가 풍부해 감기 예방에 ( )이다.

07 나는 친구의 숙제를 베끼면서 양심에 ( )을/를 느꼈다.

08 감기를 심하게 앓고 난 삼촌은 몰라보게 ( )해 있었다.

09 우리나라는 삼면이 바다로 둘러싸여 있어 해산물이 ( ).

10 해주는 탕이라면 갈비탕, 설렁탕, 삼계탕까지 ( )는 것이 없다.

★ 정확히 아는 낱말에는 ✓ 표시를 해 보세요.

☐ **신상** : 한 사람의 개인적인 사정이나 형편

☐ **동의** : 남과 의견이 같거나 그 의견에 찬성하는 것

☐ **불법** : 법에 어긋나는 것

☐ **경력** : 개인이 이제까지 겪어 지내 온 여러 가지 특별한 경험

☐ **성향** : 어느 한쪽으로 쏠리는 성질이나 버릇

☐ **소득** : 경제 활동의 대가로 생기는 돈

☐ **가치관** : 무엇의 가치를 매길 때 그 매기는 사람의 일정한 생각이나 기준

☐ **잘다** : 크기가 아주 작다.

☐ **새다** : 비밀, 정보 따위가 외부에 알려지다.

☐ **엄격하다** : 말·태도·규칙 등이 매우 까다롭고 철저하다.

★ 빈칸에 들어갈 낱말을 찾아 알맞은 형태로 쓰세요.

01 얼음이 너무 커서 (　　　)게 부수어 컵에 담았다.

02 단아는 고개를 끄덕이며 (　　　)의 뜻을 나타냈다.

03 그녀는 사진작가로 활동하며 다양한 (　　　)을/를 쌓았다.

04 철구는 아픈 친구의 (　　　)을/를 걱정했다.

05 청소년기에는 올바른 (　　　)을/를 가질 수 있도록 노력해야 한다.

06 경찰이 (　　　)(으)로 주차한 차량에 딱지를 떼었다.

07 삼촌은 고구마를 팔아서 (　　　)을/를 남겼다.

08 나는 정보가 밖으로 (　　　)어 나가지 않게 단단히 주의를 했다.

09 아버지께서는 외동인 나를 더욱 (　　　)하게 키우셨다.

10 그는 막내로 자라서 애정을 독차지하려는 (　　　)이/가 강하다.

★ 정확히 아는 낱말에는 ☑ 표시를 해 보세요.

☐ **민속촌** : 옛 민속을 보존하고 재현하여 보여 주기 위해 꾸며 놓은 마을

☐ **널뛰기** : 긴 널빤지의 중간에 무엇을 받쳐 안정시켜 놓고 양쪽 끝에 한 사람씩 올라서서 번갈아 뛰어 오르는 놀이

☐ **조상** : 지금 사람들보다 먼저 살던 사람들

☐ **풍속** : 옛날부터 그 사회에 전해 오는 생활 전반에 걸친 습관 등을 이르는 말

☐ **굴렁쇠** : 막대로 밀어서 굴리면서 노는, 쇠로 만든 둥근 테

☐ **종류** : 어떤 기준에 따라 여러 가지 사물을 나눈 갈래

☐ **축제** : 많은 사람이 모여 축하 또는 기념하는 행사

☐ **평소** : 일상생활을 하는 보통 때

☐ **대표적** : 가장 두드러지거나 뛰어나 대표가 될 만한 것

☐ **공터** : 집이나 시설물이 없는 빈터

★ 빈칸에 들어갈 낱말을 찾아 알맞은 형태로 쓰세요.

01 유치원이 들어설 장소로 마을 뒤의 (   )이/가 적당하다.

02 명절이 되면 (   )의 산소를 찾아가 제사를 지낸다.

03 (   )에는 다양한 형태의 옛집들이 있다.

04 생일상에 (   )에 먹기 어려운 음식들이 많이 있었다.

05 실내에서 하는 운동 (   )에는 농구와 배구가 있다.

06 김홍도는 조선 시대의 (   )인 풍속 화가이다.

07 나는 (   )을/를 하며 영수보다 높이 뛰어올랐다.

08 이웃끼리 서로 돕는 것은 우리 민족의 아름다운 (   )이다.

09 아이들이 요란한 쇳소리를 내는 (   )을/를 굴리고 있다.

10 불꽃놀이는 (   )의 마지막 순서를 장식하였다.

★ 정확히 아는 낱말에는 ✔ 표시를 해 보세요.

☐ **부위** : 몸의 특정한 부분
☐ **감각** : 보고, 듣고, 냄새 맡고, 맛보고, 느끼는 다섯 가지 능력
☐ **복용** : 약을 먹는 것
☐ **가닥** : 가늘고 긴 줄이나 줄기 등을 세는 단위
☐ **반점** : 동식물 따위의 몸에 박혀 있는 얼룩얼룩한 점
☐ **앓다** : 병으로 괴로워하거나 아파하다.

☐ **푸석푸석하다** : 살이 핏기가 없이 부어오른 듯하고 거칠다.
☐ **가꾸다** : 좋은 상태로 만들려고 보살피고 꾸려 가다.
☐ **섭취하다** : 생물체가 영양 성분 따위를 몸속에 빨아들이다.
☐ **검출되다** : 검사하여 해로운 성분이나 요소 등의 존재 유무가 밝혀지다.

★ 빈칸에 들어갈 낱말을 찾아 알맞은 형태로 쓰세요.

01 할머니께서 집 앞의 텃밭을 (   )고 계신다.

02 오래된 고기에서 많은 양의 세균이 (   ).

03 준서가 옷에 붙어 있는 실 (   )을/를 떼어 냈다.

04 이 약은 액체로 되어 있어서 (   )이/가 편리하다.

05 넘어져서 생긴 상처 (   )을/를 알코올로 소독하였다.

06 건강을 위해서 매일 적당량의 물을 (   )하는 것이 좋다.

07 민희는 배탈이 나서 며칠 동안 끙끙 (   ).

08 어제 밤을 새우고 오늘 거울을 보니 피부가 (   ).

09 감자를 살펴보니 푸릇푸릇 썩은 (   )들이 박혀 있다.

10 예민이는 갑자기 뜨거운 것을 마셔서 잠시 혀의 (   )을/를 잃었다.

★ 정확히 아는 낱말에는 ☑ 표시를 해 보세요.

☐ **민족** : 오랜 세월 동안 일정한 지역에서 대대로 함께 삶으로써 독특한 언어·풍습·문화·역사 등을 가지게 된 사람들의 공동체

☐ **최초** : 맨 처음

☐ **존재하다** : 실제로 있다.

☐ **세력** : 어떤 특징 혹은 성질이나 힘을 가진 집단

☐ **해석하다** : 말·글 등을 풀어서 이해하고 설명하다.

☐ **신성하다** : 함부로 가까이할 수 없을 만큼 성스럽고 위대하다.

☐ **여기다** : 마음속으로 어떤 대상을 어떻게 생각하거나 판단하다.

☐ **견디다** : 어려움을 참아 내다.

☐ **수호신** : 국가, 민족, 개인 등을 지키고 보호해 준다고 믿는 신

☐ **후손** : 여러 대가 지난 뒤의 자손

★ 빈칸에 들어갈 낱말을 찾아 알맞은 형태로 쓰세요.

01 지구에는 수많은 생명체가 (   ).

02 추석은 우리 (   )의 가장 큰 축제일이다.

03 규리는 추위를 (   )기 위해서 외투를 껴입었다.

04 세영이는 저 소나무가 마을을 지켜주는 (   )(이)라고 믿었다.

05 그녀의 말이 무슨 의미인지 (   )하기 어려웠다.

06 ○○회사는 이 기계를 세계 (   )(으)로 개발했다.

07 한결이는 시간을 함부로 쓰지 않고 소중히 (   ).

08 마을 사람들은 천 년 가까이 되는 나무를 (   )하게 여겼다.

09 왕에게 불만을 가지는 (   )이/가 커지고 있다.

10 우리는 아름답고 깨끗한 환경을 (   )들에게 물려주어야 한다.

★ 정확히 아는 낱말에는 ☑ 표시를 해 보세요.

☐ **줄어들다** : 수·양·부피·정도 등이 본디
보다 작아지거나 짧아지거나 적어지다.

☐ **물체** : 구체적인 형태를 가지고 있는 것

☐ **중력** : 지구 위의 모든 물체에 작용하는,
지구의 중심으로 잡아당기는 힘

☐ **중심** : 사물의 한가운데

☐ **고유** : 본래부터 가지고 있는 특유한 것

☐ **재다** : 자, 저울 등의 기구를 이용하여 길
이, 너비, 높이, 깊이, 무게, 온도, 속도 등
의 정도를 알아보다.

☐ **쪼개다** : 둘 이상으로 나누다.

☐ **단위** : 어떤 양을 비교하거나 계산하는
데 기초가 되는 수·양·무게 등의 일정한
기준

☐ **실제로** : 거짓이나 상상이 아니고 현실적
으로

☐ **저절로** : 다른 힘을 빌리지 아니하고 제
스스로. 또는 인공의 힘을 더하지 아니하
고 자연적으로

★ 빈칸에 들어갈 낱말을 찾아 알맞은 형태로 쓰세요.

01 가야금은 우리나라 (   )의 악기이다.

02 오랜 가뭄으로 강물이 많이 (   ).

03 바람이 세게 불어서 창문이 (   ) 닫혔다.

04 나는 올챙이를 (   ) 본 적이 한 번도 없다.

05 우리 몸이 땅에 붙어 있는 것은 (   ) 때문이다.

06 어둠 속으로 하얀 (   )이/가 얼른거리다 사라졌다.

07 자장면을 먹기 위해서 나무젓가락을 반으로 (   ).

08 척추는 우리 몸의 (   )에 있는 뼈이다.

09 체육 선생님은 학생들의 달리기 속도를 초시계로 (   ).

10 미국에서는 돈을 셀 때 '달러'라는 (   )을/를 쓴다.

[01~06] 주어진 뜻풀이에 해당하는 낱말에 ○표 하세요.

01 음식을 골라서 먹다. : (가리다 , 꺼리다)

02 병으로 괴로워하거나 아파하다. : (앓다 , 옳다)

03 남과 의견이 같거나 그 의견에 찬성하는 것 : (다의 , 동의)

04 개인이 이제까지 겪어 지내 온 여러 가지 특별한 경험 : (경쟁 , 경력)

05 검사하여 해로운 성분이나 요소 등의 존재 유무가 밝혀지다. :
(검출되다 , 배출되다)

06 옛날부터 그 사회에 전해 오는 생활 전반에 걸친 습관 등을 이르는 말 :
(풍속 , 계속)

[07~10] 주어진 초성과 뜻풀이를 참고하여 빈칸에 알맞은 낱말을 써넣으세요.

07 ㅅ ㄷ : 비밀, 정보 따위가 외부에 알려지다.
➡ 아무래도 어딘가에서 비밀 정보가 ( )는 것 같다.

08 ㄱ ㅇ : 본래부터 가지고 있는 특유한 것
➡ 이 부족은 코를 맞대는 것이 ( )의 인사법이다.

09 ㅅ ㅊ 하다 : 생물체가 영양 성분 따위를 몸속에 빨아들이다.
➡ 음식을 고루 ( )하는 것이 신체 건강에 좋다.

10 ㅇ ㄱ ㄷ : 마음속으로 어떤 대상을 어떻게 생각하거나 판단하다.
➡ 그는 군인이신 어머니를 늘 자랑스럽게 ( ).

13 핵심 낱말 총정리

▶ 정답 45쪽

★ 정확히 아는 낱말에는 ☑ 표시를 해 보세요.

☐ **자연수** : 1부터 시작하여 하나씩 더하여 얻는 수. 양의 정수를 통틀어 이르는 말

☐ **소수점** : 소수를 지닌 수를 나타낼 때, 소수와 정수의 사이를 구별하기 위하여 찍는 점

☐ **어림하다** : 대강 짐작으로 헤아리다.

☐ **기준** : 종류를 나누거나 비교를 하거나 정도를 구별하기 위하여 따르는 일정한 원칙, 잣대

☐ **미만** : 수량이 범위에 포함되지 않으면서 그 아래인 경우

☐ **이상** : 수량이 범위에 포함되면서 그 위인 경우

☐ **간단하다** : 단순하고 손쉽다.

☐ **편리하다** : 어떤 일을 하는 데 힘이 들지 않고 이용하기 쉽다.

☐ **따지다** : 어떤 것을 기준으로 순위, 수량 따위를 자세히 헤아려 보다.

☐ **배** : 같은 수량을 여러 번 합한 만큼의 분량

★ 빈칸에 들어갈 낱말을 찾아 알맞은 형태로 쓰세요.

01 높이로 (　　　　)면 백두산이 한라산보다 더 높다.

02 대부분의 초등학생은 8살 (　　　　), 13살 이하이다.

03 우리 반 학생의 수는 19명으로, 20명 (　　　　)이다.

04 종이비행기를 만드는 방법은 아주 쉽고 (　　　　).

05 물건을 사고 남은 돈을 (　　　　)해 보니 2000원 정도였다.

06 5.69에서 (　　　　) 아랫자리에 해당하는 수는 6과 9이다.

07 무더운 여름에는 아이스크림이 평소보다 두 (　　　　) 넘게 팔린다.

08 마트에서 많은 물건을 살 때 쇼핑카트를 이용하면 (　　　　).

09 이번 백일장 대회부터 심사 (　　　　)이/가 엄격해졌다.

10 1, 2, 3처럼 1부터 시작해서 1씩 커지는 수를 (　　　　)(이)라고 한다.

★ 정확히 아는 낱말에는 ☑ 표시를 해 보세요.

☐ **평야** : 땅의 오르내림이 작아 평평하며 너른 들

☐ **담아내다** : 글이나 말 등에 어떤 내용을 나타내다.

☐ **반도** : 삼면이 바다로 둘러싸이고 한 면은 육지에 이어진 땅

☐ **대륙** : 바다 위에 드러나 있는 넓고 커다란 땅덩어리

☐ **연결되다** : 물건·사실 등이 서로 이어지거나 관계가 맺어지다.

☐ **수** : 헝겊에 여러 빛깔의 실을 박아 넣어서 만든 그림이나 글자의 무늬

☐ **어우러지다** : 여럿이 서로 잘 어울려 한 덩어리나 한판을 크게 이루게 되다.

☐ **경치** : 산이나 들, 강, 바다 따위의 자연이나 지역의 아름다운 모습

☐ **몰리다** : 여럿이 한곳으로 모여들다.

☐ **미치다** : 영향이나 작용을 끼치다.

★ 빈칸에 들어갈 낱말을 찾아 알맞은 형태로 쓰세요.

01 불량 식품은 우리 몸에 나쁜 영향을 (   ).

02 컴퓨터에 (   )된 전기선이 어지럽게 엉켜 있다.

03 여름을 맞아 사람들이 해수욕장으로 (   )고 있다.

04 아버지가 끓인 미역국은 미역과 고기 맛이 잘 (   ).

05 콜럼버스는 아메리카 (   )을/를 발견하였다.

06 이 영화는 평범한 사람들의 모습을 감동적으로 (   ).

07 금강산은 계절마다 (   )이/가 달라진다.

08 산지에서는 주로 밭농사를 짓고, (   )에서는 논농사를 짓는다.

09 할머니는 바늘에 실을 꿰어 한 땀 한 땀씩 (   )을/를 놓았다.

10 우리나라는 (   ) 국가여서 육지와 바다 모두에 접해 있다.

★ 정확히 아는 낱말에는 ☑ 표시를 해 보세요.

☐ **의사소통** : 서로 자기의 생각을 주고받는 것

☐ **협동적** : 서로 마음과 힘을 하나로 합하여 하는 것

☐ **엇갈리다** : 생각이나 주장 따위가 서로 어긋나다.

☐ **주제** : 생각이나 활동을 이끌어 가는 중심이 되는 문제나 내용

☐ **공평하다** : 어느 한쪽에 손해나 이익이 치우치지 않고 고르다.

☐ **근거** : 어떤 주장이나 의견이 옳음을 뒷받침하는 까닭

☐ **간결하다** : 글이나 말이 짤막하고 분명하다.

☐ **최종** : 맨 나중, 마지막

☐ **소수** : 적은 수효의 사람

☐ **존중하다** : 높이어 귀중하게 대하다.

★ 빈칸에 들어갈 낱말을 찾아 알맞은 형태로 쓰세요.

01 글을 (   )하게 써야 사람들이 이해하기 쉽다.

02 도은이는 (   )와/과 상관없는 내용을 얘기했다.

03 주장에 (   )이/가 없으면 다른 사람을 설득하기 어렵다.

04 우리는 문제를 해결하기 위해 다 함께 (   )(으)로 움직였다.

05 그는 올림픽에서 메달을 따는 것이 (   ) 목표라고 말했다.

06 이 그림의 주제가 무엇인지에 대한 의견이 둘로 (   ).

07 윤호와 지수는 생각이 달라도 서로를 (   )하며 대화한다.

08 바다로 가자는 의견이 (   )에 불과해서 캠핑을 하기로 하였다.

09 아버지는 나와 언니에게 간식을 3개씩 (   )하게 나누어 주셨다.

10 처음 만난 외국인 친구와 손짓을 써가며 (   )을/를 하였다.

★ **정확히 아는 낱말에는** ☑ **표시를 해 보세요.**

☐ **선거** : 일정한 조직이나 집단에서 그 대표자나 임원을 투표 등의 방법으로 정하는 것

☐ **참여하다** : 여러 사람이 같이하는 어떤 일에 끼어 함께 일하다.

☐ **원칙** : 여러 가지 경우에 적용되는 기본적인 규칙이나 법칙

☐ **남녀노소** : 남자와 여자, 늙은이와 젊은이란 뜻으로, 모든 사람을 이르는 말

☐ **평등** : 한 사회에서 권리·의무·자격 등이 모든 사람에게 고르고 똑같은 것

☐ **철저하다** : 어떤 일을 하는 데 있어서 매우 조심하여 빠뜨리는 것이 없이 완전하다.

☐ **강요** : 하고 싶지 않은 일을 억지로 하라고 하는 것

☐ **어긋나다** : 기대에 맞지 아니하거나 일정한 기준에서 벗어나다.

☐ **몫** : 여럿이 나누어 가지거나 맡은 각 부분

☐ **어기다** : 규칙, 명령, 약속, 시간 따위를 지키지 아니하고 거스르다.

★ **빈칸에 들어갈 낱말을 찾아 알맞은 형태로 쓰세요.**

01 하랑이는 친구와의 약속을 또 (   ).

02 그녀는 나에게 자신의 의견을 따르라고 (   )하였다.

03 우리 학교는 오전 9시까지 등교하는 것이 (   )이다.

04 농구를 할 때 공을 발로 차는 것은 규칙에 (   ).

05 그는 자기 (   )의 빵을 재빠르게 먹고 또 하나를 집었다.

06 보라는 학생회장 (   )에 제일 먼저 후보로 등록하였다.

07 토요일에 열렸던 아나바다 장터에 많은 학생들이 (   ).

08 시원이는 경시대회를 (   )하게 준비했다며 자신만만했다.

09 모든 인간은 (   )하게 태어났기 때문에 차별을 받아서는 안 된다.

10 청바지는 (   ) 누구나 즐겨 입는 옷이다.

★ 정확히 아는 낱말에는 ☑ 표시를 해 보세요.

☐ **길들이다** : 잘 훈련시켜 부리기 좋게 하거나 잘 따르게 만들다.

☐ **의지하다** : 다른 것에 마음을 기대어 도움을 받다.

☐ **정서적** : 사람의 마음에 일어나는 여러 가지 감정을 불러일으키는 것과 관련된 것

☐ **해치다** : 사람의 마음이나 몸에 해를 입히다.

☐ **관리하다** : 어떤 일이나 물건을 정상적인 상태를 유지하도록 책임지고 보살피며 다루다.

☐ **배설물** : 몸 밖으로 내보내는 똥이나 오줌 같은 물질

☐ **책임감** : 맡은 일이나 마땅히 해야 할 일을 소중하게 여기는 마음

☐ **접종** : 병의 예방, 치료를 위하여 약하게 만든 병균이나 바이러스를 사람이나 동물의 몸에 넣어 그런 병균이나 바이러스를 이겨 내는 요소를 생기게 하는 것

☐ **청결하다** : 맑고 깨끗하다.

☐ **예방법** : 질병, 재해 등이 일어나지 않도록 미리 막는 방법

★ 빈칸에 들어갈 낱말을 찾아 알맞은 형태로 쓰세요.

01 지나친 스마트폰 사용은 눈 건강을 (   ).

02 그녀는 건강을 (   )하기 위해서 매일 수영을 한다.

03 나는 사나운 개를 온순하게 (   )는 데 오랜 시간이 걸렸다.

04 가장 좋은 식중독 (   )은/는 물을 끓여 먹는 것이다.

05 단우는 막내임에도 의젓하고 (   )이/가 강한 편이다.

06 부엌은 음식을 만드는 곳이기 때문에 항상 (   )하게 관리해야 한다.

07 그는 환자의 (   ) 안정을 위해 조용히 해달라고 부탁하였다.

08 강아지의 건강을 위해서 때맞춰 예방 (   )을/를 하는 것이 좋다.

09 가축의 (   )은/는 식물을 잘 자라게 하는 비료가 되기도 한다.

10 어른이 된 형은 부모님께 (   )하지 않고 살아볼 것이라고 말했다.

★ 정확히 아는 낱말에는 ☑ 표시를 해 보세요.

☐ **동양** : 한국·중국·인도를 중심으로 한 아시아 지역

☐ **회화** : 여러 가지 선이나 색채로 평면상에 형상을 그려 내는 미술의 한 분야로서의 그림

☐ **먹** : 벼루에 물을 붓고 갈아서 글씨를 쓰거나 그림을 그릴 때 사용하는 검은 물감

☐ **스며들다** : 액체나 기체가 틈으로 배어들거나 흘러 들어오다.

☐ **겹치다** : 둘 이상을 서로 포개거나 여러 겹으로 놓다.

☐ **입체감** : 위치·넓이·길이·두께를 가진 물건에서 받는 느낌

☐ **소재** : 예술 작품에서 지은이가 말하고자 하는 바를 나타내기 위해 선택하는 재료

☐ **감상하다** : 예술 작품의 아름다움을 느끼고 즐기고 이해하다.

☐ **보존하다** : 중요하거나 가치가 있는 것을 잘 보살펴서 그대로 남아 있게 하다.

☐ **발전하다** : 더 낫고 좋은 상태나 더 높은 단계로 나아가다.

★ 빈칸에 들어갈 낱말을 찾아 알맞은 형태로 쓰세요.

01 이 그림은 (   ) 있게 그려져서 사실적인 느낌을 준다.

02 도시가 (   )하기 위해서는 교통이 편리해야 한다.

03 그 작가는 주로 동물을 (   )(으)로 한 동화를 쓴다.

04 신발 사이로 빗물이 (   ).

05 세빈이는 방석을 여러 장 (   )고 그 위에 앉았다.

06 우리는 미술관에서 다양한 그림을 (   ).

07 선생님께서 붓에 (   )을/를 묻혀 글씨를 쓰기 시작하셨다.

08 대표적인 두뇌 스포츠로 (   )의 바둑과 서양의 체스가 있다.

09 수묵화는 색을 쓰지 않고 먹으로만 그리는 (   )의 한 종류이다.

10 그녀는 판소리를 (   )하기 위해서 많은 노력을 기울이고 있다.

[01~06] 주어진 뜻풀이에 해당하는 낱말에 ◯표 하세요.

01 적은 수효의 사람 : (소수 , 정수)

02 어떤 것을 기준으로 순위, 수량 따위를 자세히 헤아려 보다. : (따르다 , 따지다)

03 중요하거나 가치가 있는 것을 잘 보살펴서 그대로 남아 있게 하다. :
(보존하다 , 보충하다)

04 다른 것에 마음을 기대어 도움을 받다. : (의지하다 , 유지하다)

05 사람의 마음에 일어나는 여러 가지 감정을 불러일으키는 것과 관련된 것 :
(정기적 , 정서적)

06 여럿이 나누어 가지거나 맡은 각 부분 : (넋 , 몫)

[07~10] 주어진 초성과 뜻풀이를 참고하여 빈칸에 알맞은 낱말을 써넣으세요.

07 │ ㅅ │ ㅈ │ : 예술 작품에서 지은이가 말하고자 하는 바를 나타내기 위해 선택
하는 재료
➡ 매화는 동양화의 (   )(으)로 자주 사용되는 꽃이다.

08 │ ㅁ │ ㄹ │ ㄷ │ : 여럿이 한곳으로 모여들다.
➡ 이번에 개봉한 영화에 관객들이 많이 (   ).

09 │ ㅇ │ ㄱ │ ㄷ │ : 규칙, 명령, 약속, 시간 따위를 지키지 아니하고 거스르다.
➡ 그는 시간 약속을 절대로 (   )지 않는다.

10 │ ㅈ │ ㅈ │ : 생각이나 활동을 이끌어 가는 중심이 되는 문제나 내용
➡ 오늘 수업 시간에서 다룬 (   )은/는 어려웠다.

★ 정확히 아는 낱말에는 ☑ 표시를 해 보세요.

☐ **성군** : 매우 존경하고 받들 만큼 훌륭한 임금

☐ **분야** : 여러 갈래로 나누어진 범위나 부분

☐ **업적** : 노력과 수고를 들여 이루어 낸 결과

☐ **기관** : 일정한 역할과 목적을 위하여 만든 조직이나 단체

☐ **연구하다** : 어떤 일이나 사물에 대해 깊이 있게 살피고 생각하여 사실을 밝혀내다.

☐ **도리** : 사람이 마땅히 행하여야 할 바른길

☐ **부담** : 어떤 일·의무·책임 등을 떠맡는 것

☐ **정책** : 사회적인 문제를 해결하거나 정치적인 목적을 이루기 위한 방법

☐ **실시하다** : 실제로 해 나가다.

☐ **대우** : 어떤 태도로 사람을 대하거나 다루는 일

★ 빈칸에 들어갈 낱말을 찾아 알맞은 형태로 쓰세요.

01 ○○왕은 백성들을 편안하게 살 수 있게 한 (   )이었다.

02 학교 임원회는 물을 절약하기 위한 새로운 (   )을/를 내놓았다.

03 안중근 의사는 독립운동가로 위대한 (   )을/를 남겼다.

04 김 박사는 평생 동안 도마뱀을 (   ).

05 여기는 어르신에게 무료로 글을 알려 드리는 (   )이다.

06 나는 동생들을 돌봐야 한다는 사실에 (   )을/를 느꼈다.

07 어려움에 처한 친구를 돕는 것이 사람의 (   )이다.

08 학급 문고를 설치할 것인지에 대해 찬반 투표를 (   ).

09 어제 텔레비전에 나온 박사는 곤충 (   )의 전문가이다.

10 선생님은 학생 모두를 공평하게 (   )하신다.

★ **정확히 아는 낱말에는 ☑ 표시를 해 보세요.**

☐ **정보** : 어떤 사실에 대한 지식

☐ **지방** : 서울 이외의 지역

☐ **경우** : 어떠한 조건이 있는 특별한 형편·사정·상황

☐ **생활하다** : 사람이나 동물이 일정한 환경에서 활동하며 살아가다.

☐ **성별** : 남자와 여자, 혹은 암컷과 수컷의 구별

☐ **적절하다** : 꼭 알맞다.

☐ **각기** : 각각 저마다

☐ **발달하다** : 문화, 사회, 기술 등이 더 높은 수준에 이르다.

☐ **효과적** : 어떤 일을 하여 좋은 결과가 생기는 것

☐ **분명하다** : 행동이나 생각이 흐릿하지 않고 확실하다.

★ **빈칸에 들어갈 낱말을 찾아 알맞은 형태로 쓰세요.**

01 강아지는 태어난 후 2달 동안은 어미와 함께 (   )하는 것이 좋다.

02 우리 어머니는 지금 (   )에 계신다.

03 손이 트지 않기 위해서는 로션을 바르는 것이 (   )이다.

04 ○○식당은 가족과 함께 가기에 (   )한 곳이다.

05 나와 언니는 영화관에서 (   ) 다른 영화를 보았다.

06 기현이는 여행할 장소에 대한 (   )이/가 거의 없다.

07 교통이 (   )하면 사람들이 편하게 이동할 수 있다.

08 동물은 (   )에 따라 생김새가 다른 경우가 많다.

09 그는 다른 사람들이 헷갈리지 않도록 말을 (   )하게 한다.

10 부모님은 만일의 (   )을/를 대비해서 다른 방법도 생각하셨다.

★ 정확히 아는 낱말에는 ☑ 표시를 해 보세요.

☐ **기준** : 종류를 나누거나 비교를 하거나 정도를 구별하기 위하여 따르는 일정한 원칙, 잣대

☐ **대부분** : 절반이 훨씬 넘어 전체량에 거의 가까운 정도의 수나 양

☐ **단위** : 길이, 무게, 시간, 개수 등의 수나 양을 숫자로 나타낼 때 기초가 되는 일정한 기준

☐ **일부** : 전체의 한 부분

☐ **낯설다** : 익숙하지 않다.

☐ **흥미롭다** : 재미가 있어서 마음이 쏠릴 만하다.

☐ **논의** : 어떤 문제에 대하여 서로 의견을 내어 토의함.

☐ **공식** : 나라나 사회에서 정한 방식이나 형식

☐ **약** : 그 수나 양에 가까운 정도임을 나타내는 말

☐ **간혹** : 어쩌다가 띄엄띄엄

★ 빈칸에 들어갈 낱말을 찾아 알맞은 형태로 쓰세요.

01 야구 경기가 ( )게 진행되어 관중들이 열광하였다.

02 학생들은 거의 소풍 가는 것에 찬성했지만 ( )은/는 반대했다.

03 농장에는 돼지가 ( ) 20마리 정도 있다.

04 선생님은 생일을 ( )(으)로 학생들을 줄 세웠다.

05 그는 똑똑하지만 ( ) 실수를 하기도 한다.

06 가을이 되면 ( )의 나무에서 낙엽이 떨어진다.

07 이번 사고에 대해 학교 측에서 ( )적인 입장을 밝혔다.

08 할머니께서 스마트폰을 ( )어 하셔서 사용법을 알려 드렸다.

09 우리는 오랜 ( )을/를 거친 끝에 하나의 결론을 냈다.

10 소음을 측정하는 ( )은/는 데시벨이다.

22 핵심 낱말 총정리

▶ 정답 46쪽

★ 정확히 아는 낱말에는 ✓ 표시를 해 보세요.

☐ **요소** : 꼭 필요한 성분
☐ **여리다** : 빛깔이나 소리 등이 약간 흐리거나 약하다.
☐ **일정하다** : 어떤 것의 양, 성질, 상태, 계획 등이 달라지지 않고 한결같다.
☐ **표현되다** : 생각이나 느낌 등이 말이나 글, 몸짓 등으로 나타내어지다.
☐ **기초** : 사물이나 일 등이 이루어지는 바탕

☐ **일반적** : 일부에만 해당하는 것이 아니라 전체에 두루 통하는 것
☐ **연속되다** : 끊이지 않고 죽 이어지다.
☐ **높낮이** : 높고 낮은 정도
☐ **변화** : 사물의 성질·모양·상태 등이 바뀌어 달라짐.
☐ **특징적** : 다른 것에 비하여 특별히 눈에 뜨이는 것

★ 빈칸에 들어갈 낱말을 찾아 알맞은 형태로 쓰세요.

01 (   )되는 무더위에 병사들은 점점 지쳐 갔다.

02 이 그림에는 동물의 털이 실제처럼 (   )되어 있다.

03 지선이는 새로 산 의자의 (   )을/를 조절했다.

04 무슨 일이든 간에 (   )을/를 튼튼히 다져야 한다.

05 사막은 낮과 밤의 온도 (   )이/가 심하다.

06 생명체가 살아가는 데 있어 가장 중요한 (   )은/는 물이다.

07 그제 만난 사람의 (   )인 생김새는 눈썹이었다.

08 나는 규칙적인 식사를 통해 체중을 (   )하게 유지한다.

09 김치를 담글 때는 (   )(으)로 젓갈이 들어간다.

10 종이에 적힌 글씨가 (   )고 작아서 잘 안 보인다.

★ **정확히 아는 낱말에는 ☑ 표시를 해 보세요.**

☐ **특정** : 특별히 정하거나 선택함.

☐ **고객** : 가게 등에 물건을 사러 오는 손님

☐ **홍보** : 널리 알림. 또는 그 소식

☐ **기업** : 이익을 얻기 위하여 물건이나 서비스를 만들고 파는 단체

☐ **자녀** : 아들과 딸을 아울러 이르는 말

☐ **활발히** : 생기 있고 힘차게

☐ **방식** : 일정한 방법이나 형식

☐ **전략** : 어떤 목적을 이루기 위한 방법과 계획

☐ **의도** : 무엇을 하고자 하는 생각이나 계획. 또는 무엇을 하려고 꾀함.

☐ **비판** : 옳고 그름을 따져 밝히거나 잘못된 점을 드러냄.

★ **빈칸에 들어갈 낱말을 찾아 알맞은 형태로 쓰세요.**

01 나라마다 식사를 하는 (   )이/가 다르다.

02 우리 회사는 새로 나온 제품을 널리 (   )하였다.

03 미진이의 잘못된 행동은 (   )을/를 받아 마땅하다.

04 ○○○ 직원은 (   )에게 친절히 대해서 상을 받았다.

05 올챙이들이 개울가에서 (   ) 헤엄친다.

06 우리 형은 운동화를 살 때 (   ) 회사의 것만 고집한다.

07 그는 대회에서 우승하기 위해 다양한 (   )을/를 짰다.

08 그 회장은 작은 가게를 큰 (   )(으)로 키웠다.

09 경훈이는 나쁜 (   )(으)로 그런 말을 한 것은 아니다.

10 이모는 (   )을/를 두 명 낳고 싶어 했다.

★ 정확히 아는 낱말에는 ☑ 표시를 해 보세요.

☐ **현상** : 인간이 보고 느낄 수 있는, 사물의 모양과 상태

☐ **머무르다** : 중간에 멈추거나 잠시 어떤 곳에 묵다.

☐ **이동하다** : 움직여 옮기거나 자리를 바꾸다.

☐ **분자** : 물질이 원래 가지고 있는 화학적 성질을 잃지 않고 나뉠 수 있는 가장 작은 알갱이

☐ **가하다** : 어떤 행동을 하거나 영향을 끼치다.

☐ **충돌** : 서로 맞부딪치거나 맞섬.

☐ **접촉** : 서로 맞닿음.

☐ **부피** : 넓이와 높이를 가진 물건이 공간에서 차지하는 크기

☐ **전달하다** : 자극, 신호, 에너지 등을 다른 곳에 전하다.

☐ **태양열** : 태양에서 나와 지구에 닿는 열

★ 빈칸에 들어갈 낱말을 찾아 알맞은 형태로 쓰세요.

01 그 택배 상자는 (   )에 비해 가벼웠다.

02 움직이는 차 안에서 자리를 (   )하는 것은 위험하다.

03 우리 집은 (   )을/를 이용해서 난방을 한다.

04 물 (   )은/는 수소 원자 2개와 산소 원자 1개로 이루어져 있다.

05 친구와 나는 대화 중에 의견 (   )이/가 생겼다.

06 여름에는 밤에도 온도가 높은 열대야 (   )이/가 나타난다.

07 예진이는 털 알레르기가 있어서 최대한 동물과 (   )을/를 피한다.

08 누나는 방학 동안 할머니 댁에 (   ).

09 사람의 눈은 빛의 자극을 전기 신호로 바꿔서 뇌에 (   ).

10 내 그림에 엄마가 손질을 (   )하자 더 화려해졌다.

[01~06] 주어진 뜻풀이에 해당하는 낱말에 ○표 하세요.

01 노력과 수고를 들여 이루어 낸 결과 : (업적 , 업보)

02 꼭 알맞다. : (자잘하다 , 적절하다)

03 종류를 나누거나 비교를 하거나 정도를 구별하기 위하여 따르는 일정한 원칙, 잣대 : (기장 , 기준)

04 사물의 성질·모양·상태 등이 바뀌어 달라짐. : (개화 , 변화)

05 어떤 목적을 이루기 위한 방법과 계획 : (전략 , 전문)

06 인간이 보고 느낄 수 있는, 사물의 모양과 상태 : (현재 , 현상)

[07~10] 주어진 초성과 뜻풀이를 참고하여 빈칸에 알맞은 낱말을 써넣으세요.

07 ㅅ ㅅ 하다 : 실제로 해 나가다.
➡ 오늘 처음으로 ( )한 지진 대피 훈련은 성공적이었다.

08 ㄱ ㅅ : 나라나 사회에서 정한 방식이나 형식
➡ ○○기업의 ( ) 전자 우편 주소는 홈페이지에 나와 있다.

09 ㅇ ㅅ ㄷ ㄷ : 끊이지 않고 죽 이어지다.
➡ 아기의 ( )된 울음에 엄마는 지쳐 갔다.

10 ㅈ ㅊ : 서로 맞닿음.
➡ 이 체온계는 피부에 ( )하지 않고 체온을 잴 수 있다.

★ 정확히 아는 낱말에는 ☑ 표시를 해 보세요.

☐ **생물** : 생명을 가지고 스스로 생활을 이어가는 물체

☐ **흔적** : 어떤 것이 없어졌거나 지나간 뒤에 남은 자국

☐ **퇴적물** : 물이나 바람으로 부서진 자갈·모래·진흙 등이 옮겨져 쌓인 것

☐ **지층** : 서로 다른 때에 생겼거나 형태나 성분이 달라서 생긴 땅의 층

☐ **지각 변동** : 지구 안에서 일어나는 현상으로 인해 생기는 지구 겉면의 움직임

☐ **솟아오르다** : 아래에서 위로 또는 안에서 밖으로 불쑥 나타나다.

☐ **짐작하다** : 일이나 상황 등을 어림잡아 생각하다.

☐ **시기** : 어느 한때로부터 다른 때까지의 동안

☐ **연료** : 태워서 열, 빛, 에너지를 얻을 수 있는 물질

☐ **석유** : 땅속에 묻힌 생물의 죽은 몸이 높은 열과 힘을 받아 만들어진 기름

★ 빈칸에 들어갈 낱말을 찾아 알맞은 형태로 쓰세요.

01 우리나라에서는 (   )이/가 나오지 않아 외국으로부터 수입한다.

02 지진과 화산은 대표적인 (   ) 현상에 해당한다.

03 우리 집 난로는 (   )(으)로 나무를 사용한다.

04 화산은 (   ) 속에서 끓던 용암이 밖으로 나오는 것이다.

05 나는 새벽 운동을 나갔다가 해가 (   )는 모습을 보았다.

06 (   )은/는 크게 동물과 식물로 나뉜다.

07 그의 표정을 통해 그가 얼마나 아픈지 (   )할 수 있었다.

08 식탁에는 누군가 음식을 먹은 (   )이/가 있었다.

09 10대는 성장이 매우 빠른 (   )이다.

10 강바닥에 (   )이/가 쌓여 작은 섬을 이루었다.

★ 정확히 아는 낱말에는 ☑ 표시를 해 보세요.

☐ **유물** : 과거의 조상들이 후대에 남긴 물건
☐ **수도** : 한 나라의 중앙 정부가 있는 도시
☐ **간직하다** : 물건 등을 어떤 장소에 잘 두다.
☐ **건축** : 집이나 시설을 짓거나 만드는 일
☐ **이상** : 생각할 수 있는 가장 완전한 상태
☐ **사원** : 크기가 큰 절

☐ **훼손되다** : 헐리거나 깨져 못 쓰게 되다.
☐ **인정받다** : 옳거나 확실하다고 다른 사람들이 알아주다.
☐ **지정되다** : 학교, 회사, 개인 등으로부터 어떤 것에 특정한 자격이 주어지다.
☐ **자취** : 어떤 것이 남긴 표시나 자리

★ 빈칸에 들어갈 낱말을 찾아 알맞은 형태로 쓰세요.

01 한국의 (   )은/는 서울이다.

02 이곳은 자연 보호 구역으로 (   )되어 개발이 금지된다.

03 (   )에는 스님뿐만 아니라 관광객들도 많았다.

04 나는 내가 생각하는 (   )을/를 실제로 이루기 위해 노력한다.

05 박물관에는 많은 (   )들이 전시되어 있다.

06 사람들이 화단으로 걸어 다녀서 잔디가 (   ).

07 오빠는 많은 사람에게 노래 실력을 (   ).

08 ○○산에는 사람이 지나간 (   )이/가 거의 없다.

09 지희는 새로 산 목걸이를 서랍 속에 (   )하고 있다.

10 삼촌은 한옥을 (   )하는 일을 하신다.

★ 정확히 아는 낱말에는 ☑ 표시를 해 보세요.

☐ **욕심** : 지나치게 가지거나 자기 것으로 하고 싶어 하는 마음

☐ **소원** : 어떤 일이 이루어지기를 바람. 또는 그런 일

☐ **기본** : 어떤 일이나 현상의 가장 중심이 되는 바탕

☐ **제외하다** : 따로 떼어 내어 하나로 생각하지 않다.

☐ **색상환** : 여러 가지 색을 둥그렇게 연결하여 늘어놓은 표

☐ **변화** : 사물의 성질·모양·상태 등이 바뀌어 달라짐.

☐ **화려하다** : 환하게 빛나며 곱고 아름답다.

☐ **마찬가지** : 어떤 것의 모양이나 상황이 서로 같음.

☐ **확률** : 어떤 일이 일어날 수 있는 정도

☐ **결국** : 일이 끝나는 마지막

★ 빈칸에 들어갈 낱말을 찾아 알맞은 형태로 쓰세요.

01 태영이는 원하는 색깔을 ( )에서 골랐다.

02 골목길의 갑작스러운 ( )에 사람들이 놀랐다.

03 점점 기울어지던 책장이 ( )에 무너졌다.

04 지나치게 ( )을/를 부리는 모습은 좋지 않다.

05 동생이 우승할 ( )은/는 낮지만 그래도 나는 끝까지 응원했다.

06 할아버지는 고향에 가보는 게 평생 ( )(이)라고 하셨다.

07 나는 아플 때를 ( )하고 학교에 결석한 적이 없다.

08 조명이 너무 ( )해서 눈이 부셨다.

09 이 길로 가나 저 길로 가나 걸리는 시간은 ( )이다.

10 이 휴대폰은 카메라 기능을 ( )(으)로 갖추고 있다.

★ 정확히 아는 낱말에는 ☑ 표시를 해 보세요.

☐ **범위** : 정해진 시간·공간, 또는 한계

☐ **포함되다** : 어떤 무리나 범위에 함께 들어가거나 넣어지다.

☐ **대략** : 대충 어림잡아서

☐ **메우다** : 뚫려 있거나 비어 있는 곳을 막거나 채우다.

☐ **간척** : 바닷가나 호수에 둑을 쌓고, 그 안의 물을 빼내어 육지로 만드는 일

☐ **해안선** : 바다와 육지가 맞닿은 선

☐ **단조롭다** : 단순하고 변화가 없어 새로운 느낌이 없다.

☐ **썰물** : 바닷물이 주기적으로 밀려 나가서 바닷물의 표면이 낮아지는 현상

☐ **구분하다** : 어떤 기준에 따라 전체를 몇 개로 나누다.

☐ **터전** : 집터가 되는 땅. 혹은 자리를 잡고 생활하는 곳

★ 빈칸에 들어갈 낱말을 찾아 알맞은 형태로 쓰세요.

01 야생 동물들이 살아갈 (   )이/가 점점 사라지고 있다.

02 학생들은 2시간 (   ) 안에서 문제를 모두 풀어야 한다.

03 이번의 물고기 조사 대상에 고등어는 (   )되지 않는다.

04 나는 참새와 메추라기를 (   )할 수 있다.

05 (   ) 때가 되면 갯벌이 드러나서 조개를 주울 수 있다.

06 그 아이는 (   ) 5살쯤 되어 보인다.

07 산촌에서의 생활은 특별한 것 없이 (   ).

08 서진이는 (   )을/를 따라 강아지와 산책했다.

09 거북이는 구덩이에 알을 낳은 뒤 모래로 (   ).

10 서해안에는 (   )을/를 통해 생긴 땅이 있다.

★ 정확히 아는 낱말에는 ☑ 표시를 해 보세요.

☐ **확실하다** : 틀림없이 그러하다.

☐ **해결하다** : 사건이나 문제를 풀거나 잘 처리하다.

☐ **수많다** : 수가 아주 많다.

☐ **실리다** : 글, 그림, 사진 등이 책이나 신문에 나오게 되다.

☐ **규칙** : 여러 사람이 다 같이 지키기로 정한 법칙 또는 질서

☐ **기본형** : 모양이 변하는 낱말에서 기본이 되는 형태

☐ **갸우뚱하다** : 물체가 한쪽으로 약간 갸울어지다.

☐ **어울리다** : 여럿이 서로 잘 조화되어 자연스럽게 보이다.

☐ **게시글** : 여러 사람이 볼 수 있도록 인터넷 게시판에 올린 글

☐ **어휘력** : 어휘를 마음대로 알맞게 쓸 수 있는 능력

★ 빈칸에 들어갈 낱말을 찾아 알맞은 형태로 쓰세요.

01 정민이는 내 말을 듣더니 고개를 (   ).

02 바닷가에는 (   )은 모래알이 반짝이고 있다.

03 인터넷 (   )을/를 읽을 때는 사실과 주장을 구분해야 한다.

04 성진이는 친구와의 갈등을 대화로 (   ).

05 하얀색 셔츠와 청바지가 잘 (   ).

06 내가 쓴 글이 우리 학교 신문에 (   ).

07 '도와서', '돕고'의 (   )은/는 '돕다'이다.

08 나는 야구 (   )을/를 몰라서 야구를 안 본다.

09 말을 조리 있게 하기 위해서는 (   )이/가 좋아야 한다.

10 땀을 흘리는 것을 보니 우진이가 더운 게 (   ).

★ 정확히 아는 낱말에는 ☑ 표시를 해 보세요.

☐ **이용하다** : 어떤 것을 필요한 곳에 잘 쓰다.

☐ **계기** : 어떤 일이 일어나거나 변화하도록 만드는 확실한 원인이나 기회

☐ **거두다** : 곡식이나 열매 등을 따서 담거나 한데 모으다.

☐ **문명** : 인간이 이룬 물질적, 기술적, 사회 구조적인 발전

☐ **기록** : 어떤 사실을 적음. 또는 그런 글

☐ **계산하다** : 주어진 수나 식을 일정한 규칙에 따라 처리하여 값을 구하다.

☐ **정확히** : 자세하고 확실하게

☐ **편리하다** : 편하고 이로우며 이용하기 쉽다.

☐ **반복하다** : 같은 일을 되풀이하다.

☐ **학자** : 학문에 대해 아주 잘 아는 사람. 또는 학문을 연구하는 사람

★ 빈칸에 들어갈 낱말을 찾아 알맞은 형태로 쓰세요.

01 지난 달에 쓴 돈이 총 얼마인지 (　　　).

02 원을 그릴 때 컴퍼스를 (　　　)하면 쉽게 그릴 수 있다.

03 ○○대학에는 역사를 연구하는 젊은 (　　　)들이 많다.

04 나는 매일 있었던 일을 일기장에 (　　　)한다.

05 교통사고를 (　　　)(으)로 아저씨는 운전을 하지 않으신다.

06 벽시계가 나타내는 시간이 (　　　) 9시 30분이다.

07 도로가 넓어져서 사람들이 (　　　)하게 다닐 수 있다.

08 가을이 되자 농촌에서는 벼를 (　　　)는 일이 한창이다.

09 (　　　)의 발달에는 과학 기술이 많은 영향을 미쳤다.

10 엄마가 잔소리를 (　　　)하자 동생은 짜증을 냈다.

[01~06] 주어진 뜻풀이에 해당하는 낱말에 ○표 하세요.

01 어느 한때로부터 다른 때까지의 동안 : (시기 , 시도)

02 과거 조상들이 후대에 남긴 물건 : (유전 , 유물)

03 사물의 성질·모양·상태 등이 바뀌어 달라짐. : (변화 , 변고)

04 어떤 기준에 따라 전체를 몇 개로 나누다. : (구술하다 , 구분하다)

05 틀림없이 그러하다. : (확실하다 , 절실하다)

06 어떤 사실을 적음. 또는 그런 글 : (목록 , 기록)

[07~10] 주어진 초성과 뜻풀이를 참고하여 빈칸에 알맞은 낱말을 써넣으세요.

07 ㅅ ㅁ : 생명을 가지고 스스로 생활을 이어가는 물체
➡ 모든 (　　　　)은/는 언젠가 죽는다.

08 ㅈ ㅊ : 어떤 것이 남긴 표시나 자리
➡ 사건 현장에 범인의 (　　　　)이/가 남아 있다.

09 ㅈ ㅇ 하다 : 따로 떼어 내어 하나로 생각하지 않다.
➡ 우리 반 학생들은 나를 (　　　　)하고 성씨가 모두 한 글자이다.

10 ㅌ ㅈ : 집터가 되는 땅. 혹은 자리를 잡고 생활하는 곳
➡ 병호는 고향과 멀리 떨어진 곳에 (　　　　)을/를 잡았다.

★ 정확히 아는 낱말에는 ☑ 표시를 해 보세요.

☐ **교환하다** : 서로 바꾸다.

☐ **불편하다** : 어떤 것을 사용하거나 이용하는 것이 싫거나 괴롭다.

☐ **낭비하다** : 시간이나 돈 등을 헛되이 함부로 쓰다.

☐ **거래** : 주고받음. 또는 사고팖.

☐ **자유롭다** : 제한되는 것 없이 자기 마음대로 할 수 있다.

☐ **형태** : 일정하게 갖추고 있는 모양

☐ **다양하다** : 모양, 빛깔, 형태 등이 여러 가지로 많다.

☐ **온라인** : 인터넷 등을 이용한 사이버 세계

☐ **활발하다** : 생기 있고 힘차다.

☐ **발달하다** : 학문, 기술, 문명, 사회 등의 현상이 더 높은 수준에 이르다.

★ 빈칸에 들어갈 낱말을 찾아 알맞은 형태로 쓰세요.

01 아직 시험 기간이어서 시간이 (   )지 못하다.

02 요즘 시장에 손님이 없어서 물건 (   )이/가 별로 없다.

03 주미는 하루 종일 오락하는 데에 돈을 (   ).

04 우리 반은 직접 모이지 않고 (   )(으)로 학급 회의를 했다.

05 새로 전학 온 친구는 성격이 (   )하지 않고 조용한 편이다.

06 서점에는 (   )한 종류의 책들이 진열되어 있다.

07 이 신발은 크기가 작아서 발이 (   ).

08 스웨터를 빨고 났더니 (   )이/가 달라졌다.

09 어제 산 바지의 크기가 안 맞아서 (   )하기 위해 상점에 갔다.

10 통신이 (   )한 후로 멀리 있는 사람과도 연락이 가능해졌다.

★ **정확히 아는 낱말에는 ☑ 표시를 해 보세요.**

☐ **역할** : 하기로 되어 있는 일. 또는 맡아서 하는 일
☐ **기상** : 비·바람·눈·구름 등 대기 속에서 일어나는 현상
☐ **대기** : 지구의 겉을 둘러싸고 있는 기체
☐ **예측하다** : 앞으로 일어날 일을 미리 짐작하다.

☐ **경로** : 지나는 길
☐ **덕분** : 남에게 받은 은혜나 도움
☐ **특수하다** : 특별히 다르다.
☐ **위협** : 힘으로 두려워하게 만드는 것
☐ **감시하다** : 사람이나 상황을 통제하기 위하여 주의 깊게 살피다.
☐ **정보력** : 정보를 빠르게 얻는 능력

★ **빈칸에 들어갈 낱말을 찾아 알맞은 형태로 쓰세요.**

01 시대에 뒤처지지 않으려면 (   )을/를 갖추고 있어야 한다.

02 산속은 맑다가 갑자기 비가 오는 등 (   ) 변화가 심하다.

03 우현이는 반장 (   )을/를 잘 해내고 있다.

04 경찰은 범인이 도망가지 못하도록 (   ).

05 바닷속의 쓰레기는 바다 생물들의 생존을 (   )한다.

06 공장이 들어설수록 (   ) 오염이 심해진다.

07 나는 약속 장소까지 가는 가장 빠른 (   )을/를 검색했다.

08 유진이는 아무리 더워도 땀을 흘리지 않는 (   )한 체질이다.

09 엄마가 빨리 나으신 것은 아빠의 노력 (   )이다.

10 뉴스 기사의 제목을 보면 내용을 (   )할 수 있다.

★ 정확히 아는 낱말에는 ☑ 표시를 해 보세요.

☐ **매력적** : 사람의 마음을 사로잡아 끄는 힘이 있는 것

☐ **신중하다** : 매우 조심스럽다.

☐ **결정되다** : 무슨 일을 어떻게 하기로 정하여지다.

☐ **고려하다** : 관련된 여러 가지 사정을 자세히 따져서 생각하다.

☐ **호기심** : 새롭고 신기한 것을 좋아하거나 모르는 것을 알고 싶어 하는 마음

☐ **과장되다** : 사실보다 지나치게 크거나 좋게 부풀려 나타나다.

☐ **거창하다** : 일의 규모나 형태가 매우 크고 넓다.

☐ **실망감** : 바라는 대로 되지 않아 섭섭한 느낌

☐ **간추리다** : 글이나 말에서 중요한 점만을 골라 간단하게 정리하다.

☐ **분명하다** : 흐릿하지 않고 확실하다.

★ 빈칸에 들어갈 낱말을 찾아 알맞은 형태로 쓰세요.

01 영수는 글에서 중요한 내용만 (   ).

02 나는 그가 무슨 일을 하는지 (   )이/가 생겼다.

03 그 가수의 (   )인 목소리는 사람들에게 인기가 많다.

04 새로 나온 냉장고의 가격이 아직 (   )되지 않았다.

05 세진이는 실제보다 (   )되게 아픈 척을 했다.

06 학교는 학생들의 반대 의견을 (   )하여 학예회를 하지 않기로 했다.

07 아나운서의 발음이 (   )해서 알아듣기가 쉽다.

08 연주는 바라던 현장 학습이 취소되자 (   )을/를 느꼈다.

09 그의 계획은 너무 (   )해서 실제로 이루어질지 모르겠다.

10 ○○회사는 사람을 뽑을 때 (   )하게 고민한다.

★ **정확히 아는 낱말에는** ☑ **표시를 해 보세요.**

☐ **민속춤** : 사람들 사이에 전하여 내려오
　는 춤

☐ **습하다** : 메마르지 않고 물기가 많아 축
　축하다.

☐ **골칫거리** : 일을 잘못하거나 말썽만 피워
　언제나 속을 썩이는 사람이나 사물

☐ **덫** : 짐승을 꾀어 잡는 기구

☐ **지배** : 어떤 사람이나 집단, 사물 등을 자
　기의 뜻대로 움직이게 하여 다스림.

☐ **유래되다** : 사물이나 일이 생겨나게 되다.

☐ **혹독히** : 성질이나 하는 짓이 몹시 독하
　고 악하게

☐ **조이다** : 느슨하거나 헐거운 것을 단단하
　거나 팽팽하게 하다. 또는 그렇게 되다.

☐ **작업** : 일을 함. 또는 그 일

☐ **노동자** : 몸을 쓰는 일을 하고 받는 돈으
　로 살아가는 사람

★ **빈칸에 들어갈 낱말을 찾아 알맞은 형태로 쓰세요.**

01 오늘 음악 시간에는 여러 나라의 (　　　)을/를 배워서 췄다.

02 ○○기업은 (　　　)이/가 일하기 좋은 환경으로 알려져 있다.

03 우리가 해야 할 (　　　)은/는 돌멩이를 나르는 것이었다.

04 하루 종일 비가 와서 온 집안이 (　　　).

05 갑자기 나타난 메뚜기 떼가 주민들의 (　　　)이/가 되었다.

06 탁자의 나사가 헐거워져서 다시 (　　　).

07 '배추'는 한자어에서 (　　　)된 낱말이다.

08 브라질은 과거에 포르투갈의 (　　　)을/를 받았다.

09 그 군대는 군사들을 매우 (　　　) 훈련시켰다.

10 사냥꾼들은 (　　　)을/를 놓아 동물을 잡는다.

★ 정확히 아는 낱말에는 ☑ 표시를 해 보세요.

☐ **이기적 :** 자신의 이익만 생각하는 것

☐ **꺼리다 :** 사물이나 일 등이 자신에게 해가 될까 하여 피하거나 싫어하다.

☐ **갈등 :** 사람들 사이에 목표나 바라는 것이 달라 서로 충돌함. 또는 그런 상태

☐ **사정 :** 일의 형편이나 까닭

☐ **추구하다 :** 목적을 이룰 때까지 뒤쫓아 구하다.

☐ **손해 :** 돈이나 재산을 잃거나 해를 입는 것

☐ **집단적 :** 여럿이 모여 무리를 이루거나 무리로 하는 것

☐ **의논하다 :** 어떤 일에 대하여 서로 의견을 주고받다.

☐ **합의하다 :** 서로 의견이 일치하다.

☐ **공동체 :** 생활이나 행동 또는 목적 등을 같이하는 집단

★ 빈칸에 들어갈 낱말을 찾아 알맞은 형태로 쓰세요.

01 그 문제에 대해 마을 주민들 전체가 (   )(으)로 항의했다.

02 세민이와 영민이는 지난번에 싸운 후로 (   )이/가 깊어졌다.

03 ○○건물에 있는 화장실은 너무 오래돼서 사람들이 (   ).

04 나는 고민이 생기면 누나에게 (   )한 뒤에 결정한다.

05 두 나라는 서로 전쟁을 하지 않기로 (   ).

06 인석이는 집에 (   )이/가 생겨서 조퇴했다.

07 자기의 이익만을 (   )하면 다른 사람에게 피해를 줄 수 있다.

08 어제 난 산불 때문에 근처에 사는 사람들이 (   )을/를 입었다.

09 학교 운동회를 통해 학생들은 하나의 (   )임을 느꼈다.

10 만수는 음식을 혼자만 먹으려는 (   )인 면이 있다.

★ 정확히 아는 낱말에는 ☑ 표시를 해 보세요.

☐ **일상** : 날마다 반복되는 생활

☐ **특별하다** : 보통과 구별되게 다르다.

☐ **장비** : 어떤 일을 하기 위하여 지니거나 갖추어야 하는 물건

☐ **특성** : 어떤 사물에만 있는 특별히 다른 성질

☐ **고막** : 귓구멍 안쪽에 있는 막. 공기의 진동을 속귀 쪽으로 전달하여 들을 수 있게 한다.

☐ **성대** : 소리를 내고 공기를 통하게 하는, 목구멍의 한 부분

☐ **전달하다** : 자극, 신호, 힘 등을 다른 기관에 전하다.

☐ **기체** : 공기처럼 일정한 모양이나 부피가 없고, 자유롭게 움직이는 물질

☐ **의식하다** : 어떤 일이나 현상 등을 깨닫거나 느끼다.

☐ **원리** : 사물의 기본이 되는 이치나 법칙

★ 빈칸에 들어갈 낱말을 찾아 알맞은 형태로 쓰세요.

01 등산하기 위해서는 배낭과 등산화 같은 여러 (   )이/가 필요하다.

02 수증기는 물이 (   ) 상태로 되어 있는 것이다.

03 올빼미는 밤에 활동하는 (   )이/가 있다.

04 진호는 공을 세게 차서 그 공에 힘을 (   ).

05 이 케이크는 친구가 직접 만든 것이어서 아주 (   ).

06 나는 방에 누가 들어왔는지도 (   )하지 못했다.

07 보미는 소리를 너무 질러서 (   )에 무리가 갔다.

08 구구단을 무조건 외우는 것보다 (   )을/를 파악하는 게 좋다.

09 아빠의 (   )은/는 늘 바쁘시다.

10 바깥의 소리가 너무 시끄러워서 (   )이/가 터질 것 같다.

[01~06] 주어진 뜻풀이에 해당하는 낱말에 ○표 하세요.

01 주고받음. 또는 사고팖. : (거래 , 거부)

02 하기로 되어 있는 일. 또는 맡아서 하는 일 : (역할 , 역적)

03 글이나 말에서 중요한 점만을 골라 간단하게 정리하다. :

(추스르다 , 간추리다)

04 사물이나 일이 생겨나게 되다. : (유래되다 , 유지되다)

05 일의 형편이나 까닭 : (수정 , 사정)

06 어떤 사물에만 있는 특별히 다른 성질 : (특성 , 모성)

[07~10] 주어진 초성과 뜻풀이를 참고하여 빈칸에 알맞은 낱말을 써넣으세요.

07 ㄴ ㅂ 하다 : 시간이나 돈 등을 헛되이 함부로 쓰다.
➡ 나는 용돈을 (   )하지 않기 위해 아껴서 썼다.

08 ㄱ ㄹ : 지나는 길
➡ 새들도 각자의 이동 (   )이/가 정해져 있다.

09 ㅈ ㅇ : 일을 함. 또는 그 일
➡ 누나는 종이를 붙이는 (   )에 열중하고 있다.

10 ㄲ ㄹ ㄷ : 사물이나 일 등이 자신에게 해가 될까 하여 피하거나 싫어하다.
➡ 민영이는 무서운 영화를 (   ).

DAY 01
01 장단
02 오해
03 조절
04 추측했다
05 흥
06 발달
07 신호
08 돋우었다
09 음정
10 인류

DAY 02
01 파악하였다
02 익히
03 기후
04 편리하다
05 약속
06 성분
07 전달하였다
08 항로
09 현상
10 기호

DAY 03
01 호흡한다
02 상식
03 무심코
04 옮
05 잦다
06 면역력
07 예방
08 유행
09 확률
10 바이러스

DAY 04
01 성질
02 평행
03 해당한다
04 불린다
05 기준
06 관계
07 경우
08 도형
09 구분
10 종합

DAY 05
01 객관적
02 구성
03 명확
04 유익
05 접하였다
06 요약
07 짐작
08 짜임새
09 이끌었다
10 본격적

DAY 06
01 천체
02 제각각
03 상인
04 특정
05 신화
06 표준
07 유용하다
08 퍼졌다
09 무역
10 가축

DAY 01~06
낱말 쑥쑥 종합 테스트
01 유용하다
02 추측하다
03 접하다
04 성분
05 조절
06 익히다
07 잦다
08 경우
09 유익하다
10 해당한다

DAY 07
01 관심
02 양심
03 관련
04 면적
05 오가
06 효과적
07 가책
08 수척
09 풍부하다
10 가리

DAY 08
01 잘
02 동의
03 경력
04 신상
05 가치관
06 불법
07 소득
08 새

09 엄격
10 성향

DAY 09
01 공터
02 조상
03 민속촌
04 평소
05 종류
06 대표적
07 널뛰기
08 풍속
09 굴렁쇠
10 축제

DAY 10
01 가꾸
02 검출되었다
03 가닥
04 복용
05 부위
06 섭취
07 앓았다
08 푸석푸석하다
09 반점
10 감각

DAY 11
01 존재한다
02 민족
03 견디
04 수호신
05 해석
06 최초
07 여긴다

DAY 21
01 흥미롭
02 일부
03 약
04 기준
05 간혹
06 대부분
07 공식
08 낯섦
09 논의
10 단위

DAY 22
01 연속
02 표현
03 높낮이
04 기초
05 변화
06 요소
07 특징적
08 일정
09 일반적
10 여리

DAY 23
01 방식
02 홍보
03 비판
04 고객
05 활발히
06 특정
07 전략
08 기업
09 의도
10 자녀

DAY 24
01 부피
02 이동
03 태양열
04 분자
05 충돌
06 현상
07 접촉
08 머물렀다
09 전달한다
10 가

DAY 19~24
낱말 쑥쑥 종합 테스트
01 업적
02 적절하다
03 기준
04 변화
05 전략
06 현상
07 실시
08 공식
09 연속
10 접촉

DAY 25
01 석유
02 지각 변동
03 연료
04 지층
05 솟아오르
06 생물
07 짐작
08 흔적
09 시기
10 퇴적물

DAY 26
01 수도
02 지정
03 사원
04 이상
05 유물
06 훼손되었다
07 인정받았다
08 자취
09 간직
10 건축

DAY 27
01 색상환
02 변화
03 결국
04 욕심
05 확률
06 소원
07 제외
08 화려
09 마찬가지
10 기본

DAY 28
01 터전
02 범위
03 포함
04 구분
05 썰물
06 대략
07 단조로웠다
08 해안선
09 메웠다
10 간척

DAY 29
01 가우뚱했다
02 수많
03 게시글
04 해결했다
05 어울린다
06 실렸다
07 기본형
08 규칙
09 어휘력
10 확실하다

DAY 30
01 계산했다
02 이용
03 학자
04 기록
05 계기
06 정확히
07 편리
08 거두
09 문명
10 반복

DAY 25~30
낱말 쑥쑥 종합 테스트
01 시기
02 유물
03 변화
04 구분하다
05 확실하다
06 기록
07 생물
08 자취
09 제외
10 터전

DAY 31

01 자유롭
02 거래
03 낭비했다
04 온라인
05 활발
06 다양
07 불편하다
08 형태
09 교환
10 발달

DAY 32

01 정보력
02 기상
03 역할
04 감시하였다
05 위협
06 대기
07 경로
08 특수
09 덕분
10 예측

DAY 33

01 간추렸다
02 호기심
03 매력적
04 결정
05 과장
06 고려
07 분명
08 실망감
09 거창
10 신중

DAY 34

01 민속춤
02 노동자
03 작업
04 습하다
05 골칫거리
06 조였다
07 유래
08 지배
09 혹독히
10 덫

DAY 35

01 집단적
02 갈등
03 꺼린다
04 의논
05 합의했다
06 사정
07 추구
08 손해
09 공동체
10 이기적

DAY 36

01 장비
02 기체
03 특성
04 전달했다
05 특별하다
06 의식
07 성대
08 원리
09 일상
10 고막

DAY 31~36
낱말 쑥쑥 종합 테스트

01 거래
02 역할
03 간추리다
04 유래되다
05 사정
06 특성
07 낭비
08 경로
09 작업
10 꺼린다

필요한 자료들을
쉽게 찾을 수 있어요.

궁금한 내용은 바로
상담할 수 있어요.

전화 문의 (02)333-6080

 NAVER 수경출판사 ▼ Q www.book-sk.kr

1. 실력 향상을 위한 다양한 교재 소개 ▼

- **고등 교재**: 자이스토리, 개념이지, 형상기억 수학공식집, 바른 개념, 절대평가 영어, 심플자이, 수력충전, 일등급 수학, 국어 비문학 독해
- **중등 교재**: 자이스토리, 수력충전, 수력충전 스타트, 수력충전 개념총정리, 형상 기억 수학공식집, 심플자이, 일등급 수학, 국어 독해력 완성, 국어 문학 독해+문학 용어, 영문법 총정리, 영어 듣기 총정리 모의고사, 포인트 리딩
- **초등 교재**: 자이스토리 국어 독해력 쑥쑥+낱말 쑥쑥, 영문법, 영어 듣기 평가 모의고사, 초등 자이수학, 수력충전 수학, 수력충전 개념총정리, 융합 학습 만화, 다빈치 시리즈, 세계에서 가장 특별한 이야기, 바로바로 초등 영문법 총정리, 예비 중등 영어 독해

2. 공부할 때 꼭 필요한 학습 자료실 ▼

- **빠른 정답 / 해설지** : 해설지 외에 정답만 알고 싶을 때는 빠른 정답을 보세요.
- **듣기 MP3 / 교재 관련 자료** : 영어 교재 듣기 자료 및 단어장 등이 있습니다.
- **정오표** : 발간 후 발견된 오타, 오답을 확인할 수 있습니다.

3. 궁금하거나 이상한 것이 있으면 회원 마당 ▼

- **1:1 문의** : 공부를 하면서 궁금한 내용은 언제든지 상담할 수 있습니다.
- **도서제안** : 공부해 보거나 강의하고 싶은 교재의 기획을 제안할 수 있습니다.

4. 선생님을 위한 강의 지원 서비스 선생님용 ▼

- **지문파일** : 문제 한글 및 PDF 파일을 제공합니다.
- **수학문제은행 운영** : DB 문제를 활용, 평가지를 자유롭게 생성하여 학생들의 학업 성취 평가에 이용 가능합니다.
- **단어 테스트, 어휘 테스트**
- **듣기 파일 MP3**

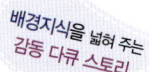
배경지식을 넓혀 주는
감동 다큐 스토리

세상에서 가장 특별한 이야기

〈세상에서 가장 특별한 이야기〉는

인류의 모든 학문 영역을 넘나드는
엄선된 주제의 아주 특별한 이야기로 구성되어 있어요.
세상에서 가장 특별한 이야기와 함께라면
21세기에 꼭 필요한 사고력과 창의력을 갖춘
융합 인재로 성장할 수 있답니다.

· 새 시대의 우편부가 되어 버린 새, 트위터
· 다윈의 진화론을 낳은 갈라파고스 핀치
· 세상을 따뜻하게 한 왕자와 제비의 우정
· 러시아 발레의 선구자, 차이콥스키의 백조의 호수

세상에서 가장	세상에서 가장	세상에서 가장	세상에서 가장	세상에서 가장
특별한 빵 이야기	특별한 여왕 이야기	특별한 별 이야기	특별한 사과 이야기	특별한 개 이야기

〈세상에서 가장 특별한 이야기〉 시리즈는 창의력 발전소 수경출판사 가 만듭니다.

좀 더 특별한 내용은 수경출판사 홈페이지와 스토리수경 블로그(http://blog.naver.com/sookyungsto)에서 만날 수 있습니다.

자이스토리

초등 국어 독해력 쑥쑥 +낱말 쑥쑥

4 학년

수경출판사

독해력이 무엇인가요?

독해력이란 글을 읽고 그 뜻을 빠르게, 정확하게 이해하는 능력이에요.
글을 읽고 그 뜻을 이해하지 못하면, 그건 그냥 글자를 눈으로 보는 것이지
독해하는 것이 아니에요.

독해력이 왜 중요한가요?

국어뿐 아니라 사회, 과학, 심지어 영어와 수학까지 모든 교과서는 '글'이에요.
그래서 독해력이 부족하면 교과서 내용이 이해가 안 되고, 문제를 읽어도
무엇을 묻는지 알기 어려워요.
반대로 독해력을 키우면 어떤 교과서든 이해가 되니까 모든 과목을 재미있게
공부할 수 있어요.

독해력은 어떻게 키우나요?

글의 뜻을 이해하는 것은 글에서 말하는 가장 중요한 내용,
즉 주제가 무엇인지 아는 것이에요.
따라서 독해력을 키우려면 결국 글의 주제를 알아내는 연습을 해야 해요.
하지만 긴 글의 주제를 한 번에 찾는 것은 어려워요.
그래서 주제를 알아내기 위한 단계별 훈련이 필요하지요.

〈자이스토리 초등 국어 독해력 쑥쑥 + 낱말 쑥쑥〉은
글의 주제를 쉽고 빠르게 알아낼 수 있는 6가지 STEP의
독해 연습을 할 수 있어요.
교과서 내용과 관련된 재미있는 글을 읽고,
'지문 술술 이해 + 정답 콕콕 특강'과 함께
6가지 STEP을 따라 공부하다 보면
저절로 독해력이 쑥쑥 오릅니다.
그래서 모든 과목의 성적이 오르게 됩니다.

〈자이스토리 초등 국어
독해력 쑥쑥+낱말 쑥쑥〉
STEP 1~6을 따라
공부하다 보면 독해력이
저절로 쑥쑥 오른다고~

독해력 쑥쑥~
낱말 쑥쑥~

독해력이 쑥쑥 오르는 자이스토리 계단식 독해 학습

국어가 쉬워지는 계단식 독해 학습법

STEP 1 > 중심 낱말 찾기
중심 낱말을 찾으면 글에서 가장 중요하게 이야기하는 것이 무엇인지 알 수 있어요.

STEP 2 > 중심 문장 찾기
각 단락의 중심 문장을 찾으면 그 단락에서 이야기하고자 하는 내용을 쉽게 알 수 있어요.

STEP 3 > 단락 요약하기
단락을 요약하면 글 전체의 내용이 머릿속에 쉽게 들어와요.

STEP 4 > 단락 간의 관계 이해하기
단락 간의 관계를 이해하면 글 전체에서 결국 이야기하고자 하는 것을 알 수 있어요.

STEP 5 > 글의 구조 이해하기
글의 구조를 이해하면 글쓴이가 무엇을 이야기하기 위해, 어떤 방식으로 글을 썼는지 알 수 있어요.

STEP 6 주제 알아보기
주제를 아는 것은 곧 글의 핵심 내용을 이해하는 것이므로 주제를 파악하면 글을 완벽히 독해할 수 있습니다.

독해를 잘하기 위해
꼭 공부해야 할 사항들을
계단을 오르듯 차근차근
STEP 1~6에서
안내하고 있습니다.

글에서 어떤 것을 먼저 찾아야
내용을 쉽게 이해할 수 있는지,
그 후에는 어떤 과정을 거쳐야
독해를 제대로 하게 되는지를
알기 쉽게 설명하고 있어요.

계단식 독해 연습을 하면
어떤 글이든 빠르게
독해하여 문제를 쉽게
풀 수 있게 됩니다.
그래서 모든 과목의 성적이
오릅니다.

이 책의 구성과 특징

01 하루에 한 지문씩, 다양한 유형의 문제로 재미있게 독해 시작!

▶ **교과 과정과 연계된 재미있는 지문**
교과서 관련 지문을 난이도별로 담았습니다.

▶ **어휘력을 쑥쑥 높여 주는 '낱말 따라 쓰기'**
낱말을 직접 따라 쓰며 익힐 수 있습니다.

▶ **독해력을 점검할 수 있는 다양한 문제**
직접 써 보는 서술형 문제도 익힐 수 있습니다.

▶ **STEP별 실전 감각을 익히는 '독해력 완성 테스트'**
실전 문제 풀이를 훈련할 수 있습니다.

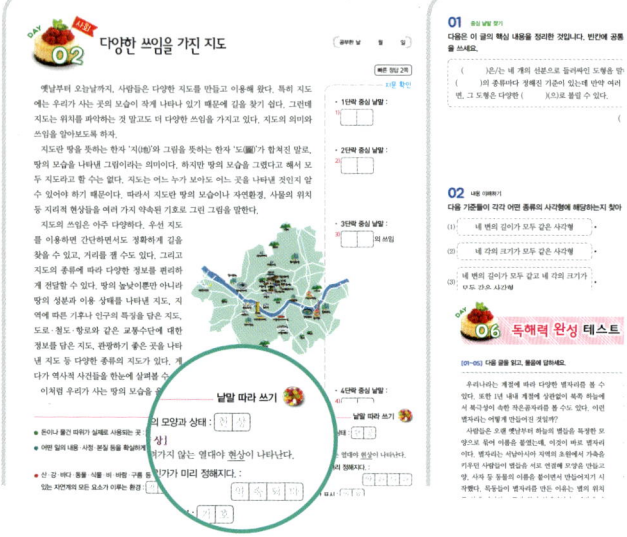

02 독해력을 쑥쑥 높여 주는 STEP ①~⑥

▶ **6가지 STEP에 따른 계단식 독해 연습**
STEP별로 각각 6일씩 공부할 수 있습니다.

STEP 1 >	STEP 2 >	STEP 3 >
중심 낱말 찾기	중심 문장 찾기	단락 요약하기

STEP 4 >	STEP 5 >	STEP 6
단락 간의 관계 이해하기	글의 구조 이해하기	주제 알아보기

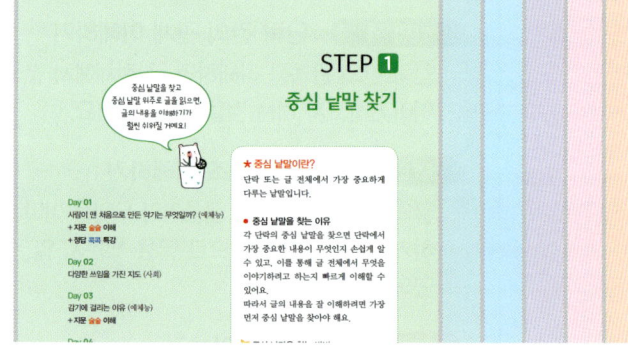

03 나만의 과외 선생님 – 지문 술술 이해, 정답 콕콕 특강

▶ **STEP별 '지문 술술 이해'**
STEP별 학습 내용을 적용하여 지문을 읽는 방법을 자세히 알려 주어, 혼자서 공부할 때도 술술 쉽게 읽을 수 있습니다.

▶ **어려운 문제도 쉽게 푸는 '정답 콕콕 특강'**
각 문제에 어떻게 접근해야 하는지 알려 주고, 지문 내용을 근거로 정답을 콕콕 찾는 방법을 익힐 수 있습니다.

04 낱말 쏙쏙 테스트 + 배경지식으로 독해력의 바탕을 탄탄히!

▶ **낱말 쏙쏙 테스트**
낱말을 완벽하게 익힐 수 있습니다.

▶ **지문과 관련된 배경지식**
독해력의 바탕이 되는 지식도 쏙쏙 얻을 수 있습니다.

▶ **특별 부록: 낱말 쏙쏙 총정리 제공!**
DAY별 핵심 낱말 총정리를 나만의 사전으로 활용하고, STEP별 종합 테스트로 어휘력을 쏙쏙 키울 수 있습니다.

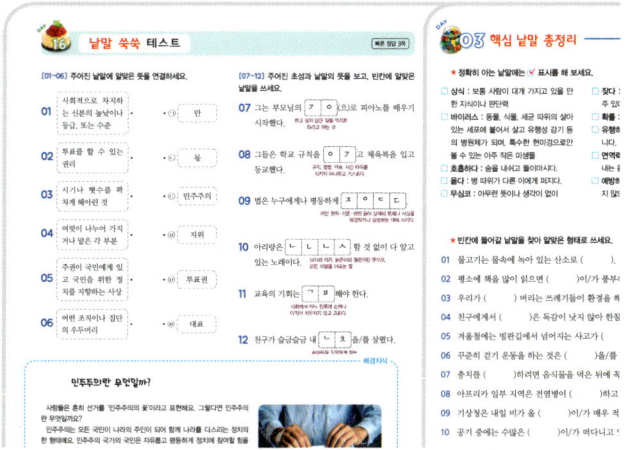

05 글의 내용을 완벽히 이해시키는 입체 첨삭 해설

단락 요약 각 단락의 중심 내용을 요약하여 알려 줍니다.

전체 중심 낱말
전체 중심 낱말을 확인할 수 있습니다. ◯ 표시

전체 중심 문장
글 전체에서 가장 중요한 중심 문장을 알려 줍니다. ▨ 표시

각 단락 중심 낱말
각 단락의 중심 낱말을 확인할 수 있습니다. ◯ 표시

각 단락 중심 문장
각 단락의 중심 문장을 알아볼 수 있습니다. [ ] 표시

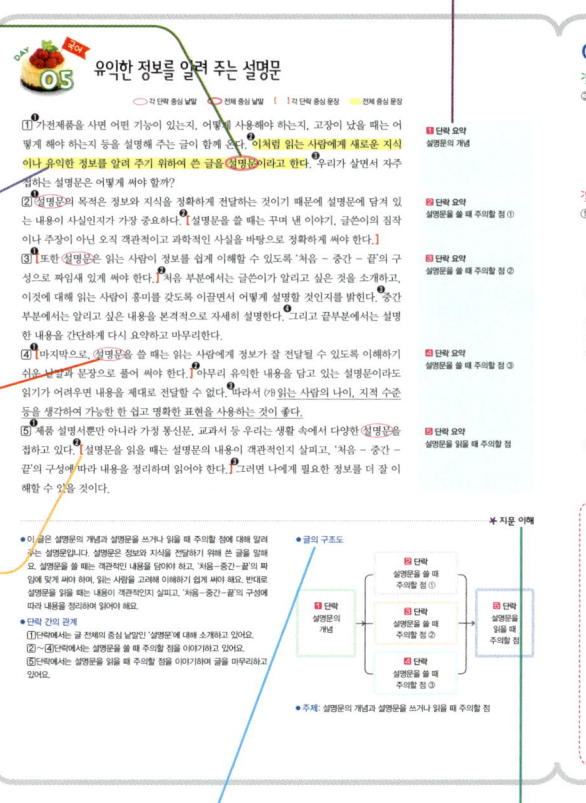

왜 정답?
정답이 되는 이유를 알기 쉽고 자세하게 풀이했습니다.

왜 오답?
왜 틀렸는지 정확히 이해할 수 있도록 자세하게 설명했습니다.

문제 유형
다양한 문제의 유형을 알려 줍니다.

문제 분석
어려운 유형의 문제를 쉽게 이해시켜 문제를 어떻게 풀어가야 하는지 알려 줍니다.

글의 구조도
글 전체의 내용과 구조를 한눈에 파악할 수 있습니다.

지문 이해
지문의 내용과 단락 간의 관계, 주제를 스스로 공부할 수 있도록 정리했습니다.

배경지식
지문과 관련된 다양한 자료로 학습과 생각의 깊이를 더할 수 있습니다.

이 책의 차례

STEP 4 단락 간의 관계 이해하기

STEP 5 글의 구조 이해하기

STEP 6 주제 알아보기

독해력 쑥쑥 학습 계획표 36일 완성

- 하루 한 지문씩, 매일 꾸준히 공부하는 학습 계획표입니다.
- 계획표대로 공부한 날은 '확인' 칸에 ✔ 표시를 해 보세요. ✔ 표시가 늘어날수록 독해력이 쑥쑥 높아질 거예요.

DAY	공부한 날짜	확인
01	월 일	
02	월 일	
03	월 일	
04	월 일	
05	월 일	
06	월 일	
07	월 일	
08	월 일	
09	월 일	
10	월 일	
11	월 일	
12	월 일	
13	월 일	
14	월 일	
15	월 일	
16	월 일	
17	월 일	
18	월 일	

DAY	공부한 날짜	확인
19	월 일	
20	월 일	
21	월 일	
22	월 일	
23	월 일	
24	월 일	
25	월 일	
26	월 일	
27	월 일	
28	월 일	
29	월 일	
30	월 일	
31	월 일	
32	월 일	
33	월 일	
34	월 일	
35	월 일	
36	월 일	

중심 낱말을 찾고
중심 낱말 위주로 글을 읽으면,
글의 내용을 이해하기가
훨씬 쉬워질 거예요!

STEP 1
중심 낱말 찾기

★ 중심 낱말이란?

단락 또는 글 전체에서 가장 중요하게 다루는 낱말입니다.

● 중심 낱말을 찾는 이유

각 단락의 중심 낱말을 찾으면 단락에서 가장 중요한 내용이 무엇인지 손쉽게 알 수 있고, 이를 통해 글 전체에서 무엇을 이야기하려고 하는지 빠르게 이해할 수 있어요.
따라서 글의 내용을 잘 이해하려면 가장 먼저 중심 낱말을 찾아야 해요.

🌟 중심 낱말을 찾는 방법

- 단락 혹은 글 전체에서 가장 많이 나오는 말을 찾으세요.
- 단락 혹은 글 전체에서 가장 중심이 되는 말이 무엇인지 살펴보세요.

사람이 맨 처음으로 만든 악기는 무엇일까?

공부한 날   월   일

우리에게 익숙한 피아노, 기타부터 우쿨렐레, 피콜로처럼 조금 낯선 악기들까지 세상에는 다양한 종류의 악기가 있다. 이 수많은 악기들 중 사람이 맨 처음으로 만든 악기는 무엇일까? '두둥둥, 두둥둥!' 정답은 바로 북, 장구와 같은 타악기이다.

타악기란 두드리거나 서로 부딪쳐서 소리를 내는 악기를 말한다. 타악기는 손이나 막대기로 두들기기만 하면 간단히 소리를 낼 수 있어서 가장 먼저 발달하였다고 한다. 특히 북은 아주 오랜 옛날부터 멀리 떨어져 있는 사람에게 신호를 보내는 통신 수단이자, 인간과 하늘을 연결해 주는 제사 도구로 사용되었다. 또한 타악기는 사람의 흥을 돋우는 역할도 하였다. 사람들은 빠른 박자의 북소리에 발을 구르며 춤을 추었고, 전쟁이 나면 쿵쿵 심장을 울리는 북소리를 들으며 용기를 얻기도 하였다.

그런데 우리는 타악기가 음의 장단이나 강약만을 표현한다고 오해하는 경우가 많다. 큰북, 작은북, 트라이앵글, 캐스터네츠 등 우리가 자주 보는 타악기가 다양한 음정을 표현할 수 없어서 그런 ㈎오해가 생기는 것이다. 하지만 ㈏실로폰을 떠올리면 타악기도 다양한 음정을 표현할 수 있다는 것을 알 수 있다.

이처럼 음의 장단과 강약, 음정까지도 표현할 수 있는 타악기는 사람이 맨 처음 만들어 아주 오랜 시간을 함께 해 왔다. 그리고 지금도 오케스트라 공연, 밴드의 연주, 군대의 행진 등에서 타악기는 빠지지 않고 연주된다. 인류의 몸속에는 타악기를 즐기는 유전자가 전해지고 있는 것이 아닐까?

뜻을 정확히 모르는 낱말들을 적어 보세요!

낱말 따라 쓰기

- 학문, 기술, 문명 등이 이전보다 더 좋게, 크게 또는 복잡하게 변하다. : 발달 하다
- 서로 의사를 주고받기 위해 한 조직이나 사회에서 미리 정해 놓은 일정한 소리·색깔·빛·몸짓 등의 표시 : 신호
  ㉠ 그들은 전등을 번득하여 도움을 요청하는 신호를 보냈다.
- 각종 형태의 정보나 의사를 전하는 데 이용하는 수단으로, 우편·전신·전화·컴퓨터 등이 있다. : 통신수단
- 일정한 방식으로 음식을 차려 놓고 일정한 격식에 따라 신령이나 죽은 조상의 신에게 절을 하며 받드는 것 : 제사

- 재미나 즐거움의 느낌 : 흥
  ㉠ 농악 놀이나 강강술래를 보면 절로 흥이 난다.
- 감정을 부추기거나 일으키다. : 돋우다
  ㉠ 조상들은 일하면서 힘든 것을 잊고 흥을 돋우기 위해 여러 가지 놀이를 즐겼다.
- 춤, 노래 따위의 빠르기나 가락을 주도하는 박자 : 장단
  ㉠ 그는 장단에 맞추어 어깨를 들썩거렸다.
- 강하고 약한 정도 : 강약 [强 – 강할 강, 弱 – 약할 약]
- 사실과 다르게 잘못 알다. : 오해 하다

STEP ① 중심 낱말 찾기

중심 낱말이란 단락 또는 글 전체에서 가장 중요하게 다루는 낱말입니다.

글의 내용을 잘 이해하려면 가장 먼저 중심 낱말을 찾아야 해요. 각 단락의 중심 낱말을 찾으면 단락에서 가장 중요한 내용이 무엇인지 쉽게 알 수 있고, 이를 통해 글 전체에서 무엇을 이야기하려고 하는지 빠르게 이해할 수 있어요.

★ 중심 낱말을 찾는 방법
• 단락 혹은 글 전체에서 가장 많이 나오는 말을 찾으세요.
• 단락 혹은 글 전체에서 가장 중심이 되는 말이 무엇인지 살펴보세요.

[1단락]

1단락에서는 글 전체에서 다루는 이야깃거리가 무엇인지 보여 주는 경우가 많아요.

'이 수많은 악기들 중 사람이 맨 처음으로 만든 악기는 무엇일까?' 하고 물음을 던지고 바로 북, 장구와 같은 타악기라고 이야기하고 있어요.

이때 단락에서 가장 중심이 되는 말이 타악기이므로, 1단락의 중심 낱말은 '1) ☐☐☐'입니다.

[2단락]

두드리거나 서로 부딪쳐서 소리를 내는 타악기는 간단히 소리를 낼 수 있기 때문에 악기 중 가장 먼저 발달할 수 있었다고, 타악기가 맨 2) ☐☐(으)로 만들어진 이유를 설명하고 있어요.

특히 타악기 중 북은 통신 수단, 제사 도구로 사용되었다고 하며 옛날 사람들이 타악기를 어떻게 이용했는지 이야기하고 있어요.

2단락에서 가장 많이 나오고 중심이 되는 말이 타악기이므로, 중심 낱말은 '타악기'입니다.

[3단락]

타악기가 음의 장단이나 강약만을 표현한다고 오해하는 경우가 많다고 이야기하고 있어요. 하지만 실로폰의 경우와 같이 타악기도 다양한 3) ☐☐을/를 표현할 수 있다고 합니다.

3단락에서 가장 많이 나오고 중심이 되는 말이 타악기이므로, 중심 낱말은 '타악기'입니다.

[4단락]

타악기는 음의 4) ☐☐와/과 강약, 음정까지 표현할 수 있으며, 사람이 맨 처음 만들어 아주 오랜 시간을 함께 해 왔음을 정리하여 이야기해 주고 있어요. 인류의 몸속에 5) ☐☐☐을/를 즐기는 유전자가 전해지고 있지 않나 생각할 정도로 지금도 다양하게 연주되고 있다네요.

1~3단락과 마찬가지로 가장 중심이 되는 말이 타악기이므로, 4단락의 중심 낱말도 '타악기'입니다.

★ 이 글의 단락별 중심 낱말은 모두 '타악기'이므로, 이 글 전체의 중심 낱말은 '6) ☐☐☐'입니다.

빠른 정답 2쪽, 정답과 풀이 5쪽

✏️ 뜻을 정확히 모르는
낱말들을 적어 보세요!

01 중심 낱말 찾기

다음은 이 글의 핵심 내용을 정리한 것입니다. 빈칸에 공통으로 들어가기에 알맞은 말을 쓰세요.

> 사람이 처음으로 만든 악기는 (   )이다. (   )은/는 두드리거나 서로 부딪쳐서 소리를 내는 악기를 말한다. 오랜 시간을 사람과 함께 해 온 (   )은/는 음의 장단과 강약, 음정까지도 표현할 수 있다.

(   )

02 내용 이해하기

다음 중 '예부터 타악기를 이용한 방법'으로 알맞지 <u>않은</u> 것은 무엇인가요? (   )

① 통신 수단
② 제사 도구
③ 음정 조절
④ 흥을 돋우는 역할
⑤ 전쟁에서 용기를 주는 역할

03 내용 추측하기

다음은 3단락의 ㈎ 오해가 무엇을 말하는지 추측한 내용입니다. ㉠, ㉡에 들어가기에 알맞은 말을 쓰세요.

> 타악기가 음의 장단이나 (㉠)만을 표현할 수 있고, (㉡)은/는 표현할 수 없다는 오해

㉠: (   ), ㉡: (   )

04 글쓰기 방식 이해하기

3단락의 밑줄 친 ㈏에 사용된 설명 방식으로 가장 알맞은 것은 무엇인가요? (   )

① 묻고 답하는 방식으로 설명하고 있다.
② 단어의 의미를 풀어서 설명하고 있다.
③ 예를 들어 이해하기 쉽게 설명하고 있다.
④ 두 가지 악기의 공통점을 비교하여 설명하고 있다.
⑤ 타악기의 발달 과정을 시간 순서대로 설명하고 있다.

낱말 따라 쓰기

- (음악에서) 동시에 울리거나 차례로 울리는 두 음의 높낮이의 간격 : 음 정
  ㉲ 그는 음정을 잡기 위해 여러 번 헛기침을 했다.
- 관현악을 연주하는 악단 : 오 케 스 트 라
- 주로 나팔·북 등으로 흥겨운 음악을 연주하는 악단 : 밴 드
- 여럿이 줄을 지어 앞으로 걸어가는 것 : 행 진 [行 –다닐 행, 進–나아갈 진]
- 사람을 다른 동물과 구별하여 이르는 말 : 인 류
  ㉲ 사랑은 인류에게 행복을 가져다주는 재산이다.
- 생물체의 세포 속에 들어 있어서 자손에게 물려줄 유전의 내용을 담고 있는 물질 : 유 전 자
- 어떤 사정이나 조건에 알맞게 만드는 것 : 조 절
- 미루어 생각하여 헤아리다. : 추 측 하다

문제 이해하고 풀기

01 중심 낱말 찾기

이 글의 핵심 내용을 정리해 놓았네요. 잘 읽고 빈칸에 어떤 말을 써넣어야 할지 생각해 보세요.

1단락에서 사람이 처음으로 만든 악기, 2단락의 두드리거나 서로 부딪쳐서 소리를 내는 악기, 4단락의 음의 장단과 강약, 음정까지도 표현할 수 있으며 오랜 시간을 사람과 함께 해 온 악기 모두 이 글의 중심 낱말인 '타악기'에 대한 이야기예요.

정답은 _____ 입니다.

02 내용 이해하기

이 글에 나온 '예부터 타악기를 이용한 방법'으로 알맞지 <u>않은</u> 것을 고르는 문제예요.

🌸 각각의 선택지 내용을 순서대로 살펴볼게요.

① 통신 수단(○)

근거 2단락 ❸번째 문장: 특히 북은 아주 오랜 옛날부터 멀리 떨어져 있는 사람에게 신호를 보내는 통신 수단이자, ~

② 제사 도구(○)

근거 2단락 ❸번째 문장: ~ 인간과 하늘을 연결해 주는 제사 도구로 사용되었다.

③ 음정 조절(×)

🍃 3단락을 보면 타악기도 다양한 음정을 표현할 수 있다는 것을 알 수 있지만, 예부터 타악기를 음정 조절을 위해 이용했다는 사실은 찾아볼 수 없어요.

④ 흥을 돋우는 역할(○)

근거 2단락 ❹번째 문장: 또한 타악기는 사람의 흥을 돋우는 역할도 하였다.

⑤ 전쟁에서 용기를 주는 역할(○)

근거 2단락 ❺번째 문장: ~ 전쟁이 나면 쿵쿵 심장을 울리는 북소리를 들으며 용기를 얻기도 하였다.

정답은 _____ 입니다.

03 내용 추측하기

3단락의 밑줄 친 '오해'가 무엇인지 추측하면서 ㉠, ㉡에 알맞은 말을 써 보는 문제예요.

🌸 '오해'의 내용을 추측할 수 있는 문장을 찾아볼까요?

근거 3단락 ❶, ❷번째 문장: 그런데 우리는 타악기가 음의 장단이나 강약만을 표현한다고 오해하는 경우가 많다. 큰북, 작은북, 트라이앵글, 캐스터네츠 등 우리가 자주 보는 타악기가 다양한 음정을 표현할 수 없어서 그런 오해가 생기는 것이다.

🍃 3단락에서 우리가 자주 보는 타악기가 다양한 음정을 표현할 수 없어서 타악기가 음의 장단이나 강약만을 표현한다고 오해하는 경우가 많다고 이야기하고 있어요.

정답은 ㉠: _____ , ㉡: _____ 입니다.

04 글쓰기 방식 이해하기

3단락의 밑줄 친 (나) 문장은 글쓴이의 생각을 읽는 사람들이 쉽게 이해할 수 있도록 어떤 설명 방식을 사용했는지 살펴보세요.

🌸 이 글의 (나) 문장을 살펴볼까요?

실로폰을 떠올리면 타악기도 다양한 음정을 표현할 수 있다는 것을 알 수 있다.

🍃 실로폰은 '도, 레, 미, 파, 솔, 라, 시, 도' 분명한 음높이가 있는 타악기예요. 실로폰을 예로 들어 타악기도 다양한 음정을 표현할 수 있다는 것을 이해하기 쉽게 설명하고 있네요.

정답은 _____ 입니다.

다양한 쓰임을 가진 지도

빠른 정답 2쪽

옛날부터 오늘날까지, 사람들은 다양한 지도를 만들고 이용해 왔다. 특히 지도에는 우리가 사는 곳의 모습이 작게 나타나 있기 때문에 길을 찾기 쉽다. 그런데 지도는 위치를 파악하는 것 말고도 더 다양한 쓰임을 가지고 있다. 지도의 의미와 쓰임을 알아보도록 하자.

지도란 땅을 뜻하는 한자 '지(地)'와 그림을 뜻하는 한자 '도(圖)'가 합쳐진 말로, 땅의 모습을 나타낸 그림이라는 의미이다. 하지만 땅의 모습을 그렸다고 해서 모두 지도라고 할 수는 없다. 지도는 어느 누가 보아도 어느 곳을 나타낸 것인지 알 수 있어야 하기 때문이다. 따라서 지도란 땅의 모습이나 자연환경, 사물의 위치 등 지리적 현상들을 여러 가지 약속된 기호로 그린 그림을 말한다.

지도의 쓰임은 아주 다양하다. 우선 지도를 이용하면 간단하면서도 정확하게 길을 찾을 수 있고, 거리를 잴 수도 있다. 그리고 지도의 종류에 따라 다양한 정보를 편리하게 전달할 수 있다. 땅의 높낮이뿐만 아니라 땅의 성분과 이용 상태를 나타낸 지도, 지역에 따른 기후나 인구의 특징을 담은 지도, 도로·철도·항로와 같은 교통수단에 대한 정보를 담은 지도, 관광하기 좋은 곳을 나타낸 지도 등 다양한 종류의 지도가 있다. 게다가 역사적 사건들을 한눈에 살펴볼 수 있는 지도도 있다.

▲ 서울 관광 지도

이처럼 우리가 사는 땅의 모습을 옮겨 놓은 지도는 종류에 따라 다양한 쓰임을 가진다. 요즘에는 기술이 발달하여 지도를 들고 다니지 않아도 인터넷만 된다면 언제 어디서나 지도를 살펴볼 수 있다. 우리 지역의 지도를 찾아 우리 집이 어디에 있고, 목적지까지 어떻게 갈 수 있는지 알아보며 지도를 읽는 방법을 익혀 보자.

지문 확인

- 1단락 중심 낱말 :
1) ▢ ▢

- 2단락 중심 낱말 :
2) ▢ ▢

- 3단락 중심 낱말 :
3) ▢ ▢ 의 쓰임

- 4단락 중심 낱말 :
4) ▢ ▢

낱말 따라 쓰기

● 돈이나 물건 따위가 실제로 사용되는 곳 : 쓰 임

● 어떤 일의 내용·사정·본질 등을 확실하게 이해하여 알다. : 파 악 하다

● 산·강·바다·동물·식물·비·바람·구름 등 인간 생활을 둘러싸고 있는 자연계의 모든 요소가 이루는 환경 : 자 연 환 경
예 깨끗한 자연환경을 아이들에게 물려주어야 한다.

● 실지로 나타나 보이는 사물의 모양과 상태 : 현 상
[現−나타날 현, 象−모양 상]
예 밤이 되어도 기온이 내려가지 않는 열대야 현상이 나타난다.

● 앞으로의 일이 어떻게 될 것인가가 미리 정해지다. : 약 속 되 다

● 어떤 뜻을 나타내기 위한 일정한 표시 : 기 호

01 　중심 낱말 찾기

다음은 이 글의 핵심 내용을 정리한 것입니다. 빈칸에 공통으로 들어가기에 알맞은 말을 쓰세요.

> (　　　　)은/는 땅의 모습이나 자연환경, 사물의 위치 등 지리적 현상들을 약속된 기호로 그린 그림을 말한다. (　　　　)은/는 쓰임이 아주 다양해서, 길 찾기나 거리 재기 외에도 종류에 따라 다양한 정보를 편리하게 전달한다.

(　　　　　　　　　)

정답 콕콕 특강

01

이 글에서 중심적으로 설명하고 있는 것이 무엇인지 떠올려 보세요. 글의 단락마다 등장하는 중심 대상에 대한 설명이 문제에서 주어진 내용과 일치해요.

DAY 02

02 　내용 이해하기

이 글의 제목을 다시 쓴다고 할 때, 제목으로 가장 알맞은 것은 무엇인가요? (　　)

① 지도의 역사
② 지도의 의미와 쓰임
③ 지도를 작성하는 방법
④ 지도에 사용되는 기호 체계
⑤ 실생활에서 지도를 활용하는 방법

02

1단락에서 무엇을 알아보자고 하고 있는지 찾아보세요.

03 　내용 이해하기

이 글의 '지도'에 대한 설명으로 맞으면 ○표, 틀리면 ✕표를 하세요.

(1) 최근에서야 쓰이기 시작했다. 　　　　　　　　　　　(　　)
(2) 우리가 사는 곳의 모습이 작게 나타나 있다. 　　　　　(　　)
(3) 지리적 현상들을 사실대로, 똑같이 그린 그림이다. 　　(　　)
(4) 땅을 뜻하는 한자 '지(地)'와 그림을 뜻하는 한자 '도(圖)'가 합쳐진 말이다.
　　　　　　　　　　　　　　　　　　　　　　　　　　　(　　)

03

1, 2단락에 나온 지도에 대해 설명과 문제를 비교해 보세요.

04 알맞은 반응 찾기

다음은 이 글을 읽은 사람들의 반응입니다. 글의 내용과 맞지 <u>않는</u> 것은 무엇인가요?

( )

① 명수: 지하철의 노선도도 지도 중의 하나이군.
② 재현: 길을 찾을 때만 지도를 사용할 수 있겠군.
③ 진아: 땅의 성분과 이용 상태가 그려진 지도도 있군.
④ 형준: 관광하기 좋은 곳이 궁금할 때 지도를 이용할 수 있겠군.
⑤ 미희: 인구를 그린 지도를 이용하면 지역별 인구를 비교해 볼 수 있겠군.

04
3단락에 지도의 다양한 쓰임이 나타나 있어요.

05 내용 이해하기 `서술형`

지도에 기호를 사용하는 이유를 이 글에서 찾아 쓰세요.

_____

_____

_____

05
2단락에서 땅의 모습을 그렸다고 해서 모두 지도라고 할 수는 없다고 이야기하고 있네요.

--- 낱말 따라 쓰기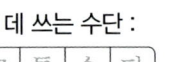

● 어떤 기준에 따라 여러 가지 사물의 부문을 나누는 갈래 : 종 류

● 어떤 일을 하는 데 힘이 들지 않고 이용하기 쉽다. : 편 리 하다
　[便-편할 편, 利-이로울 리]

● 지시, 명령, 물품 따위를 다른 사람이나 기관에 전하여 받게 하다. :
　전 달 하다

● 높고 낮은 정도 : 높 낮 이

● 물질의 바탕을 이루고 있는 것의 한 부분 : 성 분
　예 멸치에는 칼슘 성분이 많다.

● 일정한 지역에서 여러 해에 걸쳐 나타난 기온, 비, 눈, 바람 따위의
　평균 상태 : 기 후

● 한 나라나 일정한 지역에 사는 사람의 수 : 인 구
　[人-사람 인, 口-인구 구]

● 배나 비행기가 일정하게 다니는 길 : 항 로

● 차·배·비행기처럼 사람이 이동하거나 짐을 옮기는 데 쓰는 수단 :
　교 통 수 단

● 어떤 곳의 경치·상황·풍속 등을 찾아가 구경하는 것 : 관 광

● 전 세계의 컴퓨터가 서로 연결되어 정보를 교환할 수 있는, 하나의
　거대한 컴퓨터 통신망 : 인 터 넷

● 어떤 일을 능숙하게 할 수 있도록 배우거나 공부하다. :
　익 히 다

● 원고·서류·계획서 등을 만들다. : 작 성 하다
　[作-만들 작, 成-이룰 성]

● 여러 요소나 부분들이 서로 연결되고 어울리도록 일정한 원칙에 따
　라 조직한 전체 : 체 계

● 무엇이 지니고 있는 기능이나 능력을 제대로 잘 쓰다. : 활 용 하다
　[活-살 활, 用-쓸 용]

[01~04] 주어진 뜻풀이에 해당하는 낱말을 연결하세요.

01 사실과 다르게 잘못 아는 것　•

02 어떤 사정이나 조건에 알맞게 만드는 것　•

03 사람을 다른 동물과 구별하여 이르는 말　•

04 강하고 약한 정도　•

• ㉠　오해

• ㉡　강약

• ㉢　조절

• ㉣　인류

[05~08] 주어진 뜻풀이에 해당하는 낱말을 〈보기〉에서 찾아 쓰세요.

〈 보기 〉
장단　제사　통신 수단　교통수단

05 일정한 방식으로 음식을 차려 놓고 일정한 격식에 따라 신령이나 죽은 조상의 신에게 절을 하며 받드는 것 : _____

06 춤, 노래 따위의 빠르기나 가락을 주도하는 박자 : _____

07 각종 형태의 정보나 의사를 전하는 데 이용하는 수단으로, 우편·전신·전화·컴퓨터 등이 있다. : _____

08 차·배·비행기처럼 사람이 이동하거나 짐을 옮기는 데 쓰는 수단 : _____

[09~12] 주어진 초성과 낱말의 뜻을 보고, 빈칸에 알맞은 낱말을 쓰세요.

09 낱말의 | ㅆ | ㅇ |을/를 알면, 뜻을 이해하기가 쉽다.
돈이나 물건 따위가 실제로 사용되는 곳

10 낙하산이 | ㅇ | ㅅ |된 곳에 정확히 내려앉았다.
앞으로의 일이 어떻게 될 것인가가 미리 정해지다.

11 염분은 사람의 몸에서 없어서는 안 될 중요한 | ㅅ | ㅂ |이다.
물질의 바탕을 이루고 있는 것의 한 부분

12 컴퓨터로 문서를 만들 때 단축키를 사용하면 훨씬 빠르고 | ㅍ | ㄹ |하다.
어떤 일을 하는 데 힘이 들지 않고 이용하기 쉽다.

[13~16] 빈칸에 알맞은 낱말을 골라 써 보세요.

13 　환상　　현상
며칠간 이상 고온 | | |이 계속되고 있다.

14 　기후　　날짜
요새는 겨울인지 봄인지 알 수 없는 | | |가 계속되어 왔다.

15 　도로　　항로
비행기 조종사는 심한 폭풍우 때문에 | | |를 변경했다.

16 　발달　　파악
사태를 정확히 | | |해야 올바른 해결책을 떠올릴 수 있다.

감기에 걸리는 이유

추운 겨울이면 감기에 걸리지 않으려고 따뜻한 옷을 입고 목도리와 장갑 등으로 온몸을 꽁꽁 싸맨다. 그런데 추워서 감기에 걸린다는 것은 잘못된 상식이다. 감기가 겨울에 잘 걸리는 것은 맞지만, 감기의 원인은 추위가 아니라 '바이러스'이다. 감기는 왜 걸리는지 좀더 알아보도록 하자.

감기는 우리가 호흡할 때 공기 중에 떠도는 바이러스가 코나 입을 통해 몸으로 들어와 걸리게 된다. 감기에 걸린 사람이 기침을 하면 공기 중에 수많은 감기 바이러스가 퍼진다. 이때 곁에 있던 사람이 호흡하면서 감기 바이러스를 들이마시면 감기가 옮는 것이다. 같은 방식으로 감기 환자가 손에 바이러스가 묻은 상태로 물건을 만지고, 그 물건을 다른 사람이 만졌다가 바이러스가 묻은 손으로 무심코 입이나 코를 만졌을 때도 감기가 옮을 수 있다.

그렇다면 감기는 왜 겨울에 더 잘 걸릴까? 겨울에는 날씨가 추워 사람들이 주로 실내에서 생활하므로 다른 사람과 맞닿는 일이 더 잦다. 감기 바이러스를 가진 사람과 함께 실내에 있으면서 감기에 옮을 확률이 더 높아지는 것이다. 또한 꽤 많은 종류의 감기 바이러스가 실내 습도가 낮은 겨울에도 공기 중에서 오랫동안 살아남는다. 이러한 이유들로 다른 계절보다 겨울에 감기가 더 잘 걸리는 것이다.

이처럼 감기의 원인은 바이러스이기 때문에 감기에 걸리는 가장 흔한 경로는 사람들 간의 접촉이라고 할 수 있다. 따라서 감기가 유행할 때는 사람이 많이 모이는 장소에 가지 않는 것이 좋다. 또, 외출 후에는 손발을 깨끗이 씻고 이를 닦아 바이러스가 우리 몸에 들어오는 일을 막아야 한다. 그리고 평소에 잘 먹고 잘 자면서 체력과 면역력을 키우면 감기 바이러스가 몸에 들어와도 감기에 잘 걸리지 않을 수 있다. 올바른 생활 습관을 통해 감기를 예방하도록 하자.

✏️ 뜻을 정확히 모르는 낱말들을 적어 보세요!

낱말 따라 쓰기

● 보통 사람이 대개 가지고 있을 만한 지식이나 판단력 : 상 식
　[常 - 항상 상, 識 - 알 식]

● 동물, 식물, 세균 따위의 살아 있는 세포에 붙어서 살고 유행성 감기 등의 병원체가 되며, 특수한 현미경으로만 볼 수 있는 아주 작은 미생물 : 바 이 러 스

● 숨을 내쉬고 들이마시다. : 호 흡 하다

● 허파에서 목구멍을 통해 공기가 거친 소리를 내며 갑자기 터져 나오는 것 : 기 침

● 병 따위가 다른 이에게 퍼지다. : 옮 다

● 아무런 뜻이나 생각이 없이 : 무 심 코

● 무엇과 서로 마주 닿아 있다. : 맞 닿 다

● 어떤 일이 생기는 것이 잇따라 자주 있다. : 잦 다

● 어떤 사건이 일어날 수 있는 정도 : 확 률

● 공기 가운데 수증기가 들어 있는 정도 : 습 도

● 어떤 목적을 이루거나 어떤 결과가 생기기까지 거치거나 지나는 과정 또는 길 : 경 로

● 두 물체가 서로 닿든가 맞붙는 것 : 접 촉

STEP 1 중심 낱말 찾기

★ 중심 낱말을 찾는 방법
• 단락 혹은 글 전체에서 가장 많이 나오는 말을 찾으세요.
• 단락 혹은 글 전체에서 가장 중심이 되는 말이 무엇인지 살펴보세요.

1단락

1단락에서는 글 전체에서 다루는 이야깃거리가 무엇인지 제시하는 경우가 많아요.

감기가 겨울에 잘 걸리는 것은 맞지만, 감기의 원인은 추위가 아니라 바이러스 때문이라고 하네요. 추워서 감기에 걸린다는 것은 잘못된 상식이라며, 왜 감기에 걸리는지 좀더 알아보자고 이야기하고 있어요.

이때 단락에서 가장 많이 나오고 중심이 되는 말이 감기이므로 1단락의 중심 낱말은 '¹⁾◻◻'입니다.

2단락

우리가 호흡할 때 공기 중에 떠도는 감기 바이러스가 코나 입을 통해 몸으로 들어와 감기에 걸린다고 이야기하고 있어요. 그리고 그 과정을 눈에 보이는 것처럼 자세하게 설명하고 있네요.

1단락과 마찬가지로 가장 많이 나오고 중심이 되는 말이 감기이므로 2단락의 중심 낱말도 '감기'입니다.

3단락

감기가 왜 ²⁾◻◻에 더 잘 걸리는지 이유를 설명하고 있어요.

추위 때문에 실내에서 주로 생활하면서 감기 바이러스를 가진 사람과 함께 있어 감기에 옮을 확률이 더 높아지고, 꽤 많은 종류의 감기 바이러스가 실내 습도가 낮은 겨울에도 공기 중에서 오랫동안 살아남는다고 해요.

이 단락에서 가장 많이 나오고 중심이 되는 말이 '감기'이므로 3단락의 중심 낱말은 '감기'입니다.

4단락

감기의 원인이 ³⁾◻◻◻◻(이)기 때문에 감기에 걸리는 가장 흔한 경로는 사람들 간의 접촉이라고 설명하고 있어요. 감기를 예방하기 위해서는 올바른 ⁴⁾◻◻◻을/를 길러야 하겠죠?

1~3단락과 마찬가지로 가장 많이 나오고 중심이 되는 말이 감기이므로 4단락의 중심 낱말도 '감기'입니다.

★ 이 글의 단락별 중심 낱말은 모두 '감기'이므로 이 글 전체의 중심 낱말은 '⁵⁾◻◻'입니다.

01 중심 낱말 찾기

글의 핵심 내용을 정리한 것입니다. 빈칸에 공통으로 들어가기에 알맞은 말을 쓰세요.

> 감기의 원인은 (   )이다. 감기는 (   )이/가 몸속에 들어와 걸리므로 사람 간 접촉이 많을 때 감기에 걸리기 쉽다. 따라서 감기가 유행할 때 사람이 많이 모이는 곳을 피하고 몸을 깨끗이 하는 생활 습관을 가져야 한다.

(   )

정답 콕콕 특강

01
이 글은 감기에 걸리는 것이 추위 때문이 아니라 이것 때문이라며 잘못된 상식을 바로 알려 주고 있어요.

02 글쓰기 방식 이해하기

다음 중 이 글에 대한 설명으로 알맞지 않은 것은 무엇인가요?   (   )

① 감기가 옮는 과정을 자세하게 설명하고 있다.
② 구체적인 예를 들어 예방 방법을 설명하고 있다.
③ 묻고 답하는 방식을 사용하여 읽는 사람의 흥미를 끌고 있다.
④ 겨울에 더 감기에 잘 걸리는 이유를 여름의 경우와 비교하여 설명하고 있다.
⑤ 감기의 원인에 대한 잘못된 상식을 말하고, 진짜 원인에 대해 설명하고 있다.

02
3단락에서 감기는 왜 겨울에 더 잘 걸리는지 설명하고 있어요.

03 내용 이해하기

이 글의 '감기'에 대한 설명으로 맞으면 ○표, 틀리면 ✕표를 하세요.

(1) 감기 환자가 기침을 하면, 감기 바이러스가 공기 중에 퍼진다.   (   )
(2) 감기 환자와 함께 실내에 있으면, 감기에 옮을 가능성이 높다.   (   )
(3) 감기 바이러스는 공기 중으로는 퍼지지만 물건에는 묻지 않는다.   (   )

03
2단락에 감기 바이러스가 어떻게 옮겨지는지 과정별로 자세히 나타나 있어요.

04 내용 적용하기

감기 예방에 대한 가정 통신문 중 일부입니다. ㉠, ㉡에 들어가기에 알맞은 말을 쓰세요.

> **겨울철 감기 예방 안내**
> 감기 예방을 위해 지켜야 할 사항을 안내하오니 꼭 기억하고 실천하도록 합시다.
> 1. 사람이 많은 곳은 피하고 외출 후 (㉠)을/를 깨끗이 씻기
> 2. 규칙적인 생활 습관으로 체력과 (㉡) 키우기

㉠: (   ), ㉡: (   )

04
4단락에 감기를 예방하는 방법이 나타나 있네요.

낱말 따라 쓰기

● 전염병이 널리 퍼져 돌아다니다. : [유] [행] 하다
● 몸 밖에서 들어온 병균을 이겨 내는 몸의 힘 : [면] [역] [력]

● 병이나 사고 같은 것이 생기지 않도록 미리 막다. : [예] [방] 하다
● 어떠하게 할 수 있거나 될 수 있는 것 : [가] [능] [성]

[01~05] 주어진 낱말에 알맞은 뜻을 연결하세요.

01 공기 가운데 수증기가 들어 있는 정도 · · ㉠ 잦다

02 어떤 일이 생기는 것이 잇따라 자주 있다. · · ㉡ 옮다

03 병 따위가 다른 이에게 퍼지다. · · ㉢ 상식

04 보통 사람이 대개 가지고 있을 만한 지식이나 판단력 · · ㉣ 기침

05 허파에서 목구멍을 통해 공기가 거친 소리를 내며 갑자기 터져 나오는 것 · · ㉤ 습도

[06~09] 낱말의 뜻과 예로 든 문장을 보고, 빈칸에 알맞은 낱말을 쓰세요.

DAY 03

06 ⬚⬚ 하다 : 전염병이 널리 퍼져 돌아다니다.
⟨예⟩ 교내에서 눈병이 _____ 하고 있다.

07 ⬚⬚⬚ : 아무런 뜻이나 생각이 없이
⟨예⟩ 그가 _____ 던진 말에 슬퍼졌다.

08 ⬚⬚⬚ : 몸 밖에서 들어온 병균을 이겨 내는 몸의 힘
⟨예⟩ _____ 이/가 약한 아이들은 바이러스에 감염되기 쉽다.

09 ⬚⬚ : 어떤 목적을 이루거나 어떤 결과가 생기기까지 거치거나 지나는 과정 또는 길
⟨예⟩ 그들은 여러 _____ 을/를 통하여 자료를 수집하였다.

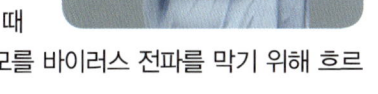

기침 예절 지키기

감기가 걸리면 어떤 감기냐에 따라 다르지만 다양한 증상이 나타나요. 콧물이 나기도 하고, 열이 심하게 오르기도 하고, 기침이 심할 때도 있지요. 그런데 기침을 할 때도 예절이 있다는 것을 알고 있었나요?

질병 관리 본부에서는 감기와 같은 감염병이 퍼지는 것을 막기 위해서 기침 예절을 정했어요. 구체적인 내용을 알아볼까요?

기침할 때는 손이 아닌 휴지를 사용해 코와 입을 가려야 해요. 그리고 사용한 휴지는 곧바로 버려 주세요. 손으로 입과 코를 가리게 되면 바이러스가 손에 묻어 전파될 우려가 있기 때문이에요. 만약 휴지나 손수건이 없다면 옷소매 위쪽으로 입과 코를 가리고요. 또한 혹시 모를 바이러스 전파를 막기 위해 흐르는 물에 깨끗이 손을 씻어 주세요.

기침 예절은 나뿐만 아니라 우리 주변의 사람들을 보호하기 위해서 잘 따라 주어야 해요. 특히 감염병이 유행하는 겨울철 실내에서는 반드시 실천하려는 노력이 필요하답니다.

교과서는 어떤 사각형일까?

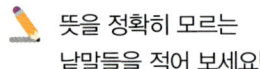

우리는 어떤 것을 사각형이라고 할까? 네 개의 선분으로 둘러싸인 도형을 사각형이라고 한다. 그런데 교과서를 보고 사각형이라고 말하는 사람도 있고, 직사각형이라고 말하는 사람도 있다. 모두 다 맞는 말이다. 그 이유가 무엇일까? 사각형들의 관계를 이해하면 그 이유를 알 수 있다.

사각형에는 정사각형, 직사각형, 마름모, 평행사변형, 사다리꼴 등 여러 종류가 있으며 이것들은 모두 정해진 기준에 해당해야만 각각의 사각형으로 구분된다. 만약 한 도형이 여러 종류의 사각형이 가진 기준에 모두 해당한다면 그 도형은 다양한 사각형으로 불릴 수 있다. 예를 들어, 네 개의 선분으로 둘러싸인 도형인데 마주 보는 한 쌍의 변이 평행하다면 이 도형은 사각형이면서 사다리꼴이다. 또, 마주 보는 두 쌍의 변이 평행한 평행사변형은 사다리꼴이자 사각형이기도 하다.

정사각형의 경우는 어떨까? 마름모는 네 변의 길이가 모두 같은 사각형, 직사각형은 네 각의 크기가 모두 같은 사각형이다. 그리고 정사각형은 네 변의 길이가 모두 같고 네 각의 크기가 모두 같은 사각형이므로, 마름모이자 직사각형이라고도 할 수 있다. 또한 정사각형은 마주 보는 두 쌍의 변이 평행하다는 성질도 가지고 있다. 따라서 정사각형은 평행사변형이자 사다리꼴이기도 하다.

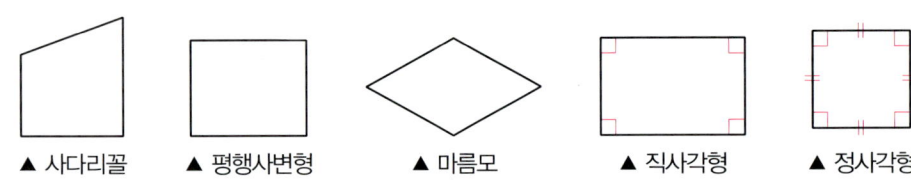

▲ 사다리꼴   ▲ 평행사변형   ▲ 마름모   ▲ 직사각형   ▲ 정사각형

이러한 사각형들의 관계에 따라 교과서는 어떤 종류의 사각형인지 생각해 보자. 교과서는 네 각의 크기가 모두 같고 마주 보는 두 쌍의 변이 평행한 직사각형이다. 그리고 동시에 평행사변형, 사다리꼴, 사각형이기도 하다. 교과서는 이렇게 여러 종류의 사각형이 가진 기준을 모두 가지고 있기 때문에 다양한 사각형으로 구분될 수 있는 것이다.

뜻을 정확히 모르는 낱말들을 적어 보세요!

낱말 따라 쓰기

● 직선 위의 두 점 사이에 한정된 부분 : 선 분
  [線-선 선, 分-나눌 분] ┌─────────┐ 선분 ㄱㄴ

● 점, 선, 면, 체 또는 그것들의 집합을 통틀어 이르는 말 : 도 형
  [圖-그림 도, 形-모양 형]

● 사람, 사물 따위가 서로 일정한 영향을 주고받도록 되어 있는 것 : 관 계
  ⑩ 날씨는 우리 생활과 밀접한 관계가 있다.

● 사물이나 사실의 이치나 중요성을 알다. : 이 해 하다
  ⑩ 그는 역사를 바르게 이해하기 위해 많은 책을 읽었다.

● 종류를 나누거나 비교를 하거나 정도를 구별하기 위하여 따르는 일정한 원칙이나 잣대 : 기 준
  ⑩ 자동차를 몇 가지 기준에 따라 분류할 수 있다.

● 무엇에 잘 어울리든가 바로 들어맞다. : 해 당 하다
  ⑩ 길거리에 쓰레기를 버리는 것 역시 범죄에 해당한다.

빠른 정답 2쪽, 정답과 풀이 10~11쪽

01 중심 낱말 찾기

다음은 이 글의 핵심 내용을 정리한 것입니다. 빈칸에 공통으로 들어가기에 알맞은 말을 쓰세요.

> (   )은/는 네 개의 선분으로 둘러싸인 도형을 말하고, 여러 종류가 있다. (   )의 종류마다 정해진 기준이 있는데 만약 여러 종류의 기준에 해당한다면, 그 도형은 다양한 (   )(으)로 불릴 수 있다.

(   )

✏️ 뜻을 정확히 모르는 낱말들을 적어 보세요!

DAY
04

02 내용 이해하기

다음 기준들이 각각 어떤 종류의 사각형에 해당하는지 찾아 연결하세요.

(1) 네 변의 길이가 모두 같은 사각형 •   • ㉠ 마름모

(2) 네 각의 크기가 모두 같은 사각형 •   • ㉡ 정사각형

(3) 네 변의 길이가 모두 같고 네 각의 크기가 모두 같은 사각형 •   • ㉢ 직사각형

03 내용 이해하기

이 글의 '사각형들의 관계'에 대한 설명으로 알맞지 <u>않은</u> 것은 무엇인가요? (   )

① 사다리꼴은 사각형이기도 하다.
② 정사각형은 직사각형이자, 마름모이다.
③ 평행사변형은 사각형이지만, 사다리꼴은 아니다.
④ 정사각형은 평행사변형이자, 사다리꼴이기도 하다.
⑤ 직사각형은 사각형이자, 사다리꼴이고, 평행사변형이기도 하다.

04 내용 적용하기

다음은 지은이가 교실의 문이 어떤 종류의 사각형인지 정리한 과정을 나타낸 것입니다.
㉠, ㉡에 들어가기에 알맞은 말을 쓰세요.

> 1. 교실의 문은 네 개의 선분으로 둘러싸여 있다. → 사각형
> 2. 교실의 문은 마주 보는 두 쌍의 변이 평행하다. → 사다리꼴이자 (㉠)
> 3. 교실의 문은 네 각의 크기가 모두 같다. → (㉡)
> ➡ 결론: 1, 2, 3의 과정을 종합하면 교실의 문은 사각형이자, 사다리꼴이고
> (㉠)이자, (㉡)임을 알 수 있다.

㉠: (   ), ㉡: (   )

05 내용 이해하기 [서술형]

교과서는 다양한 사각형으로 구분될 수 있습니다. 그 이유를 이 글에서 찾아 쓰세요.

_____

_____

_____

✏️ 뜻을 정확히 모르는 낱말들을 적어 보세요!

- ● _____
- ● _____
- ● _____
- ● _____
- ● _____
- ● _____
- ● _____
- ● _____
- ● _____
- ● _____

낱말 따라 쓰기

- ● 일정한 기준에 따라 전체가 몇 가지로 묶여 갈리다. : 구 분 되 다

  ㉤ 기숙사에는 남녀의 방이 구분되어 있다.
- ● 무엇이라고 가리켜 말해지거나 이름이 붙여지다. : 불 리 다

  ㉤ 부산은 제2의 수도라고 불린다.
- ● 서로 똑바로 향하여 : 마 주

  ㉤ 두 학생은 마주 서서 손바닥 치기를 했다.
- ● 다각형을 이루는 각 선분 : 변

  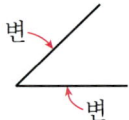

- ● 두 개의 직선 또는 평면이 서로 나란히 있어 아무리 연장하여도 서로 만나지 아니하다. : 평 행 하다
- ● 놓여 있는 조건이나 놓이게 된 형편이나 사정 : 경 우

  ㉤ 비가 올 경우에는 경기를 연기한다.
- ● 한 점에서 갈리어 나간 두 직선의 벌어진 정도 : 각

- ● 사물이나 현상이 가지고 있는 다른 것과 구별되는 특징 : 성 질

  [性-성품 성, 質-바탕 질]
- ● 관련된 여러 가지를 모아 하나로 합치다. : 종 합 하다

낱말 쑥쑥 테스트

빠른 정답 2쪽

[01~04] 주어진 낱말 중 뜻풀이에 해당하는 것을 골라 쓰세요.

01 수질 ／ 성질

사물이나 현상이 가지고 있는 다른 것과 구별되는 특징 : ☐☐

02 평행 ／ 종합

두 개의 직선 또는 평면이 서로 나란히 있어 아무리 연장하여도 서로 만나지 아니하다. : ☐☐하다

03 기준 ／ 조준

종류를 나누거나 비교를 하거나 정도를 구별하기 위하여 따르는 일정한 원칙이나 잣대 : ☐☐

04 변 ／ 각

한 점에서 갈리어 나간 두 직선의 벌어진 정도 : ☐

[05~09] 문장의 빈칸에 들어갈 낱말을 〈보기〉에서 찾아 쓰세요. 필요하면 문장에 맞게 바꾸어 쓰세요.

〈 보기 〉
불리다 도형 관계 이해하다 해당하다

05 꼭짓점이 셋 이상인 ☐☐에는 삼각형도 포함된다.

06 다른 사람의 물건을 허락 없이 가져가는 경우는 도둑질에 ☐☐한다.

07 악어와 악어새는 서로 도와주고 도움을 받는 ☐☐이다.

08 그의 갑작스러운 짜증을 ☐☐할 수 없다.

09 우리 가족이 여름에 여행을 갔던 홍콩은 '동양의 진주'라고 ☐☐☐.

─────── 배경지식 ~

우리 주변에 사각형이 많은 이유는?

우리 주위에는 사각형으로 된 물건들이 아주 많아요. 책도 사각형이고, 컴퓨터도 그렇고, 텔레비전, 옷장, 책장, 칠판, 사물함……. 이처럼 사각형으로 된 물건들이 많은 이유는 무엇일까요? 편리하고 안전하다는 장점을 가지기 때문이에요. 사각형은 힘을 받는 부분이 네 군데예요. 이렇게 나누어진 덕분에 넘어지지 않고 균형을 잡기 쉽죠.

거리를 걷다가 원형으로 생긴 건물을 본 적 있나요? 원형 건물도 없지는 않겠지만 우리 주변에는 사각형 건물이 훨씬 많답니다. 건물이 사각형인 이유는 버려지는 공간을 최소화하기 위해서예요. 사각형으로 된 건물 안에 사각형으로 된 가구들을 딱 맞게 놓을 수 있죠. 건물과 건물 사이도 마찬가지라서, 만약 건물이 원형이라면 건물 사이에 빈틈이 너무 많을 거예요. 따라서 우리 주변에는 네모난 건물이 많은 것이랍니다.

유익한 정보를 알려 주는 설명문

　가전제품을 사면 어떤 기능이 있는지, 어떻게 사용해야 하는지, 고장이 났을 때는 어떻게 해야 하는지 등을 설명해 주는 글이 함께 온다. 이처럼 읽는 사람에게 새로운 지식이나 유익한 정보를 알려 주기 위하여 쓴 글을 설명문이라고 한다. 우리가 살면서 자주 접하는 설명문은 어떻게 써야 할까?

　설명문의 목적은 정보와 지식을 정확하게 전달하는 것이기 때문에 설명문에 담겨 있는 내용이 사실인지가 가장 중요하다. 설명문을 쓸 때는 꾸며 낸 이야기, 글쓴이의 짐작이나 주장이 아닌 오직 객관적이고 과학적인 사실을 바탕으로 정확하게 써야 한다.

　또한 설명문은 읽는 사람이 정보를 쉽게 이해할 수 있도록 '처음 – 중간 – 끝'의 구성으로 짜임새 있게 써야 한다. 처음 부분에서는 글쓴이가 알리고 싶은 것을 소개하고, 이것에 대해 읽는 사람이 흥미를 갖도록 이끌면서 어떻게 설명할 것인지를 밝힌다. 중간 부분에서는 알리고 싶은 내용을 본격적으로 자세히 설명한다. 그리고 끝부분에서는 설명한 내용을 간단하게 다시 요약하고 마무리한다.

　마지막으로, 설명문을 쓸 때는 읽는 사람에게 정보가 잘 전달될 수 있도록 이해하기 쉬운 낱말과 문장으로 풀어 써야 한다. 아무리 유익한 내용을 담고 있는 설명문이라도 읽기가 어려우면 내용을 제대로 전달할 수 없다. 따라서 ㈎ 읽는 사람의 나이, 지적 수준 등을 생각하여 가능한 한 쉽고 명확한 표현을 사용하는 것이 좋다.

　제품 설명서뿐만 아니라 가정 통신문, 교과서 등 우리는 생활 속에서 다양한 설명문을 접하고 있다. 설명문을 읽을 때는 설명문의 내용이 객관적인지 살피고, '처음 – 중간 – 끝'의 구성에 따라 내용을 정리하며 읽어야 한다. 그러면 나에게 필요한 정보를 더 잘 이해할 수 있을 것이다.

✎ 뜻을 정확히 모르는 낱말들을 적어 보세요!

-
-
-
-
-
-
-
-
-
-
-

낱말 따라 쓰기

- 이롭거나 도움이 될 만한 것이 있다. : 유 익 하다
  - ㉮ 그 책은 학생들의 교육에 유익하다.
- 가정에서 사용하는 세탁기, 냉장고, 텔레비전 등의 전기 기기 제품 : 가 전 제 품
  - ㉮ 이사를 하면서 낡고 오래된 가전제품을 새것으로 바꿨다.
- 무엇을 알게 되거나 경험하다. : 접 하 다

- 지시, 명령, 물품 따위를 다른 사람이나 기관에 전하여 받게 하다. : 전 달 하다
- 사정이나 형편 따위를 어림잡아 대강 알아차리는 것 : 짐 작
  - ㉮ 그에게 전화를 걸었지만 짐작대로 집에 있지 않았다.
- 자기 혼자만의 생각이나 감정에서 벗어나, 있는 그대로인 것 : 객 관 적 [客-손님 객, 觀-볼 관, 的-과녁 적]

✏️ 뜻을 정확히 모르는 낱말들을 적어 보세요!

01 중심 낱말 찾기

다음은 이 글의 핵심 내용을 정리한 것입니다. 빈칸에 공통으로 들어가기에 알맞은 말을 쓰세요.

> (   )은/는 읽는 사람에게 새로운 지식이나 유익한 정보를 알려 주기 위하여 쓴 글을 말한다. (   )은/는 객관적이고 과학적인 사실을 바탕으로, '처음 – 중간 – 끝'의 구성으로 짜임새 있게 써야 한다. 또한 읽는 사람에게 정보가 잘 전달될 수 있도록 쉬운 낱말과 문장으로 풀어 쓰는 것도 중요하다.

(   )

DAY
05

02 내용 이해하기

이 글의 제목을 다시 쓴다고 할 때, 가장 알맞은 것은 무엇인가요?　(　　)

① 설명하는 글의 장점과 단점
② 설명하는 글을 쓸 때 주의할 점
③ 설명하는 글과 주장하는 글의 차이점
④ 실생활에서 활용되는 설명하는 글의 예시
⑤ 설명하는 글을 읽고 나서 글을 요약하는 방법

03 내용 이해하기

이 글의 '설명문'에 대한 내용으로 알맞지 <u>않은</u> 것은 무엇인가요?　(　　)

① 표현은 가능한 한 쉽고 명확한 것이 좋다.
② 글쓴이의 주장이 내용에 들어가 있어야 한다.
③ 정보와 지식을 정확하게 전달하는 게 목적이다.
④ 객관적이고 과학적인 사실을 바탕으로 써야 한다.
⑤ 가정 통신문, 제품 설명서, 교과서 모두 설명문이다.

04 내용 적용하기

다음은 '잎이 녹색인 이유'에 대해서 설명하는 글의 일부분입니다. 글 (1)과 글 (2)는 설명하는 글의 짜임 중에서 어느 부분에 해당하는지 알맞은 것에 ○표 하세요.

> (1) 해바라기 꽃은 노란색, 벚꽃 잎은 분홍색, 이렇게 꽃잎의 색깔은 저마다 다른데 이상하게도 잎은 모두 초록색이다. 왜 그럴까? 잎 속에 있는 엽록소라는 색소 때문이다.
>
> (2) 엽록소는 광합성에 필수적인 빛을 받아들이는 역할을 한다. 그런데 엽록소는 다른 색은 흡수하면서 유독 녹색만을 반사한다. 이 때문에 우리 눈에는 잎이 녹색으로 보이는 것이다.

➡ 글 (1)은 (처음 , 중간 , 끝) 부분에, 글 (2)는 (처음 , 중간 , 끝) 부분에 해당한다.

05 내용 이해하기 **서술형**

4단락의 밑줄 친 (가)의 이유를 이 글에서 찾아 쓰세요.

_____

_____

_____

뜻을 정확히 모르는 낱말들을 적어 보세요!

낱말 따라 쓰기

- 몇 가지 부분이나 요소들을 모아서 일정한 전체를 짜 이루는 일 : 구 성
- 글, 이론 따위에서 여러 가지가 모여서 이룬 모양이 제대로 되어 있는 상태 : 짜 임 새
  - 예 이 글은 전체적으로 짜임새가 엉성하다.
- 사람, 단체, 사물, 현상 따위를 앞에 나서서 끌어 어떤 방향으로 나가게 하다. : 이 끌 다 예 그녀는 팀을 우승으로 이끌었다.
- 어떤 일의 진행 상태가 본래의 목적에 따라 매우 활발한 것 : 본 격 적
  - 예 그 가수는 이번 달부터 본격적인 활동을 시작하였다.
- 말이나 글에서 중요한 내용만을 뽑아서 간추리다. : 요 약 하다
- 지능에 관한 것 : 지 적 [知―알 지, 的―과녁 적]
- 무엇의 높고 낮음, 좋고 나쁨 등의 정도 : 수 준

- 분명하고 확실하다. : 명 확 하다
  - 예 이 문제에 대해 명확한 생각을 밝혀야 한다.
- 흐트러진 것이나 어지러운 것을 가지런하고 바르게 하다. : 정 리 하다
- 녹색 식물이 빛 에너지를 이용하여 이산화 탄소와 수분으로 녹말·당 등의 화합물을 만들어 내는 일 : 광 합 성
- 반드시 꼭 있어야 하는 것 : 필 수 적
  - 예 우유는 상하기 쉬우므로 냉장 보관이 필수적이다.
- 밖에 있는 것을 안으로 빨아들이다. : 흡 수 하다
- 많은 것 가운데 홀로 두드러지게 : 유 독
  - 예 그녀는 유독 피부색이 하얗다.
- 빛·전파 등이 한 방향으로 나아가다가 어떤 물체에 부딪쳐서 방향이 바뀌다. : 반 사 하다

낱말 쏙쏙 테스트

빠른 정답 2쪽

[01~05] 주어진 뜻풀이에 해당하는 낱말을 〈보기〉에서 찾아 쓰세요.

〈 보기 〉
가전제품   객관적   본격적   유익하다   명확하다

01 분명하고 확실하다. : _____

02 이롭거나 도움이 될 만한 것이 있다. : _____

03 어떤 일의 진행 상태가 본래의 목적에 따라 매우 활발한 것 : _____

04 자기 혼자만의 생각이나 감정에서 벗어나, 있는 그대로인 것 : _____

05 가정에서 사용하는 세탁기, 냉장고, 텔레비전 등의 전기 기기 제품 : _____

[06~10] 주어진 초성과 낱말의 뜻을 보고, 빈칸에 알맞은 낱말을 쓰세요.

06 글을 세 단락으로 나누고 각각의 내용을 ㅇ ㅇ 하였다.
말이나 글에서 중요한 내용만을 뽑아서 간추리다.

07 지진 피해를 입은 지역에 기부금과 구호 물품을 ㅈ ㄷ 하였다.
지시, 명령, 물품 따위를 다른 사람이나 기관에 전하여 받게 하다.

08 소설의 ㄱ ㅅ 은/는 대체로 시작, 중간, 끝의 세 부분이다.
몇 가지 부분이나 요소들을 모아서 일정한 전체를 짜 이루는 일

09 그가 나를 속이고 도망갈 줄은 ㅈ ㅈ 조차 못 하였다.
사정이나 형편 따위를 어림잡아 대강 알아차리는 것

10 이 글은 논문으로서의 ㅉ ㅇ ㅅ 을/를 제대로 갖추고 있다.
글, 이론 따위에서 여러 가지가 모여서 이룬 모양이 제대로 되어 있는 상태

배경지식

효과적인 설명 방법인 비교와 대조

우리는 설명하고자 하는 내용을 효과적으로 전달하기 위해 몇 가지 수단을 이용하기도 합니다. 예를 들기도 하고, 비슷한 특징이나 성질을 가진 사물에 빗대어 표현하기도 하죠. 이러한 설명 방식 중에 비교와 대조라는 것이 있습니다. 비교와 대조는 비슷하지만 다른 특징이 있어요. 그 차이점을 알아볼까요?

비교는 두 가지 이상의 대상에서 공통점을 찾아 설명하는 방식을 말해요. '호랑이와 사자는 모두 육식 동물이다.'와 같은 경우는 비교에 속하지요.

대조는 대상의 차이점을 찾아 설명하는 방식을 말해요. '사자는 무리를 지어 생활하지만, 호랑이는 무리를 짓지 않고 혼자서 생활한다.'는 대조의 방법을 이용한 것입니다.

비교는 공통점, 대조는 차이점을 찾아 활용하는 방법이라는 것을 잊지 말고 상황에 알맞게 이용할 수 있도록 해요.

❀❀❀ : 상
❀❀❀ : 중
❀❀❀ : 하

공부한 날	월	일
맞은 개수		/ 5개

[01~05] 다음 글을 읽고, 물음에 답하세요.

우리나라는 계절에 따라 다양한 별자리를 볼 수 있다. 또한 1년 내내 계절에 상관없이 북쪽 하늘에서 북극성이 속한 작은곰자리를 볼 수도 있다. 이런 별자리는 어떻게 만들어진 것일까?

사람들은 오랜 옛날부터 하늘의 별들을 특정한 모양으로 묶어 이름을 붙였는데, 이것이 바로 별자리이다. 별자리는 서남아시아 지역의 초원에서 가축을 키우던 사람들이 별들을 서로 연결해 모양을 만들고 양, 사자 등 동물의 이름을 붙이면서 만들어지기 시작했다. 목동들이 별자리를 만든 이유는 별의 위치를 쉽게 기억하고 금방 찾기 위해서였다. 이렇게 만들어진 별자리는 무역을 하던 상인들에 의해 그리스에 전해졌다. 그 후 그리스 사람들은 별자리에 신화속 인물들의 이름을 붙여 여러 가지 이야기들을 만들어 냈다. 이 별자리들은 사람들의 이동과 함께 유럽 지역에 널리 퍼지게 되었다. 게다가 15세기에는

유럽 사람들이 배를 타고 먼 나라까지 항해하면서 유럽 지역에서는 보이지 않던 별들을 보고 돛, 나침반, 망원경 등 배에서 많이 쓰는 도구의 이름을 따서 새로운 별자리들을 많이 만들었다.

그런데 나라마다 보이는 대로 제각각 별자리를 만들어 그 수가 너무 많이 늘어나고 혼란이 발생하자, 1930년 국제 천문 연맹은 별자리를 88개로 정리하였다. 태양이 지나는 길에 놓인 12개, 북반구 하늘에 있는 28개, 남반구 하늘에 있는 48개의 별자리를 정해 놓은 것이다. 전 세계에서 이 별자리들을 국제적인 표준으로 하여 공통으로 사용하고 있다.

우리는 별자리를 이용하여 방향을 살피거나 길을 찾을 수 있고, 우주를 연구하는 사람들은 별자리 위치를 기준으로 천체의 위치를 편리하게 표시하기도 한다. 날씨가 좋은 날에는 재밌으면서도 유용한 별자리를 찾아 밤하늘을 관찰해 보는 것이 어떨까?

01 ❀❀❀

다음은 이 글의 핵심 내용을 정리한 것입니다. 빈칸에 공통으로 들어가기에 알맞은 말을 쓰세요.

사람들은 오랜 옛날부터 하늘의 별들을 특정한 모양으로 묶어 이름을 붙였는데, 이것이 (   )이다. 현재는 88개의 (   )을/를 전 세계에서 공통으로 사용하고 있다.

(   )

02 ❀❀❀

다음은 다양한 별자리가 만들어진 과정을 정리한 것입니다. 시간 순서대로 정리해 보세요.

㉠ 무역상들이 그리스에 별자리를 전해 줬다.
㉡ 서남아시아 지역의 목동들이 별자리를 만들었다.
㉢ 먼 나라까지 항해하던 유럽 사람들이 새로운 별자리들을 만들어 냈다.
㉣ 그리스 사람들이 만들어 낸 여러 가지 별자리 이야기들이 유럽 지역에 널리 퍼졌다.

(→   →   →   )

03 ✽✽✽

이 글의 '별자리'에 대한 설명으로 알맞지 <u>않은</u> 것은 무엇인가요? ( )

① 별자리를 이용하여 길을 찾을 수 있다.

② 계절에 따라 다양한 별자리를 볼 수 있다.

③ 88개의 별자리 중에서 북반구와 남반구의 별자리 개수는 같다.

④ 가축을 키우던 사람들은 동물의 이름을 붙여 별자리를 만들었다.

⑤ 유럽 사람들은 배에서 자주 사용하던 도구의 이름을 따서 별자리를 만들었다.

04 ✽✽✽

이 글을 읽고 별자리에 대해 나눈 대화입니다. 밑줄 친 것 중 알맞지 <u>않은</u> 내용은 무엇인가요? ( )

> 진서: 오리온은 그리스 신화에 나온 인물이야. ① 그리스 사람들은 이렇게 신화를 이용해 별자리에 이야기를 붙였어.
>
> 윤기: 오리온자리 53, 오리온자리 34는 천체의 이름이야. ② 별자리의 위치를 기준으로 천체의 위치를 편리하게 표시하기도 해.
>
> 지민: ③ 현재 사용하는 별자리는 모두 88개야. ④ 옛날과 비교하여 많은 별이 사라지면서 보이지 않는 별자리를 정리한 것이지.
>
> 태일: 황소자리는 태양이 지나가는 길에 놓여 있어. ⑤ 국제 천문 연맹이 정한 별자리에는 황소자리 같이 태양이 지나가는 길에 놓인 별자리가 총 12개 있어.

05 ✽✽✽ 서술형

사람들이 별자리를 만든 이유를 이 글에서 찾아 쓰세요.

_____

_____

낱말 따라 쓰기

● 특별히 정해지거나 선택되어 있다. : 특 정 하다
  예 특정한 색을 만들어 내려면 물감들을 잘 섞어야 한다.

● 아시아의 서남부 지역, 동쪽의 아프가니스탄으로부터 서쪽의 터키까지의 지역 : 서 남 아 시 아
  예 서남아시아에는 석유가 많이 묻혀 있다.

● 풀이 나 있는 넓은 들판 : 초 원
  예 초원에서는 소 떼들이 무리를 지어 서로 의지하고 잠이 든다.

● 집에서 기르는 짐승. 소, 말, 돼지 등 : 가 축
  [家-집 가, 畜-짐승 축]
  예 우리들은 가축을 기르며 우유와 고기 등을 얻는다.

● 서로 다른 지역들끼리 상품을 사고파는 것 : 무 역
  [貿-무역할 무, 易-바꿀 역]
  예 두 나라는 오랜 시간 동안 꾸준히 무역했다.

● 장사를 직업으로 하는 사람 : 상 인 [商-장사 상, 人-사람 인] 예 시장 안은 손님을 부르는 상인들로 몹시 시끄러웠다.

● 신이나 신 같은 존재에 대한 신비롭고 환상적인 이야기 : 신 화
  예 단군 신화에는 곰이 사람으로 변신하는 이야기가 나온다.

● 널리 번지거나 넓은 범위에 미치다. : 퍼 지 다
  예 산불이 무서운 속도로 퍼졌다.

● 배를 타고 바다 위를 다니다. : 항 해 하다
  예 오랜 항해 끝에 마침내 육지에 도달하였다.

● 사람이나 물건이 모두 각각 : 제 각 각
  예 우리 집 식구는 제각각 입맛이 다르다.

● 둘 이상의 단체나 국가가 공동의 목적을 위하여 서로 돕고 행동을 함께할 것을 약속하는 일 또는 그런 조직체 : 연 맹

● 지구의 적도 북쪽 부분 : 북 반 구
  예 북반구는 전 세계 육지의 약 70%를 차지하고 있다.

● 지구의 적도 남쪽 부분 : 남 반 구

● 여러 나라들에 관련되거나 여러 나라가 참여하는 것 : 국 제 적

● 사물의 크기·수량·가치·질 등을 재거나 판단하기 위한 비교의 근거나 규칙이 되는 것 : 표 준

● 둘 또는 그 이상의 여럿 사이에 두루 통하고 관계되는 것 : 공 통
  예 노래는 세계 공통의 언어이다.

● 우주에 존재하는 모든 물체. 항성, 행성, 혜성, 인공위성 따위를 통틀어 이르는 말 : 천 체
  예 우리는 망원경으로 천체를 감상했다.

● 쓸모가 있다. : 유 용 하다
  예 도서 목록은 책을 찾는 데 아주 유용하다.

빠른 정답 2쪽

✱ 다음 가로 열쇠와 세로 열쇠 문제를 잘 읽고, 빈칸에 알맞은 답을 써 보세요.

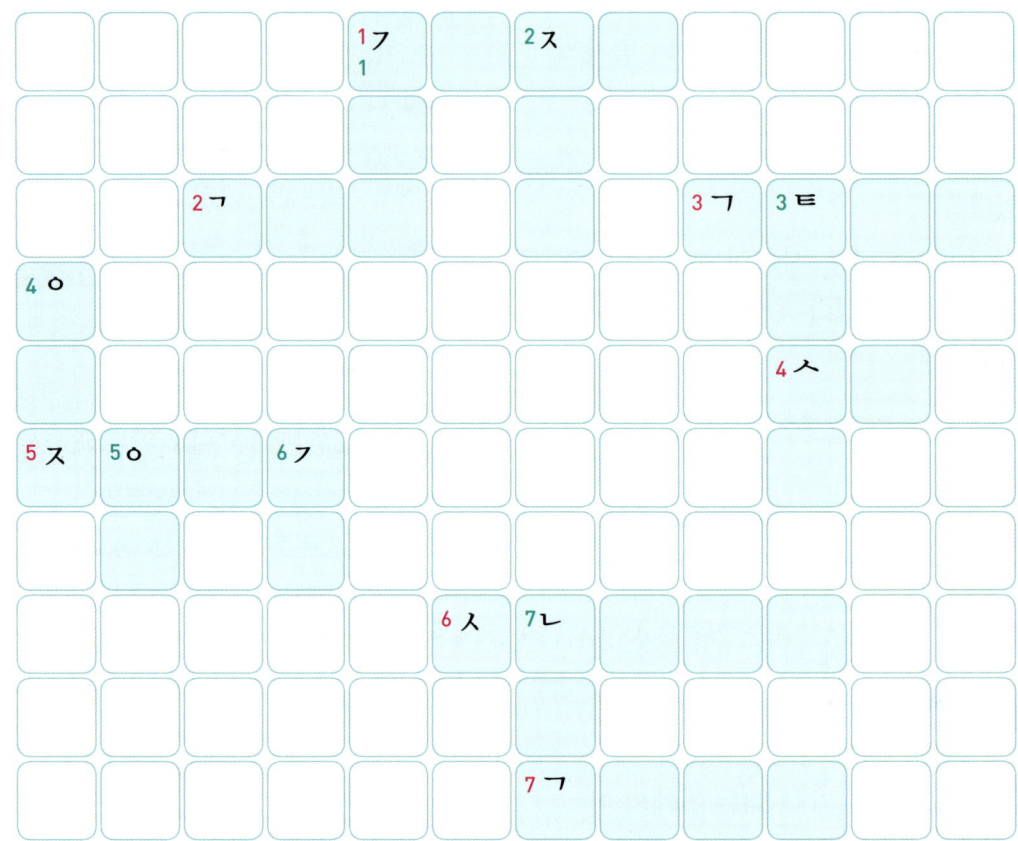

가로 열쇠

1 가정에서 사용하는 세탁기, 냉장고, 텔레비전 등의 전기 기기 제품

2 녹색 식물이 빛 에너지를 이용하여 이산화 탄소와 수분으로 녹말·당 등의 화합물을 만들어 내는 일

3 차·배·비행기처럼 사람이 이동하거나 짐을 옮기는 데 쓰는 수단

4 무엇의 높고 낮음, 좋고 나쁨 등의 정도

5 산·강·바다·동물·식물·비·바람·구름 등 인간 생활을 둘러싸고 있는 자연계의 모든 요소가 이루는 환경

6 아시아의 서남부 지역, 동쪽의 아프가니스탄으로부터 서쪽의 터키까지의 지역

7 일정한 기준에 따라 전체가 몇 가지로 묶여 갈리다.

세로 열쇠

1 어떠하게 할 수 있거나 될 수 있는 것

2 사람이나 물건이 모두 각각

3 각종 형태의 정보나 의사를 전하는 데 이용하는 수단. 우편·전신·전화·컴퓨터 등이 있다.

4 생물체의 세포 속에 들어 있어서 자손에게 물려줄 유전의 내용을 담고 있는 물질

5 둘 이상의 단체나 국가가 공동의 목적을 위하여 서로 돕고 행동을 함께할 것을 약속하는 일 또는 그런 조직체

6 어떤 목적을 이루거나 어떤 결과가 생기기까지 거치거나 지나는 과정 또는 길

7 지구의 적도 남쪽 부분

STEP 2

중심 문장 찾기

중심 문장을 찾으면
각 단락에서 글쓴이가
가장 중요하게 내세우는 내용이
무엇인지 쉽게 알 수 있어요!

★ **중심 문장이란?**

단락 또는 글 전체의 중심이 되는 내용이 들어 있는 문장입니다.

● **중심 문장을 찾는 이유**

하나의 단락에서는 보통 하나의 중심 내용을 이야기해요.
따라서 각 단락의 중심 문장을 찾으면 그 단락에서 이야기하고자 하는 내용을 쉽게 알 수 있고, 이를 통해 글 전체에서 말하고자 하는 바를 정확하게 이해할 수 있어요.

★ **중심 문장을 찾는 방법**
– 단락을 이루는 문장 중 가장 중심이 되는 문장을 찾으세요.
– 단락의 내용을 모두 포함하고 있는 문장을 찾으세요.

발이 넓다? 아는 사람이 많다!

'발'은 사람이나 동물의 다리 맨 끝부분을, '넓다'는 면이나 바닥 따위의 면적이 크다는 뜻이다. 하지만 '발이 넓다'라는 말은 아는 사람이 많다는 뜻으로 쓰인다. 이처럼 둘 이상의 낱말이 합쳐져 원래의 뜻과는 전혀 다른 새로운 의미로 굳어져서 쓰는 표현을 관용어라고 한다. 관용어 중에는 우리 몸과 관련된 재미있는 것들이 많다. 몸의 위쪽부터 아래쪽으로 하나씩 살펴보자.

먼저, 머리와 얼굴에 관련된 관용어들이 있다. '머리를 짜내다'는 온 힘을 다하여 어떤 생각이 나오게 하다, '얼굴이 반쪽이 되다'는 병으로 앓거나 고통을 겪거나 하여 얼굴이 몹시 수척해지다는 표현이다. 얼굴의 눈, 코, 입, 귀와 관련된 관용어들도 있다. '눈에 밟히다'는 잊히지 않고 자꾸 눈에 떠오르다, '코 묻은 돈'은 어린아이가 가지고 있는 적은 돈, '입이 짧다'는 음식을 심하게 가리거나 적게 먹다, '귀에 못이 박히다'는 같은 말을 여러 번 듣다는 의미이다.

얼굴 아래의 몸과 관련된 관용어에는 어떤 것들이 있을까? '목이 빠지게 기다리다'는 몹시 안타깝게 기다리다, '가슴이 뜨끔하다'는 자극을 받아 마음이 깜짝 놀라거나 양심의 가책을 받다, '손이 맵다'는 손으로 슬쩍 때려도 몹시 아프다, '발을 끊다'는 오가지 않거나 관계를 끊다는 의미로 사용된다.

관용어를 사용하는 것은 여러 가지 장점이 있다. 짧은 말로도 자신의 생각을 효과적으로 표현할 수 있고, 재미있는 표현으로 듣는 사람의 관심을 끌 수도 있다. 또한 관용어를 상황에 맞게 사용하는 것은 우리의 언어생활을 풍부하게 해 준다.

지문 확인

- **1단락 중심 낱말 :**
  1) ☐☐☐

- **2단락 중심 낱말 :**
  관용어

- **3단락 중심 낱말 :**
  2) ☐☐☐

- **4단락 중심 낱말 :**
  관용어

낱말 따라 쓰기

- 면이 공간을 차지하는 넓이의 크기 : 면 적
- 둘 이상의 사람, 사물, 현상이 서로 어떤 영향을 주고받도록 가까운 관계에 있다. : 관 련 되 다
- 몸이나 마음의 괴로움과 아픔 : 고 통
  [苦-괴로울 고, 痛-아플 통]
- 몸이 몹시 야위고 기운이 없다. : 수 척 하다
  ㉠ 그의 얼굴은 며칠 굶은 사람처럼 수척해 보였다.
- 음식을 골라서 먹다. : 가 리 다
- 자신의 행위에 대하여 옳고 그름을 판단하고 바른 말과 행동을 하려는 마음 : 양 심 [良-어질 양, 心-마음 심]

- 자기가 저지른 잘못을 마음속으로 깨달아 뉘우치는 것 : 가 책
  ㉠ 부모님께 거짓말을 하고 나서 가책을 느꼈다.
- 거리나 길을 오거니 가거니 하다. : 오 가 다
  ㉠ 이 길을 오가는 사람 중에는 외국인이 많다.
- 좋거나 잘하거나 나은 점 : 장 점 [長-나을 장, 點-점 점]
- 어떤 목적을 가지고 행동하여서 보람이나 좋은 결과가 드러나는 것 : 효 과 적
  ㉠ 졸음을 쫓는 데에는 세수가 효과적이다.
- 어떤 것에 마음이 끌려 감정과 생각이 쏠리는 것 : 관 심
- 어떤 일이 되어 가는 형편이나 모양 : 상 황

STEP 2 중심 문장 찾기

빠른 정답 2쪽

중심 문장이란 단락 또는 글 전체의 중심이 되는 내용이 들어 있는 문장입니다.

하나의 단락에서는 보통 하나의 중심 내용을 이야기합니다. 그러므로 각 단락의 중심 문장을 찾으면 그 단락에서 이야기하고자 하는 내용을 쉽게 알 수 있고, 이를 통해 글 전체에서 말하고자 하는 바를 정확하게 이해할 수 있답니다.

★ **중심 문장을 찾는 방법**
- 단락을 이루는 문장 중 가장 중심이 되는 문장을 찾으세요.
- 단락의 내용을 모두 포함하고 있는 문장을 찾으세요.

1단락

관용어의 의미에 대해 설명하고 그중에서도 우리 몸과 관련된 관용어에 대해 살펴보자고 이야기하고 있네요. 따라서 1단락의 중심 낱말은 '관용어'입니다.

1단락의 중심 내용은 '발'과 '넓다'라는 각각의 낱말이 '발이 넓다'라고 표현되면 아는 사람이 많다는, 새로운 의미로 쓰인다고 설명하고 있어요. 이 내용을 포함하고 있는 중심 문장은 '이처럼 둘 이상의 낱말이 합쳐져 원래의 뜻과는 전혀 다른 새로운 의미로 굳어져서 쓰는 표현을 ¹⁾ [　　][　　](이)라고 한다.'입니다.

2단락

머리와 얼굴, 얼굴의 눈, 코, 입, 귀와 관련된 관용어에 대해 이야기하고 있어요. 가장 중심이 되는 낱말이 관용어이므로 2단락의 중심 낱말은 '관용어'입니다.

머리, 얼굴에 관련된 관용어로 '머리를 짜내다', '얼굴이 반쪽이 되다', '눈에 밟히다', '코 묻은 돈', '입이 짧다'의 의미를 알아보고 있네요. 그러므로 2단락의 중심 문장은 '먼저, ²⁾ [　　][　　]와/과 얼굴에 관련된 관용어들이 있다.'입니다.

3단락

얼굴 아래의 몸과 관련된 관용어에 대해 이야기하고 있어요. 가장 중심이 되는 말이 관용어이므로 3단락의 중심 낱말은 '관용어'입니다.

'목이 빠지게 기다리다', '가슴이 뜨끔하다', '손이 맵다', '발을 끊다'의 의미를 알아보는 것이 3단락의 중심 내용이에요. 그러므로 중심 문장은 '얼굴 아래의 ³⁾ [　　]와/과 관련된 관용어에는 어떤 것들이 있을까?'입니다.

4단락

원래의 뜻과 전혀 다른 의미의 관용어를 사용하는 것은 장점이 있기 때문이에요. 4단락에서는 관용어 사용의 장점을 여러 개 이야기하고 있으므로 4단락의 중심 낱말은 '관용어'입니다.

4단락의 중심 내용은 관용어를 사용하면 생각을 효과적으로 표현하고 듣는 사람의 관심을 끌 수도 있으며 언어생활을 풍부하게 할 수 있다는 것이므로, 중심 문장은 '관용어를 사용하는 것은 여러 가지 ⁴⁾ [　　][　　]이/가 있다.'입니다.

★ 이 글의 단락별 중심 낱말은 모두 '관용어'이므로 이 글 전체의 중심 낱말은 '관용어'입니다.

★ 이 글의 중심 내용은 우리 몸과 관련된 재미있는 관용어를 알려 주는 것이므로, 이 내용을 모두 포함하고 있는 문장을 찾으면 이 글 전체의 중심 문장은 '관용어 중에는 우리 몸과 관련된 재미있는 것들이 많다.'입니다.

01 중심 문장 찾기

1단락의 중심 문장으로 가장 알맞은 것은 무엇인가요? (　　　)

① 하지만 '발이 넓다'라는 말은 아는 사람이 많다는 뜻으로 쓰인다.

② 이처럼 둘 이상의 낱말이 합쳐져 원래의 뜻과는 전혀 다른 새로운 의미로 굳어져서 쓰는 표현을 관용어라고 한다.

③ 몸의 위쪽부터 아래쪽으로 하나씩 살펴보자.

뜻을 정확히 모르는 낱말들을 적어 보세요!

02 내용 이해하기

다음 관용어를 그 뜻과 알맞게 연결해 보세요.

(1) 코 묻은 돈 ・　　・ ㉠ 오가지 않거나 관계를 끊다

(2) 머리를 짜내다 ・　　・ ㉡ 어린아이가 가지고 있는 적은 돈

(3) 발을 끊다 ・　　・ ㉢ 온 힘을 다하여 어떤 생각이 나오게 하다

03 내용 이해하기

관용어 사용의 장점을 정리한 것입니다. 빈칸에 알맞은 낱말을 이 글에서 찾아 쓰세요.

> 관용어를 사용하면 생각을 효과적으로 표현할 수 있고, 재미있는 표현으로 듣는 사람의 관심을 끌 수도 있다. 또한 우리의 (　　　)이/가 풍부해진다.

(　　　　　　　)

04 내용 적용하기

다음은 〈보기〉를 읽고 나눈 대화입니다. 잘못 이해한 사람은 누구인지 쓰세요.

〈 보기 〉

> "오늘은 내 귀가 빠진 날이야."라는 말을 들어 본 적 있나요? '귀가 빠진 날'이란 태어난 날, 생일을 의미한답니다. 엄마가 아기를 낳을 때 가장 고통스러운 것은 아기의 머리와 귀가 나올락 말락 할 때예요. 그래서 귀가 빠진다는 말은 가장 힘든 고비를 넘기고 아기가 태어난다는 뜻을 가져요.

> 민호: '귀가 빠지다'는 우리 몸과 관련된 관용어구나.
> 동형: '귀가 빠지다'라는 말은 실제로 귀를 다쳤다는 의미가 아니구나.
> 호진: 친구가 '귀 빠진 날'이라고 하면 빨리 나으라고 위로해 줘야겠어.
> 승주: '귀 빠진 날'에는 힘들게 낳아 주신 어머니께 감사하다고 말씀드려야겠어.

(　　　　　　　)

낱말 따라 쓰기

● 말하거나 듣거나 쓰거나 읽거나 하는 말과 관련된 인간의 생활 : 언 어 생 활
　예 텔레비전 광고는 우리의 언어생활에 많은 영향을 준다.

● 남을 만큼 넉넉하고 아주 많다. : 풍 부 하다

● 어떤 일이 진행되는 중의 가장 중요하거나 힘든 단계 : 고 비
　예 나는 등산을 하면서 위험한 고비를 겪었다.

● 좋은 말과 행동으로 따뜻하게 대하다. : 위 로 하다

문제 이해하고 풀기

빠른 정답 2쪽, 정답과 풀이 16쪽

01 중심 문장 찾기

1단락의 중심 내용은 '발이 넓다'라는 예를 들어 관용어의 의미를 이해하기 쉽게 설명하는 것이에요.
그러므로 관용어의 의미가 1단락의 중심 문장으로 가장 알맞다는 것을 알 수 있어요.

정답은 _____ 입니다.

02 내용 이해하기

문제의 관용어가 이 글의 어느 부분에 나오는지 찾으면 문제를 쉽게 풀 수 있어요.

🌸 (1)~(3)의 내용을 순서대로 찾아볼게요.

(1) 코 묻은 돈

근거 ②단락 ❹번째 문장: 어린아이가 가지고 있는 적은 돈

(2) 머리를 짜내다

근거 ②단락 ❷번째 문장: 온 힘을 다하여 어떤 생각이 나오게 하다

(3) 발을 끊다

근거 ③단락 ❷번째 문장: 오가지 않거나 관계를 끊다

정답은 (1) _____ , (2) _____ , (3) _____ 입니다.

03 내용 이해하기

'관용어 사용의 장점'을 정리한 것이에요. 빈칸에 알맞은 낱말을 찾아보세요.

🌸 '관용어 사용의 장점'을 정리해 둔 문장을 찾아볼까요?

근거 ④단락 ❶~❸번째 문장: 관용어를 사용하는 것은 여러 가지 장점이 있다. 짧은 말로도 자신의 생각을 효과적으로 표현할 수 있고, 재미있는 표현으로 듣는 사람의 관심을 끌 수도 있다. 또한 관용어를 상황에 맞게 사용하는 것은 우리의 언어생활을 풍부하게 해 준다.

🌿 마지막 문장을 통해 관용어를 상황에 맞게 사용하는 것은 우리의 언어생활을 풍부하게 해 준다는 것을 알 수 있어요.

정답은 _____ 입니다.

04 내용 적용하기

• **〈보기〉를 읽고:** 귀가 빠진다는 말은 가장 힘든 고비를 넘기고 아기가 태어난다는 뜻입니다. '귀가 빠진 날'이란 관용어는 태어난 날, 생일을 의미합니다.
• **나눈 대화:** 사람들이 '귀 빠진 날'을 이해하고 사용한 모습입니다.
🔴 **즉** '귀 빠진 날'이란 관용어 표현을 잘못 이해한 사람을 찾는 문제입니다.

🌸 사람들의 대화를 하나씩 살펴볼게요.

민호: '귀가 빠지다'는 우리 몸과 관련된 관용어구나. (◯)

🌿 얼굴의 귀와 관련된 관용어이므로 알맞은 말이에요.

동형: '귀가 빠지다'라는 말은 실제로 귀를 다쳤다는 의미가 아니구나. (◯)

🌿 귀가 빠진다는 말은 가장 힘든 고비를 넘기고 아기가 태어난다는 뜻이므로 실제로 귀를 다쳤다는 의미가 아니에요.

호진: 친구가 '귀 빠진 날'이라고 하면 빨리 나으라고 위로해 줘야겠어. (✕)

🌿 '귀 빠진 날'이란 태어난 날, 생일을 의미해요.

승주: '귀 빠진 날'에는 힘들게 낳아 주신 어머니께 감사하다고 말씀드려야겠어. (◯)

🌿 엄마가 아기를 낳을 때 가장 고통스러운 것은 아기의 머리와 귀가 나올락 말락 할 때이므로 생일에는 힘들게 낳아 주신 어머니께 감사를 드려야 해요.

〈보기〉에서 '귀가 빠진 날'은 태어난 날, 생일을 의미한다고 했으므로 실제로 귀를 다쳤다는 의미가 아니에요.
친구의 '귀가 빠진 날'에는 빨리 나으라는 위로가 아니라 생일을 축하한다는 말을 해 줘야겠지요?

정답은 _____ 입니다.

안전하게 지켜야 할 개인 정보

빠른 정답 2쪽

지문 확인

최근 인터넷에서 어떤 사람의 개인 정보를 함부로 퍼뜨리는 '신상 털기'가 문제가 되고 있다. 내가 아는 사람이거나, 사회적으로 나쁜 일을 한 사람이라고 해도 다른 사람의 개인 정보를 본인의 동의 없이 퍼뜨리는 것은 불법이다. 어디까지가 개인 정보이며, 이를 지키기 위해서는 어떻게 해야 할까?

개인 정보란 개인의 신체, 재산, 사회적 지위, 신분 등에 관해 알 수 있는 모든 정보를 말한다. 가장 기본이 되는 개인 정보로는 이름, 주민 등록 번호, 주소 등 신분을 나타내는 정보와 가족 관계가 있다. 그리고 키, 몸무게, 병원 진료 기록 등 몸과 마음의 상태를 나타내는 정보, 학력이나 직업 등의 사회 경력, 소득이나 재산 등의 경제력도 개인 정보에 포함된다. 또 종교, 정치적 성향 등 개인의 가치관과 위치 정보까지도 개인 정보라고 할 수 있다.

개인 정보를 지키기 위해 어떤 노력을 할 수 있을까? 우선은 꼭 필요한 경우가 아니라면 다른 사람에게 개인 정보를 알려 주지 말고, 여러 사람이 함께 사용하는 컴퓨터에서 특정 사이트에 로그인한 뒤에는 반드시 로그아웃하는 습관을 길러야 한다. (   ) 개인 정보가 나와 있는 종이는 잘 보관하고, 버릴 때는 개인 정보를 알아볼 수 없게 잘게 찢어서 버려야 한다. 우리가 무심코 버리는 택배 상자의 겉면에 이름, 휴대 전화번호, 주소 등이 적힌 송장이 붙어 있으므로 상자를 버릴 때는 이것을 꼭 떼서 잘게 찢어 버리는 것이 좋다.

우리나라는 개인 정보 보호법을 만들어 본인의 동의 없이 개인 정보를 모으고 함부로 사용하는 것을 금지하고 있다. 어떤 사람의 개인 정보가 새어 나가 나쁜 목적으로 사용되면 그 사람은 큰 피해를 입을 수 있기 때문이다. 따라서 나뿐만 아니라 다른 사람의 개인 정보를 보호하려는 마음가짐을 가져야 한다.

- 1단락 중심 낱말 :
  1) ☐☐ ☐☐
- 2단락 중심 낱말 :
  2) ☐☐ ☐☐
- 3단락 중심 낱말 :
  3) ☐☐ ☐☐
- 4단락 중심 낱말 :
  개인 정보

낱말 따라 쓰기

- 아무 탈이 없고 위험이 없다. : 안 전 하다
  [安-편안할 안, 全-온전할 전]
  ㉚ 자전거를 탈 때는 보호 장비를 차는 것이 안전하다.
- 국가나 사회, 단체 등을 구성하고 있는 낱낱의 사람 : 개 인
  ㉚ 이것은 개인의 문제가 아니라 우리 반 전체의 문제이다.
- 관찰해서 모은 자료를 실제 문제에 도움이 될 수 있도록 정리한 지식 또는 그 자료 : 정 보 [情-사실 정, 報-알릴 보]
  ㉚ 21세기는 정보의 시대이다.
- 컴퓨터를 통하여 서로 정보 교환을 할 수 있도록 전 세계적으로 연결된 통신의 조직 : 인 터 넷

- 한 사람의 개인적인 사정이나 형편 : 신 상
- 남과 의견이 같거나 그 의견에 찬성하는 것 : 동 의
  [同-같을 동, 意-뜻 의]
  ㉚ 청소년은 부모님 동의 없이 밤 10시까지 이곳에 있을 수 없다.
- 법에 어긋나는 것 : 불 법 [不-아닐 불, 法-법 법]
- 사회적으로 차지하는 신분의 높낮이나 등급 또는 수준 : 지 위
- 개인이 자기가 속해 있는 사회 안에서 가지고 있는 역할이나 지위 : 신 분
- 의사가 앓는 사람을 진찰하고 치료하는 일 : 진 료

01 중심 문장 찾기

2단락의 중심 문장으로 가장 알맞은 것은 무엇인가요? ( )

① 개인 정보란 개인의 신체, 재산, 사회적 지위, 신분 등에 관해 알 수 있는 모든 정보를 말한다.

② 가장 기본이 되는 개인 정보로는 이름, 주민 등록 번호, 주소 등 신분을 나타내는 정보와 가족 관계가 있다.

③ 또 종교, 정치적 성향 등 개인의 가치관과 위치 정보까지도 개인 정보라고 할 수 있다.

빠른 정답 2쪽, 정답과 풀이 17~18쪽

정답 **콕콕** 특강

01

이 글에서 가장 중요하다고 설명하는 것이 무엇인지 떠올려 보세요. 단락마다 등장하는 중심 낱말에 대한 설명이 중심 문장으로 가장 알맞아요.

DAY
08

02 내용 이해하기

다음 중 이 글의 내용으로 맞는 것은 ○표, 틀린 것은 ✕표를 하세요.

(1) 키, 몸무게, 병원 진료 기록은 개인 정보라고 볼 수 없다. ( )

(2) 소득이나 재산 등의 경제력도 보호해야 할 개인 정보에 포함된다. ( )

(3) 사회적으로 나쁜 일을 한 사람의 개인 정보를 본인의 동의 없이 퍼뜨리는 것은 불법이 아니다. ( )

(4) 우리나라는 개인 정보 보호법을 만들어 본인의 동의 없이 개인 정보를 모으고 함부로 사용하는 것을 금지하고 있다. ( )

02

1, 2, 4단락에서 문제와 관련된 문장을 찾아보세요.

03 내용 적용하기

개인 정보를 지키기 위한 노력을 바르게 실천하지 않은 사람은 누구인지 쓰세요.

> 가영: 길에서 처음 보는 사람이 이름과 학교, 전화번호를 물어볼 때 알려 주지 않았어.
>
> 시연: 학교에 있는 컴퓨터로 도서관 누리집에 로그인했었는데, 사용 후에 로그아웃했어.
>
> 민주: 택배 상자에 주소가 적힌 송장이 있길래 곱게 떼어서 그대로 휴지통에 넣어 버렸어.
>
> 재승: 나와 우리 가족의 개인 정보가 적혀 있는 '가족 관계 증명서'를 버릴 때 잘게 찢어서 버렸어.

( )

03

3단락에 개인 정보를 지키기 위한 노력이 나와 있어요.

04 올바른 접속어 찾기

3단락의 괄호 안에 들어갈 이어 주는 말로 가장 알맞은 것은 무엇인가요? (　　　)

① 따라서　　　　　② 그런데　　　　　③ 그리고
④ 그러나　　　　　⑤ 왜냐하면

04

괄호 앞뒤에 나온 문장이 어떤 관계인지 따져 보세요.

05 내용 적용하기 〔서술형〕

다음은 개인 정보에 관한 대화입니다. 밑줄 친 곳에 알맞은 내용을 이 글에서 찾아 쓰세요.

> 성호: 어제 뉴스에서 유명 연예인들의 개인 정보를 사고파는 사람들이 많다는 소식을 봤어요.
> 선생님: 개인 정보 보호법이 좀 더 엄격하게 지켜져야 하는데 그렇지가 않구나.
> 성호: 사실 좋아하는 연예인에 대해 나만 더 알고 싶기는 해요.
> 선생님: 아주 위험한 생각이야. 연예인뿐만 아니라 _____
> 성호: 네. 모든 사람의 개인 정보를 보호하려는 마음을 가져야겠네요.

_____

_____

_____

05

개인 정보 보호법에 대한 내용은 4단락에 나와 있어요.

낱말 따라 쓰기

● 개인이 학교 교육을 받은 사실이나 경험 : 학 력
　[學-배울 학, 歷-지날 력]

● 개인이 이제까지 겪어 지내 온 여러 가지 특별한 경험 : 경 력

● 경제 활동의 대가로 생기는 돈 : 소 득

● 개인이나 국가가 지닌 경제적인 힘 : 경 제 력

● 어느 한쪽으로 쏠리는 성질이나 버릇 : 성 향
　[性-성품 성, 向-향할 향]

● 무엇의 가치를 매길 때 그 매기는 사람의 일정한 생각이나 기준 : 가 치 관

● 인터넷을 통하여 정보를 찾아볼 수 있는 곳 : 사 이 트

● 컴퓨터나 인터넷을 사용하기 위해 정해진 아이디와 비밀번호를 입력하여 접속하다. : 로 그 인 하다

● 주로 인터넷상에서 접속 중인 상태를 끊고 나오다. : 로 그 아 웃 하다

● 어떤 행위를 오랫동안 되풀이하는 동안에 저절로 굳어진 버릇 : 습 관

● 아무런 뜻이나 생각이 없이 : 무 심 코

● 보내는 짐의 내용과 받는 사람의 정보 등을 적은 문서 : 송 장
　[送-보낼 송, 狀-문서 장]

● 크기가 아주 작다. : 잘 다

● 법이나 규칙이나 명령으로 하지 못하게 하다. : 금 지 하다

● 비밀, 정보 따위가 외부에 알려지다. : 새 다
　㉖ 이 비밀이 어디로 새면 큰 손해를 보게 될 것이다.

● 재산·명예·건강 등에 나쁜 영향이나 손해를 입는 것 : 피 해

● 조심하거나 깊이 생각하지 아니하고 마음 내키는 대로 마구 : 함 부 로

　㉖ 말을 함부로 해서는 안 된다.

● 말·태도·규칙 등이 매우 까다롭고 철저하다. : 엄 격 하다

[01~05] 주어진 뜻풀이에 해당하는 낱말을 〈보기〉에서 찾아 쓰세요.

〈 보기 〉
풍부하다　가책　고통　안전하다　송장

01 아무 탈이 없고 위험이 없다. : _____

02 보내는 짐의 내용과 받는 사람의 정보 등을 적은 문서 : _____

03 자기가 저지른 잘못을 마음속으로 깨달아 뉘우치는 것 : _____

04 몸이나 마음의 괴로움과 아픔 : _____

05 남을 만큼 넉넉하고 아주 많다. : _____

[06~10] 주어진 낱말에 알맞은 뜻을 연결하세요.

06 음식을 골라서 먹다. ・　・㉠ 효과적

07 개인이나 국가가 지닌 경제적인 힘 ・　・㉡ 가리다

08 거리나 길을 오거니 가거니 하다. ・　・㉢ 무심코

09 어떤 목적을 가지고 행동하여서 보람이나 좋은 결과가 드러나는 것 ・　・㉣ 경제력

10 아무런 뜻이나 생각이 없이 ・　・㉤ 오가다

[11~14] 주어진 초성과 낱말의 뜻을 보고, 빈칸에 알맞은 낱말을 쓰세요.

11 예림이는 힘든 일이 있어도 언제나 씩씩하게 이겨 내려고 노력하는 것이 [ㅈ | ㅈ]이다.
좋거나 잘하거나 나은 점

12 그녀는 늦잠 자는 [ㅅ | ㄱ]이/가 쉽게 고쳐지지 않아 고생하고 있다.
어떤 행위를 오랫동안 되풀이하는 동안에 저절로 굳어진 버릇

13 당신이 한 말을 당신의 [ㄷ | ㅇ] 없이 다른 사람에게 말하지 않겠습니다.
남과 의견이 같거나 그 의견에 찬성하는 것

14 농부들은 이번 태풍의 [ㅍ | ㅎ]이/가 예상보다 컸다며 힘들어했다.
재산·명예·건강 등에 나쁜 영향이나 손해를 입는 것

[15~18] 문장의 빈칸에 들어갈 낱말을 〈보기〉에서 찾아 쓰세요.

〈 보기 〉
불법　금지　학력　수척

15 그녀는 [|]은/는 낮지만, 아는 것이 많아서 별명이 '척척박사'이다.

16 운전면허가 없는 사람이 함부로 차를 모는 것은 [|]이다.

17 찬혁이는 한동안 마음고생을 심하게 하더니 며칠 새에 부쩍 [|]해졌다.

18 이 국립 공원은 야생 동물을 보호하기 위해 사냥이 [|]된 구역이다.

민속놀이는 추석 때 민속촌에서만 즐겨야 할까?

추석날 뉴스를 보면 한복을 입고 민속촌에서 널뛰기하는 모습이 나온다. 그렇지만 정작 우리 주변에서는 어떠한가? 실제로 널뛰기와 같은 민속놀이를 하는 모습을 쉽게 볼 수 없다. 민속놀이는 정해진 날에, 특별한 곳에서만 즐기는 놀이일까?

민속놀이란 옛날부터 우리 조상들이 즐겨 오던 놀이로, 각 지방의 풍속과 생활 모습이 많이 담겨 있다. 민속놀이에는 널뛰기뿐만 아니라 투호 놀이, 굴렁쇠 굴리기, 제기차기, 공기놀이, 윷놀이, 연날리기, 강강술래, 줄다리기 등 아주 다양한 종류가 있다. 하지만 이러한 놀이를 즐기는 사람이 줄어들면서 이제는 각 지방의 전통 축제에서나 볼 수 있는 것들이 많아졌다.

▲ 굴렁쇠 굴리기

㈎우리가 평소에도 즐길 수 있는 민속놀이에는 어떤 것들이 있을까? 공기놀이와 윷놀이, 제기차기는 문구점에서도 재료를 쉽게 구할 수 있고 놀이 방법이 간단하여 언제 어디서나 쉽게 즐길 수 있는 대표적인 민속놀이이다. 굴렁쇠 굴리기, 투호 놀이 등도 어느 정도 뛰놀 수 있는 공간만 있으면 쉽게 할 수 있다. 적당히 바람이 부는 날에는 공터에 나가 연날리기를 즐길 수도 있다.

마음만 먹으면 민속놀이는 언제 어디서나, 쉽고 재미있게 할 수 있다. 하루 종일 컴퓨터나 스마트폰을 하기보다는 친구들과 함께 민속놀이를 즐기며 몸과 마음을 건강하게 해 보는 것은 어떨까? 민속놀이를 즐기는 사람이 많아질수록 그 안에 담긴 우리의 전통과 풍속도 잘 이어져 나갈 것이다.

지문 확인

· 1단락 중심 낱말 :
1) ☐☐☐☐

· 2단락 중심 낱말 :
민속놀이

· 3단락 중심 낱말 :
2) ☐☐☐☐

· 4단락 중심 낱말 :
민속놀이

낱말 따라 쓰기

● 우리나라 민속 명절의 하나로, 음력 8월 15일이다. : 추 석

● 옛 민속을 보존하고 재현하여 보여 주기 위해 꾸며 놓은 마을 :
민 속 촌 [民－백성 민, 俗－풍속 속, 村－마을 촌]

● 새로운 소식을 전하여 주는 방송의 프로그램 : 뉴 스

● 우리나라의 전통적인 옷 : 한 복

● 긴 널빤지의 중간에 무엇을 받쳐 안정시켜 놓고 양쪽 끝에 한 사람씩 올라서서 번갈아 뛰어 오르는 놀이 : 널 뛰 기

● 보통과 구별되게 다르다. : 특 별 하다

● 지금 사람들보다 먼저 살던 사람들 : 조 상
[祖－조상 조, 上－윗 상]

● 옛날부터 그 사회에 전해 오는 생활 전반에 걸친 습관 등을 이르는 말 : 풍 속 ㉠ 옛날에는 일찍 결혼하는 풍속이 있었다.

● 두 사람이 일정한 거리에서 화살을 던져 병 속에 많이 넣는 수로 승부를 가리는 놀이 : 투 호

● 막대로 밀어서 굴리면서 노는, 쇠로 만든 둥근 테 : 굴 렁 쇠

● 어떤 기준에 따라 여러 가지 사물을 나눈 갈래 : 종 류
㉠ 여러 종류의 채소를 골고루 먹어야 한다.

● 어떤 집단이나 공동체에서, 예전부터 이어 내려오는 사상·관습·행동 등의 양식 : 전 통 [傳－전할 전, 統－거느릴 통]
㉠ 우리의 전통을 해외에 알리기 위해 노력하는 사람이 많다.

● 많은 사람이 모여 축하 또는 기념하는 행사 : 축 제

STEP 2 중심 문장 찾기

★ 중심 문장을 찾는 방법
- 단락을 이루는 문장 중 가장 중심이 되는 문장을 찾으세요.
- 단락의 내용을 모두 포함하고 있는 문장을 찾으세요.

1단락

주변에서 민속놀이 하는 모습을 쉽게 볼 수 없다는 이야기를 하고 있네요. 따라서 1단락의 중심 낱말은 '민속놀이'입니다.

1단락의 중심 내용은 추석날 뉴스에서나 민속놀이 하는 모습을 볼 수 있다면서 일상생활에서 멀어진 민속놀이에 대해 이야기하고 있어요. 이 내용을 포함하고 있는 중심 문장은 '1) [   ][   ][   ]은/는 정해진 날에, 특별한 곳에서만 즐기는 놀이일까?'입니다.

2단락

민속놀이의 개념과 종류에 대해 설명하고 있어요. 가장 많이 등장하는 낱말이 민속놀이이므로 2단락의 중심 낱말은 '민속놀이'입니다.

민속놀이에는 각 지방의 풍속과 생활 모습이 담겨 있고 종류가 아주 다양하지만 즐기는 사람이 줄면서 이제는 각 지방의 전통 축제에서나 볼 수 있다고 하네요. 그러므로 이러한 내용을 담고 있는 2단락의 중심 문장은 '하지만 이러한 놀이를 즐기는 사람들이 줄어들면서 이제는 각 지방의 2) [   ][   ][   ]에서나 볼 수 있는 것들이 많아졌다.'입니다.

3단락

공기놀이, 윷놀이, 제기차기, 굴렁쇠 굴리기, 투호 놀이 등 평소에도 즐길 수 있는 민속놀이에 대해 이야기하고 있어요. 여러 종류의 놀이를 대표하는 낱말이 민속놀이이므로 3단락의 중심 낱말은 '민속놀이'입니다.

재료를 쉽게 구할 수 있고 놀이 방법이 간단하며, 어느 정도 뛰놀 수 있는 공간만 있으면 쉽게 할 수 있는 민속놀이의 종류를 소개하는 것이 3단락의 중심 내용이에요. 그러므로 단락의 내용을 모두 포함하는 중심 문장은 '우리가 3) [   ][   ]에도 즐길 수 있는 민속놀이에는 어떤 것들이 있을까?'입니다.

4단락

민속놀이의 장점을 이야기하고 있으므로 4단락의 중심 낱말은 '민속놀이'입니다.

4단락의 중심 내용은 친구들과 함께 민속놀이를 즐기며 몸과 마음을 건강하게 하고, 우리의 전통과 풍속도 이어 나가자는 것이므로, 이 내용을 포함하고 있는 중심 문장은 '마음만 먹으면 민속놀이는 4) [   ][   ] 어디서나, 쉽고 재미있게 할 수 있다.'입니다.

★ 이 글의 단락별 중심 낱말은 모두 '민속놀이'이므로 이 글 전체의 중심 낱말은 '민속놀이'입니다.

★ 이 글의 중심 내용은 민속놀이는 정해진 날에, 특별한 곳에서만 즐기는 놀이가 아니라는 것이므로, 이 글 전체의 중심 문장은 '마음만 먹으면 민속놀이는 언제 어디서나, 쉽고 재미있게 할 수 있다.'입니다.

DAY
09

01   중심 문장 찾기

1단락의 중심 문장으로 가장 알맞은 것은 무엇인가요? (   )

① 추석날 뉴스를 보면 한복을 입고 민속촌에서 널뛰기하는 모습이 나온다.
② 그렇지만 정작 우리 주변에서는 어떠한가?
③ 민속놀이는 정해진 날에, 특별한 곳에서만 즐기는 놀이일까?

02   내용 이해하기

이 글의 '민속놀이'에 대한 설명으로 맞는 것은 ○표, 틀린 것을 ✕표를 하세요.

(1) 각 지방의 풍속이 많이 담겨 있다. (   )
(2) 옛날부터 우리 조상들이 즐겨 오던 놀이이다. (   )
(3) 지역 축제에서도 민속놀이를 즐기는 사람을 찾아볼 수 없다. (   )

03   글쓰기 방식 이해하기

3단락의 밑줄 친 (가)에 쓰인 글쓰기 방식은 무엇인가요? (   )

① 차이점을 대조하여 설명한다.
② 공간의 변화에 따라 설명한다.
③ 일이 일어난 차례대로 설명한다.
④ 묻고 답하는 방식을 통해 설명한다.
⑤ 어떤 문제의 원인과 결과를 설명한다.

04   글쓴이의 의도 이해하기

글쓴이의 생각으로 알맞지 <u>않은</u> 것을 찾아 기호를 쓰세요.

> ㉠ 민속놀이는 정해진 날에, 특별한 곳에서만 즐길 수 있다.
> ㉡ 친구들과 함께 민속놀이를 즐기면 몸과 마음을 건강하게 할 수 있다.
> ㉢ 민속놀이를 즐기는 사람이 많아질수록 그 속에 담긴 전통과 풍속도 잘 이어져
>   나갈 수 있다.

(   )

빠른 정답 2쪽, 정답과 풀이 19~20쪽

정답 콕콕 특강

01
이 글에서 이야기하고자 하는 내용이 무엇인지 떠올려 보세요. 중심 문장이 모여 이 글의 중심 내용을 이루고 있답니다.

02
2단락에 나오는 민속놀이에 대한 설명과 문제의 내용을 비교해 보세요.

03
3단락의 밑줄 친 (가)의 두 문장이 어떻게 쓰여 있는지 살펴보세요.

04
4단락에 나타난 글쓴이의 생각을 찾아보세요.

낱말 따라 쓰기

● 일상생활을 하는 보통 때 : | 평 | 소 |
● 학용품과 사무용품 따위를 파는 곳 : | 문 | 구 | 점 |
● 단순하고 손쉽다. : | 간 | 단 | 하다
● 가장 두드러지거나 뛰어나 대표가 될 만한 것 : | 대 | 표 | 적 |
● 집이나 시설물이 없는 빈터 : | 공 | 터 |
● 끊어지지 않고 다음에 계속되다. : | 이 | 어 | 지 | 다 |

낱말 쑥쑥 테스트

[01~05] 주어진 낱말에 알맞은 뜻을 연결하세요.

01 우리나라 민속 명절의 하나로, 음력 8월 15일 이다. • • ㉠ 한복

02 우리나라의 전통적인 옷 • • ㉡ 투호

03 막대로 밀어서 굴리면서 노는, 쇠로 만든 둥근 테 • • ㉢ 전통

04 두 사람이 일정한 거리에서 화살을 던져 병 속에 많이 넣는 수로 승부를 가리는 놀이 • • ㉣ 추석

05 어떤 집단이나 공동체에서, 예전부터 이어 내려오는 사상·관습·행동 등의 양식 • • ㉤ 굴렁쇠

[06~11] 주어진 초성과 낱말의 뜻을 보고, 빈칸에 알맞은 낱말을 쓰세요.

06 오늘은 ㅌ ㅂ 한 날이어서 온 가족이 모였다.
보통과 구별되게 다르다.

07 이 고장의 ㄷ ㅍ ㅈ 인 농산물은 배이다.
가장 두드러지거나 뛰어나 대표가 될 만한 것

08 운동회가 끝나고 학생들이 열심히 준비한 농악놀이가 ㅇ ㅇ ㅈ ㄷ .
끊어지지 않고 다음에 계속되다.

09 나는 ㅍ ㅅ 에 치마를 즐겨 입는다.
일상생활을 하는 보통 때

10 정월 대보름에는 잡곡밥을 먹는 것이 우리 민족의 ㅍ ㅅ 이다.
옛날부터 그 사회에 전해 오는 생활 전반에 걸친 습관 등을 이르는 말

11 아버지는 요즈음 매일 아침 신문을 읽는 대신 ㄴ ㅅ 을/를 보신다.
새로운 소식을 전하여 주는 방송 프로그램

배경지식

손쉽게 즐기는 윷놀이

윷놀이는 남녀노소 할 것 없이 모든 사람이 손쉽게 즐길 수 있는 민속놀이예요.

먼저 윷과 말판, 말을 준비하고 두 사람 이상이 한 편이 되어 순서를 정합니다. 그 다음 윷을 던져서 나온 결과에 따라 말을 말판에 놓습니다.

윷 1개가 뒤집어지면 도, 2개가 뒤집어지면 개, 3개가 뒤집어지면 걸, 4개가 뒤집어지면 윷이라고 하며 각각 윷이 뒤집어진 개수만큼 말을 움직입니다. 윷 4개가 모두 그대로 엎어지면 모라고 하여 5칸을 갑니다.

윷이나 모가 나오면 한 번 더 윷을 던질 수 있는 기회가 주어져요. 앞서가는 말을 잡을 수 있으며, 상대편 말을 잡으면 한 번 더 던질 수 있죠. 모든 말이 말판을 돌아 먼저 나오는 편이 이기는 것으로, 승부를 겨루는 방법도 아주 간단하답니다.

이번 주말에는 재료를 쉽게 구할 수 있고 놀이 방법도 간단한 윷놀이를 즐겨 보는 것은 어떨까요?

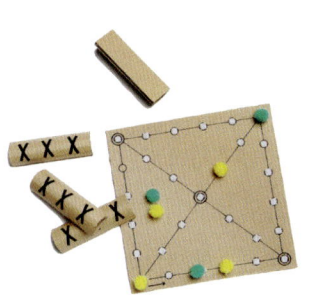

머리카락과 손발톱에 담긴 정보들

머리카락을 세게 누르거나 손발톱을 깎는다고 생각해 보자. 팔뚝 등 우리 몸의 다른 부위를 때릴 때와 달리 아픔이 느껴지지 않는다. 머리카락과 손발톱은 피부가 변한 것이지만 감각을 느끼지 못하기 때문이다. 대신 머리카락과 손발톱은 우리 몸에 대한 수많은 정보를 담고 있다. 머리카락과 손발톱을 통해 무엇을 알아볼 수 있는지 살펴보자.

먼저, 머리카락은 1960년대 말부터 유전자 검사, 약물 복용 검사를 하는 데 이용되고 있다. 머리카락의 뿌리에는 유전자 정보가 담겨 있어 그 사람이 누구인지, 서로 다른 두 사람이 부모와 자식 관계인지 등을 알 수 있다. 머리카락 한 가닥으로 범인을 잡을 수 있는 것도 바로 이러한 이유 때문이다. 그리고 담배를 피우거나 술·약물 등을 먹으면 그 성분이 머리카락의 단백질층에 남는다. 그래서 시간이 흐른 뒤에도 머리카락을 통해 약물을 복용했는지 아닌지를 알아낼 수 있다.

손발톱을 통해서는 건강 상태를 확인해 볼 수 있다. 건강한 사람의 손발톱 밑에는 혈관이 퍼져 있어서 연분홍색을 띠고, 손톱의 뿌리 부분에는 흰색 반달 모양이 또렷하게 나타난다. 하지만 빈혈이 있거나 심장, 폐 등에 이상이 있는 경우에는 손톱 밑이 하얗게 된다. 또한 아연이 부족하면 손발톱에 흰 반점이 생긴다. 피부암이 있을 때는 손발톱에 세로줄이 생기므로 빨리 병원에 가 보는 것이 좋다.

이 밖에도 우리 몸에 필요한 영양분이 부족하거나 큰 병을 앓으면 머리카락이 푸석푸석해지며 손발톱이 잘 부러지고 깨진다. 머리카락과 손발톱을 건강하게 가꾸기 위해서는 우리 몸에 필요한 영양분을 골고루 섭취하고, 평소 건강에 신경을 써야 한다. 특히 머리카락과 손발톱은 단백질로 이루어져 있으므로 쇠고기, 우유, 달걀 등 질 좋은 단백질을 먹는 것이 좋다.

지문 확인

- **1단락 중심 낱말 :**
  1) ⬜⬜⬜⬜
  와/과 손발톱

- **2단락 중심 낱말 :**
  2) ⬜⬜⬜⬜

- **3단락 중심 낱말 :**
  3) ⬜⬜⬜

- **4단락 중심 낱말 :**
  머리카락과 손발톱

낱말 따라 쓰기

- 손톱과 발톱을 아울러 이르는 말 : 손 발 톱
- 몸의 특정한 부분 : 부 위
  ㉠ 하는 일에 따라 많이 사용하는 신체 부위가 다르다.
- 보고, 듣고, 냄새 맡고, 맛보고, 느끼는 다섯 가지 능력 : 감 각
  ㉠ 추운 날씨에 손이 꽁꽁 얼어서 감각이 없다.
- 자손에게 물려줄 유전의 내용을 담고 있는 성분 : 유 전 자
- 약의 재료가 되는 물질 : 약 물 [藥-약 약, 物-물질 물]
- 약을 먹는 것 : 복 용
  ㉠ 약은 정확한 양을 제시간에 복용하는 것이 좋다.
- 대상이 필요에 따라 이롭게 쓰이다. : 이 용 되 다
  [利-이로울 이, 用-쓸 용]
- 가늘고 긴 줄이나 줄기 등을 세는 단위 : 가 닥
  ㉠ 친구는 머리를 두 가닥으로 땋았다.
- 생물의 몸을 구성하는 중요한 성분으로서 고기와 콩 등에 주로 들어 있는 영양소 : 단 백 질
- 피가 흐르는 몸속의 관 : 혈 관
- 핏속에 적혈구나 혈색소가 줄어든 상태 : 빈 혈 [貧-부족할 빈, 血-피 혈] ㉠ 그녀는 빈혈이 심해서 몇 번 쓰러진 적이 있다.

✏️ 뜻을 정확히 모르는
낱말들을 적어 보세요!

01 중심 문장 찾기

3단락의 중심 문장으로 가장 알맞은 것은 무엇인가요? ( )

① 손발톱을 통해서는 건강 상태를 확인해 볼 수 있다.

② 건강한 사람의 손발톱 밑에는 혈관이 퍼져 있어서 연분홍색을 띠고, 손톱의 뿌리 부분에는 흰색 반달 모양이 또렷하게 나타난다.

③ 하지만 빈혈이 있거나 심장, 폐 등에 이상이 있는 경우에는 손톱 밑이 하얗게 된다.

02 내용 이해하기

이 글의 내용으로 알맞지 <u>않은</u> 것은 무엇인가요? ( )

① 머리카락의 뿌리에는 유전자 정보가 담겨 있다.

② 머리카락과 손발톱은 피부와 달리 감각을 느끼지 못한다.

③ 큰 병을 앓고 나면 손톱의 뿌리 부분에 흰색 반달 모양이 나타난다.

④ 쇠고기, 우유, 달걀 등 질 좋은 단백질은 머리카락과 손발톱의 건강에 좋다.

⑤ 우리 몸에 영양분이 부족하면 머리카락이 푸석푸석해지고 손발톱이 잘 깨질 수 있다.

03 내용 이해하기

손발톱이 다음과 같은 모습이라면 어떤 건강 상태를 의미하는지 연결하세요.

(1) 손톱 밑이 하얗게 됨. •

(2) 손발톱이 연분홍색을 띰. •

(3) 손발톱에 흰 반점이 생김. •

(4) 손발톱에 세로줄이 생김. •

• ㉠ 아연 부족

• ㉡ 피부암이 있을 가능성이 높음.

• ㉢ 건강한 상태

• ㉣ 빈혈이 있거나 심장, 폐 등에 이상이 있음.

DAY
10

04 내용 적용하기

다음은 뉴스의 일부입니다. ㉠, ㉡에 들어가기에 알맞은 말을 이 글에서 찾아 쓰세요.

뜻을 정확히 모르는 낱말들을 적어 보세요!

> 기자: 지난 올림픽 경기에서 금메달을 받은 ○○○ 선수가 불법 약물을 복용한 것으로 밝혀졌습니다. ○○○ 선수의 (㉠)에서 불법 약물의 성분이 검출되었는데요, (㉠)의 (㉡)층에 남아 있던 불법 약물 성분으로 ○○○ 선수의 메달은 박탈되었습니다.
>
> 아나운서: 네. ○○○ 선수를 끝으로 불법 약물 문제가 사라졌으면 하는 바람입니다.

㉠: (   ), ㉡: (   )

05 내용 이해하기 [서술형]

머리카락과 손톱을 건강하게 가꾸려면 어떻게 해야 하는지 이 글에서 찾아 쓰세요.

_____

_____

_____

낱말 따라 쓰기

- 푸른 빛깔을 띤 흰색의 물질로, 함석·놋쇠 등의 합금 재료로 쓰이는 금속 : 아 연
- 동식물 따위의 몸에 박혀 있는 얼룩얼룩한 점 : 반 점
  - 예) 그 병에 걸리면 온몸에 빨간 반점이 생긴다.
- 식품에 들어 있는 영양이 되는 성분 : 영 양 분
- 병으로 괴로워하거나 아파하다. : 앓 다
  - 예) 그녀는 몸살로 며칠간 심하게 앓았다.
- 살이 핏기가 없이 부어오른 듯하고 거칠다. : 푸 석 푸 석 하다
  - 예) 잠을 제대로 자지 못했더니 얼굴이 푸석푸석하다.
- 좋은 상태로 만들려고 보살피고 꾸려 가다. : 가 꾸 다
  - 예) 전통 문화를 잘 가꾸고 발전시켜야 한다.

- 생물체가 영양 성분 따위를 몸속에 빨아들이다. : 섭 취 하다
  - 예) 영양가 높은 음식을 골고루 섭취해야 한다.
- 어떠하게 할 수 있거나 될 수 있을 만한 성질이나 정도 : 가 능 성
- 법에 어긋나는 것 : 불 법 [不-아닐 불, 法-법도 법]
- 검사하여 해로운 성분이나 요소 등의 존재 유무가 밝혀지다. : 검 출 되 다
  - 예) 식중독을 일으키는 균이 그 음식에서 검출되었다.
- 권리·자격·재산 등을 강제로 빼앗기다. : 박 탈 되 다
  - 예) 그는 전투에 진 책임을 물어 지휘권이 박탈되었다.
- 어떤 일이 이루어지기를 기다리는 간절한 마음 : 바 람
  - 예) 나의 바람은 가족 모두가 건강한 것이다.

낱말 쑥쑥 테스트

[01~05] 주어진 낱말 중 뜻풀이에 해당하는 것을 골라 쓰세요.

01 | 원점 | 반점 |

동식물 따위의 몸에 박혀 있는 얼룩얼룩한 점 :

02 | 가닥 | 거듭 |

가늘고 긴 줄이나 줄기 등을 세는 단위 :

03 | 감각 | 감정 |

보고, 듣고, 냄새 맡고, 맛보고, 느끼는 다섯 가지 능력 :

04 | 물약 | 약물 |

약의 재료가 되는 물질 :

05 | 식용 | 복용 |

약을 먹는 것 :

[06~10] 밑줄 친 곳에 들어갈 낱말을 〈보기〉에서 찾아 쓰세요. 필요하면 문장에 맞게 바꾸어 쓰세요.

〈 보기 〉
섭취하다   앓다   유전자   이용되다   푸석푸석하다

06 아픈 애완동물을 돌보느라 잠을 설쳤더니, 얼굴이
_____.

07 건강을 위해 음식을 골고루 _____ 하는 것이 좋다.

08 은정이는 엊그제 비를 맞은 이후에 감기를 심하게
_____.

09 오이는 피부를 촉촉하고 부드럽게 하는 성분이 풍부해서 비누를 만드는 데 자주 _____.

10 _____은/는 현대 과학의 대표적인 연구 대상이다.

---- 배경지식 ----

손톱과 발톱 중 무엇이 더 빨리 자랄까?

손톱과 발톱은 '케라틴'이라는 단백질을 주성분으로 이루어져 있어요. 그렇다면 같은 성분으로 이루어진 손톱과 발톱은 자라는 속도도 같을까요? 정답은 '아니다'예요.

사람마다 약간의 차이는 있지만, 손톱은 깎은 지 일주일만 지나도 어느새 자라 있어요. 반면에, 발톱은 한 번 깎으면 한 달 정도는 지나야 다시 예전처럼 길어져 있지요. 또, 손톱마다 자라는 속도도 조금씩 다르답니다.

자신의 손톱과 발톱이 얼마나 빨리 자라는지 궁금하다면, 이렇게 해 보세요. 손톱과 발톱을 깎은 후, 매일 한 번씩 손톱과 발톱의 가운데 부분의 길이를 재 보세요. 10일 동안 각 손톱과 발톱의 길이를 비교해 보면 음식을 골고루 먹어서 영양분을 잘 섭취할수록 손톱이 더 빠르게 자라는 것을 확인할 수 있답니다.

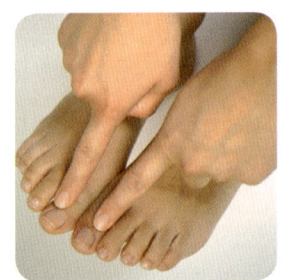

단군 신화에 담긴 비밀

누구나 한 번쯤 들어본 단군 신화에는 믿을 수 없는, 말도 안 되는 내용이 많이 나온다. 그렇다면 우리 민족 최초의 나라인 고조선을 세운 단군에 대한 신화가 다 지어낸 거짓말일까? 단군 신화의 내용을 모두 그대로 받아들일 수는 없지만, 그 안에는 오래전에 존재했던 고조선에 대한 비밀이 담겨 있다.

가장 먼저, 단군 신화는 '환웅이 사람들을 이끌고 하늘에서 내려왔다.'라는 내용에서부터 시작된다. 이것은 환웅이 다른 지역에서 와서 새로운 세력을 만들었다는 의미로 해석할 수 있다. 하늘에서 왔다고 표현한 이유는 환웅을 더 위대하고 신성한 존재로 여겨지게 하기 위함이었다. 그리고 환웅은 '바람, 구름, 비를 다스리는 신하를 데리고 왔다.'라고 한다. 바람, 구름, 비는 농사의 성공과 실패를 결정짓는 중요한 요소들이다. 이를 통해 고조선 시대에는 농사가 먹고사는 데 아주 중요한 것이었음을 짐작해 볼 수 있다.

단군 신화에서 가장 믿기 어려운, '백 일 동안 쑥과 마늘을 먹고 동굴에서 견디는 시험에서 호랑이는 견디지 못했고 곰은 끝까지 견뎌 사람으로 변해, 결국 환웅과 결혼했다.'라는 내용은 무슨 의미를 담고 있을까? 곰과 호랑이는 실제 동물이 아니라 곰과 호랑이를 수호신으로 믿고 있던 부족으로 추측된다. 즉, 곰을 믿고 있던 부족이 호랑이를 믿고 있던 부족을 이기고 환웅의 세력과 합쳐졌다는 의미로 해석할 수 있다.

마지막으로 단군 신화는 '웅녀(사람으로 변한 곰)가 낳은 아들이 단군왕검이 되어 고조선을 세우고 약 2000살까지 살다가 산신이 되었다.'라는 내용으로 끝난다. 이것을 통해서는 고조선을 다스리던 지배자를 단군왕검이라 불렀고, 단군의 후손이 고조선을 다스린 기간이 약 2000년 동안 이어졌다고 짐작해 볼 수 있다.

이처럼 단군 신화 속 믿을 수 없는 이야기들은 고조선에 대한 중요한 정보를 담고 있다. 그러므로 단군 신화를 단순히 믿을 수 없는 거짓말로 여길 것이 아니라, _____(가)_____.

지문 확인

• 1단락 중심 낱말 :
1) ☐ ☐ ☐ ☐

• 2단락 중심 낱말 :
2) ☐ ☐ ☐ ☐

• 3단락 중심 낱말 :
3) ☐ ☐ ☐ ☐

• 4단락 중심 낱말 :
4) ☐ ☐ ☐ ☐

• 5단락 중심 낱말 :
단군 신화

낱말 따라 쓰기

● 신이나 신 같은 존재에 대한 신비롭고 환상적인 이야기 : 신 화
   [神–신령 신, 話–이야기 화]
● 오랜 세월 동안 일정한 지역에서 대대로 함께 삶으로써 독특한 언어·풍습·문화·역사 등을 가지게 된 사람들의 공동체 : 민 족
● 맨 처음 : 최 초   예 우리나라 최초의 소설은 〈홍길동전〉이다.

● 없는 사실을 만들거나 꾸며서 내다. : 지 어 내 다
● 실제로 있다. : 존 재 하다
   예 이 세상에는 과학적으로 설명할 수 없는 것이 많이 존재한다.
● 어떤 특징 혹은 성질이나 힘을 가진 집단 : 세 력
● 말·글 등을 풀어서 이해하고 설명하다. : 해 석 하다

01 중심 문장 찾기

1단락의 중심 문장으로 가장 알맞은 것은 무엇인가요? (   )

① 누구나 한 번쯤 들어본 단군 신화에는 믿을 수 없는, 말도 안 되는 내용이 많이 나온다.

② 그렇다면 우리 민족 최초의 나라인 고조선을 세운 단군에 대한 신화가 다 지어 낸 거짓말일까?

③ 단군 신화의 내용을 모두 그대로 받아들일 수는 없지만, 그 안에는 오래전에 존재했던 고조선에 대한 비밀이 담겨 있다.

02 내용 이해하기

다음은 단군 신화의 내용을 정리한 것입니다. ㉠, ㉡에 들어가기에 알맞은 말을 쓰세요.

- (㉠)이/가 사람들을 이끌고 하늘에서 내려왔다.
- (㉠)은/는 바람, 구름, 비를 다스리는 신하를 데리고 왔다.
- 웅녀가 (㉠)와/과 결혼하여 (㉡)을/를 낳았다.

㉠: (   ), ㉡: (   )

03 내용 이해하기

단군 신화를 통해 알 수 있는 고조선에 대한 정보로 알맞지 <u>않은</u> 것은 무엇인가요?

(   )

① 다른 지역에서 온 환웅이 새로운 세력을 만들었다.

② 고조선 시대에는 농사가 먹고사는 데 아주 중요했다.

③ 곰을 수호신으로 믿는 부족이 호랑이를 수호신으로 믿는 부족을 이겼다.

④ 환웅을 믿고 따르는 세력이 곰을 수호신으로 믿고 있던 부족과 합쳐졌다.

⑤ 웅녀(사람으로 변한 곰)가 낳은 고조선의 지배자가 2000년 동안 고조선을 직접 다스렸다.

04 내용 추측하기

다음 중 5단락의 밑줄 친 (가)에 들어갈 문장으로 알맞은 것은 무엇인가요? (   )

① 직접 다양한 신화를 써 보며 상상력을 키워야 한다.
② 단군 신화의 내용을 모두 있는 그대로 받아들여야 한다.
③ 단군 신화가 실제로 있었던 일이라는 사실을 증명해야 한다.
④ 외국의 신화와 비교하면서 공통점과 차이점을 찾아보아야 한다.
⑤ 그 안에 담긴 우리 민족의 역사를 이해하려는 태도를 가져야 한다.

05 내용 이해하기 서술형

단군 신화에서, 환웅이 하늘에서 왔다고 표현한 이유는 무엇인지 이 글에서 찾아 쓰세요.

_____

_____

_____

✏️ 뜻을 정확히 모르는 낱말들을 적어 보세요!

낱말 따라 쓰기

● 우러러볼 만큼 매우 훌륭하다. : 위 대 하다
  [偉-훌륭할 위, 大-뛰어날 대]

● 함부로 가까이할 수 없을 만큼 성스럽고 위대하다. : 신 성 하다

● 마음속으로 어떤 대상을 어떻게 생각하거나 판단하다. : 여 기 다
  예) 할머니는 손자의 행동을 기특히 여겼다.

● 어떤 일을 마지막으로 확실하게 정하다. : 결 정 짓 다
  예) 나는 그 일을 그만두기로 결정지었다.

● 사정이나 형편 따위를 대강 알아차리다. : 짐 작 하다
  예) 그는 눈치로 분위기를 짐작하고 가만히 있었다.

● 어려움을 참아 내다. : 견 디 다

● 국가, 민족, 개인 등을 지키고 보호해 준다고 믿는 신 : 수 호 신

● 한 지역에서 생활하면서 같은 언어와 문화를 가진 공동체 : 부 족

● 어떤 사실을 미루어서 다른 무엇이 짐작되다. : 추 측 되 다

● 산을 지키고 다스리는 신 : 산 신

● 정치·경제·사회적 권력을 가지고 다른 사람들을 다스리는 사람 : 지 배 자

● 여러 대가 지난 뒤의 자손 : 후 손
  예) 조상들의 생활 방식이 후손들에게 이어지면서 관습으로 굳어졌다.

● 증거를 가지고 어떤 주장이나 짐작이 참인지 거짓인지, 또는 옳은지 그른지를 판단하다. : 증 명 하다
  예) 형석이는 자기가 죄가 없음을 증명했다.

[01~05] 주어진 낱말에 알맞은 뜻을 연결하세요.

01 정치·경제·사회적 권력을 가지고 다른 사람들을 다스리는 사람 • • ㉠ 수호신

02 국가, 민족, 개인 등을 지키고 보호해 준다고 믿는 신 • • ㉡ 신화

03 산을 지키고 다스리는 신 • • ㉢ 후손

04 여러 대가 지난 뒤의 자손 • • ㉣ 산신

05 신이나 신 같은 존재에 대한 신비롭고 환상적인 이야기 • • ㉤ 지배자

[06~09] 낱말의 뜻과 예로 든 문장을 보고, 빈칸에 알맞은 낱말을 쓰세요.

06 ☐☐하다 : 사정이나 형편 따위를 대강 알아차리다.
예 선생님은 여러 학생들의 이야기를 듣고 사건을 _____ 할 수 있었다.

07 ☐☐하다 : 우러러볼 만큼 매우 훌륭하다.
예 부모님의 사랑은 _____ 하다.

08 ☐☐하다 : 함부로 가까이할 수 없을 만큼 성스럽고 위대하다.
예 이곳은 하늘에 제사를 올리는 _____ 한 땅이다.

09 ☐☐하다 : 말·글 등을 풀어서 이해하고 설명하다.
예 역사적 사실을 _____ 할 때는 정확한 근거를 들어야 한다.

DAY **11**

-- 배경지식 --

우리 민족 최초의 국가, 고조선

단군 신화에 의하면 환웅과 웅녀가 혼인하여 아들인 단군을 낳았어요. 단군은 기원전 2333년에 우리 역사상 최초의 나라인 '고조선'을 세웠지요. 고조선은 오늘날의 만주 지역과 한반도 서북 지역에 자리 잡았던 우리 민족 최초의 나라예요.

오늘날 옛 고조선의 땅에서는 칼날이 뾰족하고 중간 부분이 불룩한 비파형 동검이 발견되고 있어요. 이는 고조선이 뛰어난 청동기 제작 기술을 가지고 있었다는 사실을 증명해 준답니다. 또한 탁자 모양의 고인돌은 강력한 지배자와 통치 체계를 갖추고 있었다고 짐작해 볼 수 있는 증거가 되지요.

마지막으로, 고조선에는 총 8개의 엄격한 법이 있었다고 해요. 이를 통해 고조선에서는 사람의 목숨을 소중하게 여겼다는 것과 개인이 곡식이라는 재산을 가지고 있었음을 알 수 있답니다.

▲ 탁자 모양 고인돌

[01~05] 다음 글을 읽고, 물음에 답하세요.

몸무게가 42 kg인 재연이가 달에 가면 몸무게가 7 kg이 된다고 한다. 달에서는 몸무게가 $\frac{1}{6}$로 줄어들기 때문이다. 그럼 힘들게 살 뺄 필요 없이 달에 가면 몸이 확 가벼워지는 것일까? 그렇지 않다. 달에 가면 몸무게는 줄지만 질량은 변하지 않는다. 무게와 질량은 무엇이 다른 것일까?

무게는 지구가 물체를 잡아당기는 힘을 말하는 것으로, 중력의 크기와 같다. 달이나 다른 행성에도 중력이 있지만 그 크기는 지구와 같지 않다. 게다가 중력은 행성의 중심에서 멀리 떨어질수록 당기는 힘이 약해진다. 그래서 높은 산에 올라가면 중력이 약해져서 그만큼 몸무게가 줄어든다. 즉, 중력은 장소가 바뀌면 그 크기가 달라지고, 이에 따라 무게 역시 값이 달라지는 것이다.

반면 질량은 물체가 가진 고유의 양으로 중력의 크기와 상관없다. 물체를 쪼개거나 다른 물체를 더하지 않는 이상 물체 고유의 양은 변하지 않는다. 지구나 달, 다른 행성 어디에서든지 물체의 질량은 변함이 없다.

무게와 질량이 이렇게 서로 다른 것인데 왜 우리는 그동안 같은 것이라고 오해했을까? 과학적으로 정확히 따지면, 우리가 무게를 잴 때 쓰는 단위인 그램(g)이나 킬로그램(kg)은 질량을 나타낼 때 쓰는 것이다. 다만 지구에서는 같은 장소에서 무게와 질량을 재면 그 값이 똑같아 질량의 단위를 무게를 나타낼 때도 사용한다. 사실 무게를 나타낼 때는 힘의 크기를 나타내는 단위인 뉴턴(N)을 사용하는 게 정확한 표현이다.

정리하면, 달은 중력의 크기가 지구의 $\frac{1}{6}$이기 때문에 달에 가서 몸무게를 재면 $\frac{1}{6}$로 줄어들지만, 우리 몸의 질량은 줄어들지 않는다. 실제로 가벼워지고 싶으면 살을 빼서 우리 몸의 질량을 줄여야 한다.

01 ✿✿✿

2단락의 중심 문장으로 가장 알맞은 것은 무엇인가요?
( )

① 달이나 다른 행성에도 중력이 있지만 그 크기는 지구와 같지 않다.
② 게다가 중력은 행성의 중심에서 멀리 떨어질수록 당기는 힘이 약해진다.
③ 그래서 높은 산에 올라가면 중력이 약해져서 그만큼 몸무게가 줄어든다.
④ 즉, 중력은 장소가 바뀌면 그 크기가 달라지고, 이에 따라 무게 역시 값이 달라지는 것이다.

02 ✿✿✿

다음 중 이 글의 내용에 맞는 것은 ○표, 틀린 것은 ✕표를 하세요.

(1) 달에 가서 몸무게를 재면 지구에서의 몸무게의 $\frac{1}{6}$로 줄어든다. ( )
(2) 중력은 행성의 중심에서 멀리 떨어질수록 당기는 힘이 강해진다. ( )
(3) 물체를 쪼개거나 다른 물체를 더하지 않는 이상 어디에서든지 물체의 무게는 같다. ( )
(4) 무게를 나타낼 때는 힘의 크기를 나타내는 단위인 뉴턴(N)을 사용하는 것이 정확하다. ( )

03 ★★❀

다음 중 이 글에 나오지 <u>않는</u> 내용은 무엇인가요?

(   )

① 무게의 뜻   ② 질량의 뜻
③ 질량의 단위   ④ 지구의 크기
⑤ 힘의 크기의 단위

04 ★★★❀

다음은 동생이 지훈이에게 질문한 내용입니다. 빈칸에 들어갈 말로 알맞은 것을 골라 쓰세요.

> 동생: 형, 달에 가면 몸무게가 저절로 줄어든다던데, 사실이야?
> 지훈: 몸무게가 줄어드는 것은 맞아. 하지만 실제로 살이 빠진 것은 아니야.
> 동생: 그럼 왜 무게가 변하는 거야?
> 지훈: 무게는 중력의 크기와 같아. 달의 중력은 지구의 중력보다 (1) (강해서 / 약해서) 달에 가면 몸무게가 줄어드는 거야. 그렇지만 네 몸의 고유한 양인 질량이 (2) (변하기 / 변하지 않기) 때문에 실제로 살이 빠졌다고 볼 수는 없어.

(1) (   )
(2) (   )

05 ★★★ 서술형

우리는 무게를 나타낼 때 질량의 단위인 그램(g)이나 킬로그램(kg)을 사용합니다. 그 이유는 무엇인지 이 글에서 찾아 쓰세요.

_____

_____

_____

낱말 따라 쓰기

● 수·양·부피·정도 등이 본디보다 작아지거나 짧아지거나 적어지다. : 줄 어 들 다
　예 빨래를 자주 했더니 옷이 줄어들었다.

● 구체적인 형태를 가지고 있는 것 : 물 체
　예 방구석에 이상한 물체가 놓여 있어 눈에 띄었다.

● 지구 위의 모든 물체에 작용하는, 지구의 중심으로 잡아당기는 힘 : 중 력 [重-무거울 중, 力-힘 력]
　예 물건이 위에서 아래로 떨어지는 것은 중력 때문이다.

● 태양의 둘레를 도는 별로, 태양계에는 수성, 금성, 지구, 화성, 목성, 토성, 천왕성, 해왕성의 여덟 개 행성이 있다. : 행 성
　예 행성은 스스로 빛을 내지 못하고, 중심 별의 빛을 받아 반사한다.

● 사물의 한가운데 : 중 심 [中-가운데 중, 心-마음 심]
　예 화살이 과녁의 중심을 벗어났다.

● 본래부터 가지고 있는 특유한 것 : 고 유
　예 나라마다 고유한 언어가 있다.

● 서로 아무런 관련이 없다. : 상 관 없 다
　예 너와는 상관없는 일이니까 신경 쓰지 않아도 된다.

● 둘 이상으로 나누다. : 쪼 개 다
　예 사과를 반으로 쪼개다.

● 사실과 다르게 잘못 알다. : 오 해 하다
　예 외모만 보고 나를 외국인으로 오해하는 사람이 많다.

● 과학의 이치나 체계에 맞는 것 : 과 학 적
　예 경찰은 매우 과학적인 방법으로 사건을 수사했다.

● 자, 저울 등의 기구를 이용하여 길이, 너비, 높이, 깊이, 무게, 온도, 속도 등의 정도를 알아보다. : 재 다

● 어떤 양을 비교하거나 계산하는 데 기초가 되는 수·양·무게 등의 일정한 기준 : 단 위
　예 상품을 묶음 단위로 판매하다.

● 바르고 확실하여 틀림이 없다. : 정 확 하다
　예 평소에 정확한 문법을 사용해야 한다.

● 생각이나 느낌 따위를 말, 글, 예술 작품 등으로 나타내는 것 : 표 현
　예 '선생님이 국어를 가리키신다.'는 틀린 표현이다.

● 거짓이나 상상이 아니고 현실적으로 : 실 제 로
　예 이 영화는 실제로 있었던 이야기를 바탕으로 한 것이다.

● 다른 힘을 빌리지 아니하고 제 스스로. 또는 인공의 힘을 더하지 아니하고 자연적으로 : 저 절 로
　예 웃음이 저절로 나왔다.

DAY 12

○○○자로 끝나는 말은?

빠른 정답 2쪽

✳ **다음에서 설명하는 낱말을 빈칸에 적어 보세요.**

1 력 력 '력'자로 끝나는 말은?

(1) 개인이나 국가가 지닌 경제적인 힘 : ⬜⬜ 력

(2) 개인이 이제까지 겪어 지내 온 여러 가지 특별한 경험 : ⬜ 력

(3) 개인이 학교 교육을 받은 사실이나 경험 : ⬜ 력

(4) 어떤 특징 혹은 성질이나 힘을 가진 집단 : ⬜ 력

(5) 지구 위의 모든 물체에 작용하는, 지구의 중심으로 잡아당기는 힘 : ⬜ 력

2 석 석 '석'자로 끝나는 말은?

(1) 살이 핏기가 없이 부어오른 듯하고 거친 모양 : ⬜⬜ 석

(2) 말·글 등을 풀어서 이해하고 설명하는 것 : ⬜ 석

(3) 우리나라 민속 명절의 하나로, 음력 8월 15일이다. : ⬜ 석

3 점 점 '점'자로 끝나는 말은?

(1) 좋거나 잘하거나 나은 점 : ⬜ 점

(2) 동식물 따위의 몸에 박혀 있는 얼룩얼룩한 점 : ⬜ 점

(3) 학용품과 사무용품 따위를 파는 곳 : ⬜⬜ 점

4 적 적 '적'자로 끝나는 말은?

(1) 가장 두드러지거나 뛰어나 대표가 될 만한 것 : ⬜⬜ 적

(2) 과학의 이치나 체계에 맞는 것 : ⬜ 적

(3) 어떤 목적을 가지고 행동하여서 보람이나 좋은 결과가 드러나는 것 : ⬜⬜ 적

(4) 면이 공간을 차지하는 넓이의 크기 : ⬜ 적

STEP 3

단락 요약하기

단락별로 글의 내용을 요약하면 긴 글에서도 필요한 내용을 빠르게 찾아 문제를 바로 풀 수 있어요!

★ **단락 요약이란?**

단락의 중심 내용을 한 문장으로 간단하게 표현하는 것입니다.

● **단락을 요약하는 이유**

단락을 요약하면 글에서 무엇을 이야기하고 있는지 쉽게 이해하고, 글의 내용을 더 잘 기억할 수 있어요.

★ **단락을 요약하는 방법**

- 중심 문장을 선택하여 중심 낱말을 포함한 간단한 말로 표현하세요.
- 대상의 의미나 구체적인 정보를 이야기하고 있다면 이 내용들을 모두 담을 수 있는 표현을 사용하여 정리하세요.
- 구체적인 예시가 나온다면, 이 예시를 통해 무엇을 이야기하려는 것인지 생각하여 정리해 보세요.

5.5를 자연수로 나타내면 5일까? 6일까?

빠른 정답 3쪽

계산한 값이 5.5가 나왔을 때, 자연수로 나타내라고 하면 5를 써야 할까? 6을 써야 할까? 소수점 아래에 붙은 5를 어떻게 해야 할지 고민이 된다. 실생활에서는 대부분의 경우 반올림을 사용하여 문제를 해결한다.

반올림은 우리가 수를 어림할 때 많이 사용하는 방법으로, 구하려는 자리의 한 자리 아래 숫자가 0, 1, 2, 3, 4이면 버리고 5, 6, 7, 8, 9이면 윗자리에 1을 더하여 어림하는 것이다. 5를 기준으로 5 미만이면 버리고, 5 이상이면 올려서 나타내는 것이다. 5.5를 반올림하여 자연수로 나타내려면 소수점 첫째 자리 수를 잘 살펴보아야 한다. 소수점 첫째 자리 수가 5이므로 윗자리에 1을 더해 6으로 나타낼 수 있다.

그렇다면 다음 문제의 답은 무엇일까?

> 2345를 십의 자리에서 반올림하여 나타내시오. / 2345를 반올림하여 백의 자리까지 나타내시오.

2345의 십의 자리 수인 4는 5 미만이므로 버려서 나타내야 한다. 그러므로 2345를 십의 자리에서 반올림하여 나타내면 2300이다. 2345를 반올림하여 백의 자리까지 나타내려면 구하려는 자리의 한 자리 아래 숫자, 즉 십의 자리 숫자가 무엇인지 봐야 한다. 십의 자리 숫자인 4가 5 미만이므로 버려서 나타낸다. 2345를 반올림하여 백의 자리까지 나타내도 2300이 되는 것이다. 결국 십의 자리에서 반올림한 수와 반올림하여 백의 자리까지 나타낸 수는 _____ (가)

반올림은 십의 자리, 백의 자리, 소수 첫째 자리 등 구하고자 하는 자리까지 수를 간단하게 나타낼 수 있는 편리한 방법이다. 반올림할 때는 구하고자 하는 자리의 바로 아래 자리의 수만 잘 따지면 된다. 그리고 이것 하나만 기억하자. 5를 기준으로 반은 올리고 반은 버리는 것이 반올림이다.

지문 확인

· 1단락의 중심 문장에 표시해 보세요.

· 2단락의 중심 문장에 표시해 보세요.

· 3단락의 중심 문장에 표시해 보세요.

· 4단락의 중심 문장에 표시해 보세요.

낱말 따라 쓰기

● 1부터 시작하여 하나씩 더하여 얻는 수, 양의 정수를 통틀어 이르는 말 : 자 연 수
　예 4 미만의 한 자리 자연수는 1, 2, 3 세 개이다.

● 소수를 지닌 수를 나타낼 때, 소수와 정수의 사이를 구별하기 위하여 찍는 점 : 소 수 점

● 대강 짐작으로 헤아리다. : 어 림 하다
　예 어림해 보니 과수원에서 딴 귤이 100개쯤 되었다.

● 종류를 나누거나 비교를 하거나 정도를 구별하기 위하여 따르는 일정한 원칙, 잣대 : 기 준

● 수량이 범위에 포함되지 않으면서 그 아래인 경우 : 미 만
　예 '5세 미만 출입 금지'는 1살부터 4살까지는 출입할 수 없다는 뜻이다.

● 수량이 범위에 포함되면서 그 위인 경우 : 이 상
　예 그녀는 한 회사에서 십 년 이상 일했다.

STEP 3 단락 요약하기

빠른 정답 3쪽

단락 요약이란 단락의 내용을 한 문장으로 간단하게 표현하는 것입니다.

단락별로 간단하게 표현한 것을 모아 정리하면 전체 글을 요약한 것이 됩니다. 따라서 단락을 요약하면 글에서 무엇을 이야기하고 있는지 쉽게 이해할 수 있어요.

★ 단락을 요약하는 방법

① 중심 문장을 선택하여 중심 낱말을 포함한 간단한 말로 표현하세요.

② 대상의 의미, 구체적인 정보를 이야기하고 있다면 이 내용들을 모두 담을 수 있는 표현을 사용하여 정리하세요.

③ 구체적인 예시가 나온다면 이 예시를 통해 무엇을 이야기하려는 것인지 생각하여 정리해 보세요.

1단락

소수점 아래에 붙은 5를 어떻게 해야 할지 고민이 될 때 대부분 반올림을 사용한다고 이야기하고 있으므로 1단락의 중심 낱말은 '반올림'입니다.

5.5를 어림하여 자연수로 나타낼 때 대부분 반올림 방법을 사용하는 것처럼, 실생활에서 대부분의 경우 반올림을 사용하여 문제를 해결한다고 이야기하고 있어요. 그러므로 1단락을 요약하면 '1) ☐☐☐(으)로 소수를 자연수로 나타내기'입니다.(요약 방법 ③ 적용)

2단락

반올림의 의미와 방법을 설명하고 있으므로 2단락의 중심 낱말은 '반올림'입니다.

1단락에서 이야기한 5.5를 반올림하여 자연수로 나타내려면 소수점 첫째 자리 수가 5이므로 윗자리에 1을 더해 6으로 나타낼 수 있다고 설명하고 있어요. 따라서 '반올림은 우리가 ~ 어림하는 것이다.'가 2단락의 중심 문장이에요. 이것을 간단하게 표현하여 2단락을 요약하면 '반올림의 의미와 2) ☐☐'입니다.(요약 방법 ② 적용)

3단락

2345를 십의 자리에서 반올림한 값, 2345를 반올림하여 백의 자리까지 나타낸 값을 비교하고 있으므로 3단락의 중심 낱말은 '반올림'입니다.

2345를 십의 자리에서 반올림해도 2300, 2345를 반올림하여 백의 자리까지 나타낸 값도 2300으로 같다고 이야기하고 있어요. 그러므로 3단락을 요약하면 '3) ☐의 자리에서 반올림한 수와 반올림하여 4) ☐의 자리까지 나타낸 수 비교'입니다.(요약 방법 ③ 적용)

4단락

반올림은 구하고자 하는 자리까지 수를 간단하게 나타낼 수 있는 편리한 방법이라고 이야기하고 있으므로 4단락의 중심 낱말은 '반올림'입니다.

구하고자 하는 자리의 바로 아래 자리의 수를 기준으로 반올림하는 방법을 다시 정리해 주고 있으므로, 4단락을 요약하면 '5) ☐☐☐하는 방법 정리'입니다.(요약 방법 ① 적용)

★ 각 단락을 요약한 것 중에서 더 중요한 내용을 뽑아 다시 간추리면 글 전체의 내용을 요약한 것이 됩니다.

★ 이 글은 반올림의 의미와 방법, 반올림한 값을 비교해 보는 내용입니다. 그러므로 이 글을 요약하면 '구하려는 자리의 한 자리 아래 숫자가 5 미만이면 버리고 5 이상이면 윗자리에 1을 더하여 나타내는 반올림'입니다.

빠른 정답 3쪽, 정답과 풀이 27쪽

✏️ 뜻을 정확히 모르는
낱말들을 적어 보세요!

01 단락 요약하기

다음은 4단락의 내용을 요약하는 과정입니다. 빈칸에 공통으로 들어가기에 알맞은 말을 쓰세요.

> 4단락의 중심 낱말은 (   )이고, 중심 내용은 (   )할 때는 구하고자 하는 자리의 바로 아래 자리의 수를 따지며, 5를 기준으로 반은 올리고 반은 버리는 것이다. 따라서 4단락을 요약하면 '(   )하는 방법 정리'이다.

(   )

02 내용 이해하기

이 글의 '반올림'에 대한 내용으로 알맞지 <u>않은</u> 것은 무엇인가요? (   )

① 수를 어림할 때 많이 사용하는 방법이다.
② 5를 기준으로 하여 숫자가 5 이상이면 올리고, 5 미만이면 버린다.
③ 십의 자리에서 반올림하려면 십의 자리 숫자가 무엇인지 봐야 한다.
④ 백의 자리까지 반올림하려면 백의 자리 숫자가 무엇인지 봐야 한다.
⑤ 소수 첫째 자리 수에서 올려서 나타낼 때는 일의 자리 수에 1을 더한다.

03 내용 적용하기

다음은 반올림하는 과정을 나타낸 것입니다. 빈칸에 들어가기에 알맞은 말과 숫자를 순서대로 쓰세요.

⑴ 326.65를 소수 첫째 자리에서 반올림하고자 한다. 소수 첫째 자리 숫자인 6이 5 (   )이므로 올려서 나타내야 한다. 따라서 답은 (   )이다.

⑵ 1293을 반올림하여 십의 자리까지 나타내려고 한다. 구하려는 자리 한 자리 아래 숫자인 3은 5 (   )이므로 버려서 나타내야 한다. 따라서 답은 (   )이다.

04 내용 추측하기

3단락의 밑줄 친 ㈎에 들어가기에 알맞은 내용은 무엇인가요? (   )

① 같다.   ② 다르다.
③ 서로 관계없다.   ④ 10배 차이가 난다.
⑤ 100배 차이가 난다.

낱말 따라 쓰기

● 단순하고 손쉽다. :
  | 간 | 단 | 하다

● 어떤 일을 하는 데 힘이 들지 않고 이용하기 쉽다. :
  | 편 | 리 | 하다 [便-편할 편 利-이로울 리]
  예 매일 사용하는 물건은 눈에 띄는 곳에 두는 것이 <u>편리</u>하다.

● 어떤 것을 기준으로 순위, 수량 따위를 자세히 헤아려 보다. :
  | 따 | 지 | 다
  예 나이로 <u>따진다</u>면 그는 내 조카뻘이다.

● 서로 일정한 영향을 주고받도록 되어 있는 것이 없다. :
  | 관 | 계 | 없 | 다

● 같은 수량을 여러 번 합한 만큼의 분량 :
  | 배
  예 컴퓨터 속도가 네 <u>배</u>로 빨라졌다.

문제 이해하고 풀기

01 단락 요약하기

🌸 4단락의 내용을 요약해 볼까요?

> **근거** ④단락 ❷, ❹번째 문장: 반올림할 때는 ~ 따지면 된다. 5를 기준으로 ~ 것이 반올림이다.

🍃 4단락의 중심 낱말은 전체 중심 낱말과 같고, 이 단락은 이 글 전체 내용을 다시 정리해 주고 있네요. 빈칸에 공통으로 들어가기에 알맞은 말은 이 글의 중심 낱말인 '반올림'이에요.

정답은 _____ 입니다.

02 내용 이해하기

'반올림'에 대한 내용으로 알맞지 <u>않은</u> 것을 찾는 문제예요.

🌸 각각의 선택지 내용을 순서대로 살펴볼게요.

① 수를 어림할 때 많이 사용하는 방법이다. (○)

> **근거** ②단락 ❶번째 문장: 반올림은 우리가 수를 어림할 때 많이 사용하는 방법으로, ~

② 5를 기준으로 하여 숫자가 5 이상이면 올리고, 5 미만이면 버린다. (○)

> **근거** ②단락 ❷번째 문장: 5를 기준으로 5 미만이면 ~ 나타내는 것이다.

③ 십의 자리에서 반올림하려면 십의 자리 숫자가 무엇인지 봐야 한다. (○)

> **근거** ③단락 ❷, ❹번째 문장: 2345를 십의 자리에서 반올림하여 나타내시오. 2345의 십의 자리 수인 4는 5 미만이므로 버려서 나타내야 한다.

④ 백의 자리까지 반올림하려면 백의 자리 숫자가 무엇인지 봐야 한다. (×)

> **근거** ③단락 ❻번째 문장: 2345를 반올림하여 백의 자리까지 나타내려면 구하려는 자리의 한 자리 아래 숫자, 즉 십의 자리 숫자가 무엇인지 봐야 한다.

⑤ 소수 첫째 자리 수에서 올려서 나타낼 때는 일의 자리 수에 1을 더한다. (○)

> **근거** ②단락 ❶번째 문장: 반올림은 ~ 1을 더하여 어림하는 것이다.

정답은 _____ 입니다.

03 내용 적용하기

실제 숫자를 반올림하여 나타내는 문제입니다.

🌸 각각의 숫자를 하나씩 따져 볼까요?

⑴ 326.65를 소수 첫째 자리에서 반올림하기

🍃 소수 첫째 자리 수인 6은 5 이상이므로 올려서 나타내야 해요. 이때 윗자리에 1을 더하여 어림하므로 327이 돼요.

⑵ 1293을 반올림하여 십의 자리까지 나타내기

🍃 십의 자리의 한 자리 아래 숫자, 즉 일의 자리 숫자인 3은 5 미만이므로 버려서 나타내야 해요. 즉, 1293을 반올림하여 십의 자리까지 나타내면 1290이에요.

정답은 ⑴ _____ , ⑵ _____ 입니다.

04 내용 추측하기

십의 자리에서 반올림하여 나타낸 수와 반올림하여 백의 자리까지 나타낸 수의 값을 비교해 보면 ⑺에 알맞은 내용을 추측할 수 있어요.

🌸 밑줄 친 ⑺에 알맞은 내용을 추측해 볼 수 있는 문장을 찾아볼까요?

> **근거** ③단락 ❺, ❽번째 문장: 그러므로 2345를 십의 자리에서 반올림하여 나타내면 2300이다. 2345를 반올림하여 백의 자리까지 나타내도 2300이 되는 것이다.

🍃 십의 자리에서 반올림하여 나타낸 값과 반올림하여 백의 자리까지 나타낸 값이 2300으로 같음을 알 수 있어요.

정답은 _____ 입니다.

반올림 기준!

1234 **5** 6789

우리나라 지형의 특징을 나타내는 말

빠른 정답 3쪽

지문 확인

산, 강, 평야, 해안 등과 같은 땅의 모양을 '지형'이라고 한다. 지리산, 한강, 김포평야, 동해안 등 우리나라에는 다양한 지형이 있다. 우리나라 지형의 특징을 나타내는 말 중에는 우리가 흔히 접했던 것들이 많다. 우리나라의 지형적 특징을 잘 담아낸 말들을 알아보도록 하자.

'한반도'는 어떤 지형적 특징을 담고 있는 말일까? '반도'는 삼면이 바다로 둘러싸이고 한 면은 육지에 이어진 땅을 말한다. 우리나라는 북쪽이 동아시아 대륙과 연결되어 있고, 나머지 삼면을 동해, 서해, 남해가 둘러싸고 있는 반도이다. 여기에 우리 민족을 의미하는 한민족의 '한'을 붙여 '한반도'라는 말이 생겨난 것이다.

'금수강산'이라는 말은 '비단에 수를 놓은 것처럼 아름다운 산과 강'이라는 뜻이다. 우리 국토는 약 70%가 산으로 이루어져 있는데, 그 사이로 강들이 굽이굽이 흐르고 있다. 높은 산에 올라 내려다보면 초록빛 산과 푸른 강이 어우러져 말 그대로 비단에 수를 놓은 것처럼 아름다운 경치가 펼쳐진다. 애국가에 나오는 '화려 강산'도 바로 이러한 우리나라의 지형을 표현하는 말이다.

그런데 우리 국토의 많은 면적을 차지하는 산지는 대부분 동쪽에 몰려 있다. 그래서 산이 많은 동쪽의 지형이 높고 서쪽의 지형이 낮은데, 이를 '동고서저'라고 한다. 우리나라의 북쪽과 동쪽에는 큰 산맥과 높은 산지가 많아 지형이 높다. 반면 큰 산맥에서 나온 작은 산맥들이 서쪽을 향해 뻗어 나가며 점점 낮아져 평야를 이루기 때문에 남쪽과 서쪽은 지형이 낮다.

이처럼 다양한 우리나라의 지형은 사람들이 사는 모습이나, 기후 등에 큰 영향을 미친다. 내가 사는 지역은 바다와 가까운지 육지 안쪽인지, 동쪽인지 서쪽인지 등을 살펴보며 우리나라 지형의 특징을 이해해 보자.

- 1단락의 중심 문장에 표시해 보세요.
- 2단락의 중심 문장에 표시해 보세요.
- 3단락의 중심 문장에 표시해 보세요.
- 4단락의 중심 문장에 표시해 보세요.
- 5단락의 중심 문장에 표시해 보세요.

낱말 따라 쓰기

- 다른 것과 비교하여 특별히 눈에 띄거나 두드러진 점 : 특 징
  - 예 진돗개의 특징은 둥글게 감긴 꼬리이다.
- 땅의 오르내림이 작아 평평하며 너른 들 : 평 야
  - 예 강 하류에는 기름진 평야가 넓게 펼쳐져 있다.
- 일상적으로 자주, 보통 : 흔 히
- 무엇을 알게 되거나 경험하다. : 접 하 다
- 글이나 말 등에 어떤 내용을 나타내다. : 담 아 내 다

- 삼면이 바다로 둘러싸이고 한 면은 육지에 이어진 땅 : 반 도
  - [半-반 반, 島-섬 도]
- 세 방면 : 삼 면   [三-석 삼, 面-면 면]
  - 예 그 집은 삼면이 산으로 둘러싸여 있다.
- 둥글게 에워싸이다. : 둘 러 싸 이 다
  - 예 그는 적에게 둘러싸여 항복해야 했다.
- 물에 잠기지 않은 땅 : 육 지
  - 예 이 다리는 육지와 섬을 연결해 준다.

빠른 정답 3쪽, 정답과 풀이 28~29쪽

01 단락 요약하기

다음은 각 단락의 내용을 요약한 것입니다. 빈칸에 공통으로 들어가기에 알맞은 말을 쓰세요.

1단락	우리나라 (　　　)의 특징을 나타내는 말에 대한 궁금증
2단락	'한반도'에 담긴 우리나라의 (　　　)적 특징
3단락	'금수강산', '화려 강산'에 담긴 우리나라의 (　　　)적 특징
4단락	'동고서저'에 담긴 우리나라의 (　　　)적 특징
5단락	(　　　)이/가 미치는 영향

(　　　　　　　　　　)

정답 콕콕 특강

01

각 단락의 핵심 낱말을 포함한 핵심 내용을 간추려 보세요.

02 글쓰기 방식 이해하기

다음 중 이 글에 대한 설명으로 알맞은 것을 두 가지 고르세요.　　　(　　, 　　)

① 일이 일어난 차례대로 설명한다.

② 묻고 답하는 방식을 통해 설명한다.

③ 여러 개의 예시를 나란히 제시한다.

④ 어떤 문제의 원인과 결과를 설명한다.

⑤ 우리나라 지형의 특징을 일본과 비교하여 설명한다.

02

2단락에서 지형적 특징을 나타낸 말들을 어떻게 풀어 나가는지 살펴보세요. 또한 2~4단락에서 우리나라의 지형적 특징을 잘 담아낸 말들을 연이어 알아보고 있어요.

03 내용 이해하기

이 글의 '우리나라의 지형적 특징'에 대한 설명으로 알맞지 <u>않은</u> 것은 무엇인가요?

(　　　)

① 국토의 약 70%가 산지이다.

② 삼면이 바다로 둘러싸여 있다.

③ 북쪽은 동아시아 대륙과 연결되어 있다.

④ '한반도'는 '동아시아 대륙의 유일한 반도'임을 나타내는 말이다.

⑤ '금수강산'은 '산과 강이 아름답게 어우러진 지형'을 나타내는 말이다.

03

2~4단락의 곳곳에 있는 우리나라의 지형적 특징에 대한 설명을 찾아보세요.

DAY
14

04 내용 적용하기

다음은 '내가 사는 지역의 지형적 특징'에 대해 학생들이 발표한 내용입니다. '동고서저'의 지형적 특징을 고려할 때, 빈칸에 들어가기에 알맞은 말을 고르세요.

> 지은: 저는 김포에 살고 있습니다. 김포는 한반도의 (1) (동쪽 , 서쪽)에 있습니다. 지금은 아파트가 많지만 옛날에는 김포에 무척 넓은 평야가 있었고, 우리나라에서 가장 농사가 잘 되던 지역이었습니다.
>
> 민현: 저는 평창에 살고 있습니다. 제가 사는 지역은 한반도의 (2) (동쪽 , 서쪽)에 있습니다. 평창에는 높은 산이 정말 많은데 양떼 목장으로 유명한 고개인 대관령도 평창에 있습니다.

04

4단락에서 동고서저의 특징을 알아보고 평야, 고개 등의 낱말들과 관련지어 생각해 보세요.

05 내용 이해하기 서술형

우리나라를 '금수강산'이라고 하는 이유를 이 글에서 찾아 쓰세요.

_____

_____

_____

05

3단락에서 '금수강산'의 의미를 찾아보세요.

낱말 따라 쓰기

● 바다 위에 드러나 있는 넓고 커다란 땅덩어리 : 대 륙

　예 대륙 사이에 무역이 활발하게 이루어졌다.

● 물건·사실 등이 서로 이어지거나 관계가 맺어지다. : 연 결 되 다

　예 오늘날, 전 세계로 연결되는 항공로가 마련되어 있다.

● 헝겊에 여러 빛깔의 실을 박아 넣어서 만든 그림이나 글자의 무늬 : 수

● 여러 번 휘어서 굽은 모양 : 굽 이 굽 이

● 여럿이 서로 잘 어울려 한 덩어리나 한판을 크게 이루게 되다. : 어 우 러 지 다

　예 아이들이 한데 어우러져 강강술래를 했다.

● 산이나 들, 강, 바다 따위의 자연이나 지역의 아름다운 모습 : 경 치

　예 이 산은 빼어난 경치를 자랑한다.

● 여럿이 한곳으로 모여들다. : 몰 리 다

　예 이번 주는 할 일이 한꺼번에 몰려서 정신이 없다.

● 기온, 비, 눈, 바람 등 한 지역의 평균적인 날씨 : 기 후

● 무엇에 원인이 되거나 힘을 미치어 반응이나 변화가 생기게 하는 것 : 영 향

● 영향이나 작용을 끼치다. : 미 치 다

　예 날씨가 우리 생활에 어떤 영향을 미치고 있는지 조사해 보았다.

● 글이나 말로 어떤 내용·문제·의사 등을 남이 알 수 있게 드러내다. : 제 시 하다

● 관련된 여러 가지 사정을 자세히 따져서 생각하다. : 고 려 하다

　예 그는 손님의 입맛을 고려하여 음식을 추천해 주었다.

● 일정한 시설을 갖추어 소나 말, 양 따위를 놓아 기르는 곳 : 목 장

[01~05] 주어진 낱말 중 뜻풀이에 해당하는 것을 골라 쓰세요.

01 연결하다   어림하다

대강 짐작으로 헤아리다. : ☐☐☐☐

02 미만   이상

수량이 범위에 포함되지 않으면서 그 아래인 경우 : ☐☐

03 어우러지다   둘러싸이다

여럿이 서로 잘 어울려 한 덩어리나 한판을 크게 이루게 되다. : ☐☐☐☐☐

04 하늘하늘   굽이굽이

여러 번 휘어서 굽은 모양 : ☐☐☐☐

05 경치   기후

산이나 들, 강, 바다 따위의 자연이나 지역의 아름다운 모습 : ☐☐

[06~08] 주어진 초성과 낱말의 뜻을 보고, 빈칸에 알맞은 낱말을 쓰세요.

06 계산기를 이용하면 복잡한 수의 계산도 쉽게 할 수 있어서 ㅍ ㄹ 하다.
어떤 일을 하는 데 힘이 들지 않고 이용하기 쉽다.

07 우리는 한참 노를 저어서 드디어 ㅇ ㅈ 에 도착했다.
물에 잠기지 않은 땅

08 그녀는 국악을 자주 ㅈ ㅎ ㄷ 보니 흥미가 생겨 배우게 되었다. 무엇을 알게 되거나 경험하다.

[09~13] 주어진 낱말에 알맞은 뜻을 연결하세요.

09 땅의 오르내림이 작아 평평하며 너른 들 •   • ㉠ 반도

10 일정한 시설을 갖추어 소나 말, 양 따위를 놓아 기르는 곳 •   • ㉡ 평야

11 삼면이 바다로 둘러싸이고 한 면은 육지에 이어진 땅 •   • ㉢ 목장

12 같은 수량을 여러 번 합한 만큼의 분량 •   • ㉣ 소수점

13 소수와 정수의 사이를 구별하기 위하여 찍는 점 •   • ㉤ 배

[14~18] 빈칸에 들어갈 낱말을 〈보기〉에서 찾아 쓰세요.

〈 보기 〉
영향   흔히   간단   대륙   특징

14 이 문제는 누구나 ☐☐ 하게 풀 수 있는 것이지만, 실수로 틀렸다.

15 아시아는 세계에서 가장 큰 ☐☐ 이다.

16 그 옷은 길거리에서 ☐☐ 볼 수 있다.

17 아이는 부모의 ☐☐ 을/를 많이 받는다.

18 현대 사회의 ☐☐ 중 하나는 핵가족이 중심이 되었다는 것이다.

DAY **14**

여럿이 힘을 합해 문제를 해결하는 토의

공부한 날   월   일

빠른 정답 3쪽

지문 확인

교실 청소 당번을 어떻게 정할 것인지, 가족끼리 집안일을 어떻게 나눌 것인지 등 우리는 살아가면서 여럿이 의견을 나누고 가장 좋은 해결 방법을 찾아야 하는 경우를 겪는다. 이러한 경우에 알맞은 의사소통 방법은 토의이다. 토의란 공통의 문제에 대한 해결 방법을 찾기 위해 여러 사람이 모여서 의견을 나누는 협동적인 말하기 방법이다. 토의에 적합한 문제는 무엇이며, 어떻게 해야 토의를 잘 진행할 수 있을까?

토의의 목적을 생각해 보면 토의에 적합한 문제가 무엇인지 알 수 있다. 토의를 하는 목적은 어떤 문제에 대한 해결 방법을 찾기 위해서이다. 따라서 해결 방법에 대한 사람들의 의견이 엇갈리기 때문에 여럿이 함께 생각해 보아야 하는 문제, 토의 참가자들이 직접 관련되어 있어 관심을 끌 수 있는 문제, 실제로 해결이 가능한 문제를 토의의 주제로 삼아야 한다.

그렇다면 토의는 어떻게 진행되어야 할까? 토의는 사회자가 토의할 문제를 소개하는 것으로 시작되며, 토의 참가자들은 자유롭게 의견을 주고받는다. 이때 누구에게나 말할 기회가 공평하게 주어져야 한다. 그리고 토의 참가자들은 적절한 근거를 바탕으로 자신의 의견을 간결하고 명확하게 말하고, 다른 사람의 말을 들을 때는 근거가 올바른지 생각하면서 주의 깊게 들어야 한다. 토의가 어느 정도 진행되면 사회자는 그동안 나온 의견들을 정리하고 최종 의견을 이끌어 낸다. 이 과정에서는 소수의 의견을 존중하는 자세도 필요하다.

어떤 주제를 가지고 토의를 하면, 그 과정에서 참가자들은 주제에 대한 문제점을 알게 되고 관련 지식도 얻을 수 있다. 게다가 같은 문제를 두고 서로 다른 의견을 들을 수 있으므로 더 넓은 관점에서 생각해 볼 기회를 얻는다. 그리고 다른 사람의 의견을 이해하는 과정에서 상대방을 존중하는 자세를 배울 수도 있다.

• 1단락의 중심 문장에 표시해 보세요.

• 2단락의 중심 문장에 표시해 보세요.

• 3단락의 중심 문장에 표시해 보세요.

• 4단락의 중심 문장에 표시해 보세요.

낱말 따라 쓰기

● 어떤 사물이나 현상에 대하여 판단하여 가지게 된 일정한 생각 : 의견

● 서로 자기의 생각을 주고받는 것 : 의사소통

● 서로 마음과 힘을 하나로 합하여 하는 것 : 협동적

● 어떤 일에 꼭 어울리고 알맞다. : 적합하다
예 이 지역은 땅이 거칠어서 농사짓기에 적합하지 않다.

● 생각이나 주장 따위가 서로 어긋나다. : 엇갈리다

● 어떤 일·모임·경기 등에 관계하여 끼는 사람 : 참가자

● 어떤 대상에 쏠리는 감정과 생각, 또는 감정과 생각을 쏠리게 하는 사실 : 관심

● 생각이나 활동을 이끌어 가는 중심이 되는 문제나 내용 : 주제

● 어떤 일을 해 나가게 되다. : 진행되다

● 모임이나 예식 등의 진행을 맡아보는 사람 : 사회자

● 어느 한쪽에 손해나 이익이 치우치지 않고 고르다. : 공평하다

STEP 3 단락 요약하기

빠른 정답 3쪽

★ **단락을 요약하는 방법**

① 중심 문장을 선택하여 중심 낱말을 포함한 간단한 말로 표현하세요.

② 대상의 의미, 구체적인 정보를 이야기하고 있다면 이 내용들을 모두 담을 수 있는 표현을 사용하여 정리하세요.

③ 구체적인 예시가 나온다면 이 예시를 통해 무엇을 이야기하려는 것인지 생각하여 정리해 보세요.

1단락

토의의 의미를 설명하고 토의에 적합한 문제는 무엇인지, 어떻게 해야 토의를 잘 진행할 수 있을지 알아보자고 이야기하고 있으므로 가장 많이 나오는 1단락의 중심 낱말은 '토의'입니다.

여러 사람이 모여서 의견을 나누는 협동적인 말하기 방법인 토의의 의미를 설명하고 토의에 대한 읽는 사람의 관심을 끌기 위하여 토의에 적합한 문제, 토의를 잘 진행할 수 있는 방법에 대해 질문을 하고 있으므로 1단락을 요약하면 '1) ☐☐의 의미와 잘하는 방법에 대한 궁금증'입니다. (요약 방법 ② 적용)

2단락

토의를 하는 목적을 바탕으로 토의에 알맞은 주제를 구체적으로 설명하고 있으므로 가장 중심이 되는 2단락의 중심 낱말은 '토의'입니다.

여럿이 함께 생각해 보아야 하는 문제, 토의 참가자들이 직접 관련되어 있어 관심을 끌 수 있는 문제, 실제로 해결이 가능한 문제 등이 해결 방법을 찾는 토의의 목적을 생각해 보았을 때 토의에 적합한 주제라고 이야기하고 있네요. 이것을 간단하게 표현하여 2단락을 요약하면 '토의의 2) ☐☐와/과 적합한 주제'입니다. (요약 방법 ② 적용)

3단락

토의의 진행 과정을 이야기하고 있으므로 가장 많이 나오는 3단락의 중심 낱말은 '토의'입니다.

사회자가 토의할 문제를 소개하면, 토의 참가자들은 적절한 근거를 바탕으로 간결하고 명확하게 자신의 의견을 말해요. 어느 정도 자유롭게 의견을 주고받은 후 사회자는 의견을 정리하고 최종 의견을 이끌어 내지요. 이렇게 토의가 진행되는 과정을 설명하고 있으므로 3단락을 요약하면 '토의를 3) ☐☐하는 방법'입니다. (요약 방법 ② 적용)

4단락

토의를 하는 과정에서 얻을 수 있는 여러 가지 이로운 점을 설명하고 있으므로 가장 중심이 되는 4단락의 중심 낱말은 '토의'입니다.

토의를 하면서 주제에 대한 문제점을 알게 되고 관련 4) ☐☐와/과 더 넓게 생각해 볼 기회를 얻을 수 있으며 상대방을 5) ☐☐하는 자세까지 배울 수 있다고 이야기하고 있으므로, 4단락을 요약하면 '토의를 하면 이로운 점'입니다. (요약 방법 ② 적용)

★ 각 단락을 요약한 것 중에서 더 중요한 내용을 뽑아 다시 간추리면 글 전체의 내용을 요약한 것이 됩니다.

★ 이 글에서는 토의의 의미, 토의에 적합한 주제, 토의를 잘 진행하는 방법까지 설명하고 있어요. 마지막으로 토의를 하면 이로운 점까지 이야기하고 있지요. 그러므로 이 글을 요약하면 '토의의 의미를 이해하고 토의에 적합한 주제와 잘 진행할 수 있는 방법 알아보기'입니다.

01 단락 요약하기

각 단락의 내용을 요약한 것입니다. 빈칸에 공통으로 들어가기에 알맞은 말을 쓰세요.

1단락	( )의 의미와 잘하는 방법에 대한 궁금증
2단락	( )의 목적과 적합한 주제
3단락	( )을/를 진행하는 방법
4단락	( )을/를 하면 이로운 점

(   )

02 내용 이해하기

이 글의 '토의'에 대한 설명으로 맞으면 ○표, 틀리면 ✕표를 하세요.

(1) 토의의 목적은 어떤 문제에 대한 해결 방법을 찾는 것이다.   (   )

(2) 토의 참가자들과 관련 없는 문제를 토의 주제로 삼는 것이 좋다.   (   )

(3) 토의에 참가하면 주제에 대한 관련 지식을 얻을 수 있다.   (   )

03 내용 적용하기

다음은 민석이네 반에서 이루어진 토의입니다. 토의의 진행에 대한 설명으로 <u>틀린</u> 것은 무엇인가요?   (   )

> 사회자: '학급비를 어디에 사용할까?'라는 주제로 토의를 하겠습니다.
> 민석: 학급비로 휴지와 물티슈를 사야 한다고 생각합니다. 휴지와 물티슈는 생활에 필요한 물건이고, 우리 반 친구들이 함께 쓰는 것이기 때문입니다.
> 현아: 저도 동의합니다.
> 지혜: 저는 학급비로 칭찬 스티커를 가장 많이 모은 사람에게 줄 상품을 샀으면 좋겠습니다. 그러면 반 친구들이 착한 일을 더 많이 할 것입니다.
> 은미: 저는 민석이의 의견이 더 좋습니다.
> 사회자: 민석이는 학급비로 휴지와 물티슈를 사자고 했으며 많은 친구들이 동의하였습니다. 따라서 학급비로 휴지와 물티슈를 사겠습니다.

① 토의가 어느 정도 진행되자 사회자가 최종 의견을 이끌어 냈다.

② 민석이와 지혜는 적절한 근거를 바탕으로 자신의 의견을 말했다.

③ 은미와 달리, 현아에게는 말할 기회가 공평하게 주어지지 않았다.

④ 지혜의 의견에 동의하는 사람이 적어도 지혜의 의견을 존중해 주어야 한다.

⑤ 시작 부분에서 사회자가 '학급비를 어디에 사용할까?'라는 주제를 소개했다.

빠른 정답 3쪽, 정답과 풀이 30~31쪽

정답 콕콕 특강

01

각 단락의 중심 낱말을 포함하여 중심 내용을 간추려 보세요.

02

2단락에서 토의의 목적, 토의에 적합한 주제에 대해, 4단락에서 토의를 하면 이로운 점에 대해 알아볼 수 있어요.

03

3단락에서 토의를 진행하는 방법에 대해 설명하고 있어요. 이를 바탕으로 민석이네 반에서 이루어진 토의를 살펴볼까요?

낱말 따라 쓰기

● 어떤 주장이나 의견이 옳음을 뒷받침하는 까닭 :
[근][거]

● 글이나 말이 짤막하고 분명하다. : [간][결]하다

● 분명하고 확실하다. :
[명][확]하다

● 맨 나중, 마지막 : [최][종]

● 적은 수효의 사람 : [소][수]
[少-적을 소, 數-셀 수]

● 높이어 귀중하게 대하다. :
[존][중]하다

[01~06] 주어진 뜻풀이에 해당하는 낱말을 〈보기〉에서 찾아 쓰세요.

〈 보기 〉

참가자 사회자 최종 소수 의사소통 적합하다

01 서로 자기의 생각을 주고받는 것 :

_____

02 어떤 일·모임·경기 등에 관계하여 끼는 사람 :

_____

03 맨 나중, 마지막 : _____

04 적은 수효의 사람 : _____

05 모임이나 예식 등의 진행을 맡아보는 사람 :

_____

06 어떤 일에 꼭 어울리고 알맞다. : _____

[07~11] 예로 든 문장의 빈칸에 들어갈 낱말을 〈보기〉에서 찾아 쓰세요.

〈 보기 〉

관심 주제 명확 공평 존중

07 남자든 여자든, 나이가 적든 많든, 모든 사람에게 ☐☐하게 의견을 말할 기회를 주어야 한다.

08 이 세상에는 ☐☐한 답을 내릴 수 없는 문제들이 많다.

09 학생들의 창의성이 ☐☐되는 교육이 많아졌으면 좋겠다.

10 이 문장은 ☐☐와/과 관련이 없는 내용이므로 빼는 것이 좋겠다.

11 월드컵 축구 대회가 시작하자 전 세계 사람들의 ☐☐이/가 쏠렸다.

DAY 15

배경지식

토의와 토론은 다른가요?

토의는 여럿이 모여 의견을 나누는 협동적인 말하기입니다. 많은 사람들이 흔히 토의와 토론을 헷갈려 하는데요, 그렇다면 토론은 무엇일까요?

우리는 종종 다른 사람과 의견이 일치하지 않아서 말다툼을 하기도 합니다. 그러나 상대방의 기분을 상하게 하는 말다툼은 좋은 대화 방식이 아니에요. 앞으로 의견이 엇갈릴 때는 말다툼 대신 토론을 해 보세요.

토론은 서로 다른 의견을 가진 두 편이 주장을 논리적으로 펼치는 말하기예요. 토론 참가자들은 주제에 대해서 찬성하는 측과 반대하는 측으로 나뉘어요. 토론이 시작되면 찬성 측과 반대 측이 각각 주장을 펼치는데, 이때 두 편 모두 주장을 뒷받침할 충분한 근거 자료를 준비해 와야 해요. 토의가 많은 의견을 모아서 가장 좋은 해결 방안을 찾는 과정이라면, 토론은 두 편이 논리로 맞서는 말하기 방식이라고 할 수 있어요.

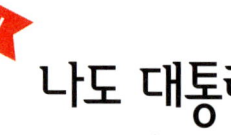

나도 대통령을 뽑고 싶어요!

공부한 날   월   일

빠른 정답 3쪽

지문 확인

장래 희망이 대통령인 수호는 부모님을 따라 투표를 하러 갔지만, 대통령 선거에 참여할 수 없었다. 학교에서는 여러 선거에 참여해 본 적이 있는데 왜 대통령 선거는 할 수 없는 것일까? 민주주의의 꽃이라고 불리는 선거의 4대 원칙을 이해하면 그 이유를 알 수 있다.

• 1단락의 중심 문장에 표시해 보세요.

우선, 우리나라의 선거는 보통 선거와 직접 선거의 원칙을 따른다. 보통 선거의 원칙은 만으로 18세 이상(선거일 기준)의 국민이라면 남녀노소를 따지지 않고 누구나 선거에 참여할 수 있다는 것이다. 직접 선거란 투표권을 가진 사람이 직접 국민의 대표를 뽑는다는 원칙이다. 아무리 친한 친구나 가족이라도 대신 투표해 줄 수 없고 반드시 투표권을 가진 사람이 직접 투표해야 한다.

• 2단락의 중심 문장에 표시해 보세요.

또한 선거는 평등 선거, 비밀 선거의 원칙을 지켜야 한다. 평등 선거의 원칙은 선거권을 가진 사람이라면 누구나 공평하게 한 표씩 투표할 수 있다는 것이다. 옛날에는 지위가 높은 사람, 권력이 많은 사람에게 투표권을 더 준 적도 있었지만, 오늘날에는 평등 선거의 원칙을 철저하게 지키고 있다. 비밀 선거란 투표한 사람이 누구를 찍었는지 다른 사람은 알 수 없게 하는 원칙이다. 내가 누구를 찍었는지 다른 사람이 알 수 있다면 눈치를 보느라 혹은 강요에 의해서 자신이 원하는 사람을 뽑지 못할 수도 있다. 이를 막기 위해 비밀 선거의 원칙을 정한 것이다.

기 표 소

• 3단락의 중심 문장에 표시해 보세요.

정리하면, 선거의 4대 원칙은 보통 선거, 직접 선거, 평등 선거, 비밀 선거로 공정하고 민주적인 선거를 위해 모두, 반드시 지켜져야 한다. 이 중에서 보통 선거의 원칙에 어긋나기 때문에 수호는 대통령 선거에 참여할 수 없는 것이다. 이번 경험을 통해 수호는 국회 의원, 대통령 등을 뽑는 선거는 만으로 18세 이상이 되었을 때 참여할 수 있다는 것을 알 수 있었다.

• 4단락의 중심 문장에 표시해 보세요.

낱말 따라 쓰기

● 선거를 하거나 여럿이 어떤 일을 의논하여 정할 때 자기의 의사를 일정한 방법에 따라 나타내는 것. 또는 그런 의사를 표시한 쪽지 : 투 표   예 내가 투표에서 제일 많은 표를 얻어 반장이 되었다.

● 일정한 조직이나 집단에서 그 대표자나 임원을 투표 등의 방법으로 정하는 것 : 선 거

● 여러 사람이 같이하는 어떤 일에 끼어 함께 일하다. : 참 여 하다
[參-참여할 참, 與-더불 여]   예 전교생은 봉사 활동에 참여하였다.

● 주권이 국민에게 있고 국민을 위한 정치를 지향하는 사상. 또는 한 조직의 모든 구성원의 자발적 의사를 존중하는 태도 : 민 주 주 의

● 여러 가지 경우에 적용되는 기본적인 규칙이나 법칙 : 원 칙
[原-근원 원, 則-법칙 칙]   예 표준어는 교양 있는 사람들이 두루 쓰는 현대 서울말로 정함을 원칙으로 한다.

● 시기나 햇수를 꽉 차게 헤아린 것 : 만

빠른 정답 3쪽, 정답과 풀이 32~33쪽

✏️ 뜻을 정확히 모르는 낱말들을 적어 보세요!

01 단락 요약하기

다음은 2단락의 내용을 요약하는 과정입니다. 빈칸에 공통으로 들어가기에 알맞은 말을 쓰세요.

> 2단락의 중심 낱말은 (   ) 선거와 직접 선거이다. 2단락의 중심 내용은 선거의 4대 원칙 중 (   ) 선거와 직접 선거의 의미를 설명하는 것이므로 2단락을 요약하면 '선거의 원칙 – (   ) 선거와 직접 선거'이다.

(   )

02 내용 이해하기

이 글의 내용으로 알맞은 것은 무엇인가요? (   )

① 대한민국 국민이라면 모두 대통령 선거에 참여할 수 있다.
② 선거의 4대 원칙은 보통 선거, 평등 선거, 비밀 선거, 민주 선거이다.
③ 내가 어떤 사람에게 투표하는지 선거 관리 위원은 볼 수 있어야 한다.
④ 수호가 대통령 선거에 참여하지 못한 이유는 평등 선거의 원칙에 어긋나기 때문이다.
⑤ 선거권을 가진 사람이라면 사회에서의 지위와 관계없이 모두 한 표씩 투표할 수 있다.

DAY 16

03 내용 적용하기

다음은 투표하기 전 주민들이 나눈 대화입니다. 이 글의 내용을 바탕으로 할 때 빈칸에 들어가기에 알맞은 내용은 무엇인가요? (   )

> 주민 1: 안녕하세요, 이곳이 투표소 맞죠? 남편이 몸이 아파서 같이 못 왔어요. 제가 남편 몫까지 투표하려고 하는데 가능할까요?
> 주민 2: 남편 분이 얼른 나으셔야 할 텐데요. 그런데 남편 몫까지 투표하는 것은 안 돼요. 왜냐하면 남편 분께서 (   ).

① 재산이 적기 때문입니다
② 이미 투표하셨기 때문입니다
③ 나이가 많으시기 때문입니다
④ 직접 투표해야 하기 때문입니다
⑤ 저번 투표에 참여하지 않았기 때문입니다

이 글을 읽고 나눈 대화입니다. 글의 내용과 맞지 <u>않는</u> 것은 무엇인가요?   (   )

① 정수: 선거의 4대 원칙 중 하나만 어겨도 투표에 참여할 수 없겠네.

② 다영: 투표소에 칸막이가 있는 이유는 비밀 선거의 원칙 때문이구나.

③ 민수: 예전에는 권력이 많은 사람이 더 많은 표를 던질 수 있었나 보네.

④ 진아: 대통령 선거에 참여하기 위해서 얼른 만으로 18세 이상의 어른이 되어야 겠어.

⑤ 지호: 국회 의원 선거와 달리 대통령 선거에는 보통 선거의 원칙이 적용되지 않는구나.

✏️ 뜻을 정확히 모르는 낱말들을 적어 보세요!

05 내용 이해하기 `서술형`

선거의 4대 원칙 중에는 비밀 선거가 있습니다. 비밀 선거를 반드시 실시해야 하는 이유를 이 글에서 찾아 쓰세요.

_____

_____

_____

낱말 따라 쓰기 🍬

● 남자와 여자, 늙은이와 젊은이란 뜻으로, 모든 사람을 이르는 말 : 남 녀 노 소

● 투표를 할 수 있는 권리 : 투 표 권
   예 언니는 성인이 되어 **투표권**을 가진다.

● 어떤 조직이나 집단의 우두머리로 권리와 책임을 가진 사람 :
   대 표 [代 - 대신할 **대**, 表 - 우두머리 **표**]
   예 그는 한국 **대표**로 올림픽 경기에 나갔다.

● 한 사회에서 권리 · 의무 · 자격 등이 모든 사람에게 고르고 똑같은 것 :
   평 등 [平 - 평평할 **평**, 等 - 같을 **등**]

● 사회에서 어느 한쪽에 손해나 이익이 치우치지 않고 고르다. :
   공 평 하다

● 사회적으로 차지하는 신분의 높낮이나 등급, 또는 수준 : 지 위
   [地 - 땅 **지**, 位 - 자리 **위**]
   예 높은 **지위**에 오르면 책임질 일도 많아진다.

● 남을 복종시키거나 지배하는 데에 쓸 수 있는, 사회적인 권리와 힘 :
   권 력

● 어떤 일을 하는 데 있어서 매우 조심하여 빠뜨리는 것이 없이 완전하다. : 철 저 하다

● 속마음을 짐작하게 하는, 겉으로 드러나는 태도나 표정 : 눈 치

● 하고 싶지 않은 일을 억지로 하라고 하는 것 : 강 요

● 기대에 맞지 아니하거나 일정한 기준에서 벗어나다. : 어 긋 나 다

● 여럿이 나누어 가지거나 맡은 각 부분 : 몫
   예 그녀는 동생의 **몫**까지 열심히 일을 하였다.

● 규칙, 명령, 약속, 시간 따위를 지키지 아니하고 거스르다. :
   어 기 다

● 어떤 원칙 · 이론 · 방법 등이 실제의 문제나 사실을 해결하거나 설명하는 데에 쓰이다. : 적 용 되 다

낱말 쑥쑥 테스트

빠른 정답 3쪽

[01~06] 주어진 낱말에 알맞은 뜻을 연결하세요.

01 사회적으로 차지하는 신분의 높낮이나 등급, 또는 수준 • • ㉠ 만

02 투표를 할 수 있는 권리 • • ㉡ 못

03 시기나 햇수를 꽉 차게 헤아린 것 • • ㉢ 민주주의

04 여럿이 나누어 가지거나 맡은 각 부분 • • ㉣ 지위

05 주권이 국민에게 있고 국민을 위한 정치를 지향하는 사상 • • ㉤ 투표권

06 어떤 조직이나 집단의 우두머리 • • ㉥ 대표

[07~12] 주어진 초성과 낱말의 뜻을 보고, 빈칸에 알맞은 낱말을 쓰세요.

07 그는 부모님의 [ㄱ ㅇ](으)로 피아노를 배우기 시작했다.
　하고 싶지 않은 일을 억지로 하라고 하는 것

08 그들은 학교 규칙을 [ㅇ ㄱ]고 체육복을 입고 등교했다.
　규칙, 명령, 약속, 시간 따위를 지키지 아니하고 거스르다.

09 법은 누구에게나 평등하게 [ㅈ ㅇ ㄷ ㄷ].
　어떤 원칙·이론·방법 등이 실제의 문제나 사실을 해결하거나 설명하는 데에 쓰이다.

10 아리랑은 [ㄴ ㄴ ㄴ ㅅ] 할 것 없이 다 알고 있는 노래이다.
　남자와 여자, 늙은이와 젊은이란 뜻으로, 모든 사람을 이르는 말

11 교육의 기회는 [ㄱ ㅍ] 해야 한다.
　사회에서 어느 한쪽에 손해나 이익이 치우치지 않고 고르다.

12 친구가 슬금슬금 내 [ㄴ ㅊ]을/를 살폈다.
　속마음을 짐작하게 하는, 겉으로 드러나는 태도나 표정

배경지식

민주주의란 무엇일까?

　사람들은 흔히 선거를 '민주주의의 꽃'이라고 표현해요. 그렇다면 민주주의란 무엇일까요?

　민주주의는 모든 국민이 나라의 주인이 되어 함께 나라를 다스리는 정치의 한 형태예요. 민주주의 국가의 국민은 자유롭고 평등하게 정치에 참여할 힘을 가지고 있어요. 모든 국민은 선거를 통해 자신의 대표자를 스스로 선택할 수 있어요. 또, 국민은 하고 싶은 이야기를 자유롭게 이야기하거나 글로 쓸 수 있고, 정부가 하는 일을 비판할 수도 있지요.

　오늘날 세계의 많은 나라가 민주주의의 정치 형태를 갖추고 있어요. 이는 많은 사람들이 오랫동안 평등하고 자유로운 세상을 위해 노력한 결과랍니다.

반려동물과 함께 건강하게 살아가려면?

빠른 정답 3쪽

지문 확인

사람은 아주 오랜 옛날부터 동물과 함께 살아왔다. 야생 동물을 가축으로 길들였고, 나아가 동물과 함께 생활하며 가족으로 대하는 사람들이 생겨났다. 이렇게 마음으로 의지하고자 가까이 두고 기르는 동물을 반려동물이라고 하는데, 현대 사회에 들어서 반려동물을 기르는 사람의 수가 크게 늘고 있다.

• 1단락의 중심 문장에 표시해 보세요.

반려동물을 기르는 것에는 다양한 장점이 있다. 과학자들의 연구를 보면, 반려동물과 함께 사는 사람은 그렇지 않은 사람에 비해 정서적으로 안정되고 운동량이 많아지며 면역력이 높아지는 등 건강에 큰 도움을 받는다고 한다.

• 2단락의 중심 문장에 표시해 보세요.

그렇지만 사람과 반려동물이 함께 살면서 오히려 사람의 건강을 해치는 경우도 있다. 어떻게 해야 반려동물과 건강하고 행복하게 살 수 있을까?

• 3단락의 중심 문장에 표시해 보세요.

동물과 사람이 가까이 살다 보면 동물이 가진 세균과 바이러스가 사람을 공격해 병을 일으키기도 한다. 이렇게 동물에게서 사람한테 옮을 수 있는 병을 '인수 공통 전염병'이라고 하는데, 대표적인 것이 광견병이다. 광견병에 걸린 동물이 사람을 물면 침을 통해 바이러스가 옮게 되고, 치료하지 않으면 죽음에 이를 만큼 중한 병이다. 반려동물이나 사람이 광견병에 걸리는 것을 막기 위해서는 반려동물에게 예방 주사를 맞혀야 한다.

• 4단락의 중심 문장에 표시해 보세요.

이 밖에도 반려동물의 피부병이 사람에게 옮거나, 반려동물의 배설물에서 나온 세균이나 기생충이 피해를 주기도 한다. 이를 막기 위해서는 반려동물에게 이나 벼룩, 피부병 등이 생기지 않도록 평소에 반려동물을 깨끗하게 관리해 주고, 배설물을 처리한 후에는 손을 깨끗이 씻어야 한다.

• 5단락의 중심 문장에 표시해 보세요.

사랑스럽고 우리들 마음에 힘이 되는 반려동물이지만, 함께 살아가는 데는 기르는 사람의 책임감이 필요하다. 반려동물과 함께 건강하고 행복하게 살아가려면 예방 접종을 해 주고 청결하게 관리해 주는 등 끊임없이 노력해야 한다.

• 6단락의 중심 문장에 표시해 보세요.

낱말 따라 쓰기

● 사람이 기르지 않고 산이나 들에서 저절로 자라는 것 : 야 생

● 소, 돼지, 개처럼 사람이 집에서 기르는 짐승 : 가 축

● 잘 훈련시켜 부리기 좋게 하거나 잘 따르게 만들다. : 길 들 이 다

● 다른 것에 마음을 기대어 도움을 받다. : 의 지 하다

● 사람의 마음에 일어나는 여러 가지 감정을 불러일으키는 것과 관련된 것 : 정 서 적   예) 음악은 아이의 정서적 발달에 좋다.

● 마음이나 몸이 흔들리지 않고 평안하고 조용한 상태가 유지되다. : 안 정 되 다

● 몸 밖에서 들어온 병균을 이겨 내는 몸의 힘 : 면 역 력

빠른 정답 3쪽, 정답과 풀이 34~35쪽

✎ 뜻을 정확히 모르는
낱말들을 적어 보세요!

01 단락 요약하기

다음은 각 단락의 내용을 요약한 것입니다. ㉠~㉢에 들어가기에 알맞은 말을 쓰세요.

1단락	(㉠)의 의미
2단락	반려동물을 기를 때의 (㉡)
3단락	반려동물과 잘 살 수 있는 방법에 대한 궁금증
4단락	반려동물로 인한 위험과 예방법 – 광견병
5단락	반려동물로 인한 위험과 예방법 – 피부병과 배설물
6단락	(㉢) 있게 반려동물 기르기

㉠: (   ), ㉡: (   ), ㉢: (   )

02 글쓰기 방식 이해하기

다음 중 이 글에 대한 알맞은 설명을 모두 골라 묶은 것은 무엇인가요?　　　（　　　）

> ㉠ 반려동물의 종류에 따라 나누어 설명하고 있다.
> ㉡ 3단락에서 던진 물음에 대해 4~6단락에서 답하고 있다.
> ㉢ 사람과 반려동물의 차이점을 들어 전염병의 위험성을 설명하고 있다.
> ㉣ 반려동물로 인한 위험과 그에 대한 예방법을 짝을 지어 설명하고 있다.

① ㉠, ㉡　　　② ㉠, ㉢　　　③ ㉡, ㉢　　　④ ㉡, ㉣　　　⑤ ㉢, ㉣

DAY
17

03 내용 이해하기

이 글의 '반려동물'에 대한 내용으로 알맞지 <u>않은</u> 것은 무엇인가요?　　　（　　　）

① 반려동물과 함께 살면 운동량이 많아진다.

② 마음으로 의지하고자 가까이 두고 기르는 동물을 말한다.

③ 현대 사회에 들어서 반려동물을 가축으로 기르기 시작했다.

④ 반려동물과 함께 사는 사람은 그렇지 않은 사람보다 정서적으로 안정된다.

⑤ 반려동물과 함께 사는 것은 건강에 도움이 되기도 하지만 오히려 건강을 해칠
　수도 있다.

04 내용 적용하기

다음은 수의사 선생님의 뉴스 인터뷰입니다. ㉠~㉢에 들어가기에 알맞은 말을 쓰세요.

뜻을 정확히 모르는
낱말들을 적어 보세요!

> 진행자: 반려동물의 병이 사람에게 옮기도 하나요?
> 수의사: 그렇습니다. 대표적으로 광견병이 있지요. 광견병에 걸린 동물이 사람을
> 물면 (㉠)을/를 통해서 광견병 바이러스가 옮게 되는데, 미리 막기 위해
> 서는 (㉡)을/를 정기적으로 맞혀야 합니다. 또한 (㉢)도 옮을 수 있
> 습니다. 평소에 잘 씻겨 주세요.

㉠: (   ), ㉡: (   ), ㉢: (   )

05 내용 이해하기 [서술형]

**반려동물의 배설물을 처리한 후에 손을 깨끗이 씻어야 하는 이유를 이 글에서 찾아 쓰
세요.**

_____

_____

낱말 따라 쓰기

- 사람의 마음이나 몸에 해를 입히다. : 해 치 다
  예 너무 많이 먹거나 너무 적게 먹으면 건강을 해친다.
- 눈으로 볼 수 없을 만큼 작고, 병을 일으키거나 부패 작용을 하는,
  세포가 하나뿐인 생물 : 세 균
- 생명체에 붙어서 살고 유행성 감기 등의 병원체가 되며, 특수한 현
  미경으로나 볼 수 있는 아주 작은 미생물 : 바 이 러 스
- 병균이나 바이러스가 다른 사람에게 전염되다. : 옮 다
- 병이나 죄 등이 대단하거나 크다. : 중 하 다
- 살갗이나 관련 있는 기관에 생기는 병을 통틀어 이르는 말 :
  피 부 병
- 몸 밖으로 내보내는 똥이나 오줌 같은 물질 : 배 설 물
- 다른 동물에 붙어 양분을 빨아 먹고 사는 벌레 : 기 생 충
- 사람과 짐승의 피를 빨아 먹고 살며, 병을 옮기기도 하는 검붉은 빛
  의 아주 작은 곤충 : 벼 룩

- 어떤 일이나 물건을 정상적인 상태를 유지하도록 책임지고 보살피
  며 다루다. : 관 리 하다
- 맡은 일이나 마땅히 해야 할 일을 소중하게 여기는 마음 :
  책 임 감
- 병의 예방, 치료를 위하여 약하게 만든 병균이나 바이러스를 사람이
  나 동물의 몸에 넣어 그런 병균이나 바이러스를 이겨 내는 요소를
  생기게 하는 것 : 접 종 예 나는 독감 예방 주사를 접종했다.
- 맑고 깨끗하다. : 청 결 하다
- 실패할 가능성이 있거나 목숨을 위태롭게 할 만큼 안전하지 못한 것 :
  위 험
- 질병, 재해 등이 일어나지 않도록 미리 막는 방법 : 예 방 법
- 특정한 목적을 가지고 개인이나 집단을 만나 정보를 수집하고 이야
  기를 나누는 일 : 인 터 뷰
- 정해진 기간이나 날짜에 맞추어 하는 것 : 정 기 적

낱말 쏙쏙 테스트

빠른 정답 3쪽

[01~05] 주어진 뜻풀이에 해당하는 낱말을 〈보기〉에서 찾아 쓰세요.

〈 보기 〉

책임감   정서적   위험   의지하다   야생

01 사람이 기르지 않고 산이나 들에서 저절로 자라는 것 : _____

02 실패할 가능성이 있거나 목숨을 위태롭게 할 만큼 안전하지 못한 것 : _____

03 맡은 일이나 마땅히 해야 할 일을 소중하게 여기는 마음 : _____

04 사람의 마음에 일어나는 여러 가지 감정을 불러일으키는 것과 관련된 것 : _____

05 다른 것에 마음을 기대어 도움을 받다. : _____

[06~10] 예로 든 문장의 빈칸에 들어갈 낱말을 〈보기〉에서 찾아 쓰세요. 필요하다면 문장에 알맞게 고쳐 쓰세요.

〈 보기 〉

기생충   옮다   예방법   관리하다   면역력

06 몸이 약하면 [   ]이/가 떨어져서 감기에 걸리기 쉽다.

07 눈병에 걸린 친구와 수건을 같이 사용했다가 병이 [   ].

08 그녀는 꾸준한 운동으로 건강을 [   ]하고 있다.

09 감기의 [   ]은/는 충분한 휴식과 적당한 운동이다.

10 오늘 온 가족이 [   ]을/를 없애려고 약을 먹었다.

배경지식

광견병을 왜 '공수병'이라고 할까?

광견병은 미친개에게서 볼 수 있는 바이러스성 질병이에요. 광견병은 다른 말로 '공수병'이라고도 한답니다.

공수병은 한자로 두려울 공(恐), 물 수(水), 병들 병(病) 즉, '물을 무서워하는 병'이에요. 이러한 이름이 붙은 이유는 말 그대로 이 병에 걸리면 물을 무서워하기 때문이지요.

이 병을 일으키는 바이러스가 사람의 뇌 중추 신경에 들어가서 퍼지면 우리 몸에 명령을 전달하는 신경 세포를 파괴해 버려서 감염자는 빛과 소리, 물과 같

은 외부 자극에 민감하게 반응하게 돼요. 감염된 사람은 겉으로 경련이나 호흡 곤란 등의 증상을 보이는 동시에 음식물이나 물을 보기만 해도 통증을 느끼고 별다른 이유 없이 갑자기 근육이 떨리는 현상이 나타나요. 이 때문에 감염자는 먹지도 마시지도 못하고 죽어 가게 된답니다.

하지만 너무 걱정하지 마세요. 우리나라에서 공수병은 2004년을 끝으로 발생하지 않고 있답니다.

DAY 18

독해력 완성 테스트 [STEP 3]

✿✿✿ :상
✿✿✿ :중
✿✿✿ :하

공부한 날   월   일
맞은 개수   / 5개

[01~05] 다음 글을 읽고, 물음에 답하세요.

서양에서 발생하여 발달한 그림을 '서양화'라고 하는 것처럼 한국, 중국, 일본 등 동양에서 발달한 그림을 '동양화'라고 불러왔다. 그런데 비슷한 것을 그린 동양화라도 어느 나라에서 발달했는지에 따라 특징이 다르기 때문에 각 나라의 전통 회화를 따로 부르게 되었다. '한국화'라고 하는 우리의 전통 회화는 어떤 특징을 가지며, 어떤 종류가 있을까?

한국화는 붓과 먹을 이용해 그리는 그림이다. 화선지에 먹이 스며들어 번지는 효과, 짙고 연한 먹색이 어우러지는 효과, 붓의 물기가 많고 적음에 따라 다르게 나타나는 효과 등을 이용하여 다양하게 표현할 수 있다. 또한 한국화에는 우리 조상들이 중요하게 여겼던 정신과 마음이 드러나 있다. 이러한 한국화는 크게 무엇으로 어떻게 그렸는지에 따라, 무엇을 그렸는지에 따라 나뉜다.

먼저, 한국화는 사용하는 재료와 표현 방법에 따라 수묵화와 채색화로 나눌 수 있다. 수묵화는 색을 칠하지 않고 먹의 진하고 흐린 정도만 이용하여 그린 그림이다. 반면 채색화는 먹으로 그린 그림에 색을 칠한 것이다. 색을 엷게 칠하는 것은 수묵 담채화, 색을 여러 번 겹쳐 칠해 입체감이나 무게감을 표현한 것은 수묵 채색화라고 한다.

또한, 한국화는 그리는 소재에 따라서도 다양하게 나눌 수 있다. 산수화는 산과 언덕, 강과 바다, 풀과 나무 등 자연의 모습을, 인물화는 사람을 중심적으로 그린 것이다. 풍속화는 옛사람들의 일상생활을 담은 것이다. 영모화는 새나 동물을, 화조화는 꽃과 새를 그린 것을 말한다.

우리가 자주 사용하는 말 중에 '_____(가)_____'라는 것이 있다. 한국화를 잘 모르면 그저 지루하게 느껴질 수 있지만, 다양한 종류와 그 특징을 알면 한국화만의 아름다움을 감상할 수 있다. 우리의 전통 회화를 보존하고 발전시키기 위해서라도 한국화에 관심을 가져 보는 것은 어떨까?

01 ✿✿✿

다음은 각 단락의 내용을 요약한 것입니다. 빈칸에 들어가기에 알맞은 말을 순서대로 쓰세요.

1단락	'한국화'에 대한 궁금증
2단락	한국화의 특징
3단락	한국화의 구분 – ( )와/과 표현 방법에 따라
4단락	한국화의 구분 – 그리는 ( )에 따라
5단락	한국화에 대한 관심 부탁

(   ), (   )

02 ✿✿✿

재료와 표현 방법이 각각 한국화의 어떤 종류에 해당하는지 연결해 보세요.

(1) 먹으로 그린 그림에 색을 엷게 칠함. •   • ㉠ 수묵화

(2) 먹으로 그린 그림에 색을 덧칠함. •   • ㉡ 수묵 담채화

(3) 먹의 진하고 흐린 정도만 이용하여 그림. •   • ㉢ 수묵 채색화

03 ✿✿✿

오른쪽 그림을 보고 알맞은 반응을 보인 사람은 누구인가요? (　　)

출처: e뮤지엄(http://www.emuseum.go.kr)

① 채연: 새가 나오는 걸 보니 화조화로군.
② 한유: 집 안에 사람이 있을 테니 인물화로군.
③ 보람: 나무와 산이 있는 걸 보니 산수화로군.
④ 현희: 새나 동물이 보이지 않는 것을 보니 영모화로군.
⑤ 수진: 먹으로 그린 그림에 색이 칠해져 있는 것을 보니 채색화로군.

04 ✿✿✿

5단락의 밑줄 친 (가)에 들어가기에 알맞은 말은 무엇인가요? (　　)

① 티끌 모아 태산
② 아는 만큼 보인다.
③ 등잔 밑이 어둡다.
④ 고래 싸움에 새우 등 터진다.
⑤ 가는 말이 고와야 오는 말이 곱다.

05 ✿✿✿ 서술형

한국화, 중국화, 일본화는 같은 동양화지만 각각 따로 부릅니다. 그 이유를 이 글에서 찾아 쓰세요.

_____

_____

_____

낱말 따라 쓰기

- 유럽과 남북아메리카의 여러 나라를 통틀어 이르는 말 : 서 양
  [西 – 서쪽 서, 洋 – 큰 바다 양]
- 어떤 일이나 사물이 생겨나다. : 발 생 하다
  [發 – 일어날 발, 生 – 날 생]
- 한국·중국·인도를 중심으로 한 아시아 지역 : 동 양
  [東 – 동쪽 동, 洋 – 큰 바다 양]
- 학문, 기술, 문명, 사회 따위의 현상이 이전보다 더 좋게, 크게 또는 복잡하게 변하다. : 발 달 하다 [發 – 일어날 발, 達 – 통달할 달]
  예 오늘날 과학 기술이 빠르게 발달했다.
- 여러 가지 선이나 색채로 평면상에 형상을 그려 내는 미술의 한 분야로서의 그림 : 회 화
  예 그는 유명한 화가의 회화 몇 점을 사들였다.
- 벼루에 물을 붓고 갈아서 글씨를 쓰거나 그림을 그릴 때 사용하는 검은 물감 : 먹 예 나는 붓글씨를 쓰려고 먹을 갈았다.
- 액체나 기체가 틈으로 배어들거나 흘러 들어오다. : 스 며 들 다
  예 스펀지 안으로 물이 스며들었다.
- 액체가 종이나 천 등에 묻어서 차차 넓게 젖어 퍼지다. : 번 지 다
- 어떤 목적을 지닌 행위에 의하여 드러나는 보람이나 좋은 결과 : 효 과
- 물건을 만들 때 그것의 구성 요소가 되는 물질 : 재 료
  예 재료가 부족해서 물건을 만들지 못했다.
- 둘 이상을 서로 포개거나 여러 겹으로 놓다. : 겹 치 다
  예 얇은 옷을 여러 벌 겹쳐 입는 것이 더 따뜻하다.
- 위치·넓이·길이·두께를 가진 물건에서 받는 느낌 : 입 체 감
  예 빛과 그림자가 서로 대비되어 입체감이 살아났다.
- 예술 작품에서 지은이가 말하고자 하는 바를 나타내기 위해 선택하는 재료 : 소 재 예 그는 전쟁을 소재로 영화를 만들었다.
- 사물이나 행동에서 매우 중요하고 기본이 되는 것 : 중 심 적
  예 글의 중심적인 내용은 까치가 사람에게 은혜를 갚는 것이다.
- 예술 작품의 아름다움을 느끼고 즐기고 이해하다. : 감 상 하다
- 중요하거나 가치가 있는 것을 잘 보살펴서 그대로 남아 있게 하다. : 보 존 하다
  예 그 집안은 조상의 유물을 온전하게 보존하기 위해 노력하고 있다.
- 더 낫고 좋은 상태나 더 높은 단계로 나아가다. : 발 전 하다
  예 우리나라의 경제가 빠르게 발전하였다.

DAY
18

빠른 정답 3쪽, 정답과 풀이 71쪽

❋ 주어진 뜻풀이에 해당하는 낱말을 쓰고, 글자판의 가로, 세로, 대각선에서 찾아 ○표를 하세요.

(1) 대강 짐작으로 헤아리다. :

(2) 중요하거나 가치가 있는 것을 잘 보살펴서 그대로 남아 있게 하다. :

(3) 서로 자기의 생각을 주고받는 것 :

(4) 몸 밖에서 들어온 병균을 이겨 내는 몸의 힘 :

(5) 어떤 것을 기준으로 순위, 수량 따위를 자세히 헤아려 보다. :

(6) 한 사회에서 권리·의무·자격 등이 모든 사람에게 고르고 똑같은 것 :

(7) 여럿이 서로 잘 어울려 한 덩어리나 한판을 크게 이루게 되다. :

(8) 규칙, 명령, 약속, 시간 따위를 지키지 아니하고 거스르다. :

(9) 바다 위에 드러나 있는 넓고 커다란 땅덩어리 :

평	등	하	의	국	대	종	따	영	효	원	동
조	안	라	말	차	고	육	해	지	고	령	이
그	해	어	림	하	다	한	포	훈	다	소	리
의	백	우	두	따	창	에	비	대	의	면	한
마	소	러	통	우	산	륙	자	세	도	역	되
대	오	지	문	정	대	속	문	소	려	력	네
병	강	다	히	암	게	아	남	이	사	나	대
약	그	축	원	존	백	전	을	하	보	의	호
의	집	송	통	아	사	력	역	지	존	고	완
이	사	난	제	민	프	파	우	고	하	버	차
장	존	소	건	박	어	기	다	위	다	야	거
가	보	지	통	민	음	훈	정	지	올	번	친

80 자이스토리 초등 국어 독해력 쑥쑥 / 4학년

STEP 4

단락 간의 관계 이해하기

단락 간의 관계를
이해하면 어떤 일이 되어
가는 단계, 대상이 변해 가는
과정 등 글의 흐름을 쉽게
알 수 있어요!

★ **단락 간의 관계 이해란?**
각 단락이 서로 어떻게 이어져 있는지 알아
보는 것입니다.

● **단락 간의 관계를 이해해야 하는 이유**
각 단락이 어떻게 연결되어 있는지를 이해
하면 글 전체에서 결국 이야기하고자 하는
것이 무엇인지 알 수 있어요.

단락 간의 관계를 이해하는 방법
– '그리고, 또, 또한, 마찬가지로' 등의 이어
주는 말이 나오면 앞의 내용과 비슷한
내용이 이어질 것을 알 수 있어요.
– '그러나, 하지만, 그렇지만, 그럼에도'
등의 이어 주는 말이 나오면 앞의 내용과
반대되거나 다른 방향의 내용이 이어질
것을 알 수 있어요.
– '그러므로, 그래서, 따라서' 등의 이어 주는
말이 나오면 앞의 내용이 이유가 되는
결과가 이어질 것을 알 수 있어요.
– '즉, 정리하면' 등의 이어 주는 말이 나오면
앞의 내용을 요약하는 내용이 이어질
것을 알 수 있어요.

가장 사랑받는 임금, 세종

빠른 정답 3쪽

지문 확인

　우리나라 역사상 가장 큰 사랑을 받는 임금은 누구일까? 바로 세종이다. 그래서 세종에게는 '대왕' 혹은 '성군'이라는 말이 붙는다. 세종이 지금까지도 큰 사랑을 받는 이유는 그가 백성을 위해 다양한 분야에서 노력한 임금이었기 때문이다. 백성을 사랑하는 마음으로 펼쳤던 세종의 다양한 업적을 알아보자.

- **1단락 요약 :**
  1) □□ 이/가
  사람들에게 사랑받는 이유

　우선, 세종은 집현전이라는 기관을 두고 실력 있는 학자들을 뽑아 그들과 함께 좋은 나라를 만들기 위한 방법을 연구했다. 특히 세종은 백성들이 어려운 한자를 알지 못해 글을 읽지 못하는 것을 늘 안타까워했다. 그래서 세종과 집현전 학자들은 백성들이 쉽게 배울 수 있는 글자를 만들기 위해 밤낮으로 노력했고, 그 결과 '백성을 가르치는 바른 소리'라는 뜻의 '훈민정음'을 만들었다. 훈민정음에는 백성들이 글을 몰라 억울한 일을 당하지 않고, 자신의 뜻을 잘 전하며, 사람의 도리를 배울 수 있기를 바라는 세종의 마음이 담겼다.

- **2단락 요약 :**
  세종의 업적
  – 좋은 나라를 위한 연구,
  2) □□□ 을/를 만듦.

　또한 세종은 신분에 관계없이 재능 있는 사람들을 불러모아 과학을 연구하고, 백성들의 생활에 도움이 될 만한 것들을 만들게 하였다. 하늘의 움직임을 관찰하는 혼천의, 물을 이용하여 스스로 시간을 알리는 자격루, 해의 그림자로 시간을 알려 주는 앙부일구, 강물의 높이를 재는 수표 등이 이때 만들어졌다. 특히 측우기가 만들어진 후에는 계절에 따른 비의 양을 알 수 있게 되어서 백성들이 가뭄이나 홍수를 대비하고, 농사지을 시기를 예측할 수 있었다.

- **3단락 요약 :**
  세종의 업적 – 백성들의
  3) □□ 에 도움이 되는
  것들을 만듦.

　이 밖에도 세종은 농사가 잘 안되었을 때는 세금을 적게 걷어 백성들의 부담을 줄여 주는 등 백성을 위한 여러 정책을 실시하였다. 그리고 노비들이 부당한 대우를 받지 않도록 애쓰기도 했다. 특히 나라에 속해 있던 노비가 아이를 낳은 후 쉴 수 있는 기간을 7일에서 100일로 늘려 주었다. 이와 같이 세종은 신분의 높고 낮음을 따지지 않고 모든 백성을 사랑하는 마음으로 여러 분야에서 다양한 업적을 남긴 훌륭한 임금이었다.

- **4단락 요약 :**
  모든 백성을 사랑하는 마음
  으로 다양한
  4) □□ 을/를 남긴 세종

낱말 따라 쓰기

- 매우 존경하고 받들 만큼 훌륭한 임금 : 성 군
- 여러 갈래로 나누어진 범위나 부분 : 분 야
- 노력과 수고를 들여 이루어 낸 결과 : 업 적
- 일정한 역할과 목적을 위하여 만든 조직이나 단체 : 기 관
- 어떤 일이나 사물에 대해 깊이 있게 살피고 생각하여 사실을 밝혀내다.
  : 연 구 하다 [研 – 연구할 연, 究 – 연구할 구]

- 사람이 마땅히 행하여야 할 바른길 : 도 리
  [道 – 길 도, 理 – 다스릴 리]
- 각각의 사람이 자기가 속해 있는 사회 안에서 가지고 있는 역할이나 지위 : 신 분
- 어떤 일을 하는 데 필요한 재주와 능력 : 재 능
- 앞으로 일어날지도 모르는 힘들거나 어려운 일을 겪지 않기 위해 미리 준비하다. : 대 비 하다

STEP 4 단락 간의 관계 이해하기

단락 간의 관계 이해하기는 각 단락들이 서로 어떻게 이어져 있는지 알아보는 것입니다.

각 단락이 어떻게 연결되어 있는지를 이해하면 글 전체에서 결국 이야기하고자 하는 것이 무엇인지 알 수 있어요.

★ 단락 간의 관계를 이해하는 방법

- '그리고, 또, 또한, 마찬가지로' 등이 나오면 앞의 내용과 비슷한 내용이 이어질 것을 알 수 있어요.
- '그러나, 하지만, 그렇지만, 그럼에도' 등이 나오면 앞의 내용과 반대되거나 다른 방향의 내용이 이어질 것을 알 수 있어요.
- '그러므로, 그래서, 따라서' 등이 나오면 앞의 내용으로 인해 나타나는 결과가 이어질 것을 알 수 있어요.
- '즉, 정리하면' 등이 나오면 앞의 내용을 요약하거나, 다시 한번 말하면서 강조하는 내용이 이어질 것을 알 수 있어요.
- '이, 그, 저, 이러한' 등이 나오면 이 표현들이 앞의 내용 중 무엇을 가리키는지 살펴보세요.

1단락

세종이 우리나라 역사상 가장 사랑받는 임금임을 이야기하고, 그 이유를 설명하고 있어요. 그러므로 1단락을 요약하면 '세종이 사람들에게 사랑받는 이유'입니다.

[단락 간의 관계] '백성을 사랑하는 마음으로 펼쳤던 ¹⁾[　　]의 다양한 업적을 알아보자.'라는 마지막 문장을 통해 뒤에 이어질 내용을 예상할 수 있어요.

2단락

세종이 집현전 학자들과 함께 좋은 나라를 만들기 위해 연구하고, 훈민정음을 만들었다는 것이 중심 내용이에요. 그러므로 2단락을 요약하면 '세종의 업적 – 좋은 나라를 위한 연구, 훈민정음을 만듦.'입니다.

[단락 간의 관계] 2단락이 ²⁾'[　　]'(이)라는 말로 시작하는 것을 통해 다음 단락에서도 세종의 업적을 이야기할 것이라고 추측할 수 있어요.

3단락

과학을 연구하여 백성들의 생활에 도움이 되는 것들을 만든 세종의 업적을 이야기하고 있으므로 3단락을 요약하면 '세종의 업적 – 백성들의 생활에 도움이 되는 것들을 만듦.'입니다.

[단락 간의 관계] ³⁾'[　　]'(이)라는 말은 앞의 내용과 비슷한 내용이 이어진다는 것을 알려 줍니다. 2단락에 이어서 3단락에서도 세종의 업적을 설명하고 있네요.

4단락

세종이 신분을 따지지 않고 모든 백성을 사랑하였으며, 그 마음으로 다양한 업적을 남겼다는 것이 중심 내용이에요. 그러므로 4단락을 요약하면 '모든 백성을 사랑하는 마음으로 다양한 업적을 남긴 세종'입니다.

[단락 간의 관계] ⁴⁾'[　　　]'(이)라는 말에서 '이'는 2단락과 3단락에서 설명한 세종의 업적들을 가리켜요. 그 외에 또 다른 업적을 이야기하고 있는 것이지요.

★ 이 글은 1단락에서 글 전체의 중심 낱말인 '세종'을 소개한 후, 2단락과 3단락에서 세종의 업적을 설명하고 있어요.

4단락에서는 앞에서 이야기하지 않은 세종의 또 다른 업적을 소개한 후, 세종의 훌륭함을 이야기하며 글을 마무리하고 있어요.

★ [단락 간의 관계] 정리

- 1단락: 세종이 사람들에게 사랑받는 이유 — 중심 낱말 소개
- 2단락: 세종의 업적
  – 좋은 나라를 위한 연구, 훈민정음을 만듦.
- 3단락: 세종의 업적
  – 백성들의 생활에 도움이 되는 것들을 만듦.

  → 중심 낱말의 업적 설명
- 4단락: 모든 백성을 사랑하는 마음으로 다양한 업적을 남긴 세종 — 또 다른 업적 설명, 마무리

DAY
19

✏️ 뜻을 정확히 모르는
낱말들을 적어 보세요!

01 단락 간의 관계 이해하기

각 단락에 대한 설명으로 알맞지 않은 것은 무엇인가요?　　　　　　（　　　）

① 1단락에서는 글 전체의 중심 낱말인 '세종'이 어떤 임금인지를 소개하고 있다.

② 2단락에서는 훈민정음, 3단락에서는 과학과 관련하여 세종의 업적을 설명하고 있다.

③ 4단락에서는 앞에서 이미 설명한 세종의 업적을 다시 한번 이야기하고 있다.

02 내용 이해하기

다음 설명이 이 글의 내용으로 맞으면 ○표, 틀리면 ✕표를 하세요.

(1) 자격루와 앙부일구는 모두 시간을 알려 주는 것들이다.　　　　　（　　　）

(2) 측우기가 만들어진 후 백성들은 가뭄이나 홍수를 대비할 수 있게 되었다.
　　　　　　　　　　　　　　　　　　　　　　　　　　　　　　（　　　）

(3) 세종은 높은 신분을 가진 사람 중에서 재능 있는 사람을 뽑아 과학을 연구하게 하였다.　　　　　　　　　　　　　　　　　　　　　　　　　（　　　）

03 내용 이해하기

다음은 이 글을 읽은 학생이 세종의 마음을 상상하여 적은 것입니다. 빈칸에 들어갈 말을 2단락에서 찾아 순서대로 쓰세요.

> 세종: 내가 (　　　)을/를 만든 이유는 백성들이 글을 몰라 억울한 일을 겪지 않고, 자신의 뜻을 올바르게 전하며, 사람의 (　　　)을/를 배우기를 바랐기 때문이다.

　　　　　　　　　　（　　　　　　　　　）, (　　　　　　　　　)

04 내용 추측하기

이 글을 읽고 나눈 대화입니다. 빈칸에 알맞지 않은 내용은 무엇인가요?　　（　　　）

> 현서: 우리나라 사람들이 뽑은 존경하는 인물 1순위가 세종대왕이라는 글을 보았어. 너는 세종대왕이 1순위로 뽑힌 이유가 뭐라고 생각하니?
>
> 상원: 아마도 세종대왕이 백성을 무척이나 사랑하고 아꼈기 때문일 거야. 세종대왕이 백성을 사랑한 것은 (　　　)을 통해 알 수 있어.

① 노비들이 부당한 대우를 받지 않도록 애썼던 것

② 백성들의 생활에 도움이 되는 것들을 만들게 했던 것

③ 백성들이 어려운 한자를 쉽게 배울 수 있도록 했던 것

④ 나라에 속한 노비가 아이를 낳으면 100일 동안 쉴 수 있도록 했던 것

⑤ 농사가 안되었을 때는 세금을 적게 걷어 백성들의 부담을 줄여 주었던 것

낱말 따라 쓰기

● 앞으로 일어날 일을 미리 짐작하다. : 예 측 하다
　예 미래를 예측하는 것은 어려운 일이다.

● 어떤 일·의무·책임 등을 떠맡는 것 : 부 담

● 사회적인 문제를 해결하거나 정치적인 목적을 이루기 위한 방법 : 정 책

● 실제로 해 나가다. : 실 시 하다

● 도리에 어긋나서 옳지 않다. : 부 당 하다
　[不―아닐 부, 當―마땅할 당]

● 어떤 태도로 사람을 대하거나 다루는 일 : 대 우

● 다른 사람의 훌륭한 인격, 생각, 행동 등을 높이고 받들어 모시다. : 존 경 하다

문제 이해하고 풀기

01 단락 간의 관계 이해하기

각 단락의 중심 내용을 떠올리면서 단락들이 서로 어떻게 이어져 있는지 살펴보세요.

① 1단락에서는 글 전체의 중심 낱말인 '세종'이 어떤 임금인지를 소개하고 있다.(○)

근거 ①단락 ❶~❹번째 문장: 우리나라 역사상 가장 큰 사랑을 받는 임금은 누구일까? 바로 세종이다. ~ 백성을 위해 다양한 분야에서 노력한 임금이었기 때문이다.

② 2단락에서는 훈민정음, 3단락에서는 과학과 관련하여 세종의 업적을 설명하고 있다.(○)

근거 ②단락 ❸번째 문장: 세종과 집현전 학자들은 백성들이 쉽게 배울 수 있는 ~ '훈민정음'을 만들었다.

근거 ③단락 ❶번째 문장: 세종은 ~ 과학을 연구하고, 백성들의 생활에 도움이 될 만한 것들을 만들게 하였다.

③ 4단락에서는 앞에서 이미 설명한 세종의 업적을 다시 한번 이야기하고 있다.(×)

근거 ④단락 ❶~❸번째 문장: 이 밖에도 ~ 100일로 늘려 주었다.

정답은 _____ 입니다.

02 내용 이해하기

주어진 설명이 이 글의 내용과 맞는지 알아보는 문제입니다.

(1) 자격루와 앙부일구는 모두 시간을 알려 주는 것들이다.(○)

근거 ③단락 ❷번째 문장: 물을 이용하여 스스로 시간을 알리는 자격루, 해의 그림자로 시간을 알려 주는 앙부일구

(2) 측우기가 만들어진 후 백성들은 가뭄이나 홍수를 대비할 수 있게 되었다.(○)

근거 ③단락 ❸번째 문장: 측우기가 만들어진 후에는 ~ 가뭄이나 홍수를 대비하고, 농사지을 시기를 예측할 수 있었다.

(3) 세종은 높은 신분을 가진 사람 중에서 재능 있는 사람을 뽑아 과학을 연구하게 하였다.(×)

근거 ③단락 ❶번째 문장: 세종은 신분에 관계없이 재능 있는 사람들을 불러모아 과학을 연구하고, ~ 만들게 하였다.

정답은 (1) _____ (2) _____ (3) _____ 입니다.

03 내용 이해하기

이 글의 내용 중 일부분을 세종이 말하는 형식으로 보여 주고 있어요. 주어진 내용을 이해하려면 이 글의 어느 부분을 살펴봐야 하는지 생각해 보세요.

🌸 이 글의 2단락을 살펴볼까요?

근거 ②단락 ❹번째 문장: 훈민정음에는 백성들이 ~ 사람의 도리를 배울 수 있기를 바라는 세종의 마음이 담겼다.

🌱 따라서 빈칸에는 순서대로 '훈민정음', '도리'를 써넣어야 해요.

정답은 _____, _____ 입니다.

04 내용 추측하기

빈칸이 포함된 문장을 잘 읽어 보세요. 빈칸에는 세종이 백성을 사랑했다는 것을 보여 주는 내용이 들어가야 해요.

🌸 세종의 업적을 설명하고 있는 2~4단락에 주목하세요.

① 노비들이 부당한 대우를 받지 않도록 애썼던 것(○)

근거 ④단락 ❷번째 문장: 노비들이 부당한 대우를 받지 않도록 애쓰기도 했다.

② 백성들의 생활에 도움이 되는 것들을 만들게 했던 것(○)

근거 ③단락 ❶번째 문장: 세종은 신분에 관계없이 재능 있는 사람들을 불러모아 과학을 연구하고, 백성들의 생활에 도움이 될 만한 것들을 만들게 하였다.

③ 백성들이 어려운 한자를 쉽게 배울 수 있도록 했던 것(×)

근거 ②단락 ❷, ❸번째 문장: 세종은 백성들이 어려운 한자를 알지 못해 ~ '훈민정음'을 만들었다.

④ 나라에 속한 노비가 아이를 낳으면 100일 동안 쉴 수 있도록 했던 것(○)

근거 ④단락 ❸번째 문장: 나라에 속해 있던 노비가 아이를 낳은 후 쉴 수 있는 기간을 7일에서 100일로 늘려 주었다.

⑤ 농사가 안되었을 때는 세금을 적게 걷어 백성들의 부담을 줄여 주었던 것(○)

근거 ④단락 ❶번째 문장: 세종은 농사가 잘 안되었을 때는 세금을 적게 걷어 백성들의 부담을 줄여 주는 등 백성을 위한 여러 정책을 실시하였다.

정답은 _____ 입니다.

DAY
19

유의어와 반의어의 쓰임

국어사전에는 낱말의 뜻 외에도 다양한 정보가 담겨 있다. '방언'을 국어사전에서 찾으면 '어느 한 지방에서만 쓰는 말'이라는 뜻과 함께 ' 유의어 사투리', ' 반의어 표준어'라고 적힌 것을 볼 수 있다. 유의어와 반의어는 무엇을 의미할까?

유의어는 뜻이 서로 비슷한 말을 의미한다. 유의어는 서로 바꿔 써도 괜찮은 경우가 많지만, 느낌의 차이가 있기 때문에 모든 경우에 바꿔 쓸 수는 없다. 아래의 표현들을 보자.

• 가족 단위의 손님들이 많았다. (○) / 식구 단위의 손님들이 많았다. (×)
• 우리 집은 네 식구이다. (○) / 우리 집은 네 가족이다. (×)

가족과 식구는 유의어이지만 가족은 한집에 모여 생활하는 사람 모두를, 식구는 한집에 모여 생활하는 사람 하나하나를 가리키기 때문에 상황에 따라 적절한 낱말을 사용해야 한다.

반의어는 뜻이 서로 반대되는 말로, 반의어 관계에 있는 낱말들은 공통점이 있으면서 동시에 차이점을 가져야 한다. 예를 들어, '남자'와 '여자'는 사람이라는 공통점이 있으면서 성별에서 차이점을 가진다. 또한 하나의 낱말임에도 상황에 따라 반의어가 달라지기도 한다.

창문을 열다. ↔ 창문을 닫다. / 대문을 열다. ↔ 대문을 잠그다. / 자물쇠를 열다. ↔ 자물쇠를 채우다.

위 경우에서 '열다'는 어떤 상황에서 쓰이는지에 따라 '닫다', '잠그다', '채우다'라는 각기 다른 반의어를 가진다. 그러므로 반의어를 공부할 때는 무조건 외우기보다 문장을 읽으면서 낱말이 어떻게 쓰였는지를 잘 살펴봐야 한다.

우리말은 유의어와 반의어가 풍부하게 발달해 있다. 유의어를 잘 사용하면 생각을 더 정확하고 효과적으로 표현할 수 있고, 반의어를 잘 사용하면 대상의 반대되는 특성을 드러내어 의미를 더욱 분명하게 전할 수 있다. 다양한 유의어와 반의어를 익히고 적절하게 사용하여 자신의 생각을 더 풍성하면서도 정확하게 표현해 보는 것은 어떨까?

지문 확인

• 1단락 요약 :
1) ☐☐☐ 와/과 반의어가 무엇인지에 대한 물음

• 2단락 요약 :
2) ☐☐☐ 의 의미와 쓰임

• 3단락 요약 :
유의어에 대한 예시

• 4단락 요약 :
3) ☐☐☐ 의 의미와 쓰임

• 5단락 요약 :
반의어에 대한 예시

• 6단락 요약 :
유의어와 반의어를 사용하는 것의 4) ☐☐

낱말 따라 쓰기

● 실제로 쓰이는 곳. 또는 쓰이는 상황 : 쓰 임

● 어떤 사실에 대한 지식 : 정 보

● 서울 이외의 지역 : 지 방 [地 – 땅 지, 方 – 장소 방]

● 어느 한 지방에서만 쓰는, 표준어가 아닌 말 : 사 투 리

● 한 나라에서 표준으로 정한 말 : 표 준 어

● 어떠한 조건이 있는 특별한 형편·사정·상황 : 경 우
예 비가 올 경우에는 경기가 미뤄질 것이다.

01 단락 간의 관계 이해하기

각 단락에 대한 설명으로 알맞지 <u>않은</u> 것은 무엇인가요? (   )

① 1단락에서는 국어사전을 사용하는 방법을 자세히 설명하고 있다.

② 2단락과 3단락에서는 유의어에 대해, 4단락과 5단락에서는 반의어에 대해 설명하고 있다.

③ 6단락에서는 유의어와 반의어를 사용하면 좋은 점을 이야기하며 글을 마무리하고 있다.

02 내용 이해하기

다음 설명이 이 글의 내용으로 맞으면 ○표, 틀리면 ✕표를 하세요.

(1) 가족과 식구는 유의어이다. (   )

(2) 우리말은 유의어와 반의어가 풍부하게 발달해 있다. (   )

(3) 유의어 관계에 있는 낱말들은 모든 경우에 서로 바꿔쓸 수 있다. (   )

(4) 반의어 관계에 있는 낱말들 사이에는 공통점이 없고 차이점만 있다. (   )

03 내용 적용하기

이 글을 바탕으로 다음 대화를 이해할 때, 빈칸에 들어가기에 가장 알맞은 말은 무엇인가요? (   )

> 민지: 현성아, '벗다'의 반의어가 무엇이니?
> 현성: '옷을 벗다.'에서 '벗다'의 반의어는 '입다'야. 그런데 '모자를 벗다.'에서 '벗다'의 반의어는 '쓰다'야.
> 민지: 아하, 하나의 낱말이어도 _____.

① 반의어는 늘 하나만 있구나

② 유의어가 여러 개일 수 있구나

③ 다양한 발음으로 읽을 수 있구나

④ 상황에 따라 반의어가 달라지는구나

⑤ 유의어와 반의어가 똑같을 수 있구나

정답 콕콕 특강

01
각 단락의 중심 내용을 떠올리면서 단락들이 서로 어떻게 이어져 있는지 살펴보세요.

02
'유의어'에 대한 설명은 2단락과 3단락에, '반의어'에 대한 설명은 4단락과 5단락에, '우리말'에 대한 설명은 6단락에 나와요.

DAY
20

03
'반의어'에 대해 설명하고 있는 4단락과 5단락을 잘 읽고, 현성이가 이야기하는 반의어의 특징이 무엇인지 생각해 보세요.

04 내용 추측하기

다음을 읽고 빈칸에 들어갈 말로 알맞은 것에 ○표를 하세요.

> '올라가다'와 '내려가다'는 서로 반의어이다. '올라가다'와 '내려가다' 모두 다른 곳으로 움직인다는 (차이점 / 공통점)이 있으면서, 움직이는 방향은 서로 (같은 / 반대되는) 말이기 때문이다.

04

'올라가다', '내려가다'라는 낱말의 뜻을 생각해 볼까요? 그런 후에 4단락에서 이야기하고 있는 반의어의 특징을 바탕으로 문제를 풀어 보세요.

05 내용 이해하기 **서술형**

유의어와 반의어를 사용할 때의 장점을 이 글에서 찾아 쓰세요.

_____

_____

_____

05

'유의어와 반의어를 사용할 때의 장점'은 6단락에서 이야기하고 있어요.

낱말 따라 쓰기

● 사람이나 동물이 일정한 환경에서 활동하며 살아가다. : 생 활 하다
  [生-날 생, 活-살 활]

● 꼭 알맞다. : 적 절 하다

● 서로 비슷하거나 같은 점 : 공 통 점

● 서로 같지 않고 다른 점 : 차 이 점

● 남자와 여자, 혹은 암컷과 수컷의 구별 : 성 별
  [性-성 성, 別-다를 별]

● 각각 저마다 : 각 기

● 넉넉하고 많다. : 풍 부 하다

● 문화, 사회, 기술 등이 더 높은 수준에 이르다. : 발 달 하다

● 바르고 확실하다. : 정 확 하다

● 어떤 일을 하여 좋은 결과가 생기는 것 : 효 과 적

● 행동이나 생각이 흐릿하지 않고 확실하다. : 분 명 하다

● 넉넉하고 많다. : 풍 성 하다

● 어떤 일이나 행동을 끝내다. : 마 무 리 하다

● 말의 소리를 내는 일. 또는 그 소리 : 발 음

● 좋거나 잘하는 점 : 장 점

낱말 쑥쑥 테스트 　DAY 19 + DAY 20 낱말 　　빠른 정답 3쪽

[01~06] 주어진 뜻풀이에 해당하는 낱말을 〈보기〉에서 찾아 쓰세요.

〈 보기 〉
공통점　마무리하다　풍성하다
대비하다　정보　분명하다

01 앞으로 일어날지도 모르는 힘들거나 어려운 일을 겪지 않기 위해 미리 준비하다. : _____

02 행동이나 생각이 흐릿하지 않고 확실하다. : _____

03 어떤 일이나 행동을 끝내다. : _____

04 넉넉하고 많다. : _____

05 서로 비슷하거나 같은 점 : _____

06 어떤 사실에 대한 지식 : _____

[07~10] 주어진 한자와 뜻풀이를 생각하여 빈칸에 들어가기에 알맞은 말을 쓰세요.

07 道 길 ☐ + 理 다스릴 ☐ = ☐☐
사람이 마땅히 행하여야 할 바른길

08 不 아닐 ☐ + 當 마땅할 ☐ + 하다
= ☐☐하다
도리에 어긋나서 옳지 않다.

09 性 성 ☐ + 別 다를 ☐ = ☐☐
남자와 여자, 혹은 암컷과 수컷의 구별

10 生 날 ☐ + 活 살 ☐ = ☐☐
사람이나 동물이 일정한 환경에서 활동하며 살아가다.

[11~14] 주어진 뜻풀이에 해당하는 낱말을 연결하세요.

11 어떤 태도로 사람을 대하거나 다루는 일　·
　　· ㉠ 연구하다

12 문화, 사회, 기술 등이 더 높은 수준에 이르다.　·
　　· ㉡ 대우

13 실제로 해 나가다.　·
　　· ㉢ 발달하다

14 어떤 일이나 사물에 대해 깊이 있게 살피고 생각하여 사실을 밝혀내다.　·
　　· ㉣ 실시하다

[15~19] 주어진 초성과 낱말의 뜻을 보고, 빈칸에 알맞은 낱말을 쓰세요.

15 이순신 장군의 ☐ㅇ ㅈ☐ 은/는 역사에 길이 남았다.
노력과 수고를 들여 이루어 낸 결과

16 승연이는 그림을 그리는 ☐ㅈ ㄴ☐ 이/가 뛰어나다.
어떤 일을 하는 데 필요한 재주와 능력

17 머리가 아플 때는 두통약을 먹는 것이 ☐ㅎ ㄱ☐ ☐ㅈ☐ 이다.
어떤 일을 하여 좋은 결과가 생기는 것

18 모든 사람들은 ☐ㄱ ㄱ☐ 다른 성격을 가지고 있다.
각각 저마다

19 같이 숙제를 하기로 한 친구가 아파서 내 ☐ㅂ ㄷ☐ 이/가 커졌다.
어떤 일·의무·책임 등을 떠맡는 것

길이의 기준이 된 왕의 몸

전 세계 대부분의 나라에서는 길이의 표준 단위로 미터(m)와 킬로미터(km)를 사용한다. 프랑스에서 만든 이 단위를 전 세계가 함께 쓰기로 약속했기 때문이다. 그런데 영국이나 미국 등 일부 나라에서는 피트(ft)와 야드(yd)라는 낯선 단위를 사용하기도 한다. 피트와 야드는 어떻게 만들어진 단위일까? 여기에는 흥미로운 이야기가 담겨 있다.

옛날 로마 사람들은 발이나 팔 등 자신의 몸을 기준으로 길이를 쟀다. 그런데 사람마다 발 길이가 다르고 팔 길이가 다르다 보니 제대로 소통이 되지 않았다. 보다 못한 왕이 자신의 발 길이(발가락 끝에서부터 뒤꿈치까지의 길이)를 피트라고 하는 표준 단위로 사용하도록 했다. 그런데 왕이 죽고 새로운 왕이 탄생할 때마다 발 길이가 달라진다는 문제가 생겼고, 결국 오랜 논의 끝에 성인 발 길이의 평균을 구하여 피트의 공식 단위로 정했다. 1피트는 약 30.48cm라고 하니 당시 성인의 발 길이가 꽤 길었던 모양이다.

야드 역시 왕의 몸과 관련이 있는 길이 단위이다. 영국의 왕 헨리 1세는 피트보다 더 큰 길이 단위를 만들고자 하였다. 그래서 자신이 팔을 쭉 뻗었을 때 코끝에서 엄지손가락 끝까지의 거리를 야드라고 정했다. 1야드는 1피트보다 3배 정도 긴 약 91.44cm이다.

이처럼 피트와 야드는 모두 _____(가)_____을/를 기준으로 만들어진 길이 단위이다. 영국과 미국뿐만 아니라 우리나라에서도 간혹 산의 높이를 이야기할 때 피트를 사용하거나, 운동 경기에서 거리를 나타낼 때 야드를 사용하기도 한다. 옛날 유럽에서 만들어진 길이 단위가 지금까지 남아 사용되고 있는 것이다.

지문 확인

• 1단락 요약 :
  일부 나라에서 사용하는
  1) ☐☐ 와/과 야드

• 2단락 요약 :
  2) ☐☐ 단위의 유래

• 3단락 요약 :
  3) ☐☐ 단위의 유래

• 4단락 요약 :
  4) ☐의 몸을 기준으로 만들어진 피트와 야드

낱말 따라 쓰기

● 종류를 나누거나 비교를 하거나 정도를 구별하기 위하여 따르는 일정한 원칙, 잣대 : 기 준

● 절반이 훨씬 넘어 전체량에 거의 가까운 정도의 수나 양 :
  대 부 분   예 재민이는 용돈의 대부분을 저축한다.

● 사물의 크기, 수나 양, 가치, 질 등을 재거나 판단하기 위한 비교의 근거나 규칙이 되는 것 : 표 준

● 길이, 무게, 시간, 개수 등의 수나 양을 숫자로 나타낼 때 기초가 되는 일정한 기준 : 단 위

● 전체의 한 부분 : 일 부 [一 - 하나 일, 部 - 떼 부]

● 익숙하지 않다. : 낯 설 다

● 재미가 있어서 마음이 쏠릴 만하다. : 흥 미 롭 다

● 생각이 서로 잘 전달되는 것 : 소 통

● 사람이 태어나다. 또는 어떤 것이 새로 생기다. : 탄 생 하다

● 어떤 문제에 대하여 서로 의견을 내어 토의함. : 논 의

● 자라서 어른이 된 사람 : 성 인

STEP 4 단락 간의 관계 이해하기

빠른 정답 3쪽

★ 단락 간의 관계를 이해하는 방법

- '그리고, 또, 또한, 마찬가지로' 등이 나오면 앞의 내용과 비슷한 내용이 이어질 것을 알 수 있어요.
- '그러나, 하지만, 그렇지만, 그럼에도' 등이 나오면 앞의 내용과 반대되거나 다른 방향의 내용이 이어질 것을 알 수 있어요.
- '그러므로, 그래서, 따라서' 등이 나오면 앞의 내용으로 인해 나타나는 결과가 이어질 것을 알 수 있어요.
- '즉, 정리하면' 등이 나오면 앞의 내용을 요약하거나, 다시 한번 말하면서 강조하는 내용이 이어질 것을 알 수 있어요.
- '이, 그, 저, 이러한' 등이 나오면 이 표현들이 앞의 내용 중 무엇을 가리키는지 살펴보세요.

1단락

일부 나라에서 사용하는 피트, 야드라는 길이 단위를 소개하고 있어요. 이것이 중심 내용이므로 1단락을 요약하면 '일부 나라에서 사용하는 피트와 야드'입니다.

[단락 간의 관계] '피트와 야드는 어떻게 만들어진 1) [   ] 일까? 여기에는 흥미로운 이야기가 담겨 있다.'라는 마지막 문장을 통해 뒤에 이어질 내용을 예상할 수 있어요.

2단락

피트 단위가 어떻게 만들어지게 되었는지 설명하고 있어요. 어떤 것이 생겨난 역사를 '유래'라고 해요. 그러므로 2단락을 요약하면 '피트 단위의 유래'입니다.

[단락 간의 관계] 1단락에서 '피트와 야드'를 소개했는데, 2단락에서는 '2) [   ]'에 대해서만 설명하고 있어요. 따라서 남은 '야드'에 대해서는 3단락에서 이야기할 것이라고 추측할 수 있어요.

3단락

피트와 마찬가지로 야드도 왕의 몸을 기준으로 만들어진 길이 단위라고 이야기하고 있으므로 3단락을 요약하면 '야드 단위의 유래'입니다.

[단락 간의 관계] '야드 3) [   ] 왕의 몸과 관련이 있는 길이 단위이다.'라고 하며 피트에 이어 야드에 대해 설명하고 있어요.

4단락

피트와 야드가 모두 왕의 몸을 기준으로 만들어진 길이 단위라는 것이 중심 내용이에요. 그러므로 4단락을 요약하면 '왕의 몸을 기준으로 만들어진 피트와 야드'입니다.

[단락 간의 관계] '4) [   ]'(이)라는 말에서 '이'는 2단락과 3단락에서 설명한 피트와 야드의 유래를 가리켜요. 2단락과 3단락의 내용을 바탕으로 피트와 야드의 공통점을 밝히고 있는 것이지요.

★ 이 글은 1단락에서 글 전체의 중심 낱말인 '피트와 야드'를 소개하고 있어요.

2단락과 3단락에서는 피트와 야드의 유래를 각각 설명하고 있어요.

4단락에서는 앞 내용을 바탕으로 피트와 야드의 공통점을 밝히며 글을 마무리하고 있어요.

★ [단락 간의 관계] 정리

- 1단락: 일부 나라에서 사용하는 피트와 야드 — 중심 낱말 소개
- 2단락: 피트 단위의 유래 ┐
- 3단락: 야드 단위의 유래 ┘ 중심 낱말의 유래 설명
- 4단락: 왕의 몸을 기준으로 만들어진 피트와 야드
  — 중심 낱말 간의 공통점 정리, 마무리

빠른 정답 3쪽, 정답과 풀이 41~42쪽

01 단락 간의 관계 이해하기

각 단락에 대한 설명으로 알맞지 <u>않은</u> 것은 무엇인가요? ( )

① 1단락에서 피트와 야드를 일부 나라에서만 사용한다고 이야기하고, 2단락과 3단락에서 그 이유를 밝히고 있다.

② 2단락에서 피트의 유래를, 3단락에서 야드의 유래를 설명하고 있다.

③ 4단락에서 우리나라에서도 피트와 야드를 사용할 때가 있다고 이야기하고 있다.

정답 콕콕 특강

01

각 단락의 중심 내용과 단락 간의 관계를 떠올리며 문제를 풀어 보세요.

---

02 내용 이해하기

다음은 '피트'를 사용하게 된 과정입니다. ㉠~㉣을 순서대로 정리해 보세요.

> ㉠ 왕이 바뀔 때마다 발 길이가 달라져 문제가 되었다.
> ㉡ 왕이 자신의 발 길이를 표준 단위로 사용하도록 했다.
> ㉢ 성인 발 길이의 평균을 구해서 피트의 공식 단위로 정했다.
> ㉣ 로마 사람들이 발이나 팔 등 자신의 몸을 기준으로 길이를 쟀다.

( ) → ( ) → ( ) → ( )

02

'피트'를 사용하게 된 과정은 2단락에서 이야기하고 있어요. 각 문장의 순서를 잘 살펴보세요.

---

03 내용 이해하기

다음 중 '야드'에 대한 설명으로 알맞지 <u>않은</u> 것은 무엇인가요? ( )

① 영국의 왕 헨리 1세가 만든 길이 단위이다.

② 1야드는 1피트보다 3배 정도 긴 약 91.44 cm이다.

③ 프랑스에서 만든 단위를 전 세계가 함께 쓰기로 약속한 것이다.

④ 우리나라에서는 운동 경기에서 거리를 나타낼 때 사용하기도 한다.

⑤ 헨리 1세가 팔을 쭉 뻗었을 때 코끝에서 엄지손가락 끝까지의 거리이다.

03

'야드'의 유래를 설명하고 있는 3단락에 주목하여, 이 글의 내용과 맞지 않는 것이 무엇인지 찾아 보세요.

---

04 내용 추측하기

(가)에 들어가기에 알맞은 말을 3단락에서 찾아 쓰세요.

( )

04

2단락과 3단락의 내용을 통해 피트와 야드의 공통점이 무엇인지 생각해 보세요.

낱말 따라 쓰기

- 여러 수나 양의 중간값인 수 : 평 균
  [平 - 평평할 평, 均 - 고를 균]
- 나라나 사회에서 정한 방식이나 형식 : 공 식
- 그 수나 양에 가까운 정도임을 나타내는 말 : 약

- 어쩌다가 띄엄띄엄 : 간 혹
- 사물이나 일이 생겨남. 또는 그 역사 : 유 래
  [由 - 말미암을 유, 來 - 올 래]
- 어떤 일이 되어 가는 차례나 형편 : 과 정

[01~05] 주어진 낱말 중 뜻풀이에 해당하는 것을 골라 쓰세요.

01 단체 · 단위

길이, 무게, 시간, 개수 등의 수나 양을 숫자로 나타낼 때 기초가 되는 일정한 기준 : ☐☐

02 유래 · 미래

사물이나 일이 생겨남. 또는 그 역사 : ☐☐

03 평균 · 평소

여러 수나 양의 중간값인 수 : ☐☐

04 고생하다 · 탄생하다

사람이 태어나다. 또는 어떤 것이 새로 생기다. : ☐☐☐☐

05 낯설다 · 낯익다

익숙하지 않다. : ☐☐☐

[06~11] 주어진 초성과 낱말의 뜻을 보고, 빈칸에 알맞은 낱말을 쓰세요.

06 경찰이 어제 일어난 사건에 대해 ㄱ ㅅ 발표를 했다.
나라나 사회에서 정한 방식이나 형식

07 지현이는 가방을 잃어버려 ㄷ ㅂ ㅂ 의 학용품을 다시 사야 했다.
절반이 훨씬 넘어 전체량에 거의 가까운 정도의 수나 양

08 은지는 외국인과 ㅅ ㅌ 을/를 잘하기 위해 영어를 배우기로 했다.
생각이 서로 잘 전달되는 것

09 우리나라에서는 만 19세 이상의 ㅅ ㅇ (이)라면 누구나 투표를 할 수 있다.
자라서 어른이 된 사람

10 서연이의 키는 ㅇ 160cm 정도이다.
그 수나 양에 가까운 정도임을 나타내는 말

11 그중에서 ㅇ ㅂ 만 내 것이다.
전체의 한 부분

배경지식

섭씨 20도? 화씨 68도!

길이 단위뿐만 아니라 무게 단위, 화폐(돈) 단위 등도 나라마다 조금씩 다른 경우가 많아요. 심지어 온도를 나타내는 단위도 한 가지가 아니에요. 우리나라에서 사용하는 온도 단위는 '섭씨(℃)'이지만 미국이나 유럽 등 영어를 주로 쓰는 나라에서는 '화씨(℉)'라는 온도 단위를 주로 씁니다. 섭씨 20도의 온도를 화씨로 나타내면 무려 68도가 돼요. 두 단위의 차이가 꽤 큰 셈이지요.

우리에게는 섭씨 단위가 훨씬 익숙하지만, 사실 더 먼저 만들어진 것은 화씨 단위예요. 화씨는 1720년쯤 독일에서 처음 사용하였고, 이것이 유럽과 미국 등 영어를 주로 쓰는 나라들 사이에 퍼졌어요. 그리고 섭씨는 이보다 나중인 1742

년에 만들어졌고, 전 세계가 똑같은 단위를 사용하기로 정하면서 대부분의 나라에서 널리 사용되기 시작했지요. 그렇지만 오랫동안 화씨 단위를 사용해 온 나라에서는 아직도 화씨 단위가 사람들 사이에서 익숙하게 쓰이고 있는 것이랍니다.

어떤 것을 음악이라고 할까?

음악은 우리의 귀를 즐겁게 해 주는 소리이다. 그렇지만 우리가 모든 소리를 음악이라고 하지는 않는다. 어떤 것을 음악이라고 부를 수 있을까? 음악을 이루는 3가지 요소인 리듬, 멜로디, 하모니를 통해 무엇을 음악이라고 하는지 살펴보자.

음악은 길고 짧은 음이나 강하고 여린 음이 일정한 순서에 따라 반복되는데, 이를 리듬이라고 한다. 박자나 빠르기 등으로 표현되는 리듬은 음악의 뼈대가 되기 때문에 음악의 가장 기본적인 요소라고 할 수 있다. 리듬은 흔히 심장이 뛰는 것에서 시작되었다고 한다. 그래서인지 서양 음악의 기초가 된 바로크 음악에서는 보통 빠르기의 박자가 사람의 심장이 일반적으로 뛰는 박자와 같다.

멜로디는 연속되는 음들의 높낮이 변화를 말한다. 우리는 음악을 들으면 '도, 레, 미, 파, 솔, 라, 시'의 7음계가 올라가거나 내려가며 움직이는 것처럼 느낀다. 각각의 음악마다 특징적인 멜로디를 가지기 때문에 대부분의 사람들은 멜로디로 음악을 기억한다.

음악을 이루는 마지막 요소는 하모니로, 두 개 이상의 음을 동시에 표현하면 하모니가 된다. 멜로디가 음을 순서대로 늘어놓는 것이라면 하모니는 음을 차곡차곡 쌓는 것이다. 음의 높낮이에 하모니가 더해지면 음악에 깊이, 공간감 등이 생겨 음악이 더 풍성해진다.

보통 리듬, 멜로디, 하모니를 음악의 3요소라고 한다. 그런데 음악 중에는 하모니가 없는 것도 있으므로 음악을 이루는 데 꼭 필요한 요소는 리듬과 멜로디이다. 따라서 우리는 리듬과 멜로디를 가진 소리를 음악이라고 부를 수 있다.

지문 확인

- 1단락 요약 :
  무엇을 1) ☐☐ (이)라고 하는지에 대한 물음

- 2단락 요약 :
  음악의 3요소
  - 2) ☐☐

- 3단락 요약 :
  음악의 3요소
  - 3) ☐☐☐

- 4단락 요약 :
  음악의 3요소
  - 4) ☐☐☐

- 5단락 요약 :
  음악이 무엇인지에 대한 정리

낱말 따라 쓰기

- 꼭 필요한 성분 : 요 소

- 빛깔이나 소리 등이 약간 흐리거나 약하다. : 여 리 다

- 어떤 것의 양, 성질, 상태, 계획 등이 달라지지 않고 한결같다. :
  일 정 하다 [一 – 하나 일, 定 – 정할 정]
  예 학원 수업을 마치는 시간이 매일 달라서 민호가 집에 오는 시간은 일정하지 않다.

- 같은 일이 되풀이되다. : 반 복 되 다

- 생각이나 느낌 등이 말이나 글, 몸짓 등으로 나타내어지다. :
  표 현 되 다 [表 – 겉 표, 現 – 나타날 현]

- 무엇의 중심이 되는 줄기 : 뼈 대

- 어떤 일이나 사물의 가장 중심이 되거나 밑바탕이 되는 것 :
  기 본 적 [基 – 터 기, 本 – 근본 본, 的 – 적 적]

✏️

01 단락 간의 관계 이해하기

각 단락에 대한 설명으로 알맞지 <u>않은</u> 것은 무엇인가요?　　　　(　　)

① 1단락에서 이야기한 리듬, 멜로디, 하모니를 2~4단락에서 자세히 설명하고 있다.

② 1단락에서 어떤 것을 음악이라고 하는지 질문을 던지고, 5단락에서 이에 답하고 있다.

③ 2~4단락에서는 음악의 3요소가 가지는 문제점을 이야기하고 있다.

[02~03] 다음은 음악의 3요소를 정리한 것입니다. 이 표를 보고 02, 03에 답하세요.

리듬	• 일정한 순서에 따라 길고 짧은 음 또는 강하고 여린 음이 (반복되는 / 사라지는) 것이다. • 심장이 뛰는 것에서 시작되었다고 하며, ㉠ 바로크 음악의 보통 빠르기는 사람의 심장이 일반적으로 뛰는 박자와 같다.
멜로디	• 연속되는 음들의 높낮이 변화이다. • ㉡ 각각의 음악이 특징적으로 갖는 것이다.
하모니	• 두 개 이상의 음을 동시에 표현하는 것이다. • 음악에 깊이와 공간감을 주어 음악을 (허전하게 / 풍성하게) 만든다. • ㉢ 음악을 이루는 데 꼭 필요한 기본 요소이다.

DAY
22

02 내용 이해하기

빈칸에 들어갈 말로 알맞은 것에 ○표를 하세요.

03 내용 이해하기

㉠~㉢ 중 이 글의 내용과 <u>다른</u> 것은 무엇인가요?

(　　　　　　)

04 알맞은 반응 찾기

이 글을 읽은 학생들의 반응으로 가장 알맞은 것은 무엇인가요?　　　　（　　　）

① 은진: 멜로디는 박자나 빠르기로 표현되기도 하는군.
② 승주: 사람들은 보통 각각의 음악을 하모니로 기억하는군.
③ 수완: 우리가 살면서 듣는 모든 소리를 음악이라고 할 수 있겠군.
④ 예린: 음악의 가장 기본적인 요소는 음악의 뼈대가 되는 리듬이군.
⑤ 라희: 리듬과 멜로디만으로 이루어진 소리는 음악이라고 할 수 없군.

✏ 뜻을 정확히 모르는 낱말들을 적어 보세요!

05 내용 이해하기 〔서술형〕

다음은 멜로디와 하모니를 비교한 것입니다. 빈칸에 들어가기에 알맞은 말을 이 글에서 찾아 쓰세요.

> 멜로디가 음을 순서대로 늘어놓는 것이라면, 하모니는 ＿＿＿＿＿＿＿＿＿.

_____

_____

_____

――――――――――――――――――――――――――― 낱말 따라 쓰기 🍬

● 사물이나 일 등이 이루어지는 바탕 : [기][초]

● 16세기 끝부터 18세기 중간쯤에 걸쳐 유럽에서 유행한 예술 양식 :
[바][로][크]

● 일부에만 해당하는 것이 아니라 전체에 두루 통하는 것 :
[일][반][적] [一 – 하나 일, 般 – 일반 반, 的 – 적 적]
㉘ 사람들은 일반적으로 맛있는 것을 먹을 때 기쁨을 느낀다.

● 끊이지 않고 죽 이어지다. : [연][속][되][다]

● 높고 낮은 정도 : [높][낮][이]

● 사물의 성질·모양·상태 등이 바뀌어 달라짐. : [변][화]

● 일정한 순서로 음을 차례로 늘어놓은 것 : [음][계]
[音 – 소리 음, 階 – 계단 계]

● 다른 것에 비하여 특별히 눈에 뜨이는 것 : [특][징][적]

● 마음이나 생각 속에 어떤 사실·지식·경험 등이 잊히지 않고 남아 있다. : [기][억]하다

● 어떤 내용이 알차고 단단하여 지니는 무게 : [깊][이]
㉘ 이 그림이 가지는 깊이는 정말 대단하다.

● 어떤 물질이나 물체가 실제로 있다는 느낌 : [공][간][감]

낱말 쑥쑥 테스트

빠른 정답 3쪽

[01~04] 주어진 낱말 중 뜻풀이에 해당하는 것을 골라 쓰세요.

01 일정하다 　 일치하다

어떤 것의 양, 성질, 상태, 계획 등이 달라지지 않고 한결같다. : ☐☐☐☐

02 통화 　 변화

사물의 성질, 모양, 상태 등이 바뀌어 달라짐. : ☐☐

03 특징적 　 일반적

다른 것에 비하여 특별히 눈에 띄는 것 : ☐☐☐

04 시리다 　 여리다

빛깔이나 소리 등이 약간 흐리거나 약하다. : ☐☐☐

[05~08] 주어진 초성과 낱말의 뜻을 보고, 빈칸에 알맞은 낱말을 쓰세요.

05 ㅂ ㅂ 되다 : 같은 일이 되풀이되다.

➡ 동생의 실수가 여러 번 ☐☐되자 수진이는 화가 났다.

06 ㄴ ㄴ ㅇ : 높고 낮은 정도

➡ 새 의자의 ☐☐☐을/를 내 키에 맞추었다.

07 ㅃ ㄷ : 무엇의 중심이 되는 줄기

➡ 무슨 계획이든 ☐☐을/를 먼저 세우는 것이 중요하다.

08 ㄱ ㅊ : 사물이나 일 등이 이루어지는 바탕

➡ 공부를 잘하려면 ☐☐ 실력을 튼튼하게 쌓아야 한다.

---- 배경지식 ----

음악의 아버지 바흐, 음악의 어머니 헨델

　우리는 어떤 분야에서 큰 업적을 남긴 사람을 '○○의 아버지' 또는 '○○의 어머니'라고 부릅니다. 그렇다면 음악의 아버지, 어머니는 누구일까요?

　먼저, 음악의 아버지로 불리는 사람은 독일의 작곡가 바흐입니다. 바흐는 바로크 시대 이전의 음악이 오늘날의 서양 음악으로 발전할 수 있도록 음악의 기초를 닦았어요. 게다가 바흐의 음악에서 풍기는 분위기가 따뜻하면서도 무게감 있고, 굳건한 인상을 주기 때문에 마치 아버지와 같다고 해서 바흐가 음악의 아버지라고 불리는 것이랍니다.

　음악의 어머니로 알려진 사람은 바로크 시대의 작곡가 헨델이에요. 음악의 어머니로 불리지만, 의외로 헨델은 여자가 아니라 남자랍니다. 헨델은 오페라와 아리아를 주로 작곡했는데, 그 곡들은 아주 화려하면서도 포근하고, 자유롭고, 아름다워요. 그래서 마치 포근한 어머니의 품에 안긴 것 같은 느낌을 준다고 하여 사람들이 헨델을 음악의 어머니라고 부른답니다.

어린이들의 마음을 잡아라!

빠른 정답 3쪽

지문 확인

　햄버거 가게나 음식점에서 특정 메뉴를 시키면 장난감을 함께 주는 것을 본 적이 있을 것이다. 이처럼 어린이와 부모가 함께 갈 만한 음식점, 서점, 백화점 등에는 어린이 고객이 좋아할 만한 메뉴나 상품들이 따로 준비되어 있는 경우가 많다. 어린이 고객을 대상으로 홍보를 하는 것이다. 실제로 돈을 쓰는 사람은 어른인데, 왜 어린이 고객에게 맞춰 홍보를 하는 것일까?

　마케팅이란 상품을 더 팔기 위해 벌이는 다양한 활동으로, 시장 조사, 상품화 계획, 광고 등이 모두 마케팅에 해당한다. 특히 어린이 고객을 대상으로 마케팅을 하는 것을 '키즈 마케팅'이라고 한다. 여러 기업에서 키즈 마케팅을 하는 이유는 무엇일까? 어린이가 중요한 소비자이기 때문이다. 자녀가 있는 부모들은 자녀의 뜻에 따라 물건을 고르는 경우가 많다. 특히 최근에는 어린이들이 옷, 신발, 장난감, 학용품 등 자신이 쓸 상품을 스스로 선택하는 경우가 늘어나 키즈 마케팅이 더욱 활발히 이루어지고 있다.

　단순히 어린이 고객이 살 만한 상품을 내놓는 것 외에도 키즈 마케팅은 다양한 방식으로 이루어진다. 백화점이나 서점에서 뮤지컬, 인형극 등 어린이를 대상으로 한 행사를 열고, 은행에서 어린이 경제 교육 프로그램을 진행하는 것도 키즈 마케팅이다. 어린이 고객이 행사에 참여하면 보통 부모가 함께 온다. 즉, 이런 행사나 프로그램은 어린이 고객과 함께 어른 고객을 방문하게 하는 전략인 것이다. 더불어 어린이가 어른이 되었을 때 자연스럽게 고객이 되게 하려는 의도도 깔려 있다.

　키즈 마케팅은 기업이 이익을 얻기 위해 어린이들을 이용하는 것이라는 비판을 받기도 한다. 하지만 그럼에도 키즈 마케팅은 앞으로 더 활발해질 것으로 예상된다. 최근에는 어린이가 한 명 혹은 두 명만 있는 가족이 늘면서 부모들이 어린이의 의견에 더욱 귀 기울여 어린이가 점점 더 중요한 소비자가 되고 있기 때문이다.

• 1단락 요약 :
1) ☐☐☐ 고객을 대상으로 홍보하는 것에 대한 물음

• 2단락 요약 :
2) ☐☐ ☐☐ ☐ 의 의미와 키즈 마케팅을 하는 이유

• 3단락 요약 :
다양한 3) ☐☐(으)로 이루어지는 키즈 마케팅

• 4단락 요약 :
키즈 마케팅의 미래

낱말 따라 쓰기

● 특별히 정하거나 선택함. : 특 정　[特 - 특별할 특, 定 - 정할 정]

● 가게 등에 물건을 사러 오는 손님 : 고 객

● 널리 알림. 또는 그 소식 : 홍 보

● 기업이 상품이나 서비스에 관련되는 문제에 대한 자료를 모아 살펴보는 일 : 시 장 조 사

● 사고파는 물건이 되거나 사고파는 물건이 되게 만듦. : 상 품 화　[商 - 장사 상, 品 - 물건 품, 化 - 될 화]
　예 오늘날은 지식의 상품화가 활발히 이루어지고 있다.

● 이익을 얻기 위하여 물건이나 서비스를 만들고 파는 단체 : 기 업

● 상품이나 서비스를 써서 없애는 사람 : 소 비 자

✏️

01 단락 간의 관계 이해하기

각 단락에 대한 설명으로 알맞지 않은 것은 무엇인가요? ( )

① 1단락에서 던진 질문의 답이 2단락에 나오고 있다.

② 2단락에서는 키즈 마케팅을 하는 이유를, 3단락에서는 키즈 마케팅이 이루어지는 다양한 방식을 설명하고 있다.

③ 4단락에서는 3단락에서 소개한 키즈 마케팅이 언제부터 시작되었는지 설명하고 있다.

02 내용 이해하기

이 글의 내용으로 알맞지 않은 것은 무엇인가요? ( )

① 키즈 마케팅은 앞으로 더욱 활발해질 것으로 예상된다.

② 키즈 마케팅이란 어린이 고객을 대상으로 마케팅을 하는 것이다.

③ 은행에서 어린이 경제 교육 프로그램을 진행하는 것도 키즈 마케팅이다.

④ 부모들은 자녀의 뜻보다는 자신의 뜻에 따라 물건을 고르는 경우가 많다.

⑤ 어린이 고객이 키즈 마케팅 행사에 참여하면 부모가 함께 오는 경우가 많다.

03 내용 이해하기

다음 중 키즈 마케팅이 비판을 받는 이유는 무엇인가요? ( )

① 부모와 자녀의 싸움을 일으키기 때문에

② 거짓말로 홍보하여 고객을 속이기 때문에

③ 어린이 고객이 살 만한 상품을 내놓지 않기 때문에

④ 기업이 이익을 얻기 위해 어린이들을 이용하는 것이기 때문에

⑤ 어린이 고객이 부모와 함께 와야만 상품을 살 수 있도록 하기 때문에

DAY
23

04 내용 적용하기

이 글을 바탕으로 〈보기〉를 이해할 때, ㉠에 들어갈 내용으로 가장 알맞은 것은 무엇인가요? ( )

뜻을 정확히 모르는 낱말들을 적어 보세요!

〈 보기 〉

아나운서: 다음 뉴스입니다. 휴대 전화를 만드는 ○○회사는 이번 달부터 어린이들을 위한 휴대 전화 행사를 진행하고 있습니다. 전문가들은 ○○회사의 이번 행사에 어린이와 부모가 함께 휴대 전화를 사러 오게 하려는 의도뿐만 아니라 (㉠) 의도도 깔려 있다고 보고 있습니다.

① 어린이들에게 경제 교육을 시키려는
② 어린이들에게 휴대 전화를 공짜로 주려는
③ 휴대 전화를 사용하는 것의 문제점을 알리려는
④ 부모가 쓰던 휴대 전화를 어린이가 쓰게 하려는
⑤ 어린이가 어른이 되었을 때 자연스럽게 고객이 되게 하려는

05 내용 이해하기 **서술형**

다음은 키즈 마케팅의 미래를 추측한 것입니다. 빈칸에 들어가기에 알맞은 말을 이 글에서 찾아 쓰세요.

키즈 마케팅은 앞으로 더 활발해질 것이다. 그 이유는 _____.

_____

_____

_____

낱말 따라 쓰기

- 아들과 딸을 아울러 이르는 말 : 자 녀
- 생기 있고 힘차게 : 활 발 히
- 일정한 방법이나 형식 : 방 식
- 어떤 목적과 계획을 가지고 진행하는 모임이나 큰일 : 행 사
- 어떤 일을 해 나가다. : 진 행 하다
- 어떤 일에 끼어들어 함께 하다. : 참 여 하다
- 어떤 사람이나 장소를 찾아가서 만나거나 보다. : 방 문 하다

- 어떤 목적을 이루기 위한 방법과 계획 : 전 략
- 무엇을 하고자 하는 생각이나 계획. 또는 무엇을 하려고 꾀함. : 의 도 [意-뜻 의, 圖-꾀할 도]
- 물질적으로나 정신적으로 보탬이 되는 것 : 이 익
- 옳고 그름을 따져 밝히거나 잘못된 점을 드러냄. : 비 판
  예 인하의 작품은 예전 아이디어를 그대로 베꼈다는 비판을 받았다.
- 어떤 분야에 대한 상당한 지식과 경험을 가진 사람 : 전 문 가
- 미루어 짐작하여 생각하다. : 추 측 하다

낱말 쑥쑥 테스트

빠른 정답 3쪽

[01~06] 주어진 뜻풀이에 해당하는 낱말을 〈보기〉에서 찾아 쓰세요.

〈 보기 〉

방문하다   자녀   홍보   상품화
소비자   활발히   추측하다

01 아들과 딸을 아울러 이르는 말 : _____

02 널리 알림. 또는 그 소식 : _____

03 어떤 사람이나 장소를 찾아가서 만나거나 보다. : _____

04 생기 있고 힘차게 : _____

05 상품이나 서비스를 써서 없애는 사람 : _____

06 사고파는 물건이 되거나 사고파는 물건이 되게 만듦. : _____

[07~12] 주어진 초성과 낱말의 뜻을 보고, 빈칸에 알맞은 낱말을 쓰세요.

07 승희가 잘못을 하기는 했지만, 처음부터 나쁜 ㅇ ㄷ (으)로 그런 것은 아니다.
무엇을 하고자 하는 생각이나 계획.
또는 무엇을 하려고 꾀함.

08 지현이네 오빠는 자동차를 고치는 ㅈ ㅁ ㄱ 이다.
어떤 분야에 대한 상당한
지식과 경험을 가진 사람

09 토론할 때는 다른 사람의 ㅂ ㅍ 도 잘 들어야 한다.
옳고 그름을 따져 밝히거나
잘못된 점을 드러냄.

10 모든 사람들이 이번 ㅎ ㅅ 을/를 좋아했다.
어떤 목적과 계획을 가지고
진행하는 모임이나 큰일

11 오늘은 빵을 사러 오는 ㄱ ㄱ 이/가 너무 많아 바쁜 날이었다.
가게 등에 물건을
사러 오는 손님

12 그는 ㅇ ㅇ 이/가 되지 않는 일은 하지 않는다.
물질적으로나 정신적으로
보탬이 되는 것

배경지식

빼빼로에 숨어 있는 마케팅 전략

마케팅은 기업에서 상품이나 서비스를 사람들에게 팔기 위해 펼치는 다양한 활동이에요. 마케팅의 한 방법으로, 어떤 날을 기념일로 만들어 그날에 어울리는 물건을 사게 만드는 전략이 있어요. 바로 '데이(day) 마케팅'입니다. 데이 마케팅의 가장 대표적인 예는 우리가 잘 알고 있는 '빼빼로 데이'예요.

1993년, 부산의 중학생들이 11월 11일에 빼빼로처럼 날씬해지자는 의미에서 막대 과자를 교환하는 일이 있었어요. 이것으로부터 한 회사가 아이디어를 얻어서 '빼빼로 데이'를 만들어 냈어요. 지금까지도 매년 11월 11일이 되면 마트와 편의점에 온갖 종류의 빼빼로가 놓입니다. 9월부터 11월에 팔리는 빼빼로의 양이 1년 동안 판매되는 전체 양의 절반 이상을 차지한다고 해요. 데이 마케팅이 아주 큰 효과를 보고 있는 셈이지요.

빼빼로 데이에 친구들과 과자를 나누어 먹으며 즐거운 시간을 보내는 것도 좋지만, 빼빼로를 사기 전에 마케팅 전략에 대해 한 번쯤 생각해 보는 똑똑한 소비자가 되면 어떨까요?

DAY
24 독해력 완성 테스트 [STEP 4]

✳✳✳ : 상
✳✳✳ : 중
✳✳✳ : 하

공부한 날	월	일
맞은 개수		/ 5개

[01~05] 다음 글을 읽고, 물음에 답하세요.

겨울에 난로를 쬐면 따뜻함이 느껴지고 얼음을 손에 쥐고 있으면 차가움이 느껴진다. 이렇게 우리가 '따뜻하다, 차갑다'라고 느끼는 것은 열을 얻거나 잃는 현상이다. 열은 물체의 온도를 높이거나 상태를 변화시키는 에너지로, 머물러 있는 것이 아니라 계속 이동한다. 다양한 열의 이동에 대해 알아보자.

쇠막대의 한쪽 끝에 열을 가하면 곧 다른 쪽 끝도 뜨거워진다. 열을 받은 쪽의 분자들이 아주 빠르게 움직이면서 옆의 분자와 부딪치면, 부딪힌 분자들이 또 옆의 분자와 부딪친다. 이런 식으로 분자의 충돌이 열을 받지 않은 쪽까지 이어지면서 열에너지가 전해지는 것이다. 이처럼 충돌이나 접촉으로 열이 이동하는 것을 '전도'라고 한다.

물을 끓일 때는 열이 어떻게 이동할까? 물질에 열을 가하면 대부분 부피가 커지고, 부피가 커지면 가벼워진다. 그래서 물을 끓이면 아래쪽의 물이 따뜻해져 위로 올라가고 대신 위쪽의 차가운 물이 아래를 채우게 된다. 이렇게 물질이 직접 움직이면서 열을 전달하는 것을 '대류'라고 한다.

태양열이 이동하는 방법은 또 다르다. 태양열은 태양에서 지구로 전해지는데, 그 가운데에는 열을 전해 주는 물질이 아무것도 없다. 이렇게 중간에 전해 주는 물질 없이 열이 이동하는 것을 '복사'라고 하며, 복사를 통해 전해진 에너지를 '복사열'이라고 한다. 태양뿐만 아니라 모든 물체가 복사열을 흡수하거나 내보낸다. 사람도 체온으로 인해 복사열을 내뿜기 때문에 여러 사람이 같이 있는 방안은 바깥보다 더 따뜻하다.

열이 이동하는 방법은 물질의 상태에 따라 달라진다. 그래서 주로 전도는 고체 상태의 물질에서, 대류는 액체나 기체 상태의 물질에서 잘 일어난다. 다만 어떤 방법으로 열이 이동하든지 열은 항상 따뜻한 곳에서 차가운 곳으로 이동한다. 내 손보다 차가운 친구의 손을 잡을 때면 내 손에 있던 열이 친구의 손으로 이동하면서 친구의 손이 점점 따뜻해지는 것을 느껴 보도록 하자.

01 ✳✳✳

각 단락에 대한 설명으로 알맞지 <u>않은</u> 것은 무엇인가요?
( )

① 1단락에서는 이 글의 중심 낱말인 '열의 이동'에 대해 소개하고 있다.
② 2단락과 3단락에서는 각각 쇠막대와 물을 예로 들어 열의 이동을 설명하고 있다.
③ 5단락에서는 4단락에서 설명한 복사열이 얼마나 위험한지를 이야기하고 있다.

02 ✳✳✳

이 글의 내용으로 알맞지 <u>않은</u> 것은 무엇인가요?
( )

① 모든 물체는 복사열을 흡수하거나 내보낸다.
② 충돌이나 접촉을 통해 열이 이동하기도 한다.
③ 열은 항상 따뜻한 곳에서 차가운 곳으로 이동한다.
④ 열을 받은 물질은 부피가 커지고 자연스럽게 무거워진다.
⑤ 열은 물체의 온도를 높이거나 상태를 변화시키는 에너지이다.

03 ✳✳✳❀

다음은 민수와 지희가 나눈 대화입니다. 빈칸에 들어가기에 알맞은 열의 이동 방법을 쓰세요.

> 민수: 어제 라면이 담긴 냄비를 옮기다가 손을 데었어. 손잡이가 아주 뜨겁더라고.
>
> 지희: 조심했어야지. 손잡이가 뜨거운 이유는 냄비가 열을 받으면 열을 받은 쪽의 분자들이 아주 빠르게 움직이고 서로 부딪히면서 손잡이까지 열을 전달하기 때문이야. 이런 방식으로 열이 이동하는 것을 (   )(이)라고 해.

(   )

04 ✳✳✳

다음은 이 글을 읽고 적은 메모입니다. ㉠에 들어갈 말로 가장 알맞은 것은 무엇인가요?   (   )

> 열은 항상 따뜻한 곳에서 차가운 곳으로 이동한다. 예를 들어, 차가운 음료수를 손에 쥐고 있으면 음료수가 미지근해지는 것, 추운 겨울에 옆 사람을 끌어안으면 덜 추운 것은 모두 열이 이동하기 때문에 일어나는 현상이다. 그리고 (㉠) 역시 열이 이동하는 현상이다.

① 비가 올 때 하늘에 구름이 끼는 것
② 풍선을 불면 풍선의 크기가 커지는 것
③ 자석을 서로 가까이 대면 달라붙는 것
④ 얼음에 힘을 가하면 잘게 부서지는 것
⑤ 모닥불을 피우면 주위가 따뜻해지는 것

05 ✳✳✳❀ 서술형

교실에 혼자 있을 때보다 친구들과 함께 있을 때 더 덥게 느껴지곤 합니다. 이 글의 내용을 바탕으로 그 이유를 쓰세요.

_____
_____
_____

낱말 따라 쓰기 🍬

● 열을 내어 방 안의 온도를 올리는 기구 : 난 로

● 인간이 보고 느낄 수 있는, 사물의 모양과 상태 : 현 상

● 따뜻함과 차가움의 정도. 또는 그것을 나타내는 숫자 : 온 도

● 중간에 멈추거나 잠시 어떤 곳에 묵다. : 머 무 르 다
  예 버스가 정류장에 머물렀다.

● 움직여 옮기거나 자리를 바꾸다. : 이 동 하다

● 어떤 행동을 하거나 영향을 끼치다. : 가 하 다
  예 힘을 가해서 유리를 깼다.

● 물질이 원래 가지고 있는 화학적 성질을 잃지 않고 나뉠 수 있는 가장 작은 알갱이 : 분 자

● 서로 맞부딪치거나 맞섬. : 충 돌

● 서로 맞닿음. : 접 촉 [接-이을 접, 觸-닿을 촉]

● 넓이와 높이를 가진 물건이 공간에서 차지하는 크기 : 부 피
  예 부피가 너무 큰 물건은 비행기에 가지고 탈 수 없다.

● 자극, 신호, 에너지 등을 다른 곳에 전하다. : 전 달 하다

● 태양에서 나와 지구에 닿는 열 : 태 양 열

● 안으로 빨아들이다. : 흡 수 하다 [吸-빨 흡, 收-거둘 수]

● 동물의 몸이 가지고 있는 온도 : 체 온

● 일정한 굳은 모양과 부피를 가지고 있어서 만지고 볼 수 있는 물체 : 고 체

● 물이나 기름같이 부피는 있으나 일정한 모양을 가지지 않고 흐를 수 있는 물질 : 액 체

● 공기처럼 일정한 모양이나 부피가 없고, 자유롭게 움직이는 물질 : 기 체

DAY 24

✱ 사다리 타기에 따라, 빈칸에 들어가기에 알맞은 낱말의 뜻을 〈보기〉에서 골라 번호를 쓰세요.

〈 보기 〉

① 서로 맞부딪치거나 맞섬.

② 생각이 서로 잘 전달되는 것

③ 사람이 마땅히 행하여야 할 바른길

④ 어떤 태도로 사람을 대하거나 다루는 일

⑤ 따뜻함과 차가움의 정도. 또는 그것을 나타내는 숫자

⑥ 일부에만 해당하는 것이 아니라 전체에 두루 통하는 것

충돌 　온도 　대우 　소통 　일반적 　도리

1 ☐　2 ☐　3 ☐　4 ☐　5 ☐　6 ☐

글의 구조를 이해하면
글의 내용을 구체적인
상황에 적용하거나 내용을
추측하는 문제도 쉽게
풀 수 있어요!

STEP 5

글의 구조 이해하기

★ 글의 구조 이해란?
단락 간의 관계를 바탕으로 글의 짜임을 살펴보는 것입니다.

● 글의 구조를 이해해야 하는 이유
글의 구조를 이해하면 글쓴이가 무엇을 이야기하기 위해서, 어떤 방식으로 글을 썼는지 알 수 있어요.

★ 글의 구조를 이해하는 방법
① 먼저, 각 단락의 내용을 요약하여 단락 간의 관계를 살펴보세요.
② 단락 간의 관계를 바탕으로 글의 구조를 따져 보고, 이를 구조도로 정리하세요.
  – 단락마다 다른 이야기가 이어진다면 각 단락을 기차 형태로 나란히 놓으세요.
  – 같은 종류의 내용을 다루는 단락끼리는 묶을 수 있어요.

지구가 남겨 준 보물, 화석

공부한 날   월   일

빠른 정답 4쪽

지문 확인

실제로 공룡을 본 사람은 이 세상에 아무도 없다. 하지만 살아 숨 쉬는 듯한 공룡의 모습을 담고 있는 영화나 공룡에 대한 다양한 정보를 담고 있는 책은 쉽게 찾아볼 수 있다. 우리는 본 적도 없는 공룡에 대해 어떻게 알 수 있을까? 바로 화석 덕분이다. 화석은 무엇이며, 화석을 통해 어떤 것을 알 수 있는지 살펴보자.

화석이란 아주 옛날에 살았던 생물의 뼈나 몸의 흔적이 돌이 되어 남아 있는 것을 말한다. 그런데 지구에 사는 생물이 모두 화석이 되지는 않는다. 죽은 동물이나 식물이 화석이 되려면 뼈나 껍데기, 줄기나 씨앗 등 잘 썩지 않는 단단한 부분이 있어야 한다. 그리고 죽은 후에는 썩기 전에 공기가 통하지 않도록 퇴적물 속에 묻혀야 한다. 땅속에서 다른 물질과 합쳐진 상태로 강하게 눌려 딱딱해지면 화석이 된다. 그렇게 화석이 된 뒤에는 화석이 묻힌 지층이 지각 변동으로 솟아올라 바람이나 비에 깎여야 비로소 우리가 화석을 발견할 수 있다.

화석을 통해 우리가 알 수 있는 것은 무엇일까? 먼저 화석으로 남은 생물이 어떤 모습으로, 어떻게 살았는지 알 수 있다. 이뿐만 아니라 화석이 발견된 곳의 자연환경이 예전에는 어땠는지를 짐작해 볼 수 있다. 게다가 화석이 묻힌 지층이 만들어진 시기와 순서도 알 수 있다. 특히 공룡이나 매머드처럼 짧은 기간 동안 살고 지구상에서 사라진 동물의 화석이 나왔다면, 그 화석이 발견된 지층이 만들어진 시기를 바로 알 수 있다.

화석은 아주 먼 과거의 여러 가지 정보를 우리에게 알려 준다. 또한 오늘날 연료로 사용하는 석탄과 석유도 화석을 통해 얻을 수 있다. 이러한 점을 생각한다면 화석은 지구가 우리에게 남겨 준 보물이라고 할 수 있지 않을까?

- **1단락 중심 낱말 :**
  1) ☐☐
- **2단락 중심 낱말 :**
  화석
- **3단락 중심 낱말 :**
  2) ☐☐
- **4단락 중심 낱말 :**
  화석

낱말 따라 쓰기

- 생명을 가지고 스스로 생활을 이어가는 물체 : 생 물
  [生-날 생, 物-만물 물]
- 어떤 것이 없어졌거나 지나간 뒤에 남은 자국 : 흔 적
- 물이나 바람으로 부서진 자갈·모래·진흙 등이 옮겨져 쌓인 것 :
  퇴 적 물 [堆-쌓을 퇴, 積-쌓을 적, 物-물건 물]
- 서로 다른 때에 생겼거나 형태나 성분이 달라서 생긴 땅의 층 :
  지 층 [地-땅 지, 層-층 층]

- 지구 안에서 일어나는 현상으로 인해 생기는 지구 겉면의 움직임 :
  지 각 변 동
- 아래에서 위로 또는 안에서 밖으로 불쑥 나타나다. :
  솟 아 오 르 다
- 칼 등으로 물건의 겉 부분이 얇게 벗겨지다. : 깎 이 다
- 아직 찾아내지 못하였거나 알려지지 않은 사물이나 현상, 사실 등을 찾아내다. : 발 견 하다

STEP 5 글의 구조 이해하기

빠른 정답 4쪽

글의 구조 이해하기는 단락 간의 관계를 바탕으로 글의 짜임을 살펴보는 것입니다.

★ 글의 구조를 이해하는 방법

① 먼저, 각 단락의 내용을 요약하여 단락 간의 관계를 살펴보세요.

② 단락 간의 관계를 바탕으로 글의 구조를 따져 보고, 이를 구조도로 정리하세요.

• 단락마다 다른 이야기가 이어진다면 각 단락을 기차 형태로 나란히 놓으세요.

• 같은 종류의 내용을 다루는 단락끼리는 묶을 수 있어요.

1단락

우리가 공룡에 대해 알 수 있는 것은 화석 덕분이라고 이야기하고 있어요. 그러므로 1단락을 요약하면 '공룡에 대한 정보를 알려 주는 1) ☐☐'입니다.

2단락

화석이 무엇인지 알려 주고, 죽은 생물이 화석이 되려면 필요한 조건을 설명하고 있어요. 그러므로 2단락을 요약하면 '화석의 의미와 죽은 생물이 화석이 되는 2) ☐☐'입니다.

3단락

우리가 화석을 통해 알 수 있는 여러 가지 정보를 설명하고 있으므로 3단락을 요약하면 '화석을 통해 알 수 있는 3) ☐☐'입니다.

[단락 간의 관계]

1단락에서 '화석은 무엇이며, 화석을 통해 어떤 것을 알 수 있는지 살펴보자.'라고 하였고, 이에 대해 2단락과 3단락에서 각각 설명하고 있어요.

4단락

화석은 우리에게 여러 가지 정보를 알려 줄 뿐만 아니라 석탄과 석유를 얻게 해 준다고 해요. 화석의 이로운 점을 정리한 것이 중심 내용이므로 4단락을 요약하면 '4) ☐☐의 이로운 점'입니다.

[단락 간의 관계]

4단락에서는 3단락의 내용을 다시 한번 이야기하며 정리하고, 이어서 화석이 우리에게 도움이 되는 또 다른 점을 이야기하고 있어요.

[글의 구조]

★ 1단락에서 글 전체의 중심 낱말인 '화석'을 소개하고 있어요. 2단락에서는 화석의 의미와 화석이 만들어지는 조건을, 3단락에서는 화석을 통해 알 수 있는 정보를 설명하고 있어요.

4단락에서는 화석의 이로운 점을 정리하고 있어요.

★ 1~4단락의 내용은 모두 화석과 관련이 있어요. 다만 각 단락에서 화석에 대해 조금씩 다른 낱낱의 이야기가 이어지고 있어요.

★ 글의 구조도를 그리면 다음과 같습니다.

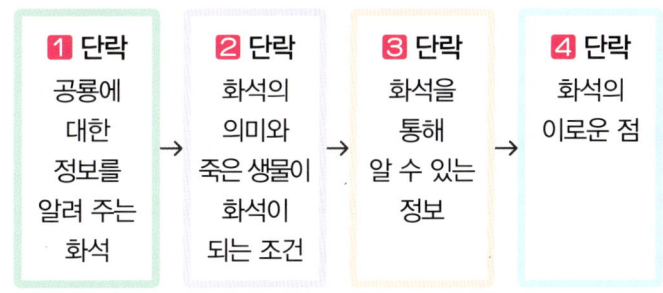

DAY
25

빠른 정답 4쪽, 정답과 풀이 49쪽

✏️ 뜻을 정확히 모르는
낱말들을 적어 보세요!

01 글의 구조 이해하기

다음은 이 글의 구조를 정리한 것입니다. 빈칸에 공통으로 들어가기에 알맞은 말을 쓰세요.

> 1단락에서는 공룡에 대한 이야기를 통해 이 글의 중심 낱말인 (   )을/를 소개하고 있다. 그리고 2단락에서는 (   )의 의미와 이것이 만들어지는 조건을, 3단락에서는 (   )을/를 통해 알 수 있는 정보를 설명하고 있다. 4단락에서는 (   )의 이로운 점을 정리하며 글을 마무리하고 있다.

(   )

02 내용 이해하기

이 글의 내용으로 가장 알맞은 것은 무엇인가요?　　　　　　　　(　　)

① 퇴적물 속에 묻힌 생물은 화석이 되기 어렵다.
② 화석을 통해 얻은 석탄과 석유는 연료로 쓰지 못한다.
③ 화석이 되기 위해서는 썩지 않는 단단한 부분이 없어야 한다.
④ 화석을 통해 우리가 직접 본 적 없는 공룡에 대해 알 수 있다.
⑤ 동물이나 식물이 죽은 후 땅에 묻히기만 하면 모두 화석이 된다.

03 내용 이해하기

3단락의 내용을 정리한 것입니다. 빈칸에 들어가기에 알맞은 말을 순서대로 쓰세요.

화석을 통해 알 수 있는 점	화석으로 남은 ( )이/가 어떤 모습으로, 어떻게 살았는지 알 수 있음.
	화석이 발견된 곳의 ( )이/가 예전에는 어땠는지 짐작할 수 있음.
	화석이 묻힌 ( )이/가 만들어진 시기와 순서를 알 수 있음.

(   ), (   ), (   )

04 알맞은 반응 찾기

이 글을 읽은 학생들의 반응으로 알맞지 <u>않은</u> 것은 무엇인가요?　　(　　)

① 화석은 우리에게 많은 정보를 알려 주는군.
② 화석은 우리에게 유용한 보물이라고 할 수 있군.
③ 생물이 죽은 후 화석이 되려면 여러 가지 조건이 필요하군.
④ 생물이 죽고 나서 썩기 전에 공기가 통하지 않아야 화석이 될 수 있군.
⑤ 화석이 묻힌 지층이 바람이나 비에 깎이면 그 화석은 발견되지 않겠군.

낱말 따라 쓰기

- 일이나 상황 등을 어림잡아 생각하다. : 짐 작 하다
- 어느 한때로부터 다른 때까지의 동안 : 시 기
- 태워서 열, 빛, 에너지를 얻을 수 있는 물질 : 연 료
- 땅속에 묻힌 식물이 높은 열과 힘을 받아 만들어진 흑갈색의 돌 : 석 탄
- 땅속에 묻힌 생물의 죽은 몸이 높은 열과 힘을 받아 만들어진 기름 : 석 유
  [石-돌 석, 油-기름 유]
- 어떤 일을 이루거나 이루지 못하게 하기 위하여 갖추어야 할 것 : 조 건
- 유리하거나 얻는 것이 있다. : 이 롭 다
- 쓸모가 있다. : 유 용 하다

문제 이해하고 풀기

01 글의 구조 이해하기

각 단락을 요약한 후 중심 내용 간에 어떤 관계가 있는지 따져 보면 글의 구조를 쉽게 이해할 수 있어요.

🌸 **각 단락에서 어떤 이야기를 하고 있는지 떠올려 봅시다.**

1단락에서는 '화석'을 소개하고 있어요.
2단락에서 화석의 의미와 화석이 만들어지는 조건을, 3단락에서 화석을 통해 알 수 있는 정보를 설명하고 있어요.
4단락에서는 화석의 이로운 점을 정리하고 있어요.
그러므로 빈칸에 공통으로 들어갈 말은 '화석'입니다.

정답은 _____ 입니다.

02 내용 이해하기

이 글의 내용과 맞는 선택지를 고르는 문제입니다. 각각의 선택지와 글의 내용을 서로 비교해 보세요.

🌸 **각각의 선택지 내용을 순서대로 살펴볼게요.**

① 퇴적물 속에 묻힌 생물은 화석이 되기 어렵다. (×)

근거 ②단락 ❸, ❹번째 문장: 죽은 동물이나 식물이 화석이 되려면 ~ 공기가 통하지 않도록 퇴적물 속에 묻혀야 한다.

② 화석을 통해 얻은 석탄과 석유는 연료로 쓰지 못한다. (×)

근거 ④단락 ❷번째 문장: 오늘날 연료로 사용하는 석탄과 석유도 화석을 통해 얻을 수 있다.

③ 화석이 되기 위해서는 썩지 않는 단단한 부분이 없어야 한다. (×)

근거 ②단락 ❸번째 문장: 죽은 동물이나 식물이 화석이 되려면 ~ 잘 썩지 않는 단단한 부분이 있어야 한다.

④ 화석을 통해 우리가 직접 본 적 없는 공룡에 대해 알 수 있다. (○)

근거 ①단락 ❸, ❹번째 문장: 우리는 본 적도 없는 공룡에 대해 어떻게 알 수 있을까? 바로 화석 덕분이다.

⑤ 동물이나 식물이 죽은 후 땅에 묻히기만 하면 모두 화석이 된다. (×)

근거 ②단락 ❷~❺번째 문장: 지구에 사는 생물이 모두 화석이 되지는 않는다. ~ 강하게 눌려 딱딱해지면 화석이 된다.

정답은 _____ 입니다.

03 내용 이해하기

• **3단락의 내용:** 화석을 통해 우리가 알 수 있는 정보 3가지를 설명하고 있습니다.

🟥 화석이 우리에게 알려 주는 정보 3가지가 무엇인지 이해하고, 이를 정리해 놓은 표의 빈칸을 채우는 문제입니다.

• **근거** ③단락 ❷~❹번째 문장: 화석으로 남은 생물이 어떤 모습으로, 어떻게 살았는지 알 수 있다. ~ 자연환경이 예전에는 어땠는지를 짐작해 볼 수 있다. 게다가 화석이 묻힌 지층이 만들어진 시기와 순서도 알 수 있다.

🍃 화석을 통해 알 수 있는 점 3가지가 무엇인지 알려 주고 있어요.

정답은 _____, _____, _____ 입니다.

04 알맞은 반응 찾기

학생들의 반응 중 알맞지 않은 내용을 고르는 문제입니다.

🌸 **각각의 선택지 내용을 순서대로 살펴볼게요.**

① 화석은 우리에게 많은 정보를 알려 주는군. (○)

근거 ④단락 ❶번째 문장: 화석은 아주 먼 과거의 여러 가지 정보를 우리에게 알려 준다.

② 화석은 우리에게 유용한 보물이라고 할 수 있군. (○)

근거 ④단락 ❸번째 문장: 이러한 점을 생각한다면 화석은 지구가 우리에게 남겨 준 보물이라고 할 수 있지 않을까?

③ 생물이 죽은 후 화석이 되려면 여러 가지 조건이 필요하군. (○)

근거 ②단락 ❸~❺번째 문장: 죽은 동물이나 식물이 화석이 되려면 ~ 합쳐진 상태로 강하게 눌려 딱딱해지면 화석이 된다.

④ 생물이 죽고 나서 썩기 전에 공기가 통하지 않아야 화석이 될 수 있군. (○)

근거 ②단락 ❸, ❹번째 문장: 죽은 동물이나 식물이 ~ 썩기 전에 공기가 통하지 않도록 퇴적물 속에 묻혀야 한다.

⑤ 화석이 묻힌 지층이 바람이나 비에 깎이면 그 화석은 발견되지 않겠군. (×)

근거 ②단락 ❻번째 문장: 화석이 묻힌 지층이 ~ 바람이나 비에 깎여야 비로소 우리가 화석을 발견할 수 있다.

정답은 _____ 입니다.

천 년의 역사를 품고 있는 경주

빠른 정답 4쪽

지문 확인

　　우리나라 경주는 도시 전체가 역사 박물관이라고 불릴 만큼 곳곳에 유적과 문화재가 많다. 우스갯소리로 아직도 발견되지 않은 유적이 많아 땅을 파기만 하면 유물이 나온다는 말이 있을 정도이다. 경주에 유적과 문화재가 이렇게 많이 남아 있는 이유는 이곳이 약 천 년 동안 신라의 수도였기 때문이다. 경주가 간직하고 있는 신라의 문화유산에는 어떤 것들이 있을까?

　　가장 대표적인 문화유산으로는 불국사와 석굴암을 꼽을 수 있다. 이 두 가지는 모두 신라 사람들의 뛰어난 건축 기술과 불교에 대한 믿음을 보여 준다. 불국사는 부처님이 산다는 이상 세계를 표현한 절로, 신라인들이 바라던 세상을 담은 곳이다. 그리고 석굴암은 불국사가 있는 토함산 중간쯤에 사람들이 굴을 파서 만든 사원이다. 불국사와 석굴암은 일제 강점기에 많은 부분이 훼손되었지만, 그 우수성과 아름다움을 인정받아 유네스코 세계 문화유산으로 지정되었다.

　　신라의 뛰어난 과학 기술을 보여 주는 문화유산으로는 첨성대와 성덕 대왕 신종이 있다. 첨성대는 동아시아에 남아 있는 가장 오래된 천문대로, 신라 사람들은 이곳에서 하늘의 움직임을 관찰하고 연구했다고 한다. 성덕 대왕 신종은 현재까지 우리나라에 남아 있는 가장 큰 종으로, 현재는 국립 경주 박물관에 있다. 이 종의 신비롭고 아름다운 종소리는 지금의 과학 기술로도 따라잡을 수 없을 정도이다.

　　이 밖에도 문무대왕릉, 동궁과 월지, 감은사지 3층 석탑, 분황사 모전 석탑 등 경주에 가면 신라의 아름답고 우수한 문화재들을 많이 만나볼 수 있다. 경주에 가게 된다면 신라 사람들의 자취를 따라 문화재를 살펴보는 역사 여행을 해 보면 어떨까?

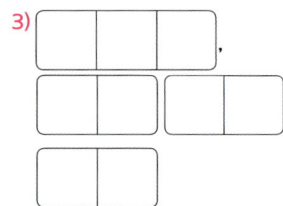

▲ 첨성대

출처: e뮤지엄 (http://www.emuseum.go.kr)

- 1단락 중심 낱말 :
  1) ☐☐, 신라의 문화 유산
- 2단락 중심 낱말 :
  2) ☐☐☐, ☐☐☐
- 3단락 중심 낱말 :
  3) ☐☐☐, ☐☐☐ ☐☐, ☐☐
- 4단락 중심 낱말 :
  경주, 4) ☐☐

낱말 따라 쓰기

- 건축물, 왕의 무덤 등 역사적 사실이 남아 있는 자리나 흔적 :
  [유][적] [遺-남길 유, 跡-발자취 적]
- 문화적 가치가 뛰어나서 특별히 법으로 보호를 받는 유물 :
  [문][화][재] [文-글월 문, 化-될 화, 財-재물 재]
- 남을 웃기려고 하는 말 : [우][스][갯][소][리]
- 과거의 조상들이 후대에 남긴 물건 : [유][물]
  예 고려 시대의 유물을 발견했다.

- 한 나라의 중앙 정부가 있는 도시 : [수][도]
  [首-머리 수, 都-도읍 도]
- 물건 등을 어떤 장소에 잘 두다. : [간][직]하다
- 과거부터 전해 내려오는, 후손들에게 물려줄 만한 가치가 있는 조상들의 정신적·물질적 문화 : [문][화][유][산]
- 가장 두드러지거나 뛰어나 대표가 될 만한 것 : [대][표][적]
- 집이나 시설을 짓거나 만드는 일 : [건][축]

01 글의 구조 이해하기

다음은 이 글의 구조를 정리한 것입니다. 빈칸에 공통으로 들어가기에 알맞은 말을 쓰세요.

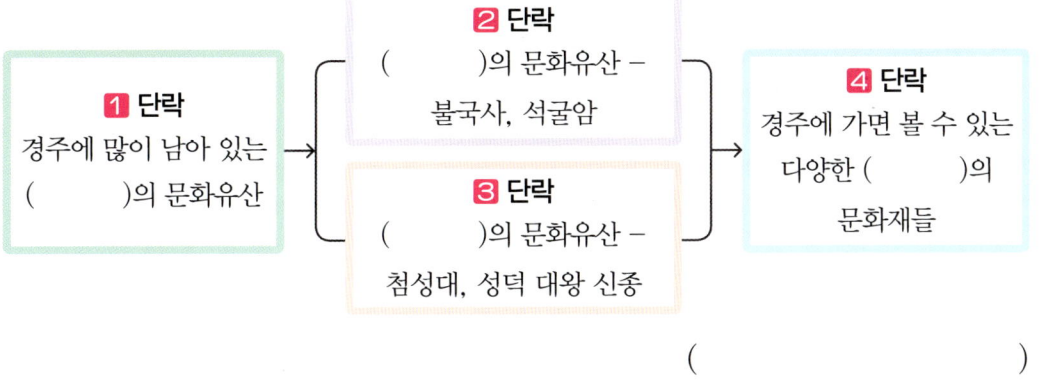

(   )

빠른 정답 4쪽, 정답과 풀이 50~51쪽

정답 콕콕 특강

01

각 단락의 중심 낱말을 떠올리고, 그 중심 낱말에 대해 어떤 이야기를 하고 있는지 살펴보세요.

02 내용 이해하기

이 글의 내용으로 알맞지 <u>않은</u> 것은 무엇인가요? (   )

① 석굴암은 토함산 중간쯤에 굴을 파서 만든 사원이다.
② 석굴암과 불국사는 유네스코 세계 문화유산으로 지정되었다.
③ 첨성대는 동아시아에 남아 있는 천문대 중에서 가장 오래되었다.
④ 성덕 대왕 신종은 현재까지 우리나라에 남아 있는 가장 큰 종이다.
⑤ 불국사와 석굴암은 일제 강점기에 완전히 훼손되어 남아 있지 않다.

02

이 글은 전체적으로 경주에 있는 신라의 문화유산을 설명하고 있어요. 특히 불국사와 석굴암에 대한 내용은 2단락에, 첨성대와 성덕 대왕 신종에 대한 내용은 3단락에 나와요.

03 내용 추측하기

다음은 기자와 역사학자의 인터뷰 내용입니다. ㉠~㉢에 들어갈 말을 이 글에서 찾아 쓰세요.

> 기자: 경주에 불교 유물이 많은 이유는 무엇인가요?
> 역사학자: 신라 사람들이 불교에 관심이 많았기 때문입니다. 그래서 자신들의 뛰어난 건축 기술로 불교와 관련된 문화재를 많이 남겼지요. 대표적인 문화재로는 (㉠)와/과 (㉡)이/가 있습니다. 이 두 가지는 불교에 대한 신라 사람들의 마음을 잘 보여 줍니다. 특히 (㉠)은/는 부처님이 사는 (㉢)을/를 표현한 절이며, 이곳에는 신라 사람들이 바라던 세상이 담겨 있습니다.

㉠: (   ), ㉡: (   ), ㉢: (   )

03

역사학자가 무엇에 대해 이야기하고 있는지 살펴보세요. 힌트가 되는 중요한 말은 '불교'입니다.

DAY
26

04 알맞은 반응 찾기

이 글을 읽은 학생들의 반응으로 알맞지 <u>않은</u> 것은 무엇인가요? ( )

① 신라 사람들은 하늘의 움직임에 관심을 가졌어.

② 경주에 가면 신라 사람들의 자취를 느낄 수 있어.

③ 경주에 더 이상 발견될 유적이 없다는 게 안타까워.

④ 경주에 유적과 문화재가 이렇게 많이 남아 있는지 몰랐어.

⑤ 경주의 문화유산을 통해 신라의 뛰어난 과학 기술을 알 수 있어.

04

각 선택지의 내용이 이 글의 어느 부분과 관련이 있는지 생각해 보세요. 이 글의 내용과 맞지 않으면 알맞은 반응이 아니에요.

05 내용 이해하기 서술형

경주에 신라의 문화유산이 많이 남아 있는 이유를 쓰세요.

_____

_____

_____

05

'경주에 신라의 문화유산이 많이 남아 있는 이유'는 1단락에서 이야기하고 있어요.

낱말 따라 쓰기

● 생각할 수 있는 가장 완전한 상태 : 이 상

   [理 – 다스릴 이, 想 – 생각 상]

   예 이곳은 내가 늘 꿈꾸던 이상 세계이다.

● 크기가 큰 절 : 사 원

● 일본에게 나라를 빼앗긴 1910년부터 나라를 되찾은 1945년까지의 기간 : 일 제 강 점 기

● 헐리거나 깨져 못 쓰게 되다. : 훼 손 되 다

● 여럿 가운데 뛰어난 특성 : 우 수 성

   예 한글의 우수성을 세계에서 알아주고 있다.

● 옳거나 확실하다고 다른 사람들이 알아주다. : 인 정 받 다

● 학교, 회사, 개인 등으로부터 어떤 것에 특정한 자격이 주어지다. : 지 정 되 다 예 이곳은 동물 보호 구역으로 지정되었다.

● 우주의 온갖 현상을 관찰하고 연구하기 위하여 만든 시설 : 천 문 대 [天 – 하늘 천, 文 – 현상 문, 臺 – 대 대]

● 사물이나 현상을 자세히 살펴보다. : 관 찰 하다

● 어떤 일이나 사물에 대하여서 깊이 있게 알아보고 생각하여 사실을 따져 보다. : 연 구 하다

● 어떤 것이 남긴 표시나 자리 : 자 취

   예 여기 있던 식당이 자취도 없이 사라졌다.

● 역사를 전문적으로 연구하는 사람 : 역 사 학 자

[01~05] 주어진 뜻풀이에 해당하는 낱말을 〈보기〉에서 찾아 쓰세요.

〈 보기 〉
인정받다   연료   유적   조건   솟아오르다

01 아래에서 위로 또는 안에서 밖으로 불쑥 나타나다. : _____

02 옳거나 확실하다고 다른 사람들이 알아주다. : _____

03 어떤 일을 이루거나 이루지 못하게 하기 위하여 갖추어야 할 것 : _____

04 태워서 열, 빛, 에너지를 얻을 수 있는 물질 : _____

05 건축물, 왕의 무덤 등 역사적 사실이 남아 있는 자리나 흔적 : _____

[06~09] 주어진 한자와 뜻풀이를 보고, 빈칸에 알맞은 말을 쓰세요.

06 生 날 [ ] + 物 만물 [ ] = [ ][ ]
생명을 가지고 스스로 생활을 이어가는 물체

07 地 땅 [ ] + 層 층 [ ] = [ ][ ]
서로 다른 때에 생겼거나 형태나 성분이 달라서 생긴 땅의 층

08 石 돌 [ ] + 油 기름 [ ] = [ ][ ]
땅속에 묻힌 생물의 죽은 몸이 높은 열과 힘을 받아 만들어진 기름

09 首 머리 [ ] + 都 도읍 [ ] = [ ][ ]
한 나라의 중앙 정부가 있는 도시

[10~13] 주어진 뜻풀이에 해당하는 낱말을 연결하세요.

10 어떤 것이 남긴 표시나 자리   •   • ㉠ 유물

11 과거의 조상들이 후대에 남긴 물건   •   • ㉡ 자취

12 생각할 수 있는 가장 완전한 상태   •   • ㉢ 우수성

13 여럿 가운데 뛰어난 특성   •   • ㉣ 이상

[14~18] 주어진 초성과 낱말의 뜻을 보고, 빈칸에 알맞은 낱말을 쓰세요.

14 나는 우리나라의 아름답고 뛰어난 [ㅁ][ㅎ][ㅇ] [ㅅ]을/를 세계에 알리는 일을 하고 싶다.
과거부터 전해 내려오는, 후손들에게 물려줄 만한 가치가 있는 조상들의 정신적·물질적 문화

15 모두가 [ㅎ][ㅅ]된 자연을 되살리기 위해 함께 노력해야 한다. 헐리거나 깨져 못 쓰게 되다.

16 나는 1학년 때 친구와 찍은 사진을 지금까지 소중히 [ㄱ][ㅈ]하고 있다.
물건 등을 어떤 장소에 잘 두다.

17 네 표정을 보니 지금 어떤 기분인지 [ㅈ][ㅈ] 할 수 있겠다.
일이나 상황 등을 어림잡아 생각하다.

18 이곳은 어린이 보호 구역으로 [ㅈ][ㅈ]되었다.
학교, 회사, 개인 등으로부터 어떤 것에 특정한 자격이 주어지다.

아름답고 고운 색들을 모두 섞으면?

지문 확인

• 1단락의 중심 문장에 표시해 보세요.

• 2단락의 중심 문장에 표시해 보세요.

• 3단락의 중심 문장에 표시해 보세요.

• 4단락의 중심 문장에 표시해 보세요.

아주 먼 옛날, 하느님이 이 세상의 모든 것을 처음으로 만들 때 까마귀는 욕심을 부려 '제 깃털 색깔은 세상에 있는 아름답고 고운 색을 모두 섞어 주세요.'라고 소원을 빌었다. 그리고 하느님은 까마귀의 소원을 들어주었다. 이 흥미로운 옛날이야기에서 까마귀는 결국 어떤 색깔의 깃털을 가지게 되었을까?

우리 주위의 모든 것은 색을 가지고 있다. 그런데 이 모든 색은 세 가지 색만 있으면 만들 수 있다. 그 세 가지 색은 무엇일까? 바로 빨강, 파랑, 노랑이다. 이 세 가지 색은 모든 색의 기본이 된다고 하여 '삼원색'이라고 불린다.

삼원색을 서로 섞으면 어떻게 될까? 빨강과 파랑을 섞으면 보라가, 파랑과 노랑을 섞으면 초록이, 노랑과 빨강을 섞으면 주황이 된다. 삼원색을 섞었을 때 나오는 보라, 초록, 주황을 2차색이라고 한다. 그리고 주황을 제외한 2차색과 삼원색을 한 번 더 섞으면 또 새로운 색이 나온다. 빨강과 보라를 섞으면 자주가, 파랑과 보라를 섞으면 남색이, 파랑과 초록을 섞으면 청록이, 초록과 노랑을 섞으면 연두가 나온다. 이렇게 나온 자주, 남색, 청록, 연두를 3차색이라고 한다. 우리가 교과서에서 본 10색상환은 삼원색, 2차색, 3차색을 색의 변화에 따라 둥근 모양으로 모아 놓은 것이다. 이런 식으로 서로 다른 색을 계속 섞다 보면 세상의 모든 색을 만들 수 있다.

▲ 삼원색과 2차색

그렇다면 삼원색을 모두 섞으면 어떤 색이 나올까? 세상의 모든 색을 만들 수 있는 세 가지 색을 섞었으므로 화려하고 아름다운 색이 나올 것 같지만, 삼원색을 모두 섞으면 검정이 된다. 마찬가지로 아무리 아름답고 고운 색이라도 그 색들을 모두 섞으면 검정이 될 확률이 높다. 그래서 옛날이야기 속 까마귀도 결국에는 검정 깃털을 갖게 되었다고 한다.

낱말 따라 쓰기

● 지나치게 가지거나 자기 것으로 하고 싶어 하는 마음 : 욕 심

● 어떤 일이 이루어지기를 바람. 또는 그런 일 : 소 원

● 어떤 일이나 현상의 가장 중심이 되는 바탕 : 기 본

● 따로 떼어 내어 하나로 생각하지 않다. : 제 외 하다
  [除-덜 제, 外-바깥 외]

● 여러 가지 색을 둥그렇게 연결하여 늘어놓은 표 : 색 상 환

● 사물의 성질·모양·상태 등이 바뀌어 달라짐. : 변 화

● 환하게 빛나며 곱고 아름답다. : 화 려 하다
  例 파티 의상이 화려하다.

● 어떤 것의 모양이나 상황이 서로 같음. : 마 찬 가 지

● 어떤 일이 일어날 수 있는 정도 : 확 률

● 일이 끝나는 마지막 : 결 국   [結-맺을 결, 局-판 국]

STEP 5 글의 구조 이해하기

빠른 정답 4쪽

★ **글의 구조를 이해하는 방법**

① 먼저, 각 단락의 내용을 요약하여 단락 간의 관계를 살펴 보세요.

② 단락 간의 관계를 바탕으로 글의 구조를 따져 보고, 이를 구조도로 정리하세요.

• 단락마다 다른 이야기가 이어진다면 각 단락을 기차 형 태로 나란히 놓으세요.

• 같은 종류의 내용을 다루는 단락끼리는 묶을 수 있어요.

1단락

까마귀의 깃털 색깔과 관련한 흥미로운 옛날이야기를 소개하고 있어요. 그러므로 1단락을 요약하면 '¹⁾ ☐ ☐ ☐의 깃털 색깔에 대한 옛날이야기'입니다.

2단락

빨강, 파랑, 노랑으로 세상의 모든 색을 만들 수 있고, 이 세 가지 색을 삼원색이라고 함을 설명하고 있어요. 그러므로 2단락을 요약하면 '모든 색을 만들 수 있는 ²⁾ ☐ ☐ ☐ – 빨강, 파랑, 노랑'입니다.

3단락

삼원색을 섞어서 만든 2차색과 3차색을 소개하며, 이렇게 색을 계속 섞으면 세상의 모든 색을 만들 수 있다고 설명하고 있어요. 어떤 것이 이루어지는 방법이나 규칙을 '원리'라고 해요. 그러므로 3단락을 요약하면 '삼원색으로 세상의 모든 색을 만드는 ³⁾ ☐ ☐'입니다.

4단락

삼원색을 모두 섞으면 검정이 된다고 했어요. 그래서 아름답고 고운 색을 모두 가지고 싶었던 까마귀도 결국에는 검정 깃털을 갖게 되었다고 해요. 4단락을 요약하면 '삼원색을 모두 섞으면 나오는 색 – ⁴⁾ ☐ ☐'입니다.

[단락 간의 관계]

1단락에서 까마귀가 어떤 색의 깃털을 갖게 되었을지 물음을 던지고, 이에 답하기 위해 2단락에서 삼원색에 대해 설명하고 있어요.

3단락에서는 삼원색을 섞어서 세상의 모든 색을 만드는 원리를, 4단락에서는 삼원색을 모두 섞는 경우를 이야기하고 있어요.

[글의 구조]

★ 1단락에서 까마귀의 깃털 색깔에 대한 옛날이야기를 소개하고 있어요.

2단락에서는 삼원색이 무엇인지 설명하고 있어요.

3단락에서는 삼원색을 섞는 경우에 대해 이야기하고 있어요.

4단락에서는 삼원색을 모두 섞으면 검정이 된다고 하며 까마귀가 결국 검정 깃털을 갖게 되었음을 이야기하고 있어요.

★ 3단락과 4단락은 모두 삼원색을 섞는 것에 대한 내용이므로 두 단락을 묶을 수 있어요.

★ 글의 구조도를 그리면 다음과 같습니다.

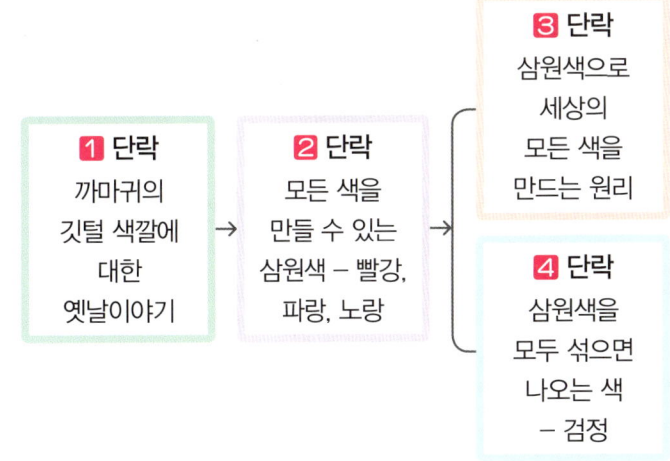

1 단락 까마귀의 깃털 색깔에 대한 옛날이야기 → **2 단락** 모든 색을 만들 수 있는 삼원색 – 빨강, 파랑, 노랑 → **3 단락** 삼원색으로 세상의 모든 색을 만드는 원리 / **4 단락** 삼원색을 모두 섞으면 나오는 색 – 검정

DAY **27**

빠른 정답 4쪽, 정답과 풀이 52~53쪽

01 글의 구조 이해하기

이 글의 구조를 정리한 것입니다. 빈칸에 공통으로 들어가기에 알맞은 말을 쓰세요.

1단락에서는 까마귀의 깃털 색깔에 관련된 옛날이야기를 소개하고 있다. 그리고 2단락에서는 모든 색의 기본이 되는 (   )을/를 설명하고 있다. 3단락에서는 (   )을/를 섞어서 세상의 모든 색을 만드는 원리를 알려 주고, 4단락에서는 까마귀가 결국 검정 깃털을 갖게 된 이유를 설명하고 있다.

(   )

02 글쓰기 방식 이해하기

이 글에 대한 설명으로 맞으면 ○표, 틀리면 ✕표를 하세요.

(1) 빨강과 파랑의 공통점과 차이점을 설명하고 있다. (   )

(2) 글의 시작 부분과 끝부분이 까마귀 이야기로 연결되고 있다. (   )

(3) 서로 다른 색을 섞어서 새로운 색을 만드는 여러 가지 경우를 늘어놓고 있다.
(   )

03 내용 이해하기

이 글의 '삼원색'에 대한 설명으로 알맞지 <u>않은</u> 것은 무엇인가요? (   )

① 삼원색을 모두 섞으면 검정이 된다.

② 삼원색에는 빨강, 파랑, 노랑이 있다.

③ 삼원색을 아무리 섞어도 세상의 모든 색을 만들 수는 없다.

④ 3차색은 주황을 제외한 2차색과 삼원색을 섞어서 나온 색이다.

⑤ 삼원색을 서로 섞으면 나오는 보라, 초록, 주황을 2차색이라고 한다.

04 내용 이해하기

다음과 같이 색을 섞으면 나오는 색에 연결하세요.

(1) 빨강 + 노랑 •   • ㉠ 연두

(2) 빨강 + 파랑 •   • ㉡ 주황

(3) 노랑 + 초록 •   • ㉢ 보라

정답 콕콕 특강

01

2단락과 3단락에서 어떤 이야기를 하고 있는지 떠올려 보세요. 먼저 각 단락의 중심 낱말을 찾는 것이 좋아요.

02

이 글에서 '공통점과 차이점'을 이야기하는지, '시작 부분과 끝 부분이 연결'되는지, '여러 가지 경우를 늘어 놓고' 있는지 확인해 보세요.

03

삼원색과 2차색, 3차색에 대해 설명하고 있는 2단락과 3단락에 주목하여 문제를 풀어 보세요.

04

삼원색끼리 섞거나, 삼원색과 2차색을 섞는 경우네요. 이 글에서 각각의 경우를 찾아보세요.

낱말 따라 쓰기

● 서로 비슷하거나 같은 점 : 공 통 점

● 서로 같지 않고 다른 점 : 차 이 점

● 사물과 사물이 서로 이어지거나 현상과 현상이 관계가 맺어지다. : 연 결 되 다 [連-이어질 연, 結-맺을 결]

낱말 쑥쑥 테스트

빠른 정답 4쪽

[01~04] 주어진 낱말 중 뜻풀이에 해당하는 것을 골라 쓰세요.

01 　조화　　변화

사물의 성질·모양·상태 등이 바뀌어 달라짐. :

02 　시원　　소원

어떤 일이 이루어지기를 바람. 또는 그런 일 :

03 　연결되다　　완결되다

사물과 사물이 서로 이어지거나 현상과 현상이 관계가 맺어지다. :

04 　제외하다　　제시하다

따로 떼어 내어 하나로 생각하지 않다. :

[05~09] 주어진 초성과 낱말의 뜻을 보고, 빈칸에 알맞은 낱말을 쓰세요.

05 시간이 많이 지났어도 우리의 우정은 옛날이나 지금이나 ㅁㅊㄱㅈ 이다.
어떤 것의 모양이나 상황이 서로 같음.

06 그렇게 매일 연습하더니 ㄱㄱ 에는 대회에서 1등을 했구나.
일이 끝나는 마지막

07 너와 나는 ㅊㅇㅈ 이/가 너무 많아 잘 안 맞는다.
서로 같지 않고 다른 점

08 우리는 둘 다 남동생이 있다는 ㄱㅌㅈ 이/가 있다.
서로 비슷하거나 같은 점

09 어떤 과목이든지 ㄱㅂ 을/를 확실히 공부하는 것이 중요하다.
어떤 일이나 현상의 가장 중심이 되는 바탕

서로 반대되는 색, 보색

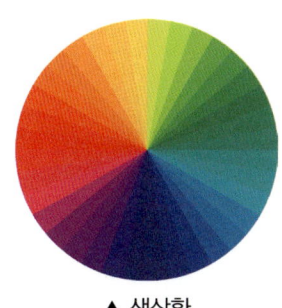
▲ 색상환

　새로 산 빨간색 가방을 돋보이게 하려면 어떤 색의 옷을 입어야 할까요? 서로 반대되는 색인 '보색'에 대해 알면 답을 쉽게 알 수 있어요. 보색은 색상환에서 가장 멀리 떨어져 있는 색이에요. 빨강의 보색을 알아보려면 색상환에서 정반대에 위치한 색을 확인하면 돼요. 빨강의 보색은 청록이며, 이때 빨강과 청록을 보색 관계에 있다고 말해요. 같은 방식으로 주황의 보색은 파랑, 보라의 보색은 연두예요.

　보색 관계에 있는 두 색을 함께 놓으면 서로의 영향으로 각각의 색이 더 뚜렷하게 보입니다. 이를 '보색 대비'라고 해요. 그래서 보색 대비를 활용하여 디자인을 하면 선명해 보일 뿐 아니라 강렬한 인상을 줄 수도 있어요. 디자인뿐만 아니라 우리 생활에서도 신호등, 표지판 등 눈에 잘 띄어야 하는 것들에는 보색이 사용되는 경우가 많아요.

　이러한 보색 대비를 생각하면, 빨간색 가방을 돋보이게 하기 위해서는 청록 계열의 옷을 입어야 함을 알 수 있어요. 보색 대비를 잘 활용하여 패션왕이 되어 보는 것은 어떨까요?

어디까지가 우리나라일까?

지문 확인

뉴스를 보면 가끔씩 다른 나라가 우리나라의 바다 혹은 하늘에 허락 없이 들어와 문제가 된다는 이야기가 나온다. 이를 보면 '우리나라'라는 범위에는 땅뿐만 아니라 바다와 하늘도 포함된다는 것을 알 수 있다. 이때 우리나라의 범위를 '국토'라고 한다. 국토란 한 나라의 힘이 미치는 범위를 말하며 영토, 영해, 영공으로 이루어져 있다. 영토는 땅, 영해는 바다, 영공은 하늘의 범위를 말한다. 그렇다면 어디까지가 우리나라의 국토일까?

우리나라의 영토는 한반도와 서해안, 남해안, 동해안에 있는 섬으로 이루어져 있다. 영토의 크기는 대략 1,003만 3,948.62 ㏊(1 ㏊는 10,000 ㎡)로 세계 107위에 해당하며, 갯벌을 메우는 간척 사업으로 해마다 조금씩 커지고 있다. 영토를 기준으로 영해와 영공의 범위가 정해지기 때문에 영토는 국토의 요소 중에서 가장 중요하다.

영해는 영토에 닿아 있는 일정한 범위의 바다를 말한다. 해안선이 복잡한 서해와 남해는 가장 바깥쪽에 있는 섬끼리 이은 선을 기준으로, 해안선이 단조로운 동해는 썰물일 때의 해안선을 기준으로 12해리(1해리는 1,852 ㎞)까지를 영해로 정하고 있다. 제주도와 울릉도, 독도의 해안선에서부터 12해리 떨어진 곳도 우리나라의 영해이다. _____(가)_____ 우리나라의 부산과 일본의 쓰시마 섬 사이는 너무 좁아서 각 나라에서 3해리까지만 영해로 정하고 있다.

영공은 영토와 영해의 하늘을 말하며, 영토와 영해를 구분하는 선을 하늘을 향해 수직으로 그은 범위가 영공에 해당한다. 원래는 대기권까지만 영공이라고 보았지만, 최근에는 비행기 등의 항공 교통과 인공위성이 발달하면서 대기권 위쪽까지도 영공으로 봐야 한다는 의견이 나오고 있다.

영토, 영해, 영공에 속한 모든 것은 그 나라의 자원이며, 각 나라의 국토를 지날 때는 그 나라에 미리 허락을 받아야 한다. 우리의 삶의 터전인 국토를 우리가 제대로 알아야 다른 나라로부터 지키고 발전시킬 수 있음을 기억하자.

- 1단락의 중심 문장에 표시해 보세요.
- 2단락의 중심 문장에 표시해 보세요.
- 3단락의 중심 문장에 표시해 보세요.
- 4단락의 중심 문장에 표시해 보세요.
- 5단락의 중심 문장에 표시해 보세요.

낱말 따라 쓰기

● 부탁하는 것을 들어줌. : 허 락

● 정해진 시간·공간, 또는 한계 : 범 위
  예 우리는 정해진 범위 안에서만 자유롭게 돌아다닐 수 있다.

● 어떤 무리나 범위에 함께 들어가거나 넣어지다. : 포 함 되 다

● 대충 어림잡아서 : 대 략

● 어떤 범위나 조건 등에 바로 들어맞다. : 해 당 하다

● 뚫려 있거나 비어 있는 곳을 막거나 채우다. : 메 우 다

● 바닷가나 호수에 둑을 쌓고, 그 안의 물을 빼내어 육지로 만드는 일 : 간 척 [干-막을 간, 拓-넓힐 척]

✏️ 뜻을 정확히 모르는 낱말들을 적어 보세요!

01 글의 구조 이해하기

다음은 이 글의 구조를 정리한 것입니다. 빈칸에 공통으로 들어가기에 알맞은 말을 쓰세요.

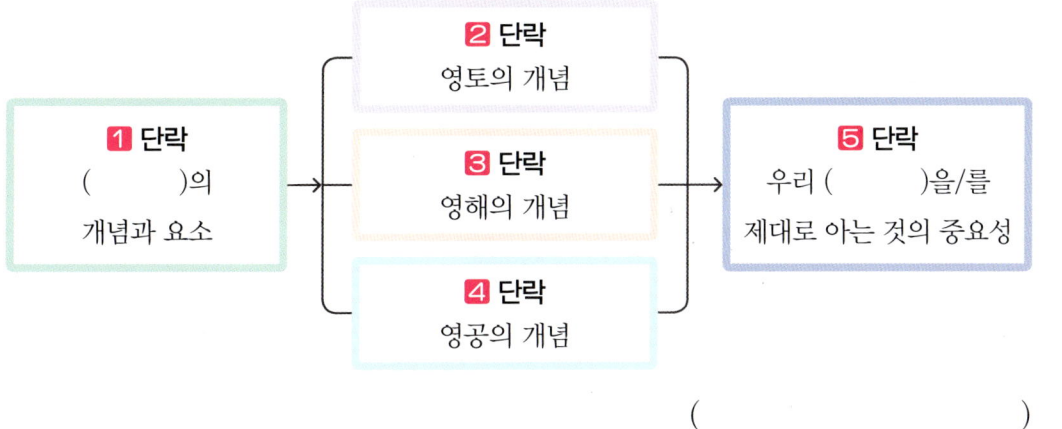

1 단락
(   )의
개념과 요소

→

2 단락
영토의 개념

3 단락
영해의 개념

4 단락
영공의 개념

→

5 단락
우리 (   )을/를
제대로 아는 것의 중요성

(   )

02 내용 이해하기

이 글의 내용으로 알맞지 <u>않은</u> 것은 무엇인가요?　　　　　　　(　)

① 국토란 한 나라의 힘이 미치는 범위를 말한다.

② 우리나라 영토의 크기는 세계 107위에 해당한다.

③ 영토, 영해, 영공에 속한 모든 것은 그 나라의 자원이다.

④ 독도의 해안선에서부터 3해리까지만 우리나라의 영해로 정하고 있다.

⑤ 우리나라의 영토는 한반도와 서해안, 남해안, 동해안의 섬으로 이루어져 있다.

03 알맞은 반응 찾기

이 글을 읽은 학생들의 반응으로 알맞지 <u>않은</u> 것은 무엇인가요?　　　　(　)

① 우리의 국토를 제대로 알아야 다른 나라로부터 지킬 수 있겠군.

② 우리나라의 영토가 해마다 조금씩 커지고 있다는 것이 신기하군.

③ 동해는 해안선이 복잡해서 썰물일 때를 기준으로 영해를 정하는군.

④ 다른 나라의 국토를 지날 때는 그 나라에 미리 허락을 받아야 하는군.

⑤ 서해와 남해는 가장 바깥쪽에 있는 섬끼리 이은 선을 기준으로 영해를 정하는군.

DAY
28

04 올바른 접속어 찾기

㈎에 들어갈 이어 주는 말로 가장 알맞은 것은 무엇인가요? ( )

① 결국   ② 그래서   ③ 하지만

④ 왜냐하면   ⑤ 마찬가지로

✏️ 뜻을 정확히 모르는 낱말들을 적어 보세요!

05 내용 추측하기 [서술형]

다음은 이 글을 읽고 정리한 내용입니다. 빈칸에 들어가기에 알맞은 말을 쓰세요.

> 국토는 영토, 영해, 영공으로 이루어져 있으며, 그중에서도 가장 중요한 요소는 영토이다. 그 이유는 _____ .

낱말 따라 쓰기 🍬

- 종류를 나누거나 정도를 구별하거나 비교하기 위해 따르는 일정한 원칙이나 잣대 : 기 준
- 꼭 필요한 일부분 : 요 소
- 어떤 것의 크기, 모양, 범위, 시간 등이 하나로 정하여져 있다. : 일 정 하다 [一—하나 일, 定—정할 정]
- 바다와 육지가 맞닿은 선 : 해 안 선
- 여럿이 겹치고 뒤섞여 있다. : 복 잡 하다
  - 예 골목이 너무 복잡해 길을 잃었다.
- 단순하고 변화가 없어 새로운 느낌이 없다. : 단 조 롭 다
- 바닷물이 주기적으로 밀려 나가서 바닷물의 표면이 낮아지는 현상 : 썰 물

- 어떤 기준에 따라 전체를 몇 개로 나누다. : 구 분 하다
- 직선, 평면, 지면 등과 직각을 이루는 상태 : 수 직
- 지구를 둘러싸고 있는 대기의 범위. 지상으로부터 약 1,000㎞까지를 이른다. : 대 기 권
- 비행기로 공중을 날아다님. : 항 공 [航—날 항, 空—공중 공]
- 인간의 생활과 관련된 것을 만드는 데에 필요한 물질·재료·노동력·기술 등 : 자 원
- 집터가 되는 땅. 혹은 자리를 잡고 생활하는 곳 : 터 전
- 사물의 중요한 성질 : 중 요 성
  - 예 재활용의 중요성을 깨닫고 분리수거를 꼼꼼히 하기로 마음먹었다.

낱말 쑥쑥 테스트

빠른 정답 4쪽

[01~06] 주어진 뜻풀이에 해당하는 낱말을 〈보기〉에서 찾아 쓰세요.

〈 보기 〉
범위 요소 기준 해당하다 일정하다 단조롭다

01 꼭 필요한 일부분 : _____

02 어떤 범위나 조건 등에 바로 들어맞다. : _____

03 종류를 나누거나 정도를 구별하거나 비교하기 위해 따르는 일정한 원칙이나 잣대 : _____

04 정해진 시간·공간, 또는 한계 : _____

05 단순하고 변화가 없어 새로운 느낌이 없다. : _____

06 어떤 것의 크기, 모양, 범위, 시간 등이 하나로 정하여져 있다. : _____

[07~10] 주어진 초성과 낱말의 뜻을 보고, 빈칸에 알맞은 낱말을 쓰세요.

07 ㅈ ㅇ ㅅ : 사물의 중요한 성질
➡ 선생님께서는 늘 복습의 [ ][ ][ ]을/를 이야기하신다.

08 ㅌ ㅈ : 집터가 되는 땅. 혹은 자리를 잡고 생활하는 곳
➡ 우리 가족은 부산에 새로운 [ ][ ]을/를 잡았다.

09 ㅂ ㅈ 하다 : 여럿이 겹치고 뒤섞여 있다.
➡ 이 게임은 너무 [ ][ ]해서 하기가 어렵다.

10 ㅈ ㅇ : 인간의 생활과 관련된 것을 만드는 데에 필요한 물질·재료·노동력·기술 등
➡ 풍부한 [ ][ ]은/는 나라가 발전하는 데 도움이 된다.

배경지식

우리의 영토, 독도

우리나라의 동쪽 끝에 있는 작은 섬 독도는 경상북도 울릉군에 속한 명백한 우리나라의 영토입니다. 그런데 일본 정부는 독도를 '다케시마'라고 부르며 독도가 일본의 영토라고 주장하고 있어요. 왜 일본은 독도를 자기네 땅이라고 우기는 것일까요? 그것은 바로 독도를 차지하면 그만큼 얻을 것이 많아지기 때문이에요.

독도는 경제적으로 가치가 커요. 독도 주변의 바다는 차가운 바닷물과 따뜻한 바닷물이 만나는 곳이어서 다양한 물고기가 많이 살고 있어요. 게다가 독도를 둘러싼 바다의 밑바닥에는 천연가스의 성분 중 하나인 메탄을 비롯하여 다양한 자원이 묻혀 있어요.

독도를 차지하면 독도 주변의 영해도 얻게 되므로, 이러한 자원들도 그 나라의 차지가 돼요. 게다가 독도는 국가적, 경제적, 환경적으로도 가치가 크기 때문에 일본이 더욱 독도의 소유권을 주장하는 것이에요. 그렇지만 독도는 오랫동안 우리나라가 실제로 지배해 온 우리 땅이에요. 독도의 가치를 잘 알고 우리의 영토인 독도를 지켜야 해요!

국어사전에서 원하는 낱말을 찾는 방법

글을 읽다가 뜻을 모르는 낱말이 있을 때 가장 확실하게 해결하는 방법은 국어사전을 찾아보는 것이다. 그런데 국어사전에는 수많은 낱말이 모여 있다. 그중에서 내가 원하는 낱말을 찾으려면 어떻게 해야 할까? 국어사전에 낱말이 실려 있는 규칙을 알면 그 방법을 쉽게 알 수 있다.

한글은 처음 소리인 자음, 중간 소리인 모음, 끝소리인 자음이 모여 글자를 이룬다. 예를 들어 '밥'이란 낱말은 'ㅂ+ㅏ+ㅂ', '빵'이란 낱말은 'ㅃ+ㅏ+ㅇ'으로 이루어져 있다. 그리고 국어사전에는 이러한 자음, 모음이 짜인 순서대로 낱말이 실려 있다. 글자가 짜인 순서는 아래의 표와 같다.

처음 소리인 자음	ㄱ, ㄲ, ㄴ, ㄷ, ㄸ, ㄹ, ㅁ, ㅂ, ㅃ, ㅅ, ㅆ, ㅇ, ㅈ, ㅉ, ㅊ, ㅋ, ㅌ, ㅍ, ㅎ
중간 소리인 모음	ㅏ, ㅐ, ㅑ, ㅒ, ㅓ, ㅔ, ㅕ, ㅖ, ㅗ, ㅘ, ㅙ, ㅚ, ㅛ, ㅜ, ㅝ, ㅞ, ㅟ, ㅠ, ㅡ, ㅢ, ㅣ
끝소리인 자음	ㄱ, ㄲ, ㄳ, ㄴ, ㄵ, ㄶ, ㄷ, ㄹ, ㄺ, ㄻ, ㄼ, ㄽ, ㄾ, ㄿ, ㅀ, ㅁ, ㅂ, ㅄ, ㅅ, ㅆ, ㅇ, ㅈ, ㅊ, ㅋ, ㅌ, ㅍ, ㅎ

모양이 바뀌지 않는 '공부', '밥' 등의 낱말은 곧바로 위의 표와 같이 글자가 짜인 순서대로 찾으면 된다. 그렇다면 모양이 바뀌는 낱말은 어떻게 찾아야 할까? 모양이 바뀌는 낱말은 기본형으로 만든 뒤에 같은 방법으로 찾으면 된다. 예를 들어 '갸우뚱하더니'는 기본형인 '갸우뚱하다'를 사전에서 찾으면 되는 것이다.

한편, 국어사전에는 하나의 낱말이 여러 개의 뜻을 가지거나 똑같이 생긴 낱말인데 뜻이 다른 경우가 많다. 내가 알고자 하는 낱말의 뜻이 여러 개라면, 다양한 뜻 중에서 어느 것이 내가 읽고 있던 문장에 어울리는지 확인해야 한다.

교과서를 읽거나 독서를 할 때, 인터넷 게시글을 읽을 때 모르는 낱말이 나오면 직접 국어사전을 찾아보도록 하자. 글자의 짜임에 따라 낱말을 찾으며 뜻을 익히면 어휘력이 높아지고 글을 읽는 일이 더욱 재미있어질 것이다.

지문 확인

- 1단락 요약 :
1) ☐☐☐☐에서 낱말을 찾는 방법에 대한 물음

- 2단락 요약 :
2) ☐☐, ☐☐이/가 짜인 순서대로 낱말이 실려 있는 국어사전

- 3단락 요약 :
글자가 짜인 순서대로
3) ☐☐을/를 찾는 방법

- 4단락 요약 :
낱말의 4) ☐이/가 여러 개인 경우

- 5단락 요약 :
5) ☐☐☐☐을/를 사용하면 좋은 점

낱말 따라 쓰기

- 틀림없이 그러하다. : 확실하다
- 사건이나 문제를 풀거나 잘 처리하다. : 해결하다
- 수가 아주 많다. : 수많다
- 글, 그림, 사진 등이 책이나 신문에 나오게 되다. : 실리다

- 여러 사람이 다 같이 지키기로 정한 법칙 또는 질서 : 규칙
  [規-법 규, 則-법칙 칙]
- 여러 가지가 모여 전체가 만들어지다. : 짜이다
- 모양이 변하는 낱말에서 기본이 되는 형태 : 기본형

✏️ 뜻을 정확히 모르는
낱말들을 적어 보세요!

01 글의 구조 이해하기

이 글의 구조를 정리한 것입니다. 빈칸에 공통으로 들어가기에 알맞은 말을 쓰세요.

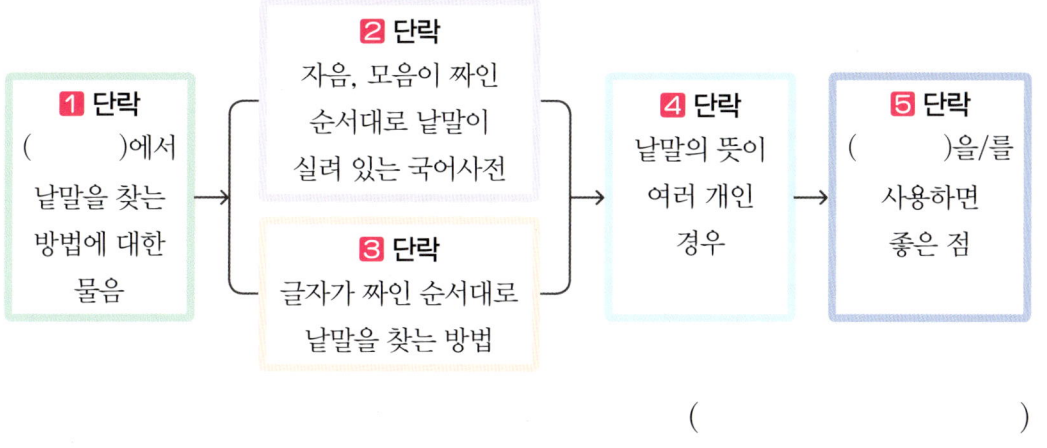

1 단락
(　　　)에서
낱말을 찾는
방법에 대한
물음

2 단락
자음, 모음이 짜인
순서대로 낱말이
실려 있는 국어사전

3 단락
글자가 짜인 순서대로
낱말을 찾는 방법

4 단락
낱말의 뜻이
여러 개인
경우

5 단락
(　　　)을/를
사용하면
좋은 점

(　　　　　　　　　　)

02 내용 이해하기

이 글의 내용으로 알맞지 <u>않은</u> 것은 무엇인가요?　　　　　　(　　　)

① '공부', '밥'은 모양이 바뀌지 않는 낱말이다.

② '빵'이라는 낱말은 중간 소리인 모음이 없다.

③ 국어사전에는 자음, 모음이 짜인 순서대로 낱말이 실려 있다.

④ 국어사전을 사용해 낱말의 뜻을 찾아 익히면 어휘력이 높아진다.

⑤ 한글은 처음 소리인 자음, 중간 소리인 모음, 끝소리인 자음이 모여 글자를 이룬다.

03 내용 적용하기

이 글을 바탕으로 〈보기〉의 상황을 이해한 내용으로 맞으면 ○표, 틀리면 ✕표를 하세요.

〈 보기 〉

　성은이는 '뷔페에 가면 각자 기호에 맞는 음식을 골라 먹을 수 있다.'라는 문장에 쓰인 '기호'라는 낱말을 국어사전에서 찾아보았다. 국어사전에는 '기호'의 뜻이 다음과 같이 다양하게 나와 있었다.
　기호¹ 어떠한 뜻을 나타내기 위하여 쓰이는 부호, 문자, 표시 등을 이르는 말
　기호² 즐기고 좋아함.
　기호³ 깃발로 하는 신호

(1) 국어사전에는 똑같이 생긴 낱말인데 뜻이 다른 경우가 있다.　　　　(　　　)

(2) '기호'는 모양이 바뀌는 낱말이어서 사전을 찾을 때는 기본형으로 만들어야 한다.
　　　　　　　　　　　　　　　　　　　　　　　　　　　　　(　　　)

(3) 성은이는 다양한 뜻의 '기호' 중에서 어느 것이 자신이 읽던 문장에 어울리는지 확인해야 한다.　　　　　　　　　　　　　　　　　　　　(　　　)

DAY
29

04 내용 적용하기

다음은 이 글을 읽고 나눈 대화입니다. 빈칸에 들어가기에 알맞은 말에 ○표를 하세요.

> 민주: '산새들이 속삭이는 숲길'에서 '속삭이는'의 뜻이 궁금한데 사전에 나오지 않아.
>
> 준영: '속삭이는'은 모양이 (바뀌는 / 바뀌지 않는) 낱말이니까 기본형인 (속삭이며 / 속삭이다)로 바꾼 후에 사전에서 찾아야 해.

✏ 뜻을 정확히 모르는 낱말들을 적어 보세요!

05 내용 적용하기

다음은 국어사전에 낱말이 실린 순서를 살펴보는 과정입니다. ㉠, ㉡에 들어가기에 알맞은 말을 쓰세요.

> '구멍'과 '개나리' 중 국어사전에 더 먼저 실린 낱말이 무엇인지 알아보려면 낱말의 짜임을 살펴봐야 한다. 두 낱말의 짜임은 다음과 같다.
>
> • 구멍 = ㄱ + ㅜ + ㅁ + ㅓ + ㅇ
> • 개나리 = (㉠)
>
> 이를 통해 국어사전에 더 먼저 실린 낱말은 '(㉡)'임을 알 수 있다.

㉠: (   ), ㉡: (   )

낱말 따라 쓰기

● 물체가 한쪽으로 약간 갸울어지다. : 갸 우 뚱 하다

● 어떠한 조건이 있는 특별한 형편·사정·상황 : 경 우

● 여럿이 서로 잘 조화되어 자연스럽게 보이다. : 어 울 리 다

● 여러 사람이 볼 수 있도록 인터넷 게시판에 올린 글 : 게 시 글

● 여러 가지가 모여 전체가 만들어지는 것 : 짜 임

● 자주 겪거나 배워서 잘하게 하다. : 익 히 다

● 어휘를 마음대로 알맞게 쓸 수 있는 능력 : 어 휘 력
   예 나는 어휘력이 부족하여 긴 글을 읽는 것이 어렵다.

● 물건을 필요한 일에 쓰다. : 사 용 하다

● 남이 알아듣지 못하도록 작은 목소리로 가만가만 이야기하다. :
속 삭 이 다 예 소희가 나에게 몰래 다가와 속삭였다.

낱말 쑥쑥 테스트

빠른 정답 4쪽

[01~04] 주어진 낱말 중 뜻풀이에 해당하는 것을 골라 쓰세요.

01 | 살리다 | 실리다 |

글, 그림, 사진 등이 책이나 신문에 나오게 되다. :

02 | 어울리다 | 어지럽다 |

여럿이 서로 잘 조화되어 자연스럽게 보이다. :

03 | 조이다 | 짜이다 |

여러 가지가 모여 전체가 만들어지다. :

04 | 속삭이다 | 속상하다 |

남이 알아듣지 못하도록 작은 목소리로 가만가만 이야기하다. :

[05~10] 주어진 초성과 낱말의 뜻을 보고, 빈칸에 알맞은 낱말을 쓰세요.

05 주아가 성현이를 좋아하는 것이 ㅎ ㅅ 하다.

틀림없이 그러하다.

06 솔미네 아버지는 우리 동네에 생기는 모든 문제를 금방 ㅎ ㄱ 하신다.

사건이나 문제를 풀거나 잘 처리하다.

07 나는 종이를 자를 때 칼보다는 가위를 ㅅ ㅇ 하는 것을 좋아한다.

물건을 필요한 일에 쓰다.

08 수미가 자주 살펴보는 홈페이지에 새로운 ㄱ ㅅ ㄱ 이/가 올라왔다.

여러 사람이 볼 수 있도록 인터넷 게시판에 올린 글

09 우리끼리는 거짓말하지 말자는 ㄱ ㅊ 을/를 만들었다.

여러 사람이 다 같이 지키기로 정한 법칙 또는 질서

10 내가 늦을 ㄱ ㅇ 에는 먼저 밥을 먹어라.

어떠한 조건이 있는 특별한 형편·사정·상황

배경지식

최초의 국어사전, 말모이

모르는 낱말의 뜻을 알려 주는 편리한 국어사전은 언제 처음 만들어졌을까요? 일제 강점기였던 1910년 무렵, 우리나라의 문화를 지키기 위해 만들어진 조선 광문회에서 최초로 국어사전을 만들고자 했어요. 그 사전의 이름은 바로 '말모이'입니다. 조선 광문회는 1911년부터 조사를 시작해 초기 원고까지 완성하였지만, 이를 사전으로 출판하지는 못했어요.

말모이 작업은 이후 조선어학회가 이어받게 됩니다. 사전을 만드는 작업은 일본의 탄압 아래 아주 비밀스럽게 진행되었고, 많은 사람들의 노력 끝에 1942년 초고가 완성되었어요. 그런데 인쇄를 하기 직전, 일본의 탄압으로 작업을 하던 사람들이 잡혀가고 원고까지 빼앗겼어요. 우리말 사전은 영영 만들어지지 못하는 듯했지요.

그런데 해방이 된 직후, 일본에게 빼앗겼던 원고가 서울역에서 기적처럼 발견되었어요. 이를 바탕으로 1947년 〈조선말 큰사전〉이 출판되었답니다. 우리나라 최초의 국어사전 '말모이'를 만들고자 했던 사람들의 노력이 오랜 시간 끝에 결실을 맺게 된 것이에요.

▲ 말모이 원고

출처: e뮤지엄 (http://www.emuseum.go.kr)

DAY 30 독해력 완성 테스트 [STEP 5]

✱✱✱ : 상
✱✱✲ : 중
✱✲✲ : 하

공부한 날   월   일
맞은 개수   / 5개

[01~05] 다음 글을 읽고, 물음에 답하세요.

0과 1 사이의 수는 어떻게 나타낼까? 분수와 소수를 이용하면 된다. 분모가 10인 분수는 소수 한 자리 수로, 분모가 100인 분수는 소수 두 자리 수로 나타낼 수 있다. $\frac{7}{10}$=0.7, $\frac{7}{100}$=0.07처럼 말이다. 그런데 분수로 나타내든 소수로 나타내든 결국 같은 수를 표현하는 것인데 굳이 분수와 소수를 따로 사용하는 이유가 무엇일까?

분수와 소수는 사용하기 시작한 시기도, 사용하게 된 계기도 무척 다르다. 분수는 아주 오래전부터 사냥한 음식이나 거둔 곡식을 나눌 때 사용했다. 지금으로부터 약 5000년 전에 시작된 이집트 문명에서도 이미 분수가 사용되었다는 기록이 있다. 그만큼 분수는 사람들이 무언가를 나눌 때 꼭 필요한 수였다.

소수는 1585년 네덜란드의 스테빈이라는 사람이 《10분의 1에 관하여》라는 책에서 처음 사용한 것으로 알려진다. 그는 돈을 계산할 때 분수를 사용하는 것이 너무 복잡해서 연구 끝에 소수를 사용하기 시작했다. 예를 들어 $\frac{1}{11}$은 실제로 0.090909……라는 복잡한 수인데, 분수의 분모를 10, 100, 1000 등으로 바꾸어 $\frac{9}{100}$로 나타내면 0.09로 간단히 표현할 수 있다. 스테빈이 소수를 사용한 후로 사람들은 물건의 양이나 길이, 가격 등을 나타낼 때 1보다 작은 단위의 수까지 정확히 나타낼 수 있게 되었다. 스테빈 이후로도 소수는 수학자들에 의해 쓰기 더 편리하게 바뀌어 왔고, 오늘날 우리가 사용하는 소수가 되었다.

이처럼 분수와 소수는 쓰이기 시작한 시기와 계기가 각각 다르다. 분수는 어떤 몫을 얼마 만큼씩 나눌 때 쓰기 편리하고, 소수는 어떤 값을 더 간단히 나타낼 때 사용하기 좋다. 게다가 0.33333……처럼 끝없이 반복하며 이어지는 수는 소수로는 정확히 표현할 수 없으나 분수로는 $\frac{1}{3}$로 정확하게 나타낼 수 있다. 이러한 이유들로 분수와 소수는 지금까지도 따로 사용되고 있다.

01 ✱✱✱

다음은 이 글의 구조를 정리한 것입니다. 빈칸에 공통으로 들어가기에 알맞은 말을 쓰세요.

> 1단락에서는 (   )와/과 소수를 따로 사용하는 이유가 무엇인지 물음을 던지고 있다. 그리고 2단락에서는 (   )을/를 사용하게 된 계기, 3단락에서는 소수를 사용하게 된 계기를 설명하고 있다. 이를 바탕으로 4단락에서 (   )와/과 소수를 따로 사용하는 이유를 정리하며 글을 마무리하고 있다.

(   )

02 ✱✱✲

이 글에 대한 설명으로 알맞은 것을 모두 골라 묶은 것은 무엇인가요?   (   )

> ㄱ. 두 학자의 반대되는 생각을 소개하고 있다.
> ㄴ. 분수와 소수의 쓰임에 관해 질문을 던지고, 이에 답하고 있다.
> ㄷ. 스테빈이 처음 소수를 사용하게 된 시기와 계기를 설명하고 있다.
> ㄹ. 이집트 문명에서 분수를 만들어 낸 일을 시간 순서대로 설명하고 있다.

① ㄱ, ㄴ   ② ㄱ, ㄷ   ③ ㄴ, ㄷ
④ ㄴ, ㄹ   ⑤ ㄷ, ㄹ

03 ✽✽✽

분수와 소수에 대한 설명으로 맞으면 ○표, 틀리면 ×표를 하세요.

⑴ 이집트 문명에서도 분수가 사용되었다는 기록이 있다. ( )

⑵ 분수는 예전부터 사냥한 음식이나 거둔 곡식을 나눌 때 사용했다. ( )

⑶ 네덜란드의 스테빈이라는 사람이 처음 사용한 소수가 지금까지 바뀌지 않고 사용되고 있다. ( )

⑷ 소수가 생긴 이후로 물건의 양이나 길이, 가격 등을 나타낼 때 1보다 작은 단위의 수를 나타내기 어려워졌다. ( )

04 ✽✽✽

다음은 민정이와 선생님의 대화입니다. ㉠~㉢에 들어가기에 알맞은 말을 쓰세요.

> 민정: 선생님, 소수는 어떻게 분수로 바꾸나요?
> 선생님: 소수 한 자리 수는 분모가 (㉠)인 분수로, 소수 두 자리 수는 분모가 (㉡)인 분수로 나타낼 수 있어요.
> 민정: 그런데 0.33333……이라는 수는 끝없이 반복하며 이어지는데, 이것을 정확히 표현할 방법이 있나요?
> 선생님: 그 수는 소수로는 정확히 표현할 수 없지만, 분수로는 (㉢)(으)로 정확히 표현할 수 있어요.

㉠: ( ), ㉡: ( )
㉢: ( )

05 ✽✽✽ 서술형

분수와 소수는 각각 언제 사용하는 것이 좋은지 4단락에서 찾아 한 문장으로 쓰세요.

_____

_____

_____

_____

낱말 따라 쓰기

● 어떤 것을 필요한 곳에 잘 쓰다. : 이 용 하다

● 어떤 일이 일어나거나 변화하도록 만드는 확실한 원인이나 기회 : 계 기 [契 – 맺을 계, 機 – 계기 기]
예 3·1 운동을 계기로 많은 신문들이 나오기 시작했다.

● 산이나 들의 짐승을 잡다. : 사 냥 하다
예 매를 이용해 들짐승을 사냥하던 문화는 이제는 보기 힘들다.

● 곡식이나 열매 등을 따서 담거나 한데 모으다. : 거 두 다
예 할머니는 작년에 심었던 고추를 거두셨다.

● 사람의 먹을거리가 되는 쌀, 보리, 콩 등 : 곡 식

● 인간이 이룬 물질적, 기술적, 사회 구조적인 발전 : 문 명

● 어떤 사실을 적음. 또는 그런 글 : 기 록

● 주어진 수나 식을 일정한 규칙에 따라 처리하여 값을 구하다. : 계 산 하다 예 다각형의 넓이를 계산했다.

● 길이, 무게, 수, 시간 등을 숫자로 나타낼 때 기초가 되는 일정한 기준 : 단 위 예 네가 말한 길이의 단위가 무엇이니?

● 자세하고 확실하게 : 정 확 히 [正 – 바를 정, 確 – 굳을 확]

● 편하고 이로우며 이용하기 쉽다. : 편 리 하다 [便 – 편할 편, 利 – 이로울 리]

● 같은 일을 되풀이하다. : 반 복 하다
예 그는 같은 말을 여러 번 반복했다.

● 학문에 대해 아주 잘 아는 사람. 또는 학문을 연구하는 사람 : 학 자 [學 – 배울 학, 者 – 사람 자]
예 그는 수학 분야에서 세계적으로 유명한 학자이다.

잠깐! 쉬어가기

○○○자로 끝나는 말은?

빠른 정답 4쪽

✳ 다음에서 설명하는 낱말을 빈칸에 적어 보세요.

1 성 성 '성'자로 끝나는 말은?

(1) 사물의 중요한 성질 : ☐☐성

(2) 여럿 가운데 뛰어난 특성 : ☐☐성

2 원 원 '원'자로 끝나는 말은?

(1) 크기가 큰 절 : ☐원

(2) 어떤 일이 이루어지기를 바람. 또는 그런 일 : ☐☐원

(3) 인간의 생활과 관련된 것을 만드는 데에 필요한 물질·재료·노동력·기술 등 : ☐☐원

3 기 기 '기'자로 끝나는 말은?

(1) 어느 한때로부터 다른 때까지의 동안 : ☐기

(2) 어떤 일이 일어나거나 변화하도록 만드는 확실한 원인이나 기회 : ☐☐기

(3) 일본에게 나라를 빼앗긴 1910년부터 나라를 되찾은 1945년까지의 기간 : ☐☐☐☐기

4 위 위 '위'자로 끝나는 말은?

(1) 정해진 시간·공간, 또는 한계 : ☐위

(2) 길이, 무게, 수, 시간 등을 숫자로 나타낼 때 기초가 되는 일정한 기준 : ☐☐위

5 물 물 '물'자로 끝나는 말은?

(1) 과거의 조상들이 후대에 남긴 물건 : ☐물

(2) 생명을 가지고 스스로 생활을 이어가는 물체 : ☐물

(3) 바닷물이 주기적으로 밀려 나가서 바닷물의 표면이 낮아지는 현상 : ☐물

(4) 물이나 바람으로 부서진 자갈·모래·진흙 등이 옮겨져 쌓인 것 : ☐☐물

글의 주제를 알면 글쓴이의 의도를 이해하는 문제를 쉽게 풀 수 있어요!

STEP 6

주제 알아보기

★ **주제란?**

글쓴이가 한 편의 글을 통해 전달하고자 하는 중심 내용입니다.

● **주제를 알아야 하는 이유**

주제를 아는 것은 곧 글의 핵심 내용을 이해하는 것이에요. 따라서 주제를 알아내면 글을 완벽히 독해할 수 있습니다.

주제를 알아보는 방법

① 각 단락을 요약하여 글의 구조를 알아보세요.
② 글의 구조를 바탕으로 글 전체에서 주로 이야기하는 내용이 무엇인지 살펴보세요.
③ 살펴본 내용을 글 전체의 중심 낱말을 포함한 간단한 말로 정리해 보세요.

시장과 상품

지문 확인

빵이 먹고 싶은데 내가 가진 것은 떡뿐일 때, 여기저기 돌아다니며 빵과 떡을 교환해 줄 사람을 찾아야 한다면 어떨까? 아주 불편하고 시간도 많이 낭비하게 될 것이다. 이러한 방식으로 거래를 하는 것을 '물물 교환'이라고 하며, 아주 먼 옛날에 살던 사람들은 물물 교환을 통해 자신이 원하는 것을 구했다. 시간이 지나 사람들은 날짜와 장소를 정해 모두 모여서 물건을 교환하는 시장을 만들었고, 돈이 생긴 후에는 물건끼리 교환하는 것이 아니라 돈을 주고 물건을 사는 지금과 같은 형태의 거래를 하게 되었다.

한편, 사람들의 경제 활동이 점점 더 자유로워지고 다양해지자 경제를 연구하던 사람들은 시장이라는 개념을 더 넓은 의미로 사용하기 시작했다. 무언가를 팔려는 사람과 사려는 사람이 거래를 하는, 눈에 보이거나 보이지 않는 모든 곳을 시장이라고 정한 것이다. 이때 시장에서 사고파는 모든 것을 상품이라고 하는데, 상품은 크게 재화와 용역으로 나눌 수 있다.

재화는 눈에 보이고 만질 수 있는 쓸모 있는 상품으로, 음식 재료와 학용품, 가전제품 등을 가리킨다. 반면 용역은 쓸모는 있지만 눈에 보이지도 않고 만질 수도 없는 상품을 말한다. 우리가 돈을 내고 병원에서 받는 치료, 오락실에서 즐기는 게임 등은 모두 만질 수는 없지만 사고파는 상품, 즉 용역에 해당한다.

현대 사회에 들어서는 온라인에서 물건을 사고파는 전자상거래가 활발해지고, 손님이 케이크를 직접 만드는 빵집, 낮잠을 자는 카페 등 다양한 시장이 끊임없이 생기고 있다. 사회가 발달할수록 사람들이 원하는 것이 더욱 다양해짐에 따라 눈에 보이지 않는 시장이 점점 커지고, 상품이 다양해지고 있는 것이다. 우리는 '시장에는 없는 게 없다.'라는 말이 딱 맞는 시대를 살아가고 있는 셈이다.

- 1단락 중심 낱말 :
시장

- 2단락 중심 낱말 :
시장, 1) ☐☐

- 3단락 중심 낱말 :
2) ☐☐, 용역

- 4단락 중심 낱말 :
3) ☐☐, 상품

낱말 따라 쓰기

● 서로 바꾸다. : 교 환 하다

● 어떤 것을 사용하거나 이용하는 것이 싫거나 괴롭다. : 불 편 하다

● 시간이나 돈 등을 헛되이 함부로 쓰다. : 낭 비 하다
   예 성공하는 사람들은 시간을 낭비하지 않는다.

● 주고받음. 또는 사고팖. : 거 래 [去-갈 거, 來-올 래]

● 돈으로 사고팔지 않고 직접 물건과 물건을 바꾸는 일 :
   물 물 교 환

● 일정하게 갖추고 있는 모양 : 형 태

● 인간의 생활에 필요한 물건이나 서비스를 만들거나 사고파는 것과 관련된 모든 행동 : 경 제 활 동

● 제한되는 것 없이 자기 마음대로 할 수 있다. : 자 유 롭 다

STEP 6 주제 알아보기

주제란 글쓴이가 한 편의 글을 통해 전달하고자 하는 중심 내용입니다.

★ **주제를 알아보는 방법**
① 각 단락을 요약하여 글의 구조를 알아보세요.
② 글의 구조를 바탕으로 글 전체에서 주로 이야기하는 내용이 무엇인지 살펴보세요.
③ 살펴본 내용을 글 전체의 중심 낱말을 포함한 간단한 말로 정리해 보세요.

1단락

물물 교환을 하던 사람들이 시장을 만들어 지금과 같은 형태의 거래를 하게 되었다고 이야기하고 있어요. 그러므로 1단락을 요약하면 [1) ☐☐의 발달'입니다.

2단락

더 넓은 의미로 사용되는 시장의 개념이 무엇인지 설명하고, 시장에서 사고파는 모든 것을 상품이라고 함을 이야기하고 있어요. 그러므로 2단락을 요약하면 '시장과 상품의 2) ☐☐'입니다.

3단락

상품의 종류를 재화와 용역으로 나누어 설명하고 있으므로 3단락을 요약하면 '상품의 종류 – 3) ☐☐, 용역'입니다.

4단락

사회가 발달하면서 시장이 점점 커지고 상품이 다양해지고 있다고 설명하고 있으므로 4단락을 요약하면 '4) ☐☐이/가 발달할수록 커지는 시장과 다양해지는 상품'입니다.

[글의 구조]

★ 1단락에서 사람들이 모여 물건을 사고파는 시장이 발달하게 되었음을 설명하고, 2단락에서는 더 확대된 시장의 개념과 상품의 개념을 설명하고 있어요.

3단락에서는 상품의 종류를 두 가지로 나누어 설명하고 있어요.

4단락에서는 앞에서 설명한 시장과 상품이 사회가 발달할수록 점점 더 다양해진다고 이야기하고 있어요.

★ 1~4단락의 내용은 모두 시장과 관련이 있어요. 다만 각 단락에서 시장에 대해 조금씩 다른 낱낱의 이야기가 이어지고 있어요.

★ 글의 구조도를 그리면 다음과 같습니다.

> **1** 단락: 시장의 발달
> ↓
> **2** 단락: 시장과 상품의 개념
> ↓
> **3** 단락: 상품의 종류 – 재화, 용역
> ↓
> **4** 단락: 사회가 발달할수록 커지는 시장과 다양해지는 상품

[주제]

★ 이 글에 많이 나오는 말 중에서 가장 중심이 되는 말이 시장과 상품이므로, 이 글 전체의 중심 낱말은 '시장', '상품'입니다.

★ 이 글에서는 시장과 상품의 개념과, 시장과 상품이 점점 더 다양해지고 있다는 것을 설명하고 있어요. 이 내용을 중심 낱말을 포함하는 말로 정리하면 주제가 됩니다. 그러므로 이 글의 주제는 '시장과 상품의 개념, 다양해지는 5) ☐☐와/과 상품'입니다.

DAY
31

✏️ 뜻을 정확히 모르는
   낱말들을 적어 보세요!

01   주제 알아보기

이 글의 주제를 이해하는 과정입니다. 빈칸에 들어가기에 알맞은 말을 순서대로 쓰세요.

이 글에서는 시장과 상품의 개념을 설명하고, 사회가 발달할수록 시장과 상품이 점점 더 다양해지고 있음을 이야기하고 있다. 따라서 이 글 전체의 중심 낱말은 '시장'과 '상품'이고, 주제는 '(   )와/과 상품의 개념, 다양해지는 시장과 (   )'이다.

(   ), (   )

02   내용 이해하기

이 글의 내용으로 알맞지 <u>않은</u> 것은 무엇인가요?   (   )

① 시장에서 사고파는 모든 것은 상품이다.
② 상품은 크게 재화와 용역으로 나눌 수 있다.
③ 아주 먼 옛날에 살던 사람들은 물물 교환을 했다.
④ 사회가 발달할수록 눈에 보이지 않는 시장이 점점 커지고 있다.
⑤ 재화는 눈에 보이지는 않지만 만질 수 있는 쓸모 있는 상품을 의미한다.

03   알맞은 반응 찾기

다음 중 '용역'에 대해 바르게 설명한 사람은 누구인가요?   (   )

① 지수: 용역은 물물 교환의 한 가지 방식이야.
② 채연: 집에 있는 전자레인지도 용역이라고 할 수 있어.
③ 정현: 어제 내가 치과에서 받은 치료는 용역에 해당해.
④ 희연: 용역의 대표적인 예는 지우개와 같은 학용품이야.
⑤ 하나: 용역은 눈에 보이지도 않고 쓸모도 없는 상품이야.

04   내용 적용하기

다음은 엄마와 아들의 대화입니다. 빈칸에 들어가기에 알맞은 말을 이 글에서 찾아 쓰세요.

아들: 휴일이라 그런지 가게들이 전부 문을 닫았어요. 다음 주 요리 수업을 위해 재료를 미리 사두어야 하는데, 어떻게 해야 할까요?
엄마: 눈에 보이는 시장만 있는 게 아니란다. 요즘은 눈에 보이지 않는 시장이 많이 생겼어. 온라인에서 물건을 사고파는 (   )을/를 이용하면 가게들이 문을 닫아도 원하는 상품을 살 수 있지.

(   )

낱말 따라 쓰기

● 모양, 빛깔, 형태 등이 여러 가지로 많다. : 다 양 하다
   예 회의를 하면 다양한 생각을 들을 수 있다.

● 가정에서 사용하는 세탁기, 냉장고, 텔레비전 등의 전기 기기 제품 : 가 전 제 품

● 인터넷 등을 이용한 사이버 세계 : 온 라 인

● 생기 있고 힘차다. : 활 발 하다

● 학문, 기술, 문명, 사회 등의 현상이 더 높은 수준에 이르다. : 발 달 하다

● 가장 두드러지거나 뛰어나 대표가 될 만한 것 : 대 표 적

문제 이해하고 풀기

01 주제 알아보기

이 글의 주제를 이해할 수 있는 실마리로 중심 내용을 요약하여 제시해 놓았어요.

🌼 이 글의 전체적인 내용을 떠올려 볼까요?

1단락에서 시장의 발달을 소개하고, 2단락에서는 시장과 상품의 개념을 설명하고 있어요.
3단락에서는 상품의 종류를 두 가지로 나누어 설명하고, 4단락에서는 사회가 발달할수록 시장과 상품이 다양해진다고 이야기하고 있어요.
그러므로 빈칸에 들어갈 말은 '시장', '상품'입니다.

정답은 _____, _____ 입니다.

02 내용 이해하기

이 글의 내용과 맞지 않는 선택지를 고르는 문제입니다. 각각의 선택지와 글의 내용을 서로 비교해 보세요.

🌸 각각의 선택지 내용을 순서대로 살펴볼게요.

① 시장에서 사고파는 모든 것은 상품이다. (○)

근거 2단락 ❸번째 문장: 시장에서 사고파는 모든 것을 상품이라고 하는데,

② 상품은 크게 재화와 용역으로 나눌 수 있다. (○)

근거 2단락 ❸번째 문장: 상품은 크게 재화와 용역으로 나눌 수 있다.

③ 아주 먼 옛날에 살던 사람들은 물물 교환을 했다. (○)

근거 1단락 ❸번째 문장: 아주 먼 옛날에 살던 사람들은 물물 교환을 통해 자신이 원하는 것을 구했다.

④ 사회가 발달할수록 눈에 보이지 않는 시장이 점점 커지고 있다. (○)

근거 4단락 ❷번째 문장: 사회가 발달할수록 ~ 눈에 보이지 않는 시장이 점점 커지고, 상품이 다양해지고 있는 것이다.

⑤ 재화는 눈에 보이지는 않지만 만질 수 있는 쓸모 있는 상품을 의미한다. (×)

근거 3단락 ❶번째 문장: 재화는 눈에 보이고 ~ 쓸모 있는 상품으로,

정답은 _____ 입니다.

03 알맞은 반응 찾기

'용역'에 대한 설명이 이 글의 어느 부분에 나오는지 생각해 보세요.

🌸 3단락에서 '용역'에 대해 설명하고 있어요.

① 지수: 용역은 물물 교환의 한 가지 방식이야. (×)

근거 3단락 ❷번째 문장: 용역은 쓸모는 있지만 눈에 보이지도 않고 만질 수도 없는 상품을 말한다.

② 채연: 집에 있는 전자레인지도 용역이라고 할 수 있어. (×)

근거 3단락 ❶번째 문장: 재화는 눈에 보이고 만질 수 있는 쓸모 있는 상품으로, ~ 가전제품 등을 가리킨다.

③ 정현: 어제 내가 치과에서 받은 치료는 용역에 해당해. (○)

근거 3단락 ❸번째 문장: 우리가 돈을 내고 병원에서 받는 치료, ~ 용역에 해당한다.

④ 희연: 용역의 대표적인 예는 지우개와 같은 학용품이야.
(×)

근거 3단락 ❶번째 문장: 재화는 눈에 보이고 만질 수 있는 쓸모 있는 상품으로, ~ 학용품, 가전제품 등을 가리킨다.

⑤ 하나: 용역은 눈에 보이지도 않고 쓸모도 없는 상품이야.
(×)

근거 3단락 ❷번째 문장: 용역은 쓸모는 있지만 눈에 보이지도 않고 만질 수도 없는 상품을 말한다.

정답은 _____ 입니다.

04 내용 적용하기

엄마와 아들의 대화에서 빈칸에 들어갈 말이 무엇인지 이 글에서 찾는 문제입니다.

🌸 대화가 이 글의 어느 부분과 관련이 있는지 볼까요?

근거 4단락 ❶, ❷번째 문장: 현대 사회에 들어서는 온라인에서 물건을 사고파는 전자상거래가 활발해지고, ~ 사회가 발달할수록 사람들이 원하는 것이 더욱 다양해짐에 따라 눈에 보이지 않는 시장이 점점 커지고, 상품이 다양해지고 있는 것이다.

🍃 '온라인에서 물건을 사고파는' 것을 '전자상거래'라고 해요.

정답은 _____ 입니다.

DAY
31

인공위성의 역할은 무엇일까?

빠른 정답 4쪽

지문 확인

날씨가 좋은 날 밤하늘을 보면 언제나 달을 볼 수 있다. 달은 지구가 지구 주위를 끌어당기는 힘으로 인해 항상 지구 주위를 돌고 있는 위성이다. 그런데 지구 주위에는 달 말고도 사람이 만들어 쏘아 올린 위성도 있다. 이것을 인공위성이라고 한다. 사람은 인공위성을 왜 만드는 것일까? 그 이유는 인공위성이 종류에 따라 여러 가지 일을 할 수 있기 때문이다.

- 1단락의 중심 문장에 표시해 보세요.

먼저, 통신 위성은 우리의 생활을 편리하게 해 준다. 통신 위성은 먼 거리 사이의 전파 통신을 이어 주는 데 쓰이는 인공위성이다. 우리가 텔레비전으로 다른 나라에서 하는 축구 경기를 보고, 언제 어디서나 휴대 전화를 사용할 수 있는 것은 통신 위성이 있기 때문이다.

- 2단락의 중심 문장에 표시해 보세요.

기상 위성은 지구의 기상 상태를 관찰하는 데 쓰이는 인공위성이다. 기상 위성은 일정한 시간마다 지구의 사진을 찍어 보내는데, 이 사진에는 구름의 모양과 흐름 등 지구 대기의 상태가 나와 있다. 전문가들은 이 사진을 통해 비의 양, 바람의 세기, 태풍의 이동 경로 등을 예측한다. 즉, 우리가 일기 예보를 통해 날씨를 미리 알 수 있는 것은 기상 위성 덕분이다.

- 3단락의 중심 문장에 표시해 보세요.

또한 군사적인 목적으로 이용되는 군사 위성도 있다. 특히 사진기나 특수한 장치가 달려 있는 군사 위성을 이용하면 위협이 되는 나라의 군사적 비밀을 알아내거나, 위험하다고 생각되는 곳을 조사하고 감시할 수 있다. 최근에는 정보력이 국가의 힘이라고 여겨지는 만큼 군사 위성의 중요성이 커지고 있다.

- 4단락의 중심 문장에 표시해 보세요.

이 밖에도 바다를 건너는 배의 위치를 정확히 알려 주는 항행 위성, 우주를 관찰하기 위한 천문 위성 등 인공위성은 종류에 따라 다양한 역할을 한다. 그래서 우리나라뿐만 아니라 여러 나라에서 통신, 기상, 군사, 과학 등의 목적으로 인공위성을 많이 이용하고 있다.

- 5단락의 중심 문장에 표시해 보세요.

낱말 따라 쓰기

● 하기로 되어 있는 일. 또는 맡아서 하는 일 : 역 할

● 어떤 기준에 따라 여러 가지 사물을 나눈 갈래 : 종 류

● 어떤 일을 하는 데 힘이 들지 않고 이용하기 쉽다. : 편 리 하다

● 비·바람·눈·구름 등 대기 속에서 일어나는 현상 : 기 상
  ㉙ 기상 상태가 나빠져 비행기 출발 시간이 늦춰졌다.

● 사물이나 현상을 주의하여 자세히 살펴보다. : 관 찰 하다

● 지구의 겉을 둘러싸고 있는 기체 : 대 기
  [大-큰 대, 氣-공기 기]

● 지나는 길 : 경 로

01 주제 알아보기

다음은 이 글의 주제를 이해하는 과정입니다. 빈칸에 공통으로 들어가기에 알맞은 말을 쓰세요.

> 이 글에서는 인공위성이 무엇인지 설명하고, 인공위성의 종류에 따른 다양한 역할을 설명하고 있다. 따라서 이 글 전체의 중심 낱말은 '(　　　)'이고, 주제는 '(　　　)의 개념과 다양한 역할'이다.

(　　　　　　　　　　)

02 글쓰기 방식 이해하기

이 글에 대한 설명으로 알맞은 것을 모두 골라 묶은 것은 무엇인가요? (　　)

> ㉠ 인공위성의 역할을 종류에 따라 나누어 설명하고 있다.
> ㉡ 인공위성을 만드는 것이 힘든 이유를 자세히 밝히고 있다.
> ㉢ 인공위성이 발달한 과정을 시대 순서에 따라 소개하고 있다.
> ㉣ 평소 쉽게 접할 수 있는 달에 대해 이야기하며 읽는 사람의 흥미를 이끌어 내고 있다.

① ㉠, ㉡   ② ㉠, ㉣   ③ ㉡, ㉢   ④ ㉡, ㉣   ⑤ ㉢, ㉣

03 내용 이해하기

이 글의 내용으로 알맞지 않은 것은 무엇인가요? (　　)

① 인공위성을 통해 우주를 관찰하기도 한다.
② 인공위성이란 사람이 만들어 쏘아 올린 위성이다.
③ 우리나라에서는 군사적 목적으로만 인공위성을 이용하고 있다.
④ 통신 위성은 먼 거리 사이의 전파 통신을 이어 주는 인공위성이다.
⑤ 군사 위성을 이용하여 위험하다고 생각되는 곳을 감시하기도 한다.

빠른 정답 4쪽, 정답과 풀이 61~62쪽

정답 콕콕 특강

01
이 글의 중심 내용을 떠올려 보세요. 그것을 중심 낱말을 포함한 간단한 말로 정리하면 주제가 됩니다.

02
㉠~㉣에서 말하고 있는 '인공위성의 종류', '인공위성을 만드는 것이 힘든 이유', '인공위성이 발달한 과정', '달'에 대한 이야기가 이 글에 나오는지 확인해 보세요.

03
각 선택지의 내용이 이 글의 어느 부분에 나오는지 찾고, 선택지의 내용과 이 글의 내용을 서로 비교해 보세요.

DAY
32

04 알맞은 반응 찾기

이 글을 읽은 학생들의 반응으로 알맞지 <u>않은</u> 것은 무엇인가요? ( )

① 재민: 인공위성에 사진기를 달아놓을 수도 있군.

② 라희: 일기 예보가 가능한 것은 인공위성 덕분이군.

③ 혜수: 인공위성을 이용하여 에너지를 만들 수 있다는 것이 참 신기하군.

④ 하율: 통신 위성이 있기 때문에 어디에서나 휴대전화를 쓸 수 있는 것이군.

⑤ 태희: 인공위성이 없다면 해외에서 하는 축구 경기를 우리 집에서 볼 수 없겠군.

04
'학생들의 반응' 중 이 글의 내용과 맞지 않는 것을 골라 보세요. 특히 '사진기', '일기 예보', '에너지', '통신 위성', '축구 경기'라는 말에 주목하세요.

05 내용 이해하기 `서술형`

다음은 우리가 일기 예보를 통해 날씨를 알게 되는 과정을 정리한 것입니다. ㉠에 들어가기에 알맞은 말을 쓰세요.

기상 위성	전문가	우리
(㉠)	사진을 통해 비의 양, 바람의 세기, 태풍의 이동 경로 등을 예측함.	일기 예보를 통해 날씨를 미리 알 수 있음.

_____

_____

_____

05
'일기 예보'에 관해 이야기하고 있는 3단락을 잘 읽고 문제를 풀어 보세요.

낱말 따라 쓰기

● 앞으로 일어날 일을 미리 짐작하다. : 예 측 하다

　예 이 싸움은 누가 이길지 예측하기 힘들다.

● 날씨의 변화를 예측하여 미리 알리는 일 : 일 기 예 보

　[日 – 날 일, 氣 – 날씨 기, 豫 – 미리 예, 報 – 알릴 보]

● 남에게 받은 은혜나 도움 : 덕 분

● 군대, 전쟁 등 군에 관계되는 것 : 군 사 적

● 특별히 다르다. : 특 수 하다 [特 – 특별할 특, 殊 – 다를 수]

● 힘으로 두려워하게 만드는 것 : 위 협

● 사람이나 상황을 통제하기 위하여 주의 깊게 살피다. : 감 시 하다

● 정보를 빠르게 얻는 능력 : 정 보 력

● 배나 비행기 등을 타고 정해진 길을 다님. : 항 행

● 우주와 천체의 온갖 현상과 그 안에 담긴 법칙 : 천 문

● 재미가 있어서 마음이 쏠리는 것. 마음을 쏠리게 하는 재미 : 흥 미

[01~04] 주어진 뜻풀이에 해당하는 낱말을 연결하세요.

01 돈으로 사고팔지 않고 직접 물건과 물건을 바꾸는 일 •

02 시간이나 돈 등을 헛되이 함부로 쓰다. •

03 모양, 빛깔, 형태 등이 여러 가지로 많다. •

04 앞으로 일어날 일을 미리 짐작하다. •

• ㉠ 낭비하다

• ㉡ 다양하다

• ㉢ 예측하다

• ㉣ 물물 교환

[05~09] 주어진 뜻풀이에 해당하는 낱말을 〈보기〉에서 찾아 쓰세요.

〈 보기 〉
형태   기상   발달하다   항행   관찰하다

05 비·바람·눈·구름 등 대기 속에서 일어나는 현상 :
_____

06 일정하게 갖추고 있는 모양 : _____

07 사물이나 현상을 주의하여 자세히 살펴보다. :
_____

08 학문, 기술, 문명, 사회 등의 현상이 더 높은 수준에 이르다. : _____

09 배나 비행기 등을 타고 정해진 길을 다님. :
_____

[10~13] 주어진 한자와 낱말의 뜻을 보고, 빈칸에 알맞은 말을 쓰세요.

10 去 갈 ☐ + 來 올 ☐ = ☐☐
주고받음. 또는 사고 팖.

11 大 큰 ☐ + 氣 공기 ☐ = ☐☐
지구의 겉을 둘러싸고 있는 기체

12 特 특별할 ☐ + 殊 다를 ☐ + 하다
= ☐☐하다
특별히 다르다.

13 日 날 ☐ + 氣 날씨 ☐ + 豫 미리 ☐
+ 報 알릴 ☐ = ☐☐☐
날씨의 변화를 예측하여 미리 알리는 일

[14~18] 주어진 초성과 낱말의 뜻을 보고, 빈칸에 알맞은 낱말을 쓰세요.

14 내 키에 비해 책상이 낮아서 앉기에 ☐ᄇ☐ᄑ☐하다.
어떤 것을 사용하거나 이용하는 것이 싫거나 괴롭다.

15 날씨가 따뜻해지자 아이들이 밖으로 나와 ☐ᄒ☐ᄇ☐ 하게 뛰놀고 있다.
생기 있고 힘차다.

16 건우가 나를 가만히 쳐다보는 것만으로도 나는 ☐ᄋ☐ᄒ☐을/를 느낀다.
힘으로 두려워하게 만드는 것

17 며칠 전부터 골목 입구에서 수상한 사람이 우리를 ☐ᄀ☐ᄉ☐하고 있다.
사람이나 상황을 통제하기 위하여 주의 깊게 살피다.

18 일이 잘 끝난 것은 모두 네 ☐ᄃ☐ᄇ☐이다.
남에게 받은 은혜나 도움

DAY
32

글을 매력적으로 만드는 제목

공부한 날   월   일

빠른 정답 4쪽

지문 확인

- 1단락의 중심 문장에 표시해 보세요.

- 2단락의 중심 문장에 표시해 보세요.

- 3단락의 중심 문장에 표시해 보세요.

- 4단락의 중심 문장에 표시해 보세요.

거리를 다니다 보면 기발한 이름의 가게들이 많다. 가게의 이름은 그 가게의 얼굴 역할을 하기 때문에 신중하게 결정된다. 그렇다면 글에서 얼굴 역할을 하는 것은 무엇일까? 바로 글의 제목이다. 제목을 잘 지으면 읽는 사람의 기억에 오래 남고, 글의 내용이 궁금해진다. 제목을 잘 지으려면 어떻게 해야 할까?

글을 매력적으로 만드는 제목을 짓기 위해서는 글의 종류에 따라 각각의 특성을 고려해야 한다. 설명하는 글은 설명하고자 하는 대상을 제목에 넣어 무엇을 알려 주는 글인지 나타내고, 주장하는 글은 글쓴이의 의견을 제목에 표현하여 주제가 드러나도록 하는 것이 좋다. 시는 읽는 사람이 여러 가지 느낌을 받을 수 있도록 다양한 것을 상상할 수 있는 말을 제목으로 쓴다. 또한 이야기 글은 중심이 되는 이야기와 관련 있는 말을 제목에 넣고, 읽는 사람의 호기심을 불러일으킬 수 있도록 표현하면 좋다.

그렇다면 글의 제목을 정할 때 주의해야 할 점은 무엇일까? 첫째, 글의 제목은 과장되지 않아야 한다. 글의 내용과 상관없이 너무 거창한 제목은 읽는 사람에게 실망감을 줄 수 있다. 둘째, 이모티콘이나 신조어를 너무 많이 사용하거나 문장 부호만 늘어놓는 것은 피해야 한다. 제목은 단순히 흥미만 끄는 것이 아니라 글의 내용을 잘 요약하여 무슨 말을 하려는 것인지 알려 줄 수 있어야 하기 때문이다.

좋은 제목은 없는 내용을 지어서 만드는 것이 아니라 글에 담긴 내용을 잘 간추려 자연스럽게 읽는 사람의 흥미를 이끌어 내야 한다. 글이 말하고자 하는 바를 간단하지만 분명하게 드러내는 것이 글을 매력적으로 만드는 제목인 것이다.

낱말 따라 쓰기

- 사람의 마음을 사로잡아 끄는 힘이 있는 것 : 매 력 적

- 솜씨나 말씨, 생각이 매우 놀랍게 뛰어나다. : 기 발 하다
  예 다른 사람은 생각하지 못할 기발한 방법이 떠올랐다.

- 매우 조심스럽다. : 신 중 하다
  예 흥분하지 말고 신중하게 대답해야 한다.

- 무슨 일을 어떻게 하기로 정하여지다. : 결 정 되 다

- 관련된 여러 가지 사정을 자세히 따져서 생각하다. : 고 려 하다

- 실제로 겪어보지 않은 것을 마음속으로 그려 보다. : 상 상 하다

- 새롭고 신기한 것을 좋아하거나 모르는 것을 알고 싶어 하는 마음 :
  호 기 심 [好-좋을 호, 奇-기이할 기, 心-마음 심]

- 마음에 새겨 두고 조심하다. : 주 의 하다

- 사실보다 지나치게 크거나 좋게 부풀려 나타나다. :
  과 장 되 다 예 네 이야기는 너무 과장됐어.

- 일의 규모나 형태가 매우 크고 넓다. : 거 창 하다

- 바라는 대로 되지 않아 섭섭한 느낌 : 실 망 감

- 컴퓨터나 휴대 전화의 문자와 기호, 숫자 등을 합하여 만든 그림 문자 :
  이 모 티 콘

STEP 6 주제 알아보기

빠른 정답 4쪽

★ 주제를 알아보는 방법

① 각 단락을 요약하여 글의 구조를 알아보세요.

② 글의 구조를 바탕으로 글 전체에서 주로 이야기하는 내용이 무엇인지 살펴보세요.

③ 살펴본 내용을 글 전체의 중심 낱말을 포함한 간단한 말로 정리해 보세요.

1단락

가게의 이름이 그 가게의 얼굴 역할을 하는 것처럼, 글의 얼굴 역할을 하는 것은 제목이라고 이야기하고 있어요. 그러므로 1단락을 요약하면 '글의 얼굴 역할을 하는 1) ⬚⬚'입니다.

2단락

글의 종류에 따라 각각의 특성을 고려하여 제목을 지어야 한다고 했어요. 그리고 설명하는 글, 주장하는 글, 시, 이야기 글의 제목을 짓는 방법을 알려 주고 있어요. 그러므로 2단락을 요약하면 '글의 종류에 따라 제목을 짓는 2) ⬚⬚'입니다.

3단락

글의 제목을 정할 때 주의해야 할 점을 설명하고 있으므로 3단락을 요약하면 '제목을 정할 때 3) ⬚⬚해야 할 점'입니다.

4단락

좋은 제목이 어떤 것인지 정리하여 설명하고 있어요. 그러므로 4단락을 요약하면 '좋은 4) ⬚⬚의 특징'입니다.

[글의 구조]

★ 1단락에서 '제목'에 대해 소개하고 있어요.

2단락에서는 다양한 글의 종류에 따라 제목을 짓는 방법을 설명하고 있어요.

3단락에서는 제목을 지을 때 주의해야 할 점을 설명하고 있어요.

4단락에서는 좋은 제목이 어떤 것인지를 정리하고 있어요.

★ 1~4단락의 내용은 모두 제목과 관련이 있어요. 다만 각 단락에서 제목에 대해 조금씩 다른 낱낱의 이야기가 이어지고 있어요.

★ 글의 구조도를 그리면 다음과 같습니다.

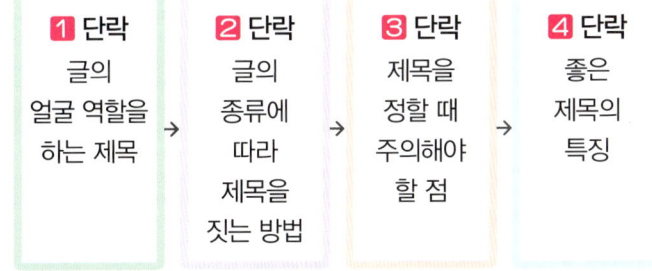

[주제]

★ 이 글에 많이 나오는 말 중에서 가장 중심이 되는 말이 제목이므로, 이 글 전체의 중심 낱말은 '제목'입니다.

★ 이 글에서는 글을 매력적으로 만드는 제목을 지으려면 어떻게 해야 하는지 알려 주고 있어요. 특히 글의 종류에 따라 제목을 짓는 방법, 제목을 지을 때 주의해야 할 점을 자세히 설명하고 있어요. 이 내용을 중심 낱말을 포함하는 말로 정리하면 주제가 됩니다. 그러므로 이 글의 주제는 '글을 매력적으로 만드는 좋은 5) ⬚⬚을/를 짓는 방법'입니다.

빠른 정답 4쪽, 정답과 풀이 63~64쪽

01 주제 알아보기

다음은 이 글의 주제를 이해하는 과정입니다. 빈칸에 공통으로 들어가기에 알맞은 말을 쓰세요.

> 이 글에서는 좋은 제목이 글을 매력적으로 만든다는 것을 이야기하고, 글의 종류에 따라 제목을 짓는 방법과 제목을 지을 때 주의해야 할 점을 설명하고 있다. 따라서 이 글 전체의 중심 낱말은 '(   )'이고, 주제는 '글을 매력적으로 만드는 좋은 (   )을/를 짓는 방법'이다.

(   )

정답 콕콕 특강

01
이 글의 중심 내용을 통해 주제를 이해하는 과정이 나와 있네요. 이 글의 중심 낱말이 무엇인지, 그것에 대해 어떤 이야기를 하고 있는지 떠올려 보세요.

02 내용 이해하기

다음 설명이 각각 어떤 글의 제목을 짓는 방법인지 2단락에서 찾아 쓰세요.

(1) 주제가 드러나도록 제목에 글쓴이의 의견을 표현한다. (   )
(2) 글의 중심이 되는 이야기와 관련 있는 말을 제목에 넣는다. (   )
(3) 읽는 사람이 다양한 것을 상상할 수 있는 말을 제목으로 쓴다. (   )
(4) 설명하려는 대상을 제목에 넣어 무엇을 알려 주는지 나타낸다. (   )

02
2단락에서 글의 종류에 따라 제목을 짓는 방법을 설명하고 있어요. 2단락의 내용을 문장마다 끊어 읽으며 찬찬히 살펴보세요.

03 내용 이해하기

제목을 정할 때 주의해야 할 점으로 맞으면 ○표, 틀리면 ✕표를 하세요.

(1) 과장된 제목을 짓지 않는다. (   )
(2) 글의 내용을 잘 요약하는 제목을 짓는다. (   )
(3) 신조어를 사용하여 단순히 흥미만 끄는 제목을 짓는다. (   )

03
'제목을 정할 때 주의해야 할 점'은 3단락에 나와 있어요. 3단락의 내용과 (1)~(3)의 내용이 일치하는지 비교해 보세요.

04 내용 이해하기 서술형

글의 제목을 잘 지으면 좋은 점이 무엇인지 이 글에서 1가지를 찾아 쓰세요.

_____

_____

04
글의 제목을 잘 지으면 무엇이 좋은지에 대해 1단락과 4단락에서 이야기하고 있어요.

── **낱말 따라 쓰기**

● 새로 생긴 말 : 신 조 어

● 문장의 구조를 잘 드러내거나 글쓴이의 생각을 쉽게 전하기 위하여 쓰는 여러 가지 부호. '.', '?', '!' 등이 있다. : 문 장 부 호

● 글이나 말에서 중요한 점만을 골라 간단하게 정리하다. : 간 추 리 다 예 선생님이 하신 말씀을 <u>간추려</u> 말해 보렴.

● 흐릿하지 않고 확실하다. : 분 명 하다

낱말 쑥쑥 테스트

[01~04] 주어진 낱말 중 뜻풀이에 해당하는 것을 골라 쓰세요.

01 주장하다 주의하다

마음에 새겨 두고 조심하다. :

02 기발하다 발견하다

솜씨나 말씨, 생각이 매우 놀랍게 뛰어나다. :

03 전체적 매력적

사람의 마음을 사로잡아 끄는 힘이 있는 것 :

04 과장되다 발전되다

사실보다 지나치게 크거나 좋게 부풀려 나타나다. :

[05~09] 주어진 초성과 낱말의 뜻을 보고, 빈칸에 알맞은 낱말을 쓰세요.

05 항상 ㅅ ㅈ 한 수찬이는 말을 아무렇게나 하지 않는다.
매우 조심스럽다.

06 기대했던 콘서트가 취소되자 팬들은 큰 ㅅ ㅁ ㄱ 을/를 느꼈다.
바라는 대로 되지 않아 섭섭한 느낌

07 동생은 ㅎ ㄱ ㅅ 가득한 눈을 빛내며 나를 쳐다봤다.
새롭고 신기한 것을 좋아하거나 모르는 것을 알고 싶어 하는 마음

08 인터넷을 많이 하는 사람일수록 ㅅ ㅈ ㅇ 을/를 많이 안다.
새로 생긴 말

09 너무 ㄱ ㅊ 한 목표를 세우면 그것을 지키기 어렵다.
일의 규모나 형태가 매우 크고 넓다.

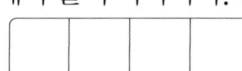

배경지식

제목에도 저작권이 있을까?

한 편의 글은 글쓴이의 노력과 시간이 담긴 매우 가치 있는 창작물입니다. 그래서 우리 사회는 '저작권'이라는 권리를 인정하고 있어요. 저작권이란 창작물을 만든 사람이 자신이 만든 창작물에 대해 가지는 법적 권리를 말해요.

그렇다면 책 제목이나 노래 제목도 저작권이 인정될까요? 제목 역시 글을 쓰거나 노래를 만드는 사람이 고민해서 정하는 만큼, 저작권이 인정될 것 같기도 한데요. 의외로 제목은 창작성이 충분히 있다고 인정되는 아주 일부의 경우를 빼면 대부분 저작권을 인정받기 힘들다고 해요.

그 이유가 무엇일까요? 제목은 보통 짧은 문구로 정해져서 창작성이 잘 드러나지 않기 때문이에요. 또, 어떤 제목의 저작권을 인정하게 되면 그다음부터는 다른 사람이 그것과 비슷한 말을 사용해 제목을 정하기 힘들어진다는 문제가 생겨요. 책이나 노래가 많아질수록 쓸 수 있는 제목이 점점 줄어들게 되는 것이지요. 그렇게 되면 핵심 내용이라 꼭 들어가야 하는 말도 제목으로 사용하지 못할지도 몰라요. 이와 같은 이유로 책 제목이나 노래 제목은 아주 일부의 경우에만 저작권이 인정되고 있어요.

DAY 33

필리핀의 민속춤, 티니클링

덥고 습해서 대나무가 많이 자라는 필리핀에는 대나무를 이용하여 즐기는 '티니클링'이라는 민속춤이 있다. 티니클링은 두 사람이 양쪽에서 대나무 막대기 두 개를 잡고 바닥을 두드리면, 다른 사람들이 대나무의 안팎으로 막대기를 피해 뛰며 추는 춤이다.

티니클링이라는 말은 어디에서 왔을까? 필리핀에는 '티클링'이라는 잘 날지 못하는 새가 있다. 티클링은 쌀을 먹는 것을 좋아해 농부들에게 골칫거리였다. 그래서 농부들은 농사에 피해를 주는 티클링을 잡으려고 대나무 덫을 곳곳에 놓아 두었는데, 티클링은 튼튼한 다리로 이리저리 뛰며 그 덫을 피해 다녔다고 한다. 티니클링은 이러한 티클링의 모습에서 유래된 춤으로, 덫을 놓아 새를 잡으려는 농부의 마음과 그런 농부에게 잡히지 않으려고 폴짝폴짝 덫을 피해 달아나는 새의 모습을 나타낸 것이다.

한편, 티니클링에는 스페인의 지배를 받았던 필리핀의 아픈 역사도 담겨 있다. 스페인 사람들은 필리핀 사람들에게 혹독히 일을 시키면서 일하는 속도가 느려지면 사람들의 발목을 대나무에 끼이게 했다. 대나무에 발목이 조여 아프게 해 작업 속도를 올리려고 한 것이다. 필리핀 노동자들은 대나무에 발목이 끼이지 않도록 재빨리 뛰어다니며 일을 해야만 했다.

이처럼 티니클링에는 필리핀의 자연환경, 문화, 역사 등이 담겨 있기 때문에 티니클링은 필리핀을 이해하는 데 좋은 자료가 된다. 티니클링을 하는 방법을 익혀 즐겨 봄으로써 필리핀의 문화와 역사에 대해 더 알아가 보면 어떨까?

▲ 티니클링을 하는 모습

- **1단락 요약 :**
  필리핀의 민속춤
  1) ☐ ☐ ☐ ☐

- **2단락 요약 :**
  티니클링의 2) ☐ ☐

- **3단락 요약 :**
  티니클링에 담긴 필리핀의 아픈 3) ☐ ☐

- **4단락 요약 :**
  4) ☐ ☐ ☐ 의 문화와 역사를 이해하는 데 도움이 되는 티니클링

낱말 따라 쓰기

- 사람들 사이에 전하여 내려오는 춤 : 민 속 춤
- 메마르지 않고 물기가 많아 축축하다. : 습 하 다
- 일을 잘못하거나 말썽만 피워 언제나 속을 썩이는 사람이나 사물 : 골 칫 거 리
- 나쁜 영향이나 손해를 입는 것 : 피 해
- 짐승을 꾀어 잡는 기구 : 덫
  예 덫을 놓아서 참새를 잡았다.

- 사물이나 일이 생겨나게 되다. : 유 래 되 다
  [由 - 말미암을 유, 來 - 올 래]
  예 마라톤은 고대 아테네의 마라톤 전투에서 유래되었다.
- 어떤 사람이나 집단, 사물 등을 자기의 뜻대로 움직이게 하여 다스림. : 지 배 [支 - 버틸 지, 配 - 지배할 배]
- 성질이나 하는 짓이 몹시 독하고 악하게 : 혹 독 히

✎ 뜻을 정확히 모르는
낱말들을 적어 보세요!

01 주제 알아보기

다음은 이 글의 주제를 이해하는 과정입니다. 빈칸에 공통으로 들어가기에 알맞은 말을 쓰세요.

> 이 글에서는 필리핀의 민속춤 '티니클링'의 유래와 관련된 역사를 소개하고, 티니클링을 통해 필리핀의 역사와 문화를 알 수 있다고 설명하고 있다. 따라서 이 글 전체의 중심 낱말은 '(　　　)'이고, 주제는 '(　　　)을/를 통해 이해하는 필리핀의 문화와 역사'이다.

(　　　　　　　　　　　)

02 글쓰기 방식 이해하기

이 글에 대한 설명으로 가장 알맞은 것은 무엇인가요? (　　)

① 티니클링이 어떻게 변화해 왔는지 이야기하고 있다.
② 티니클링이 세계로 뻗어나갈 수 있을지 추측하고 있다.
③ 스페인이 필리핀을 지배할 수밖에 없었던 이유를 알려 주고 있다.
④ 질문을 통해 읽는 사람이 '티니클링'이라는 말에 흥미를 느끼게 하고 있다.
⑤ 필리핀의 티니클링과 다른 나라의 티니클링이 어떻게 다른지 설명하고 있다.

03 내용 이해하기

이 글의 내용으로 알맞지 <u>않은</u> 것은 무엇인가요? (　　)

① 티니클링은 필리핀의 민속춤이다.
② 티니클링은 두 개의 대나무 막대기를 이용하여 추는 춤이다.
③ '티니클링'이라는 말은 '티클링'이라는 새 이름에서 유래되었다.
④ 티니클링에는 티클링을 귀하게 여겼던 필리핀의 문화가 담겨 있다.
⑤ 티니클링을 통해 대나무가 많이 자라는 필리핀의 자연환경을 엿볼 수 있다.

DAY
34

04 내용 이해하기

티니클링의 유래에 대한 설명으로 가장 알맞은 것은 무엇인가요? ( )

① 티클링이 사람을 잘 따르는 모습을 나타낸 것이다.

② 티클링에게 혹독히 일을 시켰던 것을 반성하기 위해 만든 것이다.

③ 티클링을 잡아먹기 위해 사냥하던 사람들의 모습을 흉내 낸 것이다.

④ 농사를 돕기 위해 대나무 사이를 폴짝폴짝 뛰어다니는 티클링의 모습을 나타낸 것이다.

⑤ 농부에게 잡히지 않으려고 대나무 덫을 피해 달아나는 티클링의 모습을 흉내 낸 것이다.

뜻을 정확히 모르는 낱말들을 적어 보세요!

05 내용 추측하기 [서술형]

다음을 읽고, 모리셔스의 전통춤 '세가'와 필리핀의 전통춤 '티니클링'의 공통점을 쓰세요.

> 인도양에 위치한 모리셔스 섬에는 '세가'라는 민속춤이 있다. 모리셔스는 과거 프랑스와 영국의 지배를 받던 섬으로, 그곳에는 많은 노예들이 살았다. 노예들은 힘든 하루를 잊기 위해 일이 끝난 후에는 함께 모여 춤을 추었는데, 그 춤이 바로 세가이다. 쇠사슬에 발이 묶여 있던 노예들이 추던 춤이기 때문에 세가는 손과 허리, 엉덩이를 힘차게 움직이지만 발은 움직이지 않는다. 즉, 세가는 노예들의 아픔이 표현되어 있는 춤이다.

낱말 따라 쓰기

- 느슨하거나 헐거운 것을 단단하거나 팽팽하게 하다. 또는 그렇게 되다. : 조이다

- 일을 함. 또는 그 일 : 작업

- 몸을 쓰는 일을 하고 받는 돈으로 살아가는 사람 : 노동자

- 자연의 조건이나 상태 : 자연환경

- 한 사회의 사람들이 배우고 전달받은 생각, 행동 방식, 언어, 종교, 학문, 예술, 제도 등 : 문화

- 과거에 일어난 사건이나 인물의 기록 : 역사

- 연구나 조사 등의 바탕이 되는 재료 : 자료

- 가치가 있고 소중하다. : 귀하다

- 자신의 말이나 행동에 잘못이나 부족함이 없는지 돌이켜 보다. : 반성하다 [反－돌이킬 반, 省－살필 성]

- 서로 비슷하거나 같은 점 : 공통점

낱말 쑥쑥 테스트

[01~04] 주어진 낱말 중 뜻풀이에 해당하는 것을 골라 쓰세요.

01 | 문화 | 문제 |

한 사회의 사람들이 배우고 전달받은 생각, 행동 방식, 언어, 종교, 학문, 예술, 제도 등 : ☐☐

02 | 소비자 | 노동자 |

몸을 쓰는 일을 하고 받는 돈으로 살아가는 사람 : ☐☐☐

03 | 조사 | 역사 |

과거에 일어난 사건이나 인물의 기록 : ☐☐

04 | 지배 | 후배 |

어떤 사람이나 집단, 사물 등을 자기의 뜻대로 움직이게 하여 다스림. : ☐☐

[05~09] 주어진 초성과 낱말의 뜻을 보고, 빈칸에 알맞은 낱말을 쓰세요.

05 매일 사고만 치고 다니는 동생이 내게는 ☐ㄱ☐ㅊ ☐ㄱ☐ㄹ 였다.
일을 잘못하거나 말썽만 피워 언제나 속을 썩이는 사람이나 사물

06 다친 반달곰을 치료하기 위해 ☐ㄷ 을/를 놓아 잡기로 했다.
짐승을 꾀어 잡는 기구

07 이곳은 ☐ㅈ☐ㅇ☐ㅎ☐ㄱ 이/가 좋아서 아이들이 건강하게 자랄 수 있을 듯하다.
자연의 조건이나 상태

08 도영이는 아무 이유 없이 나를 ☐ㅎ☐ㄷ☐ㅎ 괴롭혔다.
성질이나 하는 짓이 몹시 독하고 악하게

09 우리 마을의 이름은 옛날이야기에서 ☐ㅇ☐ㄹ 되었다.
사물이나 일이 생겨나게 되다.

우리나라의 민속춤, 강강술래

텔레비전이나 책에서 한복을 입은 사람들이 손을 잡고 빙빙 도는 춤을 본 적이 있나요? 이 춤은 바로 '강강술래'라는 우리나라의 민속춤으로, 보름달이 뜨는 정월 대보름날이나 추석날이 되면 여러 사람이 함께 손을 잡고 원을 그리며 빙빙 돌던 춤이에요.

강강술래는 언제, 어떻게 시작되었을까요? 강강술래의 정확한 유래는 밝혀지지 않았지만, 임진왜란 때 이순신 장군에 의해 강강술래가 생겨났다는 이야기가 전해 오고 있어요. 이순신 장군은 일본 군대가 함부로 우리나라에 쳐들어오지 못하게 한 가지 꾀를 냈다고 해요. 멀리서 보았을 때 우리 군사의 수가 많아 보이도록 여자들이 한밤중에 커다란 원을 그리며 돌게 한 것이에요. 임진왜란 이후에는 이것이 우리나라의 민속놀이이자 춤으로 자리 잡았다고 해요.

오늘날까지 강강술래는 지역마다 조금씩 다른 모습으로 전해 내려오고 있어요. 어떤 지역에서는 강강술래를 할 때 남생이놀이, 문지기놀이 등 다양한 놀이를 섞어서 하기도 해요. 이러한 강강술래는 우리나라 고유의 문화로서 가치를 인정받아 국가 무형 문화재 제8호로 지정되었어요.

지역이 이기적이라고?

핵폐기물 처리장, 쓰레기 매립장, 화장장 등의 공통점은 무엇일까? 바로 사람들이 꺼리는 시설이라는 것이다. 이런 시설들을 만들려고 할 때는 지역 이기주의로 인해 지역 주민, 지방 자치 단체, 중앙 정부 사이에 갈등이 생기는 경우가 많다. 지역 이기주의란 무엇일까?

지역 이기주의는 다른 지역의 사정은 생각하지 않고 자기 지역의 이익이나 행복만을 추구하는 태도를 말한다. 자신이 사는 지역에 이익이 되는 것은 무조건 받아들이고 손해가 되는 것은 무조건 거부하려는 집단적 움직임이 지역 이기주의의 대표적인 모습이다. 이러한 모습은 크게 두 가지로 나타난다.

님비(NIMBY) 현상은 '내 집 뒷마당에는 안 된다(Not In My Backyard).'라는 영어 문장의 일부 글자를 딴 말로, 모두를 위해서는 필요한 시설임에도 내가 사는 지역에 세우는 것은 반대하는 현상이다. 산업 활동으로 생긴 폐기물이나 핵폐기물 등을 처리하는 시설, 교도소 등은 사회적으로 꼭 필요한 시설이다. 이것을 사람들도 인정하지만, 이 시설들이 자기가 사는 지역에 들어오면 땅값이 떨어지는 등 지역 발전에 좋지 않기 때문에 자신의 지역에 들어오는 것을 반대하는 것이다.

반대로 핌피(PIMFY) 현상은 '내 집 앞마당에 와 달라(Please In My Front Yard).'라는 뜻으로, 지하철역이나 박물관 등 생활을 편리하게 하거나 지역 발전에 도움이 되는 시설은 다른 지역이 아닌 자신의 지역에 들어오게 만들려는 현상이다. 이 현상은 님비 현상과 반대되는 개념이다.

지역 이기주의로 인한 갈등을 해결하기 위해서는 시설을 세우려고 계획할 때부터 일어날 수 있는 다양한 문제를 주민들과 함께 의논하고 합의해야 한다. 이때, 모든 사람은 사회라는 공동체 안에서 함께 살아가고 있다는 생각을 바탕으로 서로의 상황과 생각을 존중하는 것이 중요하다.

지문 확인

- **1단락 요약 :**
지역 이기주의로 인해 갈등이 생기는 경우가 많음.

- **2단락 요약 :**
1) ☐☐ ☐☐
☐☐ 의 개념

- **3단락 요약 :**
지역 이기주의의 종류
– 2) ☐☐ 현상

- **4단락 요약 :**
지역 이기주의의 종류
– 3) ☐☐ 현상

- **5단락 요약 :**
지역 이기주의로 인한 갈등을
4) ☐☐ 하는 방법

낱말 따라 쓰기

- 자신의 이익만 생각하는 것 : 이 기 적

- 원자력을 만들고 난 후에 버리는 찌꺼기 물질. 몸에 해로운 방사능이 남아 있어서 특별한 관리가 필요하다. : 핵 폐 기 물

- 돌이나 흙, 쓰레기 등으로 메워 올리는 우묵한 땅 : 매 립 장

- 시체를 불에 태워 장례를 지내는 시설 : 화 장 장

- 사물이나 일 등이 자신에게 해가 될까 하여 피하거나 싫어하다. :
꺼 리 다 예 남들이 꺼리는 일도 그는 척척 해냈다.

- 사람들 사이에 목표나 바라는 것이 달라 서로 충돌함. 또는 그런 상태 :
갈 등 [葛－칡 갈, 藤－등나무 등]

- 일의 형편이나 까닭 : 사 정 [事－일 사, 情－사정 정]

- 목적을 이룰 때까지 뒤쫓아 구하다. : 추 구 하다

01 주제 알아보기

다음은 이 글의 주제를 이해하는 과정입니다. 빈칸에 공통으로 들어가기에 알맞은 말을 쓰세요.

> 이 글에서는 지역 이기주의의 개념을 설명하고, 지역 이기주의의 두 가지 종류를 소개하고 있다. 따라서 이 글 전체의 중심 낱말은 '(   )'이고, 주제는 '(   )의 개념과 종류'이다.

(   )

✎ 뜻을 정확히 모르는 낱말들을 적어 보세요!

02 내용 이해하기

이 글의 내용으로 알맞지 <u>않은</u> 것은 무엇인가요? (   )

① 님비 현상과 핌피 현상은 서로 반대되는 개념이다.
② '님비'와 '핌피' 모두 영어 문장에서 만들어진 낱말이다.
③ 땅값이 떨어지는 것을 걱정하는 모습은 님비 현상과 관련이 있다.
④ 사람들이 꺼리는 시설을 지을 때 지역 주민과 정부 사이에 갈등이 생기는 일은 거의 없다.
⑤ 님비 현상은 꼭 필요한 시설임에도 그 시설을 내가 사는 지역에 세우는 것을 반대하는 현상이다.

03 내용 이해하기

지역 이기주의로 인한 갈등을 해결하는 방법으로 가장 알맞은 것은 무엇인가요?

(   )

① 핵폐기물 처리장이나 쓰레기 매립장을 모두 없앤다.
② 지역 주민들이 자신의 이익만 추구하도록 부추긴다.
③ 지역 주민들이 반대하는 시설은 무조건 만들지 않는다.
④ 시설을 계획할 때부터 지역 주민들과 함께 의논하고 합의한다.
⑤ 지역 주민들에게 공동체를 위해 손해를 받아들이라고 강요한다.

DAY
35

04 내용 적용하기

다음 중 지역 이기주의에 해당하지 않는 것은 무엇인가요? ( )

① 아파트 근처에 화장장을 세우는 것을 방해하는 ㄱ아파트 주민들
② 홍수로 인해 망가진 학교 건물을 힘을 합해 고치는 ㄴ마을 주민들
③ 쓰레기 매립장이 생기는 것을 막기 위해 정부와 싸우는 ㄷ동 주민들
④ 동네에 지하철역이 들어오게 하려고 서명 운동을 벌이는 ㄹ동 주민들
⑤ 핵폐기물 처리장을 세우는 것에 반대하며 시위를 하는 ㅁ마을 주민들

05 내용 이해하기 [서술형]

다음은 핌피 현상에 대해 정리한 표입니다. ㉠에 들어갈 말을 4단락에서 찾아 쓰세요.

핌피(PIMFY) 현상	
개념	예시
(㉠)	주민들이 자신이 사는 지역에 박물관, 놀이동산 등을 들어오게 하려고 노력하는 것

_____

_____

_____

뜻을 정확히 모르는
낱말들을 적어 보세요!

낱말 따라 쓰기

- 돈이나 재산을 잃거나 해를 입는 것 : 손 해
- 요구나 제안 등을 받아들이지 않고 물리치다. : 거 부 하다
- 여럿이 모여 무리를 이루거나 무리로 하는 것 : 집 단 적
- 자연에서 자원을 얻거나 이를 이용하여 생활에 필요한 물건이나 서비스를 만들어 내는 일 : 산 업
- 형벌을 받는 사람을 가두는 곳 : 교 도 소
- 확실히 그렇다고 여기다. : 인 정 하다
- 어떤 일에 대하여 서로 의견을 주고받다. : 의 논 하다
- 서로 의견이 일치하다. : 합 의 하다 [合–합할 합, 意–뜻 의]

- 생활이나 행동 또는 목적 등을 같이하는 집단 : 공 동 체
- 높이어 귀하게 대하다. : 존 중 하다
- 남을 이리저리 들쑤셔서 어떤 일을 하게 만들다. : 부 추 기 다 (예) 친구는 내가 거짓말을 하도록 부추겼다.
- 억지로 또는 강제로 요구하다. : 강 요 하다
- 어떤 주장이나 의견에 대한 찬성의 뜻으로 이름을 적는 운동 : 서 명 운 동
- 많은 사람이 행진이나 집회 등으로 자기들의 의견을 드러내는 일 : 시 위 [示–보일 시, 威–세력 위]

낱말 쑥쑥 테스트

빠른 정답 4쪽

[01~06] 주어진 뜻풀이에 해당하는 낱말을 〈보기〉에서 찾아 쓰세요.

〈 보기 〉
꺼리다   사정   손해   산업   존중하다   부추기다

01 일의 형편이나 까닭 : _____

02 돈이나 재산을 잃거나 해를 입는 것 :
_____

03 사물이나 일 등이 자신에게 해가 될까 하여 피하거나 싫어하다. : _____

04 남을 이리저리 들쑤셔서 어떤 일을 하게 만들다. :
_____

05 자연에서 자원을 얻거나 이를 이용하여 생활에 필요한 물건이나 서비스를 만들어 내는 일 :
_____

06 높이어 귀하게 대하다. : _____

[07~10] 주어진 초성과 낱말의 뜻을 보고, 빈칸에 알맞은 낱말을 쓰세요.

07 | ㅈ | ㄷ | ㅈ | : 여럿이 모여 무리를 이루거나 무리로 하는 것
➡ 양은 떼를 지어 다니는 □□□ 생활을 한다.

08 | ㄱ | ㄷ | ㅊ | : 생활이나 행동 또는 목적 등을 같이하는 집단
➡ 체육 대회를 준비하면서 우리 반 학생들 사이에 □□□ 정신이 생겼다.

09 | ㄱ | ㅂ | 하다 : 요구나 제안 등을 받아들이지 않고 물리치다.
➡ 수진이는 내가 준 선물을 □□했다.

10 | ㅊ | ㄱ | 하다 : 목적을 이룰 때까지 뒤쫓아 구하다.
➡ 오로지 자신의 이익만을 □□하다 보면 다른 사람에게 피해를 줄 수도 있다.

배경지식

국가 간에도 님비 현상이 일어난다고?

사람들이 자신이 사는 지역에 핵폐기물 처리장, 쓰레기 매립장, 화장장 등의 혐오 시설을 세우는 것을 반대하는 '님비 현상'은 오늘날 지구 어디에서나 찾아볼 수 있어요. 특히 님비 현상은 한 국가 안에서 일어나기도 하지만, 국가와 국가 사이에서 일어나기도 해요. 미국과 유럽 국가들이 아프리카 혹은 남미 국가에 산업 폐기물을 수출하는 것이 그 예입니다.

산업 폐기물이란 공장 등에서 산업 활동을 벌이면 나오는 쓰레기를 말하는데, 이 산업 폐기물을 처리하는 데는 까다로운 규칙이 적용되고 비용도 많이 들어요. 그래서 잘사는 나라들이 규칙이 비교적 적은 나라에 산업 폐기물을 팔아넘기는 거예요. 그렇지만 이 과정에서 지구의 환경이 오염되는 일이 생기자, 1989년에 '바젤 협약'이 맺어져 국가 간에 해로운 폐기물이 오가는 것을 막기 시작했어요. 그럼에도 쓰레기 수출은 지금까지 계속 이어져 문제가 되고 있답니다.

DAY 36

독해력 완성 테스트 [STEP 6]

✿✿✿ : 상
✿✿✿ : 중
✿✿✿ : 하

공부한 날   월   일
맞은 개수   / 5개

[01~05] 다음 글을 읽고, 물음에 답하세요.

옆에 있는 친구와 대화를 주고받고, 좋아하는 가수의 노래를 듣는 일은 우리의 일상에서 그리 특별하지 않은 일이다. 그런데 달에서는 특수한 장비가 없으면 옆 사람이 내는 목소리를 들을 수도, 대화를 주고받을 수도 없다고 한다. 그 이유는 무엇일까? 소리의 특성을 이해하면 그 이유를 알 수 있다.

소리는 물체가 떨릴 때 생기고, 이렇게 물체가 떨리는 현상을 '진동'이라고 한다. 목소리는 목의 성대가 떨리면서 만들어지는데, 이 성대의 떨림이 입 밖으로 나와 주위의 공기를 진동시키고, 진동된 공기는 또 그 옆의 공기를 진동시킨다. 이러한 진동이 계속 이어져 귓속의 고막까지 떨리게 하면 우리는 소리를 들을 수 있는 것이다. 즉, 우리가 소리를 들을 수 있으려면 소리를 전달해 주는 공기가 있어야 한다. 하지만 달에는 공기가 없기 때문에 특수한 장비 없이는 옆 사람의 소리를 들을 수 없다.

공기만 소리를 전달할 수 있을까? 소리, 즉 떨림을 전달하는 것은 물질을 이루고 있는 분자들이다. 그래서 분자로 이루어진 것들은 모두 소리를 전달할 수 있다. 물, 실, 유리, 종이 등 다양한 물질을 통해 소리를 전달할 수 있는 것이다. 그래서 우리는 물속에서도 소리를 들을 수 있고, 벽에 귀를 대면 옆방에서 나는 소리가 들리기도 한다.

게다가 소리를 전달하는 물질에 따라 소리가 다르게 들릴 뿐만 아니라 전달되는 속도도 달라진다. 물질마다 분자의 구성이 다르기 때문이다. 기체보다는 액체가, 액체보다는 고체가 분자의 구성이 더 촘촘하여 소리를 더 빠르게 전달한다.

평소 목소리를 내거나 여러 가지 소리를 들을 때 우리는 의식하지 못하지만 물체가 진동하고, 그 진동이 우리 귀에까지 전달되는 일이 일어나고 있다. ㈎ 실과 종이컵으로 만든 전화기, 유리잔 악기 등 다양한 물체를 통해 소리가 나고 전달되는 것에 좀 더 관심을 가져 보면 어떨까?

---

01 ✿✿✿

다음은 이 글의 주제를 이해하는 과정입니다. 빈칸에 공통으로 들어가기에 알맞은 말을 쓰세요.

> 이 글에서는 소리가 나고 전달되는 원리를 알려 주고, 이를 통해 달에서 소리를 듣지 못하는 이유를 설명하고 있다. 따라서 이 글의 중심 낱말은 '(   )'이고, 주제는 '(   )이/가 나고 전달되는 원리와 달에서 (   )을/를 듣지 못하는 이유'이다.

(   )

02 ✿✿✿

다음은 목소리가 귀로 전달되는 과정입니다. ㉠～㉣을 순서대로 정리해 보세요.

> ㉠ 목의 성대가 진동하여 목소리가 만들어진다.
> ㉡ 이어진 공기의 진동이 귓속의 고막을 떨리게 한다.
> ㉢ 성대의 떨림이 입 밖으로 나와 주위의 공기를 진동시킨다.
> ㉣ 진동된 공기가 또 주변의 공기를 진동시키면서 진동이 이어져 나간다.

(   ) → (   ) → (   ) → (   )

03 ✽✽✿

이 글의 내용으로 알맞지 <u>않은</u> 것은 무엇인가요?

( )

① 진동이란 물체가 떨리는 현상을 의미한다.
② 공기와 같은 기체만 소리를 전달할 수 있다.
③ 물체의 진동에 의해 소리가 생기고 전달된다.
④ 소리가 전달되려면 소리를 전달하는 물질이 필요하다.
⑤ 물질마다 분자의 구성이 다른 것이 소리의 전달에 영향을 미친다.

04 ✽✽✽

다음은 (가)를 그림으로 나타낸 것입니다. ⓐ, ⓑ에 대한 설명으로 가장 알맞은 것은 무엇인가요? ( )

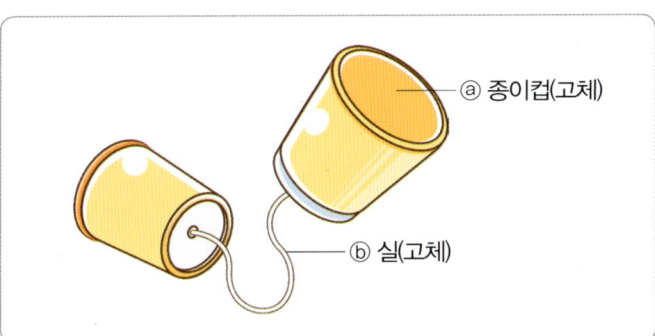

ⓐ 종이컵(고체)
ⓑ 실(고체)

① ⓐ와 ⓑ는 액체보다 소리를 더 느리게 전달한다.
② ⓐ와 ⓑ는 공기가 아니어서 소리를 전달할 수 없다.
③ ⓐ와 ⓑ 중 하나라도 다른 물질로 바뀌면 소리가 다르게 들릴 수 있다.
④ ⓐ와 ⓑ는 모두 분자로 이루어진 물체이기 때문에 소리를 전달할 수 없다.
⑤ ⓐ에 귀를 갖다 댔을 때 소리가 난다면 ⓑ는 진동하지만 ⓐ는 진동하지 않는 것이다.

05 ✽✽✿ 서술형

2단락의 내용을 바탕으로, 달에서 특수한 장비 없이는 소리를 들을 수 없는 이유를 쓰세요.

_____

_____

_____

_____

낱말 따라 쓰기

● 날마다 반복되는 생활 : 일 상
● 보통과 구별되게 다르다. : 특 별 하다
● 특별히 다르다. : 특 수 하다 [特－특별할 특, 殊－다를 수]
● 어떤 일을 하기 위하여 지니거나 갖추어야 하는 물건 : 장 비
● 어떤 사물에만 있는 특별히 다른 성질 : 특 성
● 소리를 내고 공기를 통하게 하는, 목구멍의 한 부분 : 성 대
● 귓구멍 안쪽에 있는 막. 공기의 진동을 속귀 쪽으로 전달하여 들을 수 있게 한다. : 고 막
● 자극, 신호, 힘 등을 다른 기관에 전하다. : 전 달 하 다
　예 우리 몸이 피곤하면 뇌는 눈꺼풀로 신호를 전달하여 눈이 감기게 한다.
● 물질에서 화학적 성질을 가지고 있는 가장 작은 알갱이 : 분 자
● 몇 가지 부분이나 요소들을 모아서 전체를 짜 이룸. : 구 성
　예 소설의 구성 요소는 인물, 사건, 배경이다.
● 공기처럼 일정한 모양이나 부피가 없고, 자유롭게 움직이는 물질 : 기 체 [氣－기체 기, 體－물질 체]
● 물이나 기름같이 부피는 있으나 일정한 모양을 가지지 않고 흐를 수 있는 물질 : 액 체 [液－진 액, 體－물질 체]
● 일정한 굳은 모양과 부피를 가지고 있어서 만지고 볼 수 있는 물체 : 고 체 [固－굳을 고, 體－물질 체]
● 어떤 일이나 현상 등을 깨닫거나 느끼다. : 의 식 하다
　예 그는 너무 졸려서 자신이 무슨 말을 하는지 의식하지 못했다.
● 사물의 기본이 되는 이치나 법칙 : 원 리
　예 에디슨은 전기의 원리를 발견하였다.

DAY
36

잠깐!
쉬어가기

빠른 정답 4쪽, 정답과 풀이 71쪽

＊ 주어진 뜻풀이에 해당하는 낱말을 쓰고, 글자판의 가로, 세로, 대각선에서 찾아 ○표를 하세요.

(1) 새로 생긴 말 : ☐☐☐

(2) 서로 의견이 일치하다. : ☐☐☐☐

(3) 성질이나 하는 짓이 몹시 독하고 악하게 : ☐☐☐

(4) 비·바람·눈·구름 등 대기 속에서 일어나는 현상 : ☐☐

(5) 시간이나 돈 등을 헛되이 함부로 쓰다. : ☐☐☐

(6) 솜씨나 말씨, 생각이 매우 놀랍게 뛰어나다. : ☐☐☐

(7) 글이나 말에서 중요한 점만을 골라 간단하게 정리하다. : ☐☐☐

(8) 사물이나 일 등이 자신에게 해가 될까 하여 피하거나 싫어하다. : ☐☐☐

(9) 귓구멍 안쪽에 있는 막. 공기의 진동을 속귀 쪽으로 전달하여 들을 수 있게 한다. : ☐☐

낭	월	고	요	키	통	분	진	압	하	대	꺼
비	원	흡	막	속	사	십	바	으	키	리	편
하	드	성	지	반	신	통	사	입	다	양	보
다	속	진	다	면	조	정	혹	없	수	체	리
키	이	요	싸	색	어	니	독	재	간	화	다
으	준	머	수	억	있	기	히	충	추	아	네
일	율	절	효	양	간	문	제	압	리	간	평
러	상	합	의	하	다	윤	의	차	다	는	풍
불	이	도	희	다	차	롭	다	사	둘	존	기
과	인	안	의	우	이	지	과	보	소	발	립
율	스	외	이	양	채	준	하	너	하	통	발
기	상	적	편	제	리	다	혼	다	올	진	하

◉ (주)수경출판사의 모든 교재에는 **마인드 트리**가 있습니다.

◉ 교재의 **마인드 트리** 5개를 모아서 보내 주시는 모든 분께 선물을 드립니다.

◉ 각각 다른 교재의 **마인드 트리**를 보내 주셔야 합니다.

≫ 다빈치 융합 학습 만화 도서 중 1권을 드립니다.

*오려서 보내 주세요.

자이스토리 초등 국어
독해력 쑥쑥＋낱말 쑥쑥 4학년

자이스토리
Mind Tree
5개를 모아 보내 주세요!
(각각 다른 교재로)

풀이나 스카치 테이프를 이용해 붙여 주세요.

우 편 봉 함 엽 서

보내는 사람

*주소 _____

*이름 _____ *학년 (_____)

☐ ☐ ☐ ☐ ☐

우표

받는 사람
서울시 영등포구 양평로 21길 26(양평동 5가)
IS비즈타워 807호
(주)수경출판사 교재 기획실

0 7 2 0 7

자이스토리 초등 국어 **독해력 쑥쑥 ＋ 낱말 쑥쑥 4**학년

1. 이 책을 구입하게 된 동기는 무엇입니까? [교재명 : _____]
   ① 서점에서 다른 책들과 비교해 보고   ② 광고를 보고/듣고   ③ 학교/학원 보충 교재 [학교명(학원명): _____]
   ④ 선생님의 추천   ⑤ 친구/선배의 권유   ⑥ 기타 [_____]

2. 교재를 선택할 때 가장 큰 기준이 되는 것은?(복수 응답 가능)
   ① 유명 출판사   ② 교재 내용   ③ 디자인   ④ 난이도
   ⑤ 교재 분량   ⑥ 정답과 풀이   ⑦ 동영상 강의   ⑧ 기타 [_____]

3. 이 책의 전반적인 부분에 대한 질문입니다.
   ◆ 표지 디자인: 좋다 ☐   보통이다 ☐   좋지 않다 ☐   ◆ 본문 디자인: 좋다 ☐   보통이다 ☐   좋지 않다 ☐
   ◆ 문제 난이도: 어렵다 ☐   알맞다 ☐   쉽다 ☐   ◆ 교재의 분량: 많다 ☐   알맞다 ☐   적다 ☐

4. 이 책의 구성 요소를 평가한다면?
   • 교과 연계 지문 (   )   • 지문 술술 이해 (   )   • 정답 콕콕 특강 (   )
   • 낱말 따라 쓰기 (   )   • 낱말 쑥쑥 테스트 (   )   • 배경지식 (   )
   • 독해력 완성 테스트 (   )   • 낱말 쑥쑥 총정리 (   )

   ① 매우 만족   ② 만족   ③ 보통   ④ 불만   ⑤ 매우 불만

＊오려서 보내 주세요.

자이스토리 초등 국어
독해력 쑥쑥＋낱말 쑥쑥 4학년

Fighting!

국어를 공부하는 즐거움을
찾는 건 멋진 일이랍니다.

5. 이 책에서 추가되어야 할 점이 있다면 무엇입니까?

6. 최근 본인이 크게 도움을 받은 책이 있다면?(또는 가장 인기 있는 교재는?)

교재명 :   과목 :

7. 내가 원하는 교재가 있다면?

이름 :	연락처 :	이메일 :
	학 교 :	학 년 :

❄ **마인드 트리**를 붙이고 원하는 교재를 체크하세요.

mind tree 1	mind tree 2	mind tree 3	mind tree 4	mind tree 5

※ 원하는 교재를 **1권** 체크

다빈치 융합 학습 만화

☐ 국어 3학년	☐ 국어 4학년	☐ 국어 5학년	☐ 국어 6학년
☐ 수학 3학년	☐ 수학 4학년	☐ 수학 5학년	☐ 수학 6학년
☐ 사회 3학년	☐ 사회 4학년	☐ 사회 5학년	☐ 사회 6학년
☐ 과학 3학년	☐ 과학 4학년	☐ 과학 5학년	☐ 과학 6학년

자이스토리

초등
국어 독해력 쑥쑥

+낱말
쑥쑥

정답과 풀이

4학년

수경출판사

서연비람 청소년 필독서

제16회
전국 청소년
독서감상문
발표대회
추천 도서

파도

토드 스트라써 지음/김재희 옮김 / 값 12,000원

제2회 국제
청소년의 날
독서토론 대회
추천 도서

복제인간 시리

샬로테 케어너 지음/김재희 옮김 / 값 12,000원

동물 농장 외

조지 오웰 지음/김재희 옮김 / 값 12,000원

제2회
아동, 청소년
가족사랑
독서감상문 대회
추천 도서

뒤바뀐 교환학생

크리스티네 뇌슬링어 지음/김재희 옮김
값 12,000원

권오숙 교수의 해설과 함께 읽는 베니스의 상인

윌리엄 셰익스피어 지음/권오숙 옮김
값 12,000원

권오숙 교수의 해설과 함께 읽는 리어 왕

윌리엄 셰익스피어 지음/권오숙 옮김
값 12,000원

제28회
전국 고전읽기
백일장 대회
추천 도서

설중환 교수와 함께 읽는 금오신화

김시습 지음/설중환 옮김 / 값 12,000원

변신 외

프란츠 카프카 지음/김재희 옮김 / 값 12,000원

이방인·스웨덴 연설 이방인

알베르 카뮈 지음/이두성 옮김 / 값 12,000원

서연비람은 조선 시대 왕궁 내, 강론의 자리였던 서연(書筵)에서 강관(講官)이 왕세자에게 가르치던 경전의 요지를
수집하여 기록한 책(비람備覽)을 말합니다. 서연비람 출판사는 민주주의 국가의 주인인 시민들 역시 지속 가능한
과거와 현재, 미래의 이치를 깨우치고 체현해야 한다는 믿음으로 엄선한 도서를 발간합니다.

서연비람

주소 : 서울시 강남구 도곡로 422, 5층 / 전화번호 : 02)563-5684 / 이메일 : birambooks@daum.net

이 책의 차례

★ 글의 내용을 완벽히 이해시키는 입체 첨삭 해설

전체 중심 낱말
전체 중심 낱말을 확인할 수 있습니다. ◯ 표시

전체 중심 문장
글 전체에서 가장 중요한 중심 문장을 알려 줍니다. ▦ 표시

각 단락 중심 낱말
각 단락의 중심 낱말을 확인할 수 있습니다. ◯ 표시

단락별 중심 문장
각 단락의 중심 문장을 알아볼 수 있습니다. [ ] 표시

글의 구조도
글 전체의 내용과 구조를 한눈에 파악할 수 있습니다.

단락 요약 각 단락의 중심 내용을 요약하여 알려 줍니다.

왜 정답?
정답이 되는 이유를 알기 쉽고 자세하게 풀이했습니다.

왜 오답?
왜 틀렸는지 정확히 이해할 수 있도록 자세하게 설명했습니다.

문제 유형
다양한 문제의 유형을 알려 줍니다.

문제 분석
어려운 유형의 문제를 쉽게 이해시켜 문제를 어떻게 풀어가야 하는지 알려 줍니다.

배경지식
지문과 관련된 다양한 자료로 학습과 생각의 깊이를 더할 수 있습니다.

지문 이해
지문의 내용과 단락 간의 관계, 주제를 스스로 공부할 수 있도록 정리했습니다.

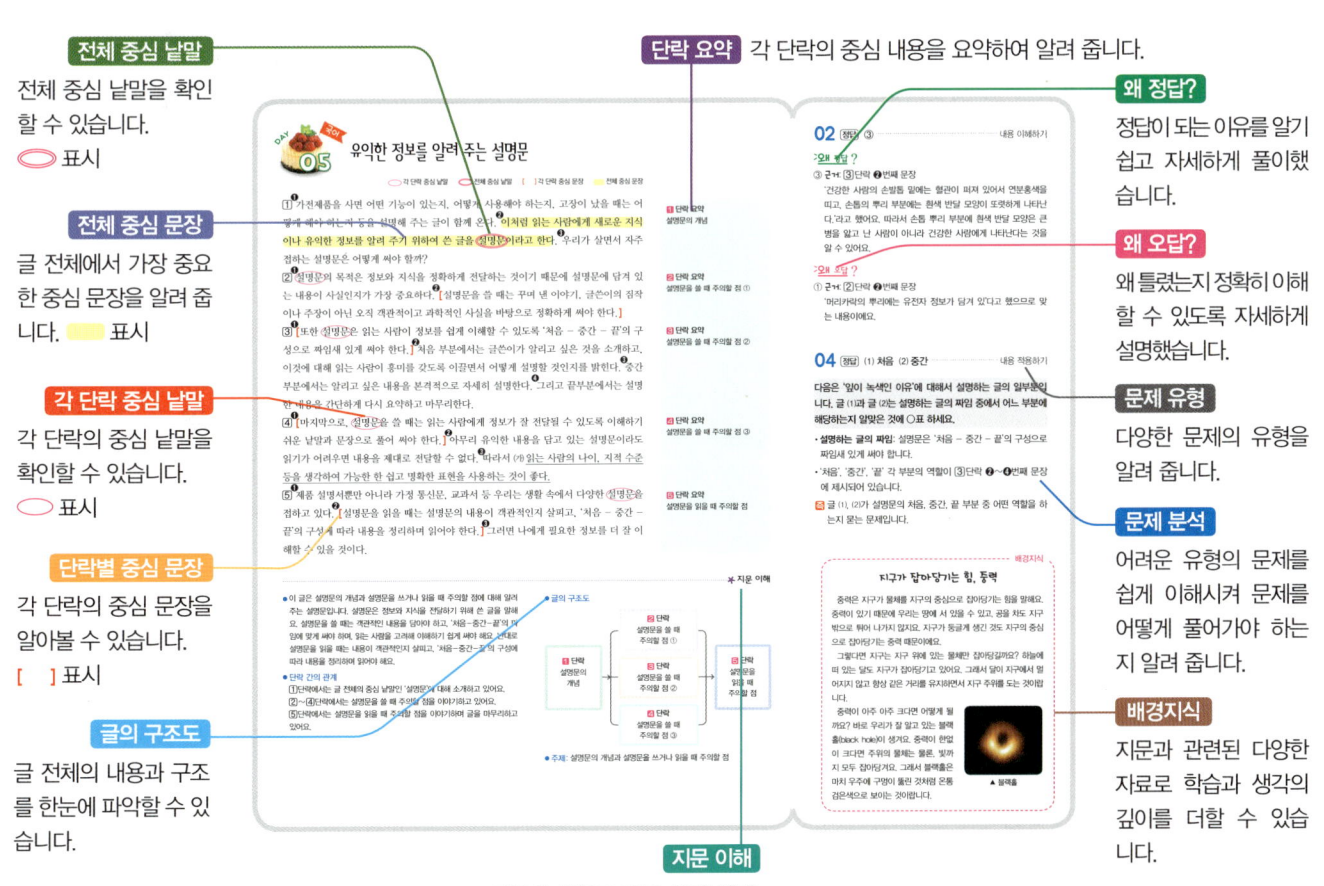

DAY 01

지문 쏙쏙 이해 1) 타악기 2) 처음 3) 음정 4) 장단 5) 타악기 6) 타악기

문제 정답 + 정답 콕콕 특강
01 타악기 02 ③ 03 강약, 음정 04 ③

DAY 02

지문 확인 1) 지도 2) 지도 3) 지도 4) 지도

문제 정답 01 지도 02 ② 03 (1) × (2) ○ (3) × (4) ○ 04 ②
05 예 지도는 어느 누가 보아도 어느 곳을 나타낸 것인지 알 수 있어야 하기 때문이다.

───── 낱말 쑥쑥 테스트
01 ㉠ 02 ㉢ 03 ㉣ 04 ㉡ 05 제사 06 장단 07 통신 수단
08 교통수단 09 쓰임 10 약속 11 성분 12 편리 13 현상 14 기후
15 항로 16 파악

DAY 03

지문 쏙쏙 이해 1) 감기 2) 겨울 3) 바이러스 4) 생활 습관 5) 감기

문제 정답 01 바이러스 02 ④ 03 (1) ○ (2) ○ (3) × 04 손발, 면역력

───── 낱말 쑥쑥 테스트
01 ㉤ 02 ㉠ 03 ㉡ 04 ㉢ 05 ㉣ 06 유행 07 무심코 08 면역력
09 경로

DAY 04

문제 정답 01 사각형 02 (1) ㉠ (2) ㉢ (3) ㉡ 03 ③ 04 평행사변형, 직사각형 05 예 교과서는 여러 종류의 사각형이 가진 기준을 모두 가지고 있기 때문이다.

───── 낱말 쑥쑥 테스트
01 성질 02 평행 03 기준 04 각 05 도형 06 해당 07 관계
08 이해 09 불린다

DAY 05

문제 정답 01 설명문 02 ② 03 ② 04 (1) 처음 (2) 중간 05 예 아무리 유익한 내용을 담고 있는 설명문이라도 읽기가 어려우면 내용을 제대로 전달할 수 없기 때문이다.

───── 낱말 쑥쑥 테스트
01 명확하다 02 유익하다 03 본격적 04 객관적 05 가전제품
06 요약 07 전달 08 구성 09 짐작 10 짜임새

DAY 06

문제 정답 01 별자리 02 ㉡, ㉠, ㉣, ㉢ 03 ③ 04 ④ 05 예 별의 위치를 쉽게 기억하고 금방 찾기 위해서이다.

잠깐! 쉬어가기 ───▶ 본문 32쪽
가로 열쇠 1 가전제품 2 광합성 3 교통수단 4 수준 5 자연환경
6 서남아시아 7 구분되다
세로 열쇠 1 가능성 2 제각각 3 통신 수단 4 유전자 5 연맹
6 경로 7 남반구

DAY 07

지문 쏙쏙 이해 1) 관용어 2) 관용어

지문 쏙쏙 이해 1) 관용어 2) 머리 3) 몸 4) 장점

문제 정답 + 정답 콕콕 특강
01 ② 02 (1) ㉡ (2) ㉢ (3) ㉠ 03 언어생활 04 호진

DAY 08

지문 확인 1) 개인 정보 2) 개인 정보 3) 개인 정보

문제 정답 01 ① 02 (1) × (2) ○ (3) × (4) ○ 03 민주 04 ③
05 예 어떤 사람의 개인 정보가 새어 나가 나쁜 목적으로 사용되면 그 사람은 큰 피해를 입을 수 있기 때문이다.

───── 낱말 쑥쑥 테스트
01 안전하다 02 송장 03 가책 04 고통 05 풍부하다 06 ㉡ 07 ㉣
08 ㉤ 09 ㉠ 10 ㉢ 11 장점 12 습관 13 동의 14 피해 15 학력
16 불법 17 수척 18 금지

DAY 09

지문 확인 1) 민속놀이 2) 민속놀이

지문 쏙쏙 이해 1) 민속놀이 2) 전통 축제 3) 평소 4) 언제

문제 정답 01 ③ 02 (1) ○ (2) ○ (3) × 03 ④ 04 ㉠

───── 낱말 쑥쑥 테스트
01 ㉣ 02 ㉠ 03 ㉤ 04 ㉡ 05 ㉢ 06 특별 07 대표적 08 이어졌다
09 평소 10 풍속 11 뉴스

DAY 10

지문 확인 1) 머리카락 2) 머리카락 3) 손발톱

문제 정답 01 ① 02 ③ 03 (1) ㉣ (2) ㉢ (3) ㉠ (4) ㉡ 04 머리카락, 단백질 05 예 우리 몸에 필요한 영양분을 골고루 섭취하고, 평소 건강에 신경을 써야 한다.

───── 낱말 쑥쑥 테스트
01 반점 02 가닥 03 감각 04 약물 05 복용 06 푸석푸석하다
07 섭취 08 앓았다 09 이용된다 10 유전자

DAY 11

지문 확인 1) 단군 신화 2) 단군 신화 3) 단군 신화 4) 단군 신화

문제 정답 01 ③ 02 환웅, 단군왕검 03 ⑤ 04 ⑤ 05 예 환웅을 더 위대하고 신성한 존재로 여겨지게 하기 위함이었다.

───── 낱말 쑥쑥 테스트
01 ㉤ 02 ㉠ 03 ㉣ 04 ㉢ 05 ㉡ 06 짐작 07 위대 08 신성
09 해석

DAY 12

문제 정답 01 ④ 02 (1) ○ (2) × (3) × (4) ○ 03 ④ 04 (1) 약해서 (2) 변하지 않기 05 예 지구에서는 같은 장소에서 무게와 질량을 재면 그 값이 똑같아 질량의 단위를 무게를 나타낼 때도 사용한다.

잠깐! 쉬어가기 ───▶ 본문 56쪽
1 (1) 경제 (2) 경 (3) 학 (4) 세 (5) 중 2 (1) 푸석푸 (2) 해 (3) 추
3 (1) 장 (2) 반 (3) 문구 4 (1) 대표 (2) 과학 (3) 효과 (4) 면

DAY 13

지문 확인
- 1단락 중심 문장: 4번째 문장
- 2단락 중심 문장: 1번째 문장
- 3단락 중심 문장: 9번째 문장
- 4단락 중심 문장: 1번째 문장

지문 🧠 이해 1) 반올림 2) 방법 3) 십 4) 백 5) 반올림

문제 정답 +정답 콕콕 특강
01 반올림 02 ④ 03 (1) 이상, 327 (2) 미만, 1290 04 ①

DAY 14

지문 확인
- 1단락 중심 문장: 4번째 문장
- 2단락 중심 문장: 3, 4번째 문장
- 3단락 중심 문장: 1번째 문장
- 4단락 중심 문장: 2번째 문장
- 5단락 중심 문장: 1번째 문장

문제 정답 01 지형 02 ②, ③ 03 ④ 04 (1) 서쪽 (2) 동쪽 05 예 높은 산에 올라 내려다보면 초록빛 산과 푸른 강이 어우러져 말 그대로 비단에 수를 놓은 것처럼 아름다운 경치가 펼쳐지기 때문이다.

━━━━━━━━ 낱말 쑥쑥 테스트

01 어림하다 02 미만 03 어우러지다 04 굽이굽이 05 경치 06 편리 07 육지 08 접하다 09 ㉡ 10 ㉢ 11 ㉠ 12 ㉤ 13 ㉣ 14 간단 15 대륙 16 흔히 17 영향 18 특징

DAY 15

지문 확인
- 1단락 중심 문장: 3번째 문장
- 2단락 중심 문장: 3번째 문장
- 3단락 중심 문장: 1번째 문장
- 4단락 중심 문장: 1, 3번째 문장

지문 🧠 이해 1) 토의 2) 목적 3) 진행 4) 지식 5) 존중

문제 정답 01 토의 02 (1) ○ (2) × (3) ○ 03 ③

━━━━━━━━ 낱말 쑥쑥 테스트

01 의사소통 02 참가자 03 최종 04 소수 05 사회자 06 적합하다 07 공평 08 명확 09 존중 10 주제 11 관심

DAY 16

지문 확인
- 1단락 중심 문장: 2번째 문장
- 2단락 중심 문장: 2, 3번째 문장
- 3단락 중심 문장: 2, 4번째 문장
- 4단락 중심 문장: 2번째 문장

문제 정답 01 보통 02 ⑤ 03 ④ 04 ⑤ 05 예 내가 누구를 찍었는지 다른 사람이 알 수 있다면 눈치를 보느라 혹은 강요에 의해서 자신이 원하는 사람을 뽑지 못할 수도 있기 때문이다.

━━━━━━━━ 낱말 쑥쑥 테스트

01 ㉣ 02 ㉤ 03 ㉠ 04 ㉡ 05 ㉢ 06 ㉥ 07 강요 08 어기 09 적용된다 10 남녀노소 11 공평 12 눈치

DAY 17

지문 확인
- 1단락 중심 문장: 3번째 문장
- 2단락 중심 문장: 1번째 문장
- 3단락 중심 문장: 2번째 문장
- 4단락 중심 문장: 4번째 문장
- 5단락 중심 문장: 2번째 문장
- 6단락 중심 문장: 2번째 문장

문제 정답 01 반려동물, 장점, 책임감 02 ④ 03 ③ 04 침, 예방 주사, 피부병 05 예 반려동물의 배설물에서 나온 세균이나 기생충이 사람에게 피해를 주기도 하기 때문이다.

━━━━━━━━ 낱말 쑥쑥 테스트

01 야생 02 위험 03 책임감 04 정서적 05 의지하다 06 면역력 07 옮았다 08 관리 09 예방법 10 기생충

DAY 18

문제 정답 01 재료, 소재 02 (1) ㉡ (2) ㉢ (3) ㉠ 03 ③ 04 ②
05 예 비슷한 것을 그린 동양화라도 어느 나라에서 발달했는지에 따라 특징이 다르기 때문이다.

잠깐! 쉬어가기 ━━━━━━━━▶ 본문 80쪽
(1) 어림하다 (2) 보존하다 (3) 의사소통 (4) 면역력 (5) 따지다
(6) 평등 (7) 어우러지다 (8) 어기다 (9) 대륙

DAY 19

지문 확인 1) 세종 2) 훈민정음 3) 생활 4) 업적

지문 🧠 이해 1) 세종 2) 우선 3) 또한 4) 이 밖에도

문제 정답 +정답 콕콕 특강
01 ③ 02 (1) ○ (2) ○ (3) × 03 훈민정음, 도리 04 ③

DAY 20

지문 확인 1) 유의어 2) 유의어 3) 반의어 4) 장점

문제 정답 01 ① 02 (1) ○ (2) ○ (3) × (4) × 03 ④ 04 공통점, 반대되는 05 유의어를 잘 사용하면 생각을 더 정확하고 효과적으로 표현할 수 있고, 반의어를 잘 사용하면 대상의 반대되는 특성을 드러내어 의미를 더욱 분명하게 전할 수 있다.

━━━━━━━━ 낱말 쑥쑥 테스트

01 대비하다 02 분명하다 03 마무리하다 04 풍성하다 05 공통점 06 정보 07 도, 리, 도 리 08 부, 당, 부당 09 성, 별, 성별 10 생, 활, 생활 11 ㉡ 12 ㉢ 13 ㉣ 14 ㉠ 15 업적 16 재능 17 효과적 18 각기 19 부담

DAY 21

지문 확인 1) 피트 2) 피트 3) 야드 4) 왕

지문 🧠 이해 1) 단위 2) 피트 3) 역시 4) 이처럼

문제 정답 01 ① 02 ㉣, ㉡, ㉠, ㉢ 03 ③ 04 왕의 몸

━━━━━━━━ 낱말 쑥쑥 테스트

01 단위 02 유래 03 평균 04 탄생하다 05 낯설다 06 공식 07 대부분 08 소통 09 성인 10 약 11 일부

DAY 22

지문 확인 1) 음악 2) 리듬 3) 멜로디 4) 하모니

문제 정답 01 ③ 02 반복되는, 풍성하게 03 ㉢ 04 ④ 05 음을 차곡차곡 쌓는 것이다

━━━━━━━━ 낱말 쑥쑥 테스트

01 일정하다 02 변화 03 특징적 04 여리다 05 반복 06 높낮이 07 뼈대 08 기초

DAY 23

지문 확인 1) 어린이 2) 키즈 마케팅 3) 방식

문제 정답 01 ③ 02 ④ 03 ④ 04 ⑤ 05 어린이가 한 명 혹은 두 명만 있는 가족이 늘면서 부모들이 어린이의 의견에 더욱 귀 기울여 어린이가 점점 더 중요한 소비자가 되고 있기 때문이다

━━━━━━━━ 낱말 쑥쑥 테스트

01 자녀 02 홍보 03 방문하다 04 활발히 05 소비자 06 상품화 07 의도 08 전문가 09 비판 10 행사 11 고객 12 이익

DAY 24

문제 정답 01 ③ 02 ④ 03 전도 04 ⑤ 05 예 교실 안에 있는 친구들이 체온으로 인해 복사열을 내뿜기 때문이다.

잠깐! 쉬어가기 ━━━━━━━━▶ 본문 104쪽
1 ① 2 ③ 3 ④ 4 ⑥ 5 ② 6 ⑤

지문 확인 1) 화석 2) 화석

지문 쏙쏙 이해 1) 화석 2) 조건 3) 정보 4) 화석

문제 정답 + 정답 콕콕 특강
01 화석 02 ④ 03 생물, 자연환경, 지층 04 ⑤

지문 확인 1) 경주 2) 불국사, 석굴암 3) 첨성대, 성덕 대왕 신종 4) 신라

문제 정답 01 신라 02 ⑤ 03 불국사, 석굴암, 이상 세계 04 ③
05 예 경주가 약 천 년 동안 신라의 수도였기 때문이다.

─────────────────────────── 낱말 쑥쑥 테스트

01 솟아오르다 02 인정받다 03 조건 04 연료 05 유적 06 생, 물,
생물 07 지, 층, 지층 08 석, 유, 석유 09 수, 도, 수도 10 ㉡ 11 ㉠
12 ㉣ 13 ㉢ 14 문화유산 15 훼손 16 간직 17 짐작 18 지정

지문 확인
• 1단락 중심 문장: 3번째 문장   • 2단락 중심 문장: 4, 5번째 문장
• 3단락 중심 문장: 8번째 문장   • 4단락 중심 문장: 2번째 문장

지문 쏙쏙 이해 1) 까마귀 2) 삼원색 3) 원리 4) 검정

문제 정답 01 삼원색 02 (1) × (2) ○ (3) ○ 03 ③ 04 (1) ㉡ (2) ㉢
(3) ㉠

─────────────────────────── 낱말 쑥쑥 테스트

01 변화 02 소원 03 연결되다 04 제외하다 05 마찬가지 06 결국
07 차이점 08 공통점 09 기본

지문 확인
• 1단락 중심 문장: 4번째 문장   • 2단락 중심 문장: 1번째 문장
• 3단락 중심 문장: 1번째 문장   • 4단락 중심 문장: 1번째 문장
• 5단락 중심 문장: 2번째 문장

문제 정답 01 국토 02 ④ 03 ③ 04 ③ 05 예 영토를 기준으로 영
해와 영공의 범위가 정해지기 때문이다

─────────────────────────── 낱말 쑥쑥 테스트

01 요소 02 해당하다 03 기준 04 범위 05 단조롭다 06 일정하다
07 중요성 08 터전 09 복잡 10 자원

지문 확인 1) 국어사전 2) 자음, 모음 3) 낱말 4) 뜻 5) 국어사전

문제 정답 01 국어사전 02 ② 03 (1) ○ (2) × (3) ○ 04 바뀌는, 속
삭이다 05 ㄱ+ㅐ+ㄴ+ㅏ+ㄹ+ㅣ, 개나리

─────────────────────────── 낱말 쑥쑥 테스트

01 실리다 02 어울리다 03 짜이다 04 속삭이다 05 확실 06 해결
07 사용 08 게시글 09 규칙 10 경우

문제 정답 01 분수 02 ③ 03 (1) ○ (2) ○ (3) × (4) × 04 10, 100,
$\frac{1}{3}$ 05 분수는 어떤 몫을 얼마 만큼씩 나눌 때 쓰기 편리하고, 소수는 어
떤 값을 더 간단히 나타낼 때 사용하기 좋다.

잠깐! 쉬어가기 ──────────────────▶ 본문 128쪽

1 (1) 중요성 (2) 우수성 2 (1) 사원 (2) 소원 (3) 자원 3 (1) 시기 (2) 계기
(3) 일제 강점기 4 (1) 범위 (2) 단위 5 (1) 유물 (2) 생물 (3) 썰물
(4) 퇴적물

지문 확인 1) 상품 2) 재화 3) 시장

지문 쏙쏙 이해 1) 시장 2) 개념 3) 재화 4) 사회 5) 시장

문제 정답 + 정답 콕콕 특강
01 시장, 상품 02 ⑤ 03 ③ 04 전자상거래

지문 확인
• 1단락 중심 문장: 3, 4번째 문장   • 2단락 중심 문장: 2번째 문장
• 3단락 중심 문장: 1번째 문장   • 4단락 중심 문장: 1번째 문장
• 5단락 중심 문장: 1번째 문장

문제 정답 01 인공위성 02 ② 03 ③ 04 ③ 05 예 일정한 시간마다
지구의 대기 상태가 나와 있는 사진을 찍어 보냄.

─────────────────────────── 낱말 쑥쑥 테스트

01 ㉣ 02 ㉠ 03 ㉡ 04 ㉢ 05 기상 06 형태 07 관찰하다 08 발달
하다 09 항행 10 거, 래, 거래 11 대, 기, 대기 12 특, 수, 특수 13 일,
기, 예, 보, 일기 예보 14 불편 15 활발 16 위협 17 감시 18 덕분

지문 확인
• 1단락 중심 문장: 3, 4번째 문장   • 2단락 중심 문장: 1번째 문장
• 3단락 중심 문장: 1번째 문장   • 4단락 중심 문장: 1번째 문장

지문 쏙쏙 이해 1) 제목 2) 방법 3) 주의 4) 제목 5) 제목

문제 정답 01 제목 02 (1) 주장하는 글 (2) 이야기 글 (3) 시 (4) 설명하
는 글 03 (1) ○ (2) ○ (3) × 04 예 읽는 사람의 기억에 오래 남는다.
글의 내용이 궁금해진다. 글이 말하고자 하는 바를 간단하지만 분명하게
드러낼 수 있다. 등

─────────────────────────── 낱말 쑥쑥 테스트

01 주의하다 02 기발하다 03 매력적 04 과장되다 05 신중 06 실망감
07 호기심 08 신조어 09 거창

지문 확인 1) 티니클링 2) 유래 3) 역사 4) 필리핀

문제 정답 01 티니클링 02 ④ 03 ④ 04 ⑤ 05 예 다른 나라의 지
배를 받았던 아픈 역사가 담겨 있다.

─────────────────────────── 낱말 쑥쑥 테스트

01 문화 02 노동자 03 역사 04 지배 05 골칫거리 06 덫 07 자연
환경 08 혹독히 09 유래

지문 확인 1) 지역 이기주의 2) 님비 3) 핌피 4) 해결

문제 정답 01 지역 이기주의 02 ④ 03 ④ 04 ② 05 생활을 편리하
게 하거나 지역 발전에 도움이 되는 시설은 다른 지역이 아닌 자신의 지
역에 들어오게 만들려는 현상

─────────────────────────── 낱말 쑥쑥 테스트

01 사정 02 손해 03 꺼리다 04 부추기다 05 산업 06 존중하다
07 집단적 08 공동체 09 거부 10 추구

문제 정답 01 소리 02 ㉠, ㉢, ㉣, ㉡ 03 ② 04 ③ 05 예 달에는 소
리를 전달해 주는 공기가 없기 때문이다.

잠깐! 쉬어가기 ──────────────────▶ 본문 152쪽

(1) 신조어 (2) 합의하다 (3) 혹독히 (4) 기상 (5) 낭비하다 (6) 기발
하다 (7) 간추리다 (8) 꺼리다 (9) 고막

사람이 맨 처음으로 만든 악기는 무엇일까?

○ 각 단락 중심 낱말   ⬭ 전체 중심 낱말   [ ] 각 단락 중심 문장   ▨ 전체 중심 문장

1 ❶우리에게 익숙한 피아노, 기타부터 우쿨렐레, 피콜로처럼 조금 낯선 악기들까지 세상에는 다양한 종류의 악기가 있다. ❷[이 수많은 악기들 중 사람이 맨 처음으로 만든 악기는 무엇일까?] ❸'두둥둥, 두둥둥!' ❹[정답은 바로 북, 장구와 같은 ⬭타악기이다.] ✱1단락 요약: 사람이 맨 처음으로 만든 악기, 타악기

2 ❶○타악기란 두드리거나 서로 부딪쳐서 소리를 내는 악기를 말한다. ❷[타악기는 손이나 막대기로 두들기기만 하면 간단히 소리를 낼 수 있어서 가장 먼저 발달하였다고 한다.] ❸특히 북은 아주 오랜 옛날부터 멀리 떨어져 있는 사람에게 신호를 보내는 통신 수단이자, 인간과 하늘을 연결해 주는 제사 도구로 사용되었다. ❹또한 타악기는 사람의 흥을 돋우는 역할도 하였다. ❺사람들은 빠른 박자의 북소리에 발을 구르며 춤을 추었고, 전쟁이 나면 쿵쿵 심장을 울리는 북소리를 들으며 용기를 얻기도 하였다.

✱2단락 요약: 타악기가 가장 먼저 발달한 까닭과 옛 이용 방법

3 ❶[그런데 우리는 ○타악기가 음의 장단이나 강약만을 표현한다고 오해하는 경우가 많다.] ❷큰북, 작은북, 트라이앵글, 캐스터네츠 등 우리가 자주 보는 타악기가 다양한 음정을 표현할 수 없어서 그런 ㈎오해가 생기는 것이다. ❸하지만 ㈏실로폰을 떠올리면 타악기도 다양한 음정을 표현할 수 있다는 것을 알 수 있다. ✱3단락 요약: 음의 장단, 강약뿐만 아니라 음정까지 표현하는 타악기

4 ❶이처럼 음의 장단과 강약, 음정까지도 표현할 수 있는 ⬭타악기는 사람이 맨 처음 만들어 아주 오랜 시간을 함께 해 왔다. ❷그리고 지금도 오케스트라 공연, 밴드의 연주, 군대의 행진 등에서 타악기는 빠지지 않고 연주된다. ❸인류의 몸속에는 타악기를 즐기는 유전자가 전해지고 있는 것이 아닐까? ✱4단락 요약: 맨 처음 만들어 오랜 시간 사람과 함께 해 온 타악기

01 [정답] 타악기

이 글은 사람이 맨 처음으로 만든 악기인 타악기에 대한 설명문으로 중심 낱말은 '타악기'예요.

02 [정답] ③

3단락 ❸번째 문장에서 '타악기도 다양한 음정을 표현할 수 있다'고 했지만, 예부터 음정 조절에 사용되었다는 내용은 찾아볼 수 없어요.

03 [정답] 강약, 음정

3단락 ❶번째 문장에서 '타악기가 음의 장단이나 강약만을 표현한다고 오해하는 경우가 많다.'라고 했어요.
또, 3단락 ❸번째 문장에서는 '타악기도 다양한 음정을 표현할 수 있다'고 했지요.

04 [정답] ③

3단락 ❸번째 문장에서 실로폰을 예로 들어 타악기로 다양한 음정을 표현할 수 있다는 것을 알기 쉽게 설명하고 있어요.

✱ 지문 이해

● 이 글은 사람이 맨 처음으로 만든 악기인 타악기에 대한 설명문입니다. 타악기는 두드리거나 서로 부딪쳐서 소리를 내는 악기로, 두들기기만 하면 간단히 소리를 낼 수 있기 때문에 가장 먼저 발달했다고 해요. 흔히 타악기는 음정을 표현할 수 없다고 생각하지만, 음의 장단과 강약뿐만 아니라 음정도 표현할 수 있는, 오랜 시간 사람과 함께 해 온 악기예요.

● 단락 간의 관계
1 단락에서는 글 전체의 중심 낱말인 '타악기'에 대해 소개하고 있어요.
2 단락에서는 타악기가 가장 먼저 발달한 까닭과 옛날 사람들의 타악기 이용 방법에 대해 이야기하고 있어요.
3 단락에서는 실로폰을 예로 들어 다양한 음정까지 표현할 수 있는 타악기의 기능을 설명하고 있어요.
4 단락에서 맨 처음으로 만든 타악기가 오랜 시간 사람과 함께 해 왔다는 것을 강조하며 글을 마무리하고 있어요.

● 글의 구조도

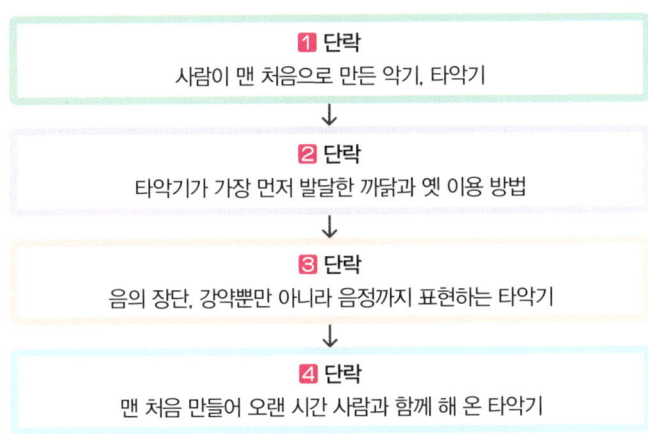

| **1 단락** |
| 사람이 맨 처음으로 만든 악기, 타악기 |

↓

| **2 단락** |
| 타악기가 가장 먼저 발달한 까닭과 옛 이용 방법 |

↓

| **3 단락** |
| 음의 장단, 강약뿐만 아니라 음정까지 표현하는 타악기 |

↓

| **4 단락** |
| 맨 처음 만들어 오랜 시간 사람과 함께 해 온 타악기 |

● 주제: 사람이 맨 처음 만든 악기인 타악기의 발달과 기능

다양한 쓰임을 가진 지도

○ 각 단락 중심 낱말 ◎ 전체 중심 낱말 [ ] 각 단락 중심 문장 ▨ 전체 중심 문장

1 ❶옛날부터 오늘날까지, 사람들은 다양한 지도를 만들고 이용해 왔다. ❷특히 지도에는 우리가 사는 곳의 모습이 작게 나타나 있기 때문에 길을 찾기 쉽다. ❸그런데 지도는 위치를 파악하는 것 말고도 더 다양한 쓰임을 가지고 있다. ❹[지도의 의미와 쓰임을 알아보도록 하자.]

1 단락 요약
지도의 의미와 쓰임에 대한 궁금증

2 ❶지도란 땅을 뜻하는 한자 '지(地)'와 그림을 뜻하는 한자 '도(圖)'가 합쳐진 말로, 땅의 모습을 나타낸 그림이라는 의미이다. ❷하지만 땅의 모습을 그렸다고 해서 모두 지도라고 할 수는 없다. ❸지도는 어느 누가 보아도 어느 곳을 나타낸 것인지 알 수 있어야 하기 때문이다. ❹[따라서 지도란 땅의 모습이나 자연환경, 사물의 위치 등 지리적 현상들을 여러 가지 약속된 기호로 그린 그림을 말한다.]

2 단락 요약
지도의 의미

3 ❶[지도의 쓰임은 아주 다양하다.] ❷우선 지도를 이용하면 간단하면서도 정확하게 길을 찾을 수 있고, 거리를 잴 수도 있다. ❸그리고 지도의 종류에 따라 다양한 정보를 편리하게 전달할 수 있다. ❹땅의 높낮이뿐만 아니라 땅의 성분과 이용 상태를 나타낸 지도, 지역에 따른 기후나 인구의 특징을 담은 지도, 도로·철도·항로와 같은 교통수단에 대한 정보를 담은 지도, 관광하기 좋은 곳을 나타낸 지도 등 다양한 종류의 지도가 있다. ❺게다가 역사적 사건들을 한눈에 살펴볼 수 있는 지도도 있다.

3 단락 요약
지도의 다양한 쓰임

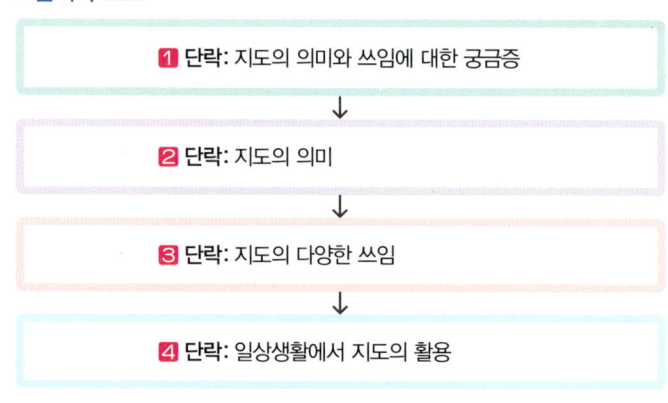

▲ 서울 관광 지도

4 ❶이처럼 우리가 사는 땅의 모습을 옮겨 놓은 지도는 종류에 따라 다양한 쓰임을 가진다. ❷요즘에는 기술이 발달하여 지도를 들고 다니지 않아도 인터넷만 된다면 언제 어디서나 지도를 살펴볼 수 있다. ❸우리 지역의 지도를 찾아 우리 집이 어디에 있고, 목적지까지 어떻게 갈 수 있는지 알아보며 지도를 읽는 방법을 익혀 보자.

4 단락 요약
일상생활에서 지도의 활용

✶ 지문 이해

● 이 글은 지도의 의미와 쓰임을 알려 주는 설명문입니다. 지도란 지리적 현상을 약속된 기호로 그린 그림을 의미해요. 땅의 모습을 그렸다고 해서 모두 지도가 될 수 있는 것은 아니랍니다. 지도의 쓰임은 다양해서 땅의 높낮이, 성분, 이용 상태를 나타낼 수 있고, 기후나 인구의 특징을 담을 수 있으며 교통수단이나 관광지에 대한 정보, 역사적 사건에 대한 정보도 살펴볼 수 있어요.

● **단락 간의 관계**
  1 단락에서는 글 전체의 중심 낱말인 '지도'에 대해 소개하고, 지도의 의미와 쓰임에 대해 알아보자고 이야기하고 있어요.
  2 단락에서는 지도의 의미를 설명하고 있어요.
  3 단락에서는 지도의 다양한 쓰임에 대해 설명하고 있어요.
  4 단락에서는 일상생활에서 지도를 활용해 보자고 이야기하며 글을 마무리하고 있어요.

● **글의 구조도**

1 단락: 지도의 의미와 쓰임에 대한 궁금증

↓

2 단락: 지도의 의미

↓

3 단락: 지도의 다양한 쓰임

↓

4 단락: 일상생활에서 지도의 활용

● **주제:** 지도의 의미와 쓰임

01 [정답] 지도 ························ 중심 낱말 찾기

>왜 정답?

근거: ②단락 ❹번째 문장, ③단락 ❶번째 문장

②단락에서 '지도란 땅의 모습이나 자연환경, 사물의 위치 등 지리적 현상들을 여러 가지 약속된 기호로 그린 그림을 말한다.'라고 하며 지도의 의미를 설명했어요.

③단락에서는 '지도는 쓰임이 아주 다양하다.'라고 하며 지도의 다양한 쓰임에 대해서 자세히 설명했어요.

그러므로 빈칸에 공통으로 들어갈 말은 '지도'예요.

02 [정답] ② ························ 내용 이해하기

>왜 정답?

② 근거: ①단락 ❹번째 문장

'지도의 의미와 쓰임을 알아보도록 하자.'라고 했고, 이어지는 ②단락에서는 지도의 의미를, ③단락에서는 지도의 쓰임을 이야기하고 있으므로 이 글의 제목으로 맞는 것은 '지도의 의미와 쓰임'이에요.

>왜 오답?

① 이 글에 지도의 역사에 대한 내용은 나오지 않으므로 제목으로 맞지 않아요.

③ 이 글에 지도를 작성하는 방법은 나오지 않으므로 제목으로 맞지 않아요.

④ 이 글에 지도에서 어떤 기호 체계를 사용하는지에 대한 내용은 나오지 않으므로 제목으로 맞지 않아요.

⑤ ④단락 ❷번째 문장에서 '요즘에는 기술이 발달하여 지도를 들고 다니지 않아도 인터넷만 된다면 언제 어디서나 지도를 살펴볼 수 있다.'라고 실생활에서 지도를 활용하는 방법을 이야기했지만, 전체 내용을 포함할 수 없으므로 제목으로 맞지 않아요.

03 [정답] (1) × (2) ○ (3) × (4) ○ ·········· 내용 이해하기

>왜 정답?

(1) 근거: ①단락 ❶번째 문장

'옛날부터 오늘날까지, 사람들은 다양한 지도를 만들고 이용해 왔다.'라고 했어요. 지도를 최근이 아닌 오래 전부터 사용해 왔음을 알 수 있어요.

(2) 근거: ①단락 ❷번째 문장

'지도에는 우리가 사는 곳의 모습이 작게 나타나 있'다고 했으므로 맞는 설명이에요.

(3) 근거: ②단락 ❹번째 문장

'지도란 땅의 모습이나 자연환경, 사물의 위치 등 지리적 현상들을 여러 가지 약속된 기호로 그린 그림을 말한다.'라고 했어요. 즉, 지도란 실제를 똑같이 그린 그림이 아니라 실제를 약속된 기호로 나타낸 그림을 말한다는 것을 알 수 있어요.

(4) 근거: ②단락 ❶번째 문장

'지도란 땅을 뜻하는 한자 '지(地)'와 그림을 뜻하는 한자 '도(圖)'가 합쳐진 말'이라고 했으므로 맞는 설명이에요.

04 [정답] ② ························ 알맞은 반응 찾기

>왜 정답?

② 근거: ①단락 ❸번째 문장

'지도는 위치를 파악하는 것 말고도 더 다양한 쓰임을 가지고 있다.'라고 했어요. 즉, 지도는 길을 찾는 것 외에도 다양한 쓰임을 가지고 있다는 것을 알 수 있어요.

>왜 오답?

① 근거: ③단락 ❹번째 문장

'도로·철도·항로와 같은 교통수단에 대한 정보를 담은 지도'가 있다고 했어요. 지하철 노선도는 지하철이라는 교통수단에 대한 정보를 담은 지도이므로 맞는 반응이에요.

③ 근거: ③단락 ❹번째 문장

'땅의 높낮이뿐만 아니라 땅의 성분과 이용 상태를 나타낸 지도'가 있다고 했으므로 맞는 반응이에요.

④ 근거: ③단락 ❹번째 문장

'관광하기 좋은 곳을 나타낸 지도'도 있다고 했어요. 관광하기 좋은 곳이 궁금할 때 지도를 이용할 수 있으므로 맞는 반응이에요.

⑤ 근거: ③단락 ❹번째 문장

'지역에 따른 기후나 인구의 특징을 담은 지도'도 있다고 했어요. 지역에 따른 인구의 특징을 담은 지도를 이용하면 지역별 인구를 비교해 볼 수 있으므로 맞는 반응이에요.

05 [정답] 예 지도는 어느 누가 보아도 어느 곳을 나타낸 것인지 알 수 있어야 하기 때문이다.

서술형 채점 기준 – 근거: ②단락 ❸번째 문장

'지도는 어느 누가 보아도 어느 곳을 나타낸 것인지 알 수 있어야 하기 때문이다.'라고 하며 지도를 약속된 기호로 그려야 한다고 말하고 있어요.

따라서 '누가 보아도 어느 곳인지 알 수 있어야 한다.'는 내용이 들어가 있으면 정답이에요.

감기에 걸리는 이유

◯ 각 단락 중심 낱말 ◯ 전체 중심 낱말 [ ] 각 단락 중심 문장 ▭ 전체 중심 문장

1 추운 겨울이면 ◯감기◯에 걸리지 않으려고 따뜻한 옷을 입고 목도리와 장갑 등으로 온몸을 꽁꽁 싸맨다. ❷ 그런데 추워서 감기에 걸린다는 것은 잘못된 상식이다. ❸ [감기가 겨울에 잘 걸리는 것은 맞지만, 감기의 원인은 추위가 아니라 '바이러스'이다.] ❹ 감기는 왜 걸리는지 좀더 알아보도록 하자.

2 [◯감기◯는 우리가 호흡할 때 공기 중에 떠도는 바이러스가 코나 입을 통해 몸으로 들어와 걸리게 된다.] ❷ 감기에 걸린 사람이 기침을 하면 공기 중에 수많은 감기 바이러스가 퍼진다. ❸ 이때 곁에 있던 사람이 호흡하면서 감기 바이러스를 들이마시면 감기가 옮는 것이다. ❹ 같은 방식으로 감기 환자가 손에 바이러스가 묻은 상태로 물건을 만지고, 그 물건을 다른 사람이 만졌다가 바이러스가 묻은 손으로 무심코 입이나 코를 만졌을 때도 감기가 옮을 수 있다.

3 그렇다면 ◯감기◯는 왜 겨울에 더 잘 걸릴까? ❷ 겨울에는 날씨가 추워 사람들이 주로 실내에서 생활하므로 다른 사람과 맞닿는 일이 더 잦다. ❸ [감기 바이러스를 가진 사람과 함께 실내에 있으면서 감기에 옮을 확률이 더 높아지는 것이다. ❹ 또한 꽤 많은 종류의 감기 바이러스가 실내 습도가 낮은 겨울에도 공기 중에서 오랫동안 살아남는다.] ❺ 이러한 이유들로 다른 계절보다 겨울에 감기가 더 잘 걸리는 것이다.

4 ❶ 이처럼 ◯감기◯의 원인은 바이러스이기 때문에 감기에 걸리는 가장 흔한 경로는 사람들 간의 접촉이라고 할 수 있다. ❷ 따라서 감기가 유행할 때는 사람이 많이 모이는 장소에 가지 않는 것이 좋다. ❸ 또, 외출 후에는 손발을 깨끗이 씻고 이를 닦아 바이러스가 우리 몸에 들어오는 일을 막아야 한다. ❹ 그리고 평소에 잘 먹고 잘 자면서 체력과 면역력을 키우면 감기 바이러스가 몸에 들어와도 감기에 잘 걸리지 않을 수 있다. ❺ [올바른 생활 습관을 통해 감기를 예방하도록 하자.]

1 단락 요약
감기에 걸리는 이유에 관한 잘못된 상식

2 단락 요약
감기에 걸리는 이유

3 단락 요약
겨울에 감기가 더 잘 걸리는 이유

4 단락 요약
감기 예방법

✱ 지문 이해

● 이 글은 감기에 걸리는 이유를 밝히고 감기를 막기 위한 예방법을 알려 주는 설명문입니다. 감기에 걸리는 이유는 감기 바이러스가 몸속에 들어왔기 때문이에요. 사람 간 접촉이 잦아 감기 바이러스가 옮기 쉽고, 낮은 습도 때문에 바이러스가 오래 살아남는 겨울은 감기에 쉽게 걸리는 계절이지요. 몸을 청결히 하여 바이러스의 침투를 막고, 올바른 생활 습관을 통해 면역력을 기르면 감기를 예방할 수 있어요.

● 단락 간의 관계
　1단락에서 감기의 원인에 대한 오해를 이야기하고 있어요.
　2단락에서는 감기에 걸리는 이유를 설명하고 있어요.
　3단락에서는 특히 겨울에 감기가 더 잘 걸리는 이유를 알아보고 있어요.
　4단락에서는 감기에 걸리는 원인을 정리해 보고 예방법을 소개하며 글을 마무리하고 있어요.

● 글의 구조도

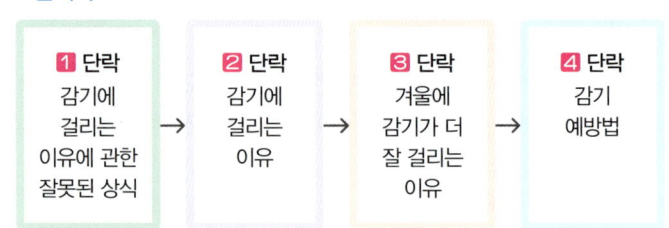

1 단락	2 단락	3 단락	4 단락
감기에 걸리는 이유에 관한 잘못된 상식	→ 감기에 걸리는 이유	→ 겨울에 감기가 더 잘 걸리는 이유	→ 감기 예방법

● 주제: 감기에 걸리는 이유와 예방법

01 [정답] 바이러스 ·········· 중심 낱말 찾기

왜 정답?

근거: ①단락 ❸번째 문장, ②단락 ❶번째 문장
①단락에서 '감기가 겨울에 잘 걸리는 것은 맞지만, 감기의 원인은 추위가 아니라 '바이러스'이다.'라고 했어요.
②단락에서는 '감기는 우리가 호흡할 때 공기 중에 떠도는 바이러스가 코나 입을 통해 몸으로 들어와 걸리게 된다.'라고 했어요.
그러므로 빈칸에 공통으로 들어갈 말은 '바이러스'예요.

02 [정답] ④ ·········· 글쓰기 방식 이해하기

왜 정답?

④ 근거: ③단락 ❷~❹번째 문장
'겨울에는 날씨가 추워 사람들이 주로 실내에서 생활하므로 다른 사람과 맞닿는 일이 더 잦다. 감기 바이러스를 가진 사람과 함께 실내에 있으면서 감기에 옮을 확률이 더 높아지는 것이다. 또한 꽤 많은 종류의 감기 바이러스가 실내 습도가 낮은 겨울에도 공기 중에서 오랫동안 살아남는다.'라고 하며 겨울에 더 감기에 잘 걸리는 이유를 설명하고 있어요. 하지만 여름의 경우와 비교하는 내용은 없으므로 틀린 설명이에요.

왜 오답?

① 근거: ②단락 ❷~❹번째 문장
'감기에 걸린 사람이 기침을 하면 공기 중에 수많은 감기 바이러스가 퍼진다. 이때 곁에 있던 사람이 호흡하면서 감기 바이러스를 들이마시면 감기가 옮는 것이다. 같은 방식으로 감기 환자가 손에 바이러스가 묻은 상태로 물건을 만지고, 그 물건을 다른 사람이 만졌다가 바이러스가 묻은 손으로 무심코 입이나 코를 만졌을 때도 감기가 옮을 수 있다.'라고 하며 감기가 옮는 과정을 자세하게 알려 주고 있으므로 맞는 설명이에요.

② 근거: ④단락 ❷~❹번째 문장
'감기가 유행할 때는 사람이 많이 모이는 장소에 가지 않는 것이 좋다. 또, 외출 후에는 손발을 깨끗이 씻고 이를 닦아 바이러스가 우리 몸에 들어오는 일을 막아야 한다. 그리고 평소에 잘 먹고 잘 자면서 체력과 면역력을 키우면 감기 바이러스가 몸에 들어와도 감기에 잘 걸리지 않을 수 있다.'라고 하며 구체적인 예를 들어 예방 방법을 알려 주고 있으므로 맞는 설명이에요.

③ 근거: ③단락 전체
'그렇다면 감기는 왜 겨울에 더 잘 걸릴까?'라는 질문을 던지고 그에 대한 답을 알려 주며 묻고 답하는 방식으로 흥미를 끌고 있으므로 맞는 설명이에요.

⑤ 근거: ①단락 ❷, ❸번째 문장
'추워서 감기에 걸린다는 것은 잘못된 상식이다. 감기가 겨울에 잘 걸리는 것은 맞지만, 감기의 원인은 추위가 아니라 '바이러스'이다.'라고 하며 감기에 대한 잘못된 상식을 말하고 진짜 원인을 말하고 있으므로 맞는 설명이에요.

03 [정답] (1) ○ (2) ○ (3) × ·········· 내용 이해하기

왜 정답?

(1) 근거: ②단락 ❷번째 문장
'감기에 걸린 사람이 기침을 하면 공기 중에 수많은 감기 바이러스가 퍼진다.'라고 했으므로 맞는 설명이에요.

(2) 근거: ③단락 ❸번째 문장
'감기 바이러스를 가진 사람과 함께 실내에 있으면서 감기에 옮을 확률이 더 높아지는 것이다.'라고 했으므로 맞는 설명이에요.

(3) 근거: ②단락 ❹번째 문장
'감기 환자가 손에 바이러스가 묻은 상태로 물건을 만지고, 그 물건을 다른 사람이 만졌다가 바이러스가 묻은 손으로 무심코 입이나 코를 만졌을 때도 감기가 옮을 수 있다.'라고 했으므로 틀린 설명이에요.

04 [정답] 손발, 면역력 ·········· 내용 적용하기

왜 정답?

손발 근거: ④단락 ❸번째 문장
'외출 후에는 손발을 깨끗이 씻'어서 바이러스가 우리 몸에 들어오는 일을 막아야 한다고 했어요. 따라서 ㉠에 들어갈 말은 '손발'이에요.

면역력 근거: ④단락 ❹번째 문장
'평소에 잘 먹고 잘 자면서 체력과 면역력을 키우면 감기 바이러스가 몸에 들어와도 감기에 잘 걸리지 않을 수 있다.'라고 했어요. 따라서 ㉡에 들어갈 말은 '면역력'이에요.

배경지식

감기와 독감의 차이

새미는 몸이 으슬으슬 떨리면서 머리도 아프고 열도 나서 감기에 걸렸다고 생각했어요. 그런데 병원에 가니 의사 선생님께서 감기가 아니라 독감에 걸렸다고 하시는 거예요. 감기와 독감은 어떤 차이가 있는 걸까요?

감기와 독감은 모두 바이러스에 의해서 생기는 질병이에요. 또한 두 질병은 머리가 아프고 열이 나며 코가 막히는 등 나타나는 증상이 비슷하기 때문에 같은 질병이라는 오해를 받고는 하지요. 그런데 감기와 독감은 병을 일으키는 바이러스의 종류가 전혀 달라요.

감기를 일으키는 바이러스의 종류는 200여 개가 넘어요. 사람마다 다양한 바이러스로 인해서 감기에 걸리는 것이지요. 그래서 그에 맞는 모든 예방 백신을 만들 수 없다고 해요.

하지만 독감을 일으키는 바이러스는 딱 3가지 형태로 나뉘어요. 그래서 그에 맞는 예방 백신을 만들 수 있었지요. 독감은 예방 주사를 맞으면 60~90%까지 예방이 가능해요. 하지만 효과가 1년밖에 되지 않는다고 하니 매년 겨울이 시작되기 전에 독감 예방 주사를 맞는 것이 좋아요.

교과서는 어떤 사각형일까?

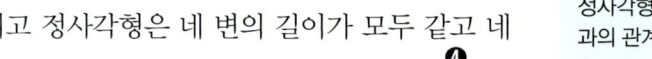
◯ 각 단락 중심 낱말   ◯ 전체 중심 낱말   [ ] 각 단락 중심 문장   ▨ 전체 중심 문장

1️⃣ ❶우리는 어떤 것을 사각형이라고 할까? ❷[네 개의 선분으로 둘러싸인 도형을 사각형이라고 한다.] ❸그런데 교과서를 보고 사각형이라고 말하는 사람도 있고, 직사각형이라고 말하는 사람도 있다. ❹모두 다 맞는 말이다. ❺그 이유가 무엇일까? ❻사각형들의 관계를 이해하면 그 이유를 알 수 있다.

1️⃣ 단락 요약
사각형의 개념

2️⃣ ❶[사각형에는 정사각형, 직사각형, 마름모, 평행사변형, 사다리꼴 등 여러 종류가 있으며 이것들은 모두 정해진 기준에 해당해야만 각각의 사각형으로 구분된다.] ❷만약 한 도형이 여러 종류의 사각형이 가진 기준에 모두 해당한다면 그 도형은 다양한 사각형으로 불릴 수 있다. ❸예를 들어, 네 개의 선분으로 둘러싸인 도형인데 마주 보는 한 쌍의 변이 평행하다면 이 도형은 사각형이면서 사다리꼴이다. ❹또, 마주 보는 두 쌍의 변이 평행한 평행사변형은 사다리꼴이자 사각형이기도 하다.

2️⃣ 단락 요약
여러 사각형의 종류와 기준에 따른 구분

3️⃣ ❶정사각형의 경우는 어떨까? ❷마름모는 네 변의 길이가 모두 같은 사각형, 직사각형은 네 각의 크기가 모두 같은 사각형이다. ❸[그리고 정사각형은 네 변의 길이가 모두 같고 네 각의 크기가 모두 같은 사각형이므로, 마름모이자 직사각형이라고도 할 수 있다.] ❹또한 정사각형은 마주 보는 두 쌍의 변이 평행하다는 성질도 가지고 있다. ❺따라서 정사각형은 평행사변형이자 사다리꼴이기도 하다.

3️⃣ 단락 요약
정사각형의 기준과 다른 사각형과의 관계

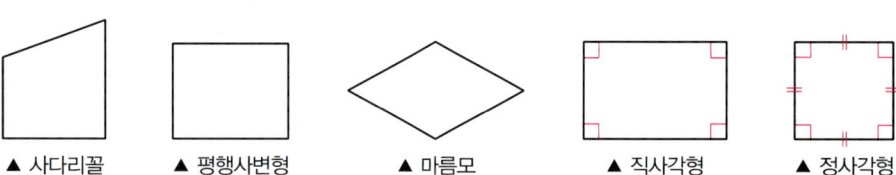
▲ 사다리꼴   ▲ 평행사변형   ▲ 마름모   ▲ 직사각형   ▲ 정사각형

4️⃣ ❶이러한 사각형들의 관계에 따라 교과서는 어떤 종류의 사각형인지 생각해 보자. ❷[교과서는 네 각의 크기가 모두 같고 마주 보는 두 쌍의 변이 평행한 직사각형이다.] ❸그리고 동시에 평행사변형, 사다리꼴, 사각형이기도 하다. ❹교과서는 이렇게 여러 종류의 사각형이 가진 기준을 모두 가지고 있기 때문에 다양한 사각형으로 구분될 수 있는 것이다.

4️⃣ 단락 요약
교과서가 다양한 사각형으로 구분될 수 있는 이유

★ **지문 이해**

● 이 글은 사각형들의 관계에 대해서 알려 주는 설명문입니다. 사각형을 구분하는 정해진 기준이 있어요. 그 기준에 해당해야만 각각의 종류로 구분될 수 있지요. 만약 한 도형이 여러 종류의 사각형이 가진 기준을 모두 가지고 있다면 그 도형은 다양한 사각형이 될 수 있어요. 따라서 교과서는 사각형이자, 직사각형이고, 평행사변형이자, 사다리꼴일 수 있는 거예요.

● **단락 간의 관계**
1️⃣단락에서는 교과서라는 예를 통해, 글 전체의 중심 낱말인 '사각형'의 뜻을 알려 주고 사각형들의 관계에 대해 이야기할 것임을 소개하고 있어요.
2️⃣단락에서는 사각형, 사다리꼴, 평행사변형의 기준과 관계에 대해 설명하고 있어요.
3️⃣단락에서는 정사각형, 직사각형, 마름모의 기준과 다른 사각형과의 관계에 대해 설명하고 있어요.
4️⃣단락에서는 1️⃣단락의 질문에 대한 답을 내리면서 글을 끝맺고 있어요.

● **글의 구조도**

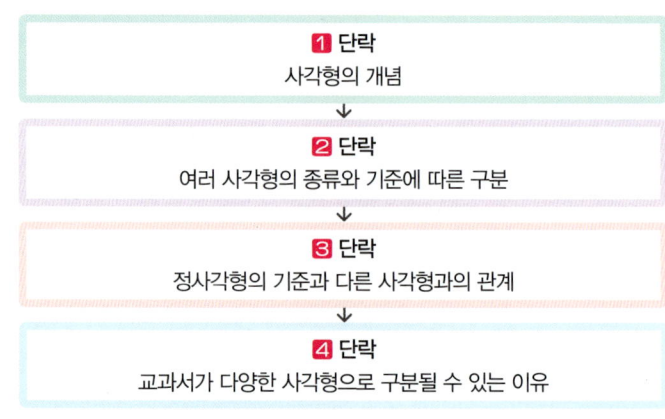

1️⃣ 단락
사각형의 개념

↓

2️⃣ 단락
여러 사각형의 종류와 기준에 따른 구분

↓

3️⃣ 단락
정사각형의 기준과 다른 사각형과의 관계

↓

4️⃣ 단락
교과서가 다양한 사각형으로 구분될 수 있는 이유

● **주제**: 여러 사각형의 종류와 기준에 따른 관계

01 [정답] 사각형 ·········· 중심 낱말 찾기

>왜 정답 ?

근거: [1]단락 ❷번째 문장, [2]단락 ❷번째 문장

[1]단락에서 '네 개의 선분으로 둘러싸인 도형을 사각형이라고 한다.'라고 했어요.

[2]단락에서는 '만약 한 도형이 여러 종류의 사각형이 가진 기준에 모두 해당한다면 그 도형은 다양한 사각형으로 불릴 수 있다.'라고 했어요.

그러므로 빈칸에 공통으로 들어갈 말은 '사각형'이에요.

02 [정답] (1) ㉠ (2) ㉢ (3) ㉡ ·········· 내용 이해하기

>왜 정답 ?

(1) 근거: [3]단락 ❷번째 문장

'마름모는 네 변의 길이가 모두 같은 사각형'이라고 했어요.

(2) 근거: [3]단락 ❷번째 문장

'직사각형은 네 각의 크기가 모두 같은 사각형'이라고 했어요.

(3) 근거: [3]단락 ❸번째 문장

'정사각형은 네 변의 길이가 모두 같고 네 각의 크기가 모두 같은 사각형'이라고 했어요.

03 [정답] ③ ·········· 내용 이해하기

>왜 정답 ?

③ 근거: [2]단락 ❹번째 문장

'평행사변형은 사다리꼴이자 사각형이기도 하다.'라고 했으므로 틀린 설명이에요.

>왜 오답 ?

① 근거: [2]단락 ❸번째 문장

'네 개의 선분으로 둘러싸인 도형인데 마주 보는 한 쌍의 변이 평행하다면 이 도형은 사각형이면서 사다리꼴이다.'라고 했어요. 사다리꼴의 분류 기준 속에 '네 개의 선분으로 둘러싸인 도형'이라는 사각형의 분류 기준이 들어가 있으므로 맞는 설명이에요.

② 근거: [3]단락 ❸번째 문장

'정사각형은 네 변의 길이가 모두 같고 네 각의 크기가 모두 같은 사각형이므로, 마름모이자 직사각형이라고도 할 수 있다.'라고 했으므로 맞는 설명이에요.

④ 근거: [3]단락 ❺번째 문장

'정사각형은 평행사변형이자 사다리꼴이기도 하다.'라고 했으므로 맞는 설명이에요.

⑤ 근거: [4]단락 ❷, ❸번째 문장

'교과서는 네 각의 크기가 모두 같고 마주 보는 두 쌍의 변이 평행한 직사각형이다. 그리고 동시에 평행사변형, 사다리꼴, 사각형이기도 하다.'라고 했어요. 직사각형인 교과서가 평행사변형, 사다리꼴, 사각형인 것으로 미루어 보아 맞는 설명이에요.

04 [정답] 평행사변형, 직사각형 ·········· 내용 적용하기

>왜 정답 ?

㉠ 근거: [2]단락 ❹번째 문장

'마주 보는 두 쌍의 변이 평행한 평행사변형은 사다리꼴이자 사각형'이라고 했어요. 1에서 교실의 문은 사각형의 조건을 만족한 것이 드러났으므로 마주 보는 두 쌍이 평행하다는 조건까지 만족한다면 교실의 문은 사다리꼴이자 평행사변형이라고 할 수 있어요. 따라서 ㉠에 들어갈 말은 '평행사변형'이에요.

㉡ 근거: [3]단락 ❷번째 문장

'직사각형은 네 각의 크기가 모두 같은 사각형'이라고 했어요. 따라서 ㉡에 들어갈 말은 '직사각형'이에요.

05 [정답] 예 교과서는 여러 종류의 사각형이 가진 기준을 모두 가지고 있기 때문이다.

서술형 채점 기준 – 근거: [4]단락 ❹번째 문장

'교과서는 이렇게 여러 종류의 사각형이 가진 기준을 모두 가지고 있기 때문에 다양한 사각형으로 구분될 수 있는 것이다.'라고 했으므로 이러한 내용이 들어가야 정답이에요.

---- 배경지식

정사각형을 7조각으로 잘라서 놀자!

사각형을 여러 조각으로 자르면 어떤 모양이 나올까요? 세모, 네모 등 다양한 모양이 나올 거예요. '칠교놀이'는 정사각형을 7조각으로 잘라서 여러 가지 모양을 만드는 놀이예요.

칠교놀이는 평행사변형 1개, 정사각형 1개와 크고 작은 삼각형 5개를 사용해요. 조각을 이리저리 돌려 가며 많은 모양을 만들 수 있는데, 7조각으로 만들 수 있는 모양이 무려 1,000개가 넘는다고 해요.

칠교놀이는 혼자서도 즐길 수 있지만, 여러 명이 함께 즐길 수도 있어요. 여러 명이 칠교놀이를 할 때는 정해진 시간 동안 상대방이 말한 모양을 만들어야 해요. 이때 7개의 조각을 반드시 다 써야 하고, 시간이 지나면 차례를 넘겨주어야 하지요. 오늘은 친구들과 재미있는 칠교놀이를 해보는 건 어떨까요?

유익한 정보를 알려 주는 설명문

◯ 각 단락 중심 낱말   ◯ 전체 중심 낱말   [ ] 각 단락 중심 문장   ▨ 전체 중심 문장

1 가전제품을 사면 어떤 기능이 있는지, 어떻게 사용해야 하는지, 고장이 났을 때는 어떻게 해야 하는지 등을 설명해 주는 글이 함께 온다. ❷이처럼 읽는 사람에게 새로운 지식이나 유익한 정보를 알려 주기 위하여 쓴 글을 설명문이라고 한다. ❸우리가 살면서 자주 접하는 설명문은 어떻게 써야 할까?

| **1 단락 요약**
설명문의 개념 |

2 설명문의 목적은 정보와 지식을 정확하게 전달하는 것이기 때문에 설명문에 담겨 있는 내용이 사실인지가 가장 중요하다. ❷[설명문을 쓸 때는 꾸며 낸 이야기, 글쓴이의 짐작이나 주장이 아닌 오직 객관적이고 과학적인 사실을 바탕으로 정확하게 써야 한다.]

| **2 단락 요약**
설명문을 쓸 때 주의할 점 ① |

3 [또한 설명문은 읽는 사람이 정보를 쉽게 이해할 수 있도록 '처음 – 중간 – 끝'의 구성으로 짜임새 있게 써야 한다.] ❷처음 부분에서는 글쓴이가 알리고 싶은 것을 소개하고, 이것에 대해 읽는 사람이 흥미를 갖도록 이끌면서 어떻게 설명할 것인지를 밝힌다. ❸중간 부분에서는 알리고 싶은 내용을 본격적으로 자세히 설명한다. ❹그리고 끝부분에서는 설명한 내용을 간단하게 다시 요약하고 마무리한다.

| **3 단락 요약**
설명문을 쓸 때 주의할 점 ② |

4 [마지막으로, 설명문을 쓸 때는 읽는 사람에게 정보가 잘 전달될 수 있도록 이해하기 쉬운 낱말과 문장으로 풀어 써야 한다.] ❷아무리 유익한 내용을 담고 있는 설명문이라도 읽기가 어려우면 내용을 제대로 전달할 수 없다. ❸따라서 ㈎읽는 사람의 나이, 지적 수준 등을 생각하여 가능한 한 쉽고 명확한 표현을 사용하는 것이 좋다.

| **4 단락 요약**
설명문을 쓸 때 주의할 점 ③ |

5 제품 설명서뿐만 아니라 가정 통신문, 교과서 등 우리는 생활 속에서 다양한 설명문을 접하고 있다. ❷[설명문을 읽을 때는 설명문의 내용이 객관적인지 살피고, '처음 – 중간 – 끝'의 구성에 따라 내용을 정리하며 읽어야 한다.] ❸그러면 나에게 필요한 정보를 더 잘 이해할 수 있을 것이다.

| **5 단락 요약**
설명문을 읽을 때 주의할 점 |

✱ **지문 이해**

● 이 글은 설명문의 개념과 설명문을 쓰거나 읽을 때 주의할 점에 대해 알려 주는 설명문입니다. 설명문은 정보와 지식을 전달하기 위해 쓴 글을 말해요. 설명문을 쓸 때는 객관적인 내용을 담아야 하고, '처음-중간-끝'의 짜임에 맞게 써야 하며, 읽는 사람을 고려해 이해하기 쉽게 써야 해요. 반대로 설명문을 읽을 때는 내용이 객관적인지 살피고, '처음-중간-끝'의 구성에 따라 내용을 정리하며 읽어야 해요.

● **단락 간의 관계**
1 단락에서는 글 전체의 중심 낱말인 '설명문'에 대해 소개하고 있어요.
2 ~ 4 단락에서는 설명문을 쓸 때 주의할 점을 이야기하고 있어요.
5 단락에서는 설명문을 읽을 때 주의할 점을 이야기하며 글을 마무리하고 있어요.

● **글의 구조도**

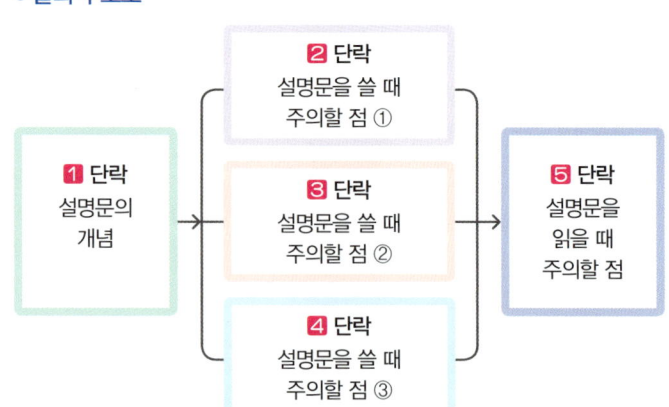

● **주제:** 설명문의 개념과 설명문을 쓰거나 읽을 때 주의할 점

01 [정답] 설명문 ····················· 중심 낱말 찾기

> **왜 정답?**

근거: ①단락 ❷번째 문장, ②단락 ❷번째 문장

①단락에서 '읽는 사람에게 새로운 지식이나 유익한 정보를 알려 주기 위하여 쓴 글을 설명문이라고 한다.'라고 했어요.
②단락에서는 '설명문을 쓸 때는 꾸며 낸 이야기, 글쓴이의 짐작이나 주장이 아닌 오직 객관적이고 과학적인 사실을 바탕으로 정확하게 써야 한다.'라고 했어요.
그러므로 빈칸에 공통으로 들어갈 말은 '설명문'이에요.

02 [정답] ② ····················· 내용 이해하기

> **왜 정답?**

② 근거: ①단락 ❸번째 문장

'우리가 살면서 자주 접하는 설명문은 어떻게 써야 할까?'라고 했어요. 또, 이어지는 ②~④단락에서 설명문을 쓸 때 주의할 점을 말하고 있으므로 이 글의 제목으로 가장 어울려요.

> **왜 오답?**

① 이 글에 설명문의 장점과 단점에 대한 내용은 나오지 않으므로 제목으로 맞지 않아요.
③ 이 글에 설명하는 글과 주장하는 글의 차이점은 나오지 않으므로 제목으로 맞지 않아요.
④ ⑤단락 ❶번째 문장에서 '제품 설명서뿐만 아니라 가정 통신문, 교과서 등 우리는 생활 속에서 다양한 설명문을 접하고 있다.'라고 했어요. 이 내용은 '실생활에서 활용되는 설명하는 글의 예시'이지만 이 글 전체의 주요 내용이 아니므로 제목으로 맞지 않아요.
⑤ 이 글에 설명문을 읽고 요약하는 방법에 대한 내용은 나오지 않으므로 제목으로 맞지 않아요.

03 [정답] ② ····················· 내용 이해하기

> **왜 정답?**

② 근거: ②단락 ❷번째 문장

'설명문을 쓸 때는 꾸며 낸 이야기, 글쓴이의 짐작이나 주장이 아닌 오직 객관적이고 과학적인 사실을 바탕으로 정확하게 써야 한다.'라고 했어요. 따라서 설명문에 주장이 들어가야 한다는 내용은 맞지 않아요.

> **왜 오답?**

① 근거: ④단락 ❸번째 문장

'가능한 한 쉽고 명확한 표현을 사용하는 것이 좋다.'라고 했으므로 맞는 내용이에요.
③ 근거: ②단락 ❶번째 문장

'설명문의 목적은 정보와 지식을 정확하게 전달하는 것'이라고 했으므로 맞는 내용이에요.

④ 근거: ②단락 ❷번째 문장

'설명문을 쓸 때는 꾸며 낸 이야기, 글쓴이의 짐작이나 주장이 아닌 오직 객관적이고 과학적인 사실을 바탕으로 정확하게 써야 한다.'라고 했으므로 맞는 내용이에요.
⑤ 근거: ⑤단락 ❶번째 문장

'제품 설명서뿐만 아니라 가정 통신문, 교과서 등 우리는 생활 속에서 다양한 설명문을 접하고 있다.'라고 했으므로 맞는 내용이에요.

04 [정답] (1) 처음 (2) 중간 ····················· 내용 적용하기

다음은 '잎이 녹색인 이유'에 대해서 설명하는 글의 일부분입니다. 글 (1)과 글 (2)는 설명하는 글의 짜임 중에서 어느 부분에 해당하는지 알맞은 것에 ○표 하세요.

· **설명하는 글의 짜임**: 설명문은 '처음 – 중간 – 끝'의 구성으로 짜임새 있게 써야 합니다.
· '처음', '중간', '끝' 각 부분의 역할이 ③단락 ❷~❹번째 문장에 제시되어 있습니다.

[즉] 글 (1), (2)가 설명문의 처음, 중간, 끝 부분 중 어떤 역할을 하는지 묻는 문제입니다.

> **왜 정답?**

(1) 근거: ③단락 ❷번째 문장

'처음 부분에서는 글쓴이가 알리고 싶은 것을 소개하고, 이것에 대해 읽는 사람이 흥미를 갖도록 이끌면서 어떻게 설명할 것인지를 밝힌다.'라고 했어요. 글 (1)은 잎이 초록색인 이유에 대한 질문으로 읽는 사람의 흥미를 이끌면서, '엽록소'라는 글쓴이가 알리고 싶은 것을 소개하고 있으므로 '처음 – 중간 – 끝' 중에서 처음에 해당해요.
(2) 근거: ③단락 ❸번째 문장

'중간 부분에서는 알리고 싶은 내용을 본격적으로 자세히 설명한다.'라고 했어요. 글 (2)는 엽록소에 대한 자세한 설명이 제시되어 있으므로 중간 부분에 해당해요.

05 [정답] ⓔ 아무리 유익한 내용을 담고 있는 설명문이라도 읽기가 어려우면 내용을 제대로 전달할 수 없기 때문이다.

[서술형] 채점 기준 – 근거: ④단락 ❷번째 문장

(가) 문장은 '따라서'가 이끌고 있어요. '따라서'가 이끄는 문장의 앞 문장에는 원인, 이유가 제시돼요. (가) 앞에는 '아무리 유익한 내용을 담고 있는 설명문이라도 읽기가 어려우면 내용을 제대로 전달할 수 없다.'라는 문장이 오고 있어요. 따라서 '내용을 제대로 전달할 수 없다.'라는 내용이 들어가면 정답이에요.

밤하늘을 수놓은 별자리는 어떻게 만들어졌을까?

◯ 각 단락 중심 낱말   ◯ 전체 중심 낱말   [ ] 각 단락 중심 문장   ▨ 전체 중심 문장

[1] ❶우리나라는 계절에 따라 다양한 별자리를 볼 수 있다. ❷또한 1년 내내 계절에 상관없이 북쪽 하늘에서 북극성이 속한 작은곰자리를 볼 수도 있다. ❸이런 별자리는 어떻게 만들어진 것일까?

[2] ❶[사람들은 오랜 옛날부터 하늘의 별들을 특정한 모양으로 묶어 이름을 붙였는데, 이것이 바로 별자리이다.] ❷별자리는 서남아시아 지역의 초원에서 가축을 키우던 사람들이 별들을 서로 연결해 모양을 만들고 양, 사자 등 동물의 이름을 붙이면서 만들어지기 시작했다. ❸목동들이 별자리를 만든 이유는 별의 위치를 쉽게 기억하고 금방 찾기 위해서였다. ❹이렇게 만들어진 별자리는 무역을 하던 상인들에 의해 그리스에 전해졌다. ❺그 후 그리스 사람들은 별자리에 신화 속 인물들의 이름을 붙여 여러 가지 이야기들을 만들어 냈다. ❻이 별자리들은 사람들의 이동과 함께 유럽 지역에 널리 퍼지게 되었다. ❼게다가 15세기에는 유럽 사람들이 배를 타고 먼 나라까지 항해하면서 유럽 지역에서는 보이지 않던 별들을 보고 돛, 나침반, 망원경 등 배에서 많이 쓰는 도구의 이름을 따서 새로운 별자리들을 많이 만들었다.

[3] ❶[그런데 나라마다 보이는 대로 제각각 별자리를 만들어 그 수가 너무 많이 늘어나고 혼란이 발생하자, 1930년 국제 천문 연맹은 별자리를 88개로 정리하였다.] ❷태양이 지나는 길에 놓인 12개, 북반구 하늘에 있는 28개, 남반구 하늘에 있는 48개의 별자리를 정해 놓은 것이다. ❸전 세계에서 이 별자리들을 국제적인 표준으로 하여 공통으로 사용하고 있다.

[4] ❶[우리는 별자리를 이용하여 방향을 살피거나 길을 찾을 수 있고, 우주를 연구하는 사람들은 별자리 위치를 기준으로 천체의 위치를 편리하게 표시하기도 한다.] ❷날씨가 좋은 날에는 재밌으면서도 유용한 별자리를 찾아 밤하늘을 관찰해 보는 것이 어떨까?

1 단락 요약
별자리 탄생에 대한 궁금증

2 단락 요약
다양한 별자리가 만들어진 과정

3 단락 요약
88개로 정리된 국제적인 표준 별자리

4 단락 요약
별자리의 유용한 쓰임

✱ 지문 이해

● 이 글은 별자리가 어떻게 만들어지고 왜 국제적인 표준 별자리로 정리되었는지 알려 주는 설명문이에요. 별자리는 사람들이 하늘의 별들을 특정한 모양으로 묶어 이름을 붙인 것으로, 별의 위치를 쉽게 기억하기 위해 만들어졌어요. 서남아시아에서부터 시작하여 그리스, 유럽 사람들도 별자리를 만들어 냈죠. 나라마다 제각각 별자리를 만들어 혼란이 생기자, 국제 천문 연맹이 88개로 정리했어요. 별자리는 길을 찾거나 우주를 연구하는 데 유용하게 쓰인답니다.

● 단락 간의 관계
1 단락에서는 이 글의 중심 낱말인 '별자리'에 대해 소개하고 있어요.
2 단락에서는 별자리가 만들어진 과정에 대해 이야기하고 있어요.
3 단락에서는 국제적인 표준 별자리가 어떻게 정리되었는지 설명하고 있어요.
4 단락에서는 별자리의 유용한 쓰임에 대해 이야기하며 글을 마무리하고 있어요.

● 글의 구조도

1 단락
별자리 탄생에 대한 궁금증
↓
2 단락
다양한 별자리가 만들어진 과정
↓
3 단락
88개로 정리된 국제적인 표준 별자리
↓
4 단락
별자리의 유용한 쓰임

● 주제: 별자리의 탄생 과정과 국제적인 표준 별자리로의 정리

01 [정답] 별자리 ·························· 중심 낱말 찾기

>왜 정답?

근거: ②단락 ❶번째 문장, ③단락 ❶번째 문장

②단락에서 '사람들은 오랜 옛날부터 하늘의 별들을 특정한 모양으로 묶어 이름을 붙였는데, 이것이 바로 별자리이다.'라고 했어요.
③단락에서는 '국제 천문 연맹은 별자리를 88개로 정리하였다.'라고 했어요.
그러므로 빈칸에 공통으로 들어갈 말은 '별자리'예요.

02 [정답] ㉡, ㉠, ㉣, ㉢ ·················· 내용 이해하기

>왜 정답?

②단락에서는 별자리가 만들어지는 과정을 시간 순서대로 설명하고 있으므로, 글의 전개 순서에 따라 ㉠~㉣을 써야 해요.

㉠ **근거:** ②단락 ❹번째 문장
서남아시아 사람들이 만든 별자리가 '무역을 하던 상인들에 의해 그리스에 전해졌다.'라고 했으므로 ㉠이 두 번째예요.

㉡ **근거:** ②단락 ❷번째 문장
'별자리는 서남아시아 지역의 초원에서 가축을 키우던 사람들이 별들을 서로 연결해 모양을 만들고 양, 사자 등 동물의 이름을 붙이면서 만들어지기 시작했다.'라고 했으므로 ㉡이 제일 처음이에요.

㉢ **근거:** ②단락 ❼번째 문장
'15세기에는 유럽 사람들이 배를 타고 먼 나라까지 항해하면서 유럽 지역에서는 보이지 않던 별들을 보고 돛, 나침반, 망원경 등 배에서 많이 쓰는 도구의 이름을 따서 새로운 별자리들을 많이 만들었다.'라고 했으므로 ㉢이 네 번째예요.

㉣ **근거:** ②단락 ❺, ❻번째 문장
'그 후 그리스 사람들은 별자리에 신화 속 인물들의 이름을 붙여 여러 가지 이야기들을 만들어 냈다. 이 별자리들은 사람들의 이동과 함께 유럽 지역에 널리 퍼지게 되었다.'라고 했으므로 ㉣이 세 번째예요.

03 [정답] ③ ························· 내용 이해하기

>왜 정답?

③ **근거:** ③단락 ❷번째 문장
'북반구 하늘에 있는 28개, 남반구 하늘에 있는 48개의 별자리를 정해 놓은 것이다.'라고 했으므로 북반구와 남반구의 별자리 개수가 다르다는 것을 알 수 있어요.

>왜 오답?

① **근거:** ④단락 ❶번째 문장
'별자리를 이용하여 방향을 살피거나 길을 찾을 수 있고'라고 했으므로 맞는 설명이에요.

② **근거:** ①단락 ❶번째 문장
'우리나라는 계절에 따라 다양한 별자리를 볼 수 있다.'라고 했으므로 맞는 설명이에요.

④ **근거:** ②단락 ❷번째 문장
'별자리는 서남아시아 지역의 초원에서 가축을 키우던 사람들이 별들을 서로 연결해 모양을 만들고 양, 사자 등 동물의 이름을 붙이면서 만들어지기 시작했다.'라고 했으므로 맞는 설명이에요.

⑤ **근거:** ②단락 ❼번째 문장
'유럽 사람들이 배를 타고 먼 나라까지 항해하면서 유럽 지역에서는 보이지 않던 별들을 보고 돛, 나침반, 망원경 등 배에서 많이 쓰는 도구의 이름을 따서 새로운 별자리들을 많이 만들었다.'라고 했으므로 맞는 설명이에요.

04 [정답] ④ ························· 내용 이해하기

>왜 정답?

④ **근거:** ③단락 ❶번째 문장
'나라마다 보이는 대로 제각각 별자리를 만들어 그 수가 너무 많이 늘어나고 혼란이 발생하자, 1930년 국제 천문 연맹은 별자리를 88개로 정리하였다.'라고 했으므로 별자리를 정리한 이유가 별이 사라졌기 때문이 아님을 알 수 있어요.

>왜 오답?

① **근거:** ②단락 ❺번째 문장
'그리스 사람들은 별자리에 신화 속 인물들의 이름을 붙여 여러 가지 이야기들을 만들어 냈다.'라고 했으므로 맞는 내용이에요.

② **근거:** ④단락 ❶번째 문장
'우주를 연구하는 사람들은 별자리 위치를 기준으로 천체의 위치를 편리하게 표시'한다고 했으므로 맞는 내용이에요.

③ **근거:** ③단락 ❶, ❸번째 문장
'1930년 국제 천문 연맹은 별자리를 88개로 정리하였다.'라고 하며 '전 세계에서 이 별자리들을 국제적인 표준으로 하여 공통으로 사용하고 있다.'라고 했으므로 맞는 내용이에요.

⑤ **근거:** ③단락 ❷번째 문장
'태양이 지나는 길에 놓인 12개, 북반구 하늘에 있는 28개, 남반구 하늘에 있는 48개의 별자리를 정해 놓은 것이다.'라고 했으므로 맞는 내용이에요.

05 [정답] 예 별의 위치를 쉽게 기억하고 금방 찾기 위해서이다.

[서술형] 채점 기준 – 근거: ②단락 ❸번째 문장
'목동들이 별자리를 만든 이유는 별의 위치를 쉽게 기억하고 금방 찾기 위해서였다.'라고 했어요. 따라서 이 같은 내용이 들어가면 정답이에요.

발이 넓다? 아는 사람이 많다!

○ 각 단락 중심 낱말   ◯ 전체 중심 낱말   [   ] 각 단락 중심 문장   🟨 전체 중심 문장

① '발'은 사람이나 동물의 다리 맨 끝부분을, '넓다'는 면이나 바닥 따위의 면적이 크다는 뜻이다. ② 하지만 '발이 넓다'라는 말은 아는 사람이 많다는 뜻으로 쓰인다. ③ [이처럼 둘 이상의 낱말이 합쳐져 원래의 뜻과는 전혀 다른 새로운 의미로 굳어져서 쓰는 표현을 관용어라고 한다.] ④ 관용어 중에는 우리 몸과 관련된 재미있는 것들이 많다. ⑤ 몸의 위쪽부터 아래쪽으로 하나씩 살펴보자.

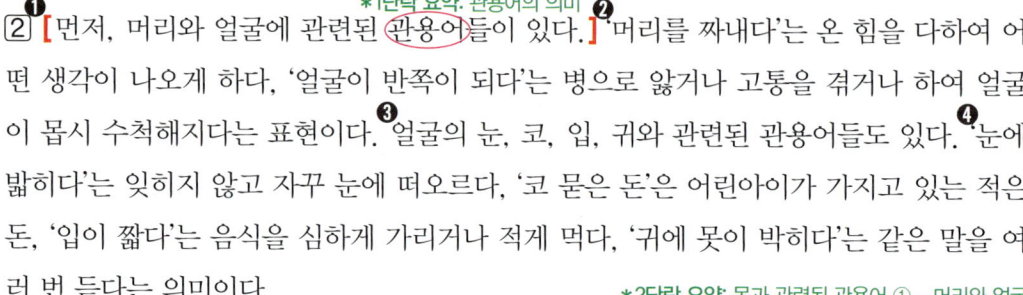

*1단락 요약: 관용어의 의미

② [먼저, 머리와 얼굴에 관련된 관용어들이 있다.] ② '머리를 짜내다'는 온 힘을 다하여 어떤 생각이 나오게 하다, '얼굴이 반쪽이 되다'는 병으로 앓거나 고통을 겪거나 하여 얼굴이 몹시 수척해지다는 표현이다. ③ 얼굴의 눈, 코, 입, 귀와 관련된 관용어들도 있다. ④ '눈에 밟히다'는 잊히지 않고 자꾸 눈에 떠오르다, '코 묻은 돈'은 어린아이가 가지고 있는 적은 돈, '입이 짧다'는 음식을 심하게 가리거나 적게 먹다, '귀에 못이 박히다'는 같은 말을 여러 번 듣다는 의미이다.

*2단락 요약: 몸과 관련된 관용어 ① - 머리와 얼굴

③ [얼굴 아래의 몸과 관련된 관용어에는 어떤 것들이 있을까?] ② '목이 빠지게 기다리다'는 몹시 안타깝게 기다리다, '가슴이 뜨끔하다'는 자극을 받아 마음이 깜짝 놀라거나 양심의 가책을 받다, '손이 맵다'는 손으로 슬쩍 때려도 몹시 아프다, '발을 끊다'는 오가지 않거나 관계를 끊다는 의미로 사용된다.

*3단락 요약: 몸과 관련된 관용어 ② - 얼굴 아래의 몸

④ [관용어를 사용하는 것은 여러 가지 장점이 있다.] ② 짧은 말로도 자신의 생각을 효과적으로 표현할 수 있고, 재미있는 표현으로 듣는 사람의 관심을 끌 수도 있다. ③ 또한 관용어를 상황에 맞게 사용하는 것은 우리의 언어생활을 풍부하게 해 준다.

*4단락 요약: 관용어 사용의 장점

01 정답 ②

①단락에서는 '발이 넓다'를 예로 들어 관용어의 의미를 설명하고 있어요. 따라서 ①단락의 중심 문장은 관용어의 의미를 담고 있는 '이처럼 ~ 관용어라고 한다.'예요.

02 정답 (1) ⓒ (2) ⓒ (3) ㉠

(1)은 ②단락 ④번째 문장에, (2)는 ②단락 ②번째 문장에, (3)은 ③단락 ②번째 문장에 뜻이 설명되어 있어요.

03 정답 언어생활

④단락 ③번째 문장에서 '관용어를 상황에 맞게 사용하는 것은 우리의 언어생활을 풍부하게 해 준다.'라고 했어요.

04 정답 호진

〈보기〉에서 귀가 빠진 날은 '생일을 의미한'다고 했어요. 따라서 귀 빠진 날에 빨리 나으라고 위로해 준다는 호진이의 반응은 맞지 않아요.

★ 지문 이해

● 이 글은 우리 몸과 관련된 관용어를 알려 주는 설명문입니다. 관용어란 둘 이상의 낱말이 합쳐져 원래 뜻과는 전혀 다른 새로운 의미로 사용되는 표현을 말해요. 머리, 얼굴, 눈, 코, 입, 귀, 목, 가슴, 손, 발과 관련된 관용어의 뜻을 알아보며 효과적으로 자신의 생각 표현하기, 듣는 사람의 관심 끌기 등 관용어 사용의 장점을 이야기하고 있어요.

● 단락 간의 관계
①단락에서는 글 전체의 중심 낱말인 '관용어'에 대해 소개하고, 특히 우리 몸과 관련된 관용어를 살펴보자고 이야기하고 있어요.
②, ③단락에서는 우리 몸과 관련된 관용어에 대해 구체적으로 설명하고 있어요.
④단락에서는 관용어를 사용할 때의 장점을 이야기하며 글을 마무리하고 있어요.

● 글의 구조도

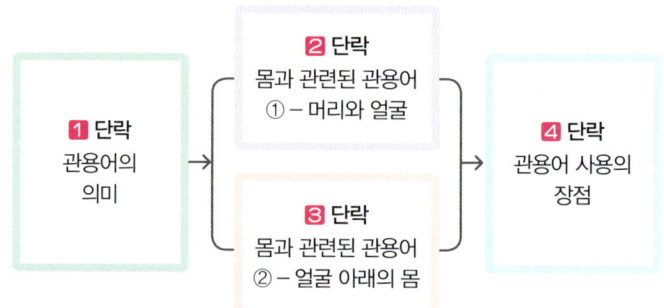

❶ 단락
관용어의 의미
→
❷ 단락
몸과 관련된 관용어
① - 머리와 얼굴

❸ 단락
몸과 관련된 관용어
② - 얼굴 아래의 몸
→
❹ 단락
관용어 사용의 장점

● 주제: 우리 몸과 관련된 관용어

안전하게 지켜야 할 개인 정보

○ 각 단락 중심 낱말   ◯ 전체 중심 낱말   [ ] 각 단락 중심 문장   ▨ 전체 중심 문장

① ❶최근 인터넷에서 어떤 사람의 개인 정보를 함부로 퍼뜨리는 '신상 털기'가 문제가 되고 있다. ❷[내가 아는 사람이거나, 사회적으로 나쁜 일을 한 사람이라고 해도 다른 사람의 개인 정보를 본인의 동의 없이 퍼뜨리는 것은 불법이다.]❸어디까지가 개인 정보이며, 이를 지키기 위해서는 어떻게 해야 할까?

② ❶[개인 정보란 개인의 신체, 재산, 사회적 지위, 신분 등에 관해 알 수 있는 모든 정보를 말한다.]❷가장 기본이 되는 개인 정보로는 이름, 주민 등록 번호, 주소 등 신분을 나타내는 정보와 가족 관계가 있다. ❸그리고 키, 몸무게, 병원 진료 기록 등 몸과 마음의 상태를 나타내는 정보, 학력이나 직업 등의 사회 경력, 소득이나 재산 등의 경제력도 개인 정보에 포함된다. ❹또 종교, 정치적 성향 등 개인의 가치관과 위치 정보까지도 개인 정보라고 할 수 있다.

③ ❶[개인 정보를 지키기 위해 어떤 노력을 할 수 있을까?]❷우선은 꼭 필요한 경우가 아니라면 다른 사람에게 개인 정보를 알려 주지 말고, 여러 사람이 함께 사용하는 컴퓨터에서 특정 사이트에 로그인한 뒤에는 반드시 로그아웃하는 습관을 길러야 한다. ❸(   ) 개인 정보가 나와 있는 종이는 잘 보관하고, 버릴 때는 개인 정보를 알아볼 수 없게 잘게 찢어서 버려야 한다. ❹우리가 무심코 버리는 택배 상자의 겉면에 이름, 휴대 전화번호, 주소 등이 적힌 송장이 붙어 있으므로 상자를 버릴 때는 이것을 꼭 떼서 잘게 찢어 버리는 것이 좋다.

④ ❶우리나라는 개인 정보 보호법을 만들어 본인의 동의 없이 개인 정보를 모으고 함부로 사용하는 것을 금지하고 있다. ❷어떤 사람의 개인 정보가 새어 나가 나쁜 목적으로 사용되면 그 사람은 큰 피해를 입을 수 있기 때문이다. ❸따라서 나뿐만 아니라 다른 사람의 개인 정보를 보호하려는 마음가짐을 가져야 한다.

❶ 단락 요약
개인 정보 보호의 필요성

❷ 단락 요약
개인 정보의 개념

❸ 단락 요약
개인 정보를 지키는 방법

❹ 단락 요약
모든 사람의 개인 정보를 보호해야 하는 이유

✶ **지문 이해**

● 이 글은 개인 정보에 대한 개념과 개인 정보를 지키는 방법에 대해 알려 주는 설명문입니다. 개인 정보란 개인의 신체, 재산, 사회적 지위, 신분 등에 관해 알 수 있는 모든 정보를 말해요. 개인 정보가 새어 나가 나쁜 목적으로 사용되면 큰 피해를 입을 수 있어요. 그래서 우리나라는 개인 정보 보호법을 만들어 본인의 동의 없이 개인 정보를 함부로 사용하는 것을 금지하고 있어요. 이와 별개로, 스스로 개인 정보를 지키려는 노력이 필요해요.

● **단락 간의 관계**
① 단락에서는 글 전체의 중심 낱말인 '개인 정보'에 대한 화제를 제시하고 있어요.
② 단락에서는 개인 정보의 개념을 설명하고 있어요.
③ 단락에서는 개인 정보를 지키는 방법을 알려 주고 있어요.
④ 단락에서는 모든 사람의 개인 정보를 보호해야 하는 이유를 설명하면서 글을 마무리하고 있어요.

● **글의 구조도**

① 단락
개인 정보 보호의 필요성

↓

② 단락
개인 정보의 개념

↓

③ 단락
개인 정보를 지키는 방법

↓

④ 단락
모든 사람의 개인 정보를 보호해야 하는 이유

● **주제:** 개인 정보의 개념과 개인 정보를 지키는 방법

01 [정답] ① ······················· 중심 문장 찾기

> **왜 정답?**

근거: ②단락 ❶번째 문장

②단락은 중심 낱말인 '개인 정보'의 개념을 설명하는 것이 주요 내용이에요. 그러므로 ②단락의 중심 문장은 '개인 정보란 개인의 신체, 재산, 사회적 지위, 신분 등에 관해 알 수 있는 모든 정보를 말한다.'예요.

02 [정답] (1) × (2) ○ (3) × (4) ○ ··········· 내용 이해하기

> **왜 정답?**

(1) 근거: ②단락 ❸번째 문장

'키, 몸무게, 병원 진료 기록 등 몸과 마음의 상태를 나타내는 정보, 학력이나 직업 등의 사회 경력, 소득이나 재산 등의 경제력도 개인 정보에 포함된다.'라고 했으므로 틀린 내용이에요.

(2) 근거: ②단락 ❸번째 문장

'소득이나 재산 등의 경제력도 개인 정보에 포함된다.'라고 했으므로 맞는 내용이에요.

(3) 근거: ①단락 ❷번째 문장

'사회적으로 나쁜 일을 한 사람이라고 해도 다른 사람의 개인 정보를 본인의 동의 없이 퍼뜨리는 것은 불법이다.'라고 했으므로 틀린 내용이에요.

(4) 근거: ④단락 ❶번째 문장

'우리나라는 개인 정보 보호법을 만들어 본인의 동의 없이 개인 정보를 모으고 함부로 사용하는 것을 금지하고 있다.'라고 했으므로 맞는 내용이에요.

03 [정답] 민주 ······················· 내용 적용하기

> **왜 정답?**

민주 근거: ③단락 ❹번째 문장

'택배 상자의 겉면에 이름, 휴대 전화번호, 주소 등이 적힌 송장이 붙어 있으므로 상자를 버릴 때는 이것을 꼭 떼서 잘게 찢어 버리는 것이 좋다.'라고 했어요. 따라서 송장을 그대로 버리는 민주의 행동은 개인 정보 보호를 위한 바람직한 행동이 아니에요.

> **왜 오답?**

가영 근거: ③단락 ❷번째 문장

'꼭 필요한 경우가 아니라면 다른 사람에게 개인 정보를 알려 주지 말고'라고 했으므로 맞는 내용이에요.

시연 근거: ③단락 ❷번째 문장

'여러 사람이 함께 사용하는 컴퓨터에서 특정 사이트에 로그인한 뒤에는 꼭 로그아웃하는 습관을 길러야 한다.'라고 했으므로 맞는 내용이에요.

재승 근거: ③단락 ❸번째 문장

'개인 정보가 나와 있는 종이는 잘 보관하고, 버릴 때는 개인 정보를 알아볼 수 없게 잘게 찢어서 버려야 한다.'라고 했으므로 맞는 내용이에요.

04 [정답] ③ ······················· 올바른 접속어 찾기

> **왜 정답?**

③ 앞 문장은 '우선은 꼭 필요한 경우가 아니라면 다른 사람에게 개인 정보를 알려 주지 말고, 여러 사람이 함께 사용하는 컴퓨터에서 특정 사이트에 로그인한 뒤에는 반드시 로그아웃하는 습관을 길러야 한다.'이고 뒷 문장은 '개인 정보가 나와 있는 종이는 잘 보관하고, 버릴 때는 개인 정보를 알아볼 수 없게 잘게 찢어서 버려야 한다.'예요.

앞 문장은 개인 정보 보호를 위한 노력의 예시이고, 뒤따르는 문장 역시 마찬가지이므로, 서로 비슷한 내용의 두 문장을 이어 주는 말인 '그리고'가 들어가야 해요.

> **왜 오답?**

① '따라서'는 앞 문장이 뒷 문장의 원인이 될 때 쓰는 이어 주는 말이에요.

② '그런데'는 앞의 내용과 다른 방향으로 문장을 이끌어 갈 때 쓰는 이어 주는 말이에요.

④ '그러나'는 서로 반대되는 내용을 말할 때 쓰는 이어 주는 말이에요.

⑤ '왜냐하면'은 뒷 문장이 앞 문장의 원인이 될 때 쓰는 이어 주는 말이에요.

05 [정답] 예 어떤 사람의 개인 정보가 새어 나가 나쁜 목적으로 사용되면 그 사람은 큰 피해를 입을 수 있기 때문이다.

다음은 개인 정보에 관한 대화입니다. 밑줄 친 곳에 알맞은 내용을 이 글에서 찾아 쓰세요.

• **개인 정보에 관한 대화:** 성호와 선생님이 유명 연예인들의 개인 정보를 사고파는 뉴스에 대해 이야기하고 있습니다.

🔴 **쯉** 연예인뿐만 아니라 모든 사람의 개인 정보를 보호해야 하는 이유를 쓰는 문제입니다.

서술형 채점 기준 - 근거: ④단락 ❷번째 문장

개인 정보 보호법이 만들어진 이유가 '어떤 사람의 개인 정보가 새어 나가 나쁜 목적으로 사용되면 그 사람은 큰 피해를 입을 수 있기 때문이다.'라고 설명하고 있어요. 따라서 이와 같은 내용이 들어가면 정답이에요.

민속놀이는 추석 때 민속촌에서만 즐겨야 할까?

○ 각 단락 중심 낱말   ◎ 전체 중심 낱말   [   ] 각 단락 중심 문장   ▨ 전체 중심 문장

1 ❶ 추석날 뉴스를 보면 한복을 입고 민속촌에서 널뛰기하는 모습이 나온다. ❷ 그렇지만 정작 우리 주변에서는 어떠한가? ❸ 실제로 널뛰기와 같은 민속놀이를 하는 모습을 쉽게 볼 수 없다. ❹ [민속놀이는 정해진 날에, 특별한 곳에서만 즐기는 놀이일까?]

2 ❶ 민속놀이란 옛날부터 우리 조상들이 즐겨 오던 놀이로, 각 지방의 풍속과 생활 모습이 많이 담겨 있다. ❷ 민속놀이에는 널뛰기뿐만 아니라 투호 놀이, 굴렁쇠 굴리기, 제기차기, 공기놀이, 윷놀이, 연날리기, 강강술래, 줄다리기 등 아주 다양한 종류가 있다. ❸ [하지만 이러한 놀이

▲ 굴렁쇠 굴리기

를 즐기는 사람이 줄어들면서 이제는 각 지방의 전통 축제에서나 볼 수 있는 것들이 많아졌다.]

3 ❶ [㈎ 우리가 평소에도 즐길 수 있는 민속놀이에는 어떤 것들이 있을까?] ❷ 공기놀이와 윷놀이, 제기차기는 문구점에서도 재료를 쉽게 구할 수 있고 놀이 방법이 간단하여 언제 어디서나 쉽게 즐길 수 있는 대표적인 민속놀이이다. ❸ 굴렁쇠 굴리기, 투호 놀이 등도 어느 정도 뛰놀 수 있는 공간만 있으면 쉽게 할 수 있다. ❹ 적당히 바람이 부는 날에는 공터에 나가 연날리기를 즐길 수도 있다.

4 ❶ 마음만 먹으면 민속놀이는 언제 어디서나, 쉽고 재미있게 할 수 있다. ❷ 하루 종일 컴퓨터나 스마트폰을 하기보다는 친구들과 함께 민속놀이를 즐기며 몸과 마음을 건강하게 해 보는 것은 어떨까? ❸ 민속놀이를 즐기는 사람이 많아질수록 그 안에 담긴 우리의 전통과 풍속도 잘 이어져 나갈 것이다.

1 단락 요약
민속놀이를 즐기는 모습에 대한 물음

2 단락 요약
민속놀이의 개념과 종류

3 단락 요약
평소에도 즐길 수 있는 민속놀이의 종류

4 단락 요약
민속놀이의 장점

✖ 지문 이해

● 이 글은 민속놀이의 개념과 종류 및 장점을 알려 주는 설명문이에요. 민속놀이는 옛날부터 우리 조상들이 즐겨 오던 놀이이지만 오늘날에는 민속놀이를 하는 모습을 쉽게 찾아볼 수 없어요. 하지만 민속놀이는 종류가 다양하고 재료를 쉽게 구할 수 있으며 놀이 방법도 간단하여 언제 어디서나 쉽게 즐길 수 있다는 장점이 있어요.

● 단락 간의 관계
1 단락에서는 글 전체의 중심 낱말인 '민속놀이'를 특정한 날, 특별한 곳에서만 즐기는 것인지 물음을 던지면서 글을 시작하고 있어요.
2 단락에서는 민속놀이의 개념과 종류를 알아보고 있어요.
3 단락에서는 우리가 평소에도 즐길 수 있는 민속놀이의 종류를 소개하고 있어요.
4 단락에서는 민속놀이의 장점들을 바탕으로, 민속놀이를 해 볼 것을 권하면서 글을 마무리하고 있어요.

● 글의 구조도

> **1 단락**
> 민속놀이를 즐기는 모습에 대한 물음
>
> ↓
>
> **2 단락**
> 민속놀이의 개념과 종류
>
> ↓
>
> **3 단락**
> 평소에도 즐길 수 있는 민속놀이의 종류
>
> ↓
>
> **4 단락**
> 민속놀이의 장점

● 주제: 민속놀이의 개념과 종류 및 장점

01 [정답] ③ ⸳⸳⸳⸳⸳⸳⸳⸳⸳⸳⸳⸳⸳⸳⸳⸳⸳ 중심 문장 찾기

>왜 정답?

근거: 1단락 4번째 문장

1단락의 중심 낱말은 '민속놀이'이고 중심 내용은 민속놀이는 정해진 날에 특별한 장소에서만 즐기는 놀이인지에 대한 물음이에요. 그러므로 이 내용을 포함하고 있는 1단락의 중심 문장은 '민속놀이는 정해진 날에, 특별한 곳에서만 즐기는 놀이일까?'예요.

02 [정답] (1) ○ (2) ○ (3) × ⸳⸳⸳⸳⸳⸳⸳⸳⸳⸳⸳⸳ 내용 이해하기

>왜 정답?

(1) 근거: 2단락 1번째 문장

'민속놀이란 옛날부터 우리 조상들이 즐겨 오던 놀이로, 각 지방의 풍속과 생활 모습이 많이 담겨 있다.'라고 했으므로 맞는 설명이에요.

(2) 근거: 2단락 1번째 문장

'민속놀이란 옛날부터 우리 조상들이 즐겨 오던 놀이'라고 했으므로 맞는 설명이에요.

(3) 근거: 2단락 3번째 문장

'이러한 놀이를 즐기는 사람이 줄어들면서 이제는 각 지방의 전통 축제에서나 볼 수 있는 것들이 많아졌다.'라고 했으므로 틀린 설명이에요.

03 [정답] ④ ⸳⸳⸳⸳⸳⸳⸳⸳⸳⸳⸳⸳⸳⸳⸳ 글쓰기 방식 이해하기

>왜 정답?

④ 근거: 3단락 1, 2번째 문장

'우리가 평소에도 즐길 수 있는 민속놀이에는 어떤 것들이 있을까?'라는 질문에 '공기놀이와 윷놀이, 제기차기는 문구점에서도 재료를 쉽게 구할 수 있고 놀이 방법이 간단하여 언제 어디서나 쉽게 즐길 수 있는 대표적인 민속놀이이다.'라고 답하고 있으므로 (가)에 쓰인 글쓰기 방식은 묻고 답하는 방식이에요.

>왜 오답?

① (가)에서 차이점을 대조하여 설명하고 있지 않아요.
② (가)에서 공간의 변화에 따라 설명하고 있지 않아요.
③ (가)에서 일이 일어난 차례대로 설명하고 있지 않아요.
⑤ (가)에서 어떤 문제의 원인과 결과를 설명하고 있지 않아요.

04 [정답] ㉠ ⸳⸳⸳⸳⸳⸳⸳⸳⸳⸳⸳⸳⸳⸳ 글쓴이의 의도 이해하기

>왜 정답?

㉠ 근거: 4단락 1번째 문장

'마음만 먹으면 민속놀이는 언제 어디서나, 쉽고 재미있게 할 수 있다.'라고 했어요. 따라서 '민속놀이는 정해진 날에, 특별한 곳에서만 즐길 수 있다.'는 생각은 틀려요.

>왜 오답?

㉡ 근거: 4단락 2번째 문장

'친구들과 함께 민속놀이를 즐기며 몸과 마음을 건강하게 해 보'자고 했어요. 따라서 '친구들과 함께 민속놀이를 즐기면 몸과 마음을 건강하게 할 수 있다.'는 생각은 맞아요.

㉢ 근거: 4단락 3번째 문장

'민속놀이를 즐기는 사람이 많아질수록 그 안에 담긴 우리의 전통과 풍속도 잘 이어져 나갈 것이다.'라고 했어요. 따라서 '민속놀이를 즐기는 사람이 많아질수록 그 속에 담긴 전통과 풍속도 잘 이어져 나갈 수 있다.'는 생각은 맞아요.

배경지식

돌을 가지고 놀아볼까?

민속놀이는 자연에서 쉽게 얻을 수 있는 재료를 이용하는 경우가 많아요. 그중에서도 '공기놀이'와 '비사치기'는 돌을 가지고 하는 놀이예요.

공기놀이는 동글동글하고 작은 돌멩이들을 위로 던졌다 받았다 하면서 즐기는 놀이예요. 공기놀이에 쓰이는 돌은 '공깃돌'이라고 하고, 보통 다섯 개의 공깃돌을 사용해요.

공기놀이는 한 알을 위로 던진 다음, 바닥에 있는 돌을 줍고 던져 올린 돌을 다시 잡는 방식으로 진행해요. 돌을 떨어뜨리지 않고 오래 할수록 많은 점수를 얻고, 돌을 잡을 때 옆의 돌을 건드리거나 던져 올린 돌을 다시 잡지 못하면 차례가 넘어가요.

비사치기는 얼마쯤 떨어진 곳에 돌을 세워 놓고 이를 맞혀 넘어뜨리는 놀이예요. '비사'는 던져서 날아가는 돌이라는 뜻으로, 비사치기에 쓰는 돌은 납작하고 어른 손바닥만한 것이 좋아요.

비사치기는 돌을 세워 두고 2~3m 떨어진 거리에서 자신의 돌을 던져서 상대편의 돌을 맞혀 넘어뜨리는 방식으로 승부를 겨뤄요. 또는 돌을 머리, 발등, 배 등에 얹고 상대편의 돌 앞에 가서 넘어뜨리는 방식이 있지요. 이때 중간에 돌을 떨어뜨리거나 상대편의 돌을 넘어뜨리지 못하면 다시 출발선으로 돌아가요.

오늘은 친구들과 주변에 있는 돌을 이용해서 놀아 보면 어떨까요?

머리카락과 손발톱에 담긴 정보들

◯ 각 단락 중심 낱말 ◯ 전체 중심 낱말 [ ] 각 단락 중심 문장 ▨ 전체 중심 문장

① 머리카락을 세게 누르거나 손발톱을 깎는다고 생각해 보자. ❷ 팔뚝 등 우리 몸의 다른 부위를 때릴 때와 달리 아픔이 느껴지지 않는다. ❸ 머리카락과 손발톱은 피부가 변한 것이지만 감각을 느끼지 못하기 때문이다. ❹ 대신 머리카락과 손발톱은 우리 몸에 대한 수많은 정보를 담고 있다. ❺ 머리카락과 손발톱을 통해 무엇을 알아볼 수 있는지 살펴보자.

② [먼저, 머리카락은 1960년대 말부터 유전자 검사, 약물 복용 검사를 하는 데 이용되고 있다.] ❷ 머리카락의 뿌리에는 유전자 정보가 담겨 있어 그 사람이 누구인지, 서로 다른 두 사람이 부모와 자식 관계인지 등을 알 수 있다. ❸ 머리카락 한 가닥으로 범인을 잡을 수 있는 것도 바로 이러한 이유 때문이다. ❹ 그리고 담배를 피우거나 술·약물 등을 먹으면 그 성분이 머리카락의 단백질층에 남는다. ❺ 그래서 시간이 흐른 뒤에도 머리카락을 통해 약물을 복용했는지 아닌지를 알아낼 수 있다.

③ [손발톱을 통해서는 건강 상태를 확인해 볼 수 있다.] ❷ 건강한 사람의 손발톱 밑에는 혈관이 퍼져 있어서 연분홍색을 띠고, 손톱의 뿌리 부분에는 흰색 반달 모양이 또렷하게 나타난다. ❸ 하지만 빈혈이 있거나 심장, 폐 등에 이상이 있는 경우에는 손톱 밑이 하얗게 된다. ❹ 또한 아연이 부족하면 손발톱에 흰 반점이 생긴다. ❺ 피부암이 있을 때는 손발톱에 세로줄이 생기므로 빨리 병원에 가 보는 것이 좋다.

④ 이 밖에도 우리 몸에 필요한 영양분이 부족하거나 큰 병을 앓으면 머리카락이 푸석푸석해지며 손발톱이 잘 부러지고 깨진다. ❷ [머리카락과 손발톱을 건강하게 가꾸기 위해서는 우리 몸에 필요한 영양분을 골고루 섭취하고, 평소 건강에 신경을 써야 한다.] ❸ 특히 머리카락과 손발톱은 단백질로 이루어져 있으므로 쇠고기, 우유, 달걀 등 질 좋은 단백질을 먹는 것이 좋다.

❶ 단락 요약
머리카락과 손발톱의 특징

❷ 단락 요약
머리카락에 담긴 정보

❸ 단락 요약
손발톱에 담긴 정보

❹ 단락 요약
머리카락과 손발톱을 건강하게 가꾸는 방법

✱ **지문 이해**

● 이 글은 우리 몸에 대한 정보를 담고 있는 머리카락과 손발톱에 대한 설명문이에요. 머리카락에는 유전자와 약물 복용에 관한 정보가 담겨 있어요. 손발톱에는 건강 상태에 대한 정보가 담겨 있답니다. 머리카락과 손발톱을 건강하게 가꾸기 위해서는 영양분을 골고루 섭취하고, 평소 건강에 신경을 써야 해요.

● **단락 간의 관계**
① 단락에서는 글 전체의 중심 낱말인 '머리카락과 손발톱'의 특징에 대해 이야기하고 있어요.
② 단락에서는 머리카락에 담긴 정보를 설명하고 있어요.
③ 단락에서는 손발톱에 담긴 정보를 설명하고 있어요.
④ 단락에서는 머리카락과 손발톱을 건강하게 관리하는 방법에 대해 이야기하며 글을 마무리하고 있어요.

● **글의 구조도**

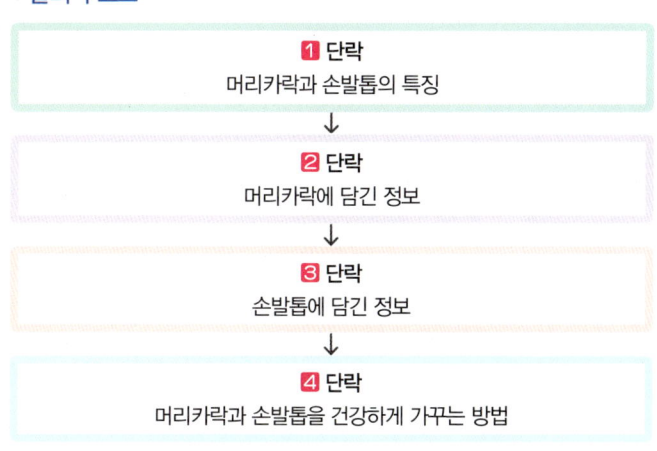

❶ 단락
머리카락과 손발톱의 특징
↓
❷ 단락
머리카락에 담긴 정보
↓
❸ 단락
손발톱에 담긴 정보
↓
❹ 단락
머리카락과 손발톱을 건강하게 가꾸는 방법

● **주제:** 우리 몸에 대한 정보가 담겨 있는 머리카락과 손발톱

01 [정답] ① ································· 중심 문장 찾기

> **왜 정답?**

근거: ③단락 ❶번째 문장

③단락의 중심 낱말은 '손발톱'이고 중심 내용은 건강할 때와 그렇지 않을 때 손발톱이 어떤 모습인지에 대한 설명이에요. 그러므로 이 내용을 포함한 ③단락의 중심 문장은 '손발톱을 통해서는 건강 상태를 확인해 볼 수 있다.'예요.

02 [정답] ③ ································· 내용 이해하기

> **왜 정답?**

③ **근거**: ③단락 ❷번째 문장

'건강한 사람의 손발톱 밑에는 혈관이 퍼져 있어서 연분홍색을 띠고, 손톱의 뿌리 부분에는 흰색 반달 모양이 또렷하게 나타난다.'라고 했어요. 따라서 손톱 뿌리 부분에 흰색 반달 모양은 큰 병을 앓고 난 사람이 아니라 건강한 사람에게 나타난다는 것을 알 수 있어요.

> **왜 오답?**

① **근거**: ②단락 ❷번째 문장

'머리카락의 뿌리에는 유전자 정보가 담겨 있'다고 했으므로 맞는 내용이에요.

② **근거**: ①단락 ❸번째 문장

'머리카락과 손발톱은 피부가 변한 것이지만 감각을 느끼지 못하기 때문이다.'라고 했으므로 맞는 내용이에요.

④ **근거**: ④단락 ❸번째 문장

'머리카락과 손발톱은 단백질로 이루어져 있으므로 쇠고기, 우유, 달걀 등 질 좋은 단백질을 먹는 것이 좋다.'라고 했으므로 맞는 내용이에요.

⑤ **근거**: ④단락 ❶번째 문장

'우리 몸에 필요한 영양분이 부족하거나 큰 병을 앓으면 머리카락이 푸석푸석해지며 손발톱이 잘 부러지고 깨진다.'라고 했으므로 맞는 내용이에요.

03 [정답] (1) ㉣ (2) ㉢ (3) ㉠ (4) ㉡ ········· 내용 이해하기

> **왜 정답?**

(1) **근거**: ③단락 ❸번째 문장

'빈혈이 있거나 심장, 폐 등에 이상이 있는 경우에는 손톱 밑이 하얗게 된다.'라고 했어요.

(2) **근거**: ③단락 ❷번째 문장

'건강한 사람의 손발톱 밑에는 혈관이 퍼져 있어서 연분홍색을 띠고'라고 했어요.

(3) **근거**: ③단락 ❹번째 문장

'아연이 부족하면 손발톱에 흰 반점이 생긴다.'라고 했어요.

(4) **근거**: ③단락 ❺번째 문장

'피부암이 있을 때는 손발톱에 세로줄이 생기므로'라고 했어요.

04 [정답] 머리카락, 단백질 ··············· 내용 적용하기

다음은 뉴스의 일부입니다. ㉠, ㉡에 들어가기에 알맞은 말을 이 글에서 찾아 쓰세요.

• **뉴스의 일부**: ○○○ 선수가 불법 약물을 복용하여 올림픽 경기에서 받은 금메달이 박탈되었다는 내용입니다.

즉 약물 복용 검사에 머리카락과 손발톱 중 어떤 것이 이용되는지 이 글에서 찾아 쓰는 문제입니다.

> **왜 정답?**

㉠ **근거**: ②단락 ❶번째 문장

'머리카락은 1960년대 말부터 유전자 검사, 약물 복용 검사를 하는 데 이용되고 있다.'라고 했으므로 약물 검사에 이용된 ㉠은 '머리카락'이에요.

㉡ **근거**: ②단락 ❹번째 문장

'약물 등을 먹으면 그 성분이 머리카락의 단백질층에 남는다.'라고 했으므로 ㉡에 들어갈 말은 '단백질'이에요.

05 [정답] 예 우리 몸에 필요한 영양분을 골고루 섭취하고, 평소 건강에 신경을 써야 한다.

서술형 **채점 기준 - 근거**: ④단락 ❷번째 문장

'머리카락과 손발톱을 건강하게 가꾸기 위해서는 <u>우리 몸에 필요한 영양분을 골고루 섭취하고, 평소 건강에 신경을 써야 한다.</u>'라고 했으므로 이와 같은 내용이 들어가면 정답이에요.

배경지식

계속 자라나는 머리카락

주하는 머리를 자른 지 얼마 지나지 않았는데 금세 자라난 머리카락을 보며 신기해했어요. 어떻게 머리카락은 계속 자라나는 것일까요?

머리카락은 '모낭'이라는 뿌리에서 자라나요. 모낭 안에서는 새로운 세포가 계속 생겨나면서 죽은 세포들을 밖으로 밀어내요. 이렇게 죽은 세포들이 밖으로 이동하면서 납작해지고 서로 뭉쳐져서 머리카락을 만들어요. 그래서 머리카락은 시간이 지날수록 점점 길어지는 것이에요.

머리카락은 평생 동안 자라는 것이 아니고 한 달에 약 1cm 정도 자란다고 해요. 한 번 자라난 머리카락은 2년~6년 정도 꾸준히 자라다가 점점 가늘어지면서 빠져요. 그리고 머리카락이 빠진 자리에 새로운 머리카락이 다시 자라면서 우리의 머리카락은 특별한 일이 없는 한 비슷하게 유지된답니다.

단군 신화에 담긴 비밀

○ 각 단락 중심 낱말   ⬭ 전체 중심 낱말   [ ] 각 단락 중심 문장   ▨ 전체 중심 문장

①❶ 누구나 한 번쯤 들어본 ⬭단군 신화⬭에는 믿을 수 없는, 말도 안 되는 내용이 많이 나온다. ❷ 그렇다면 우리 민족 최초의 나라인 고조선을 세운 단군에 대한 신화가 다 지어낸 거짓말일까? ❸ [단군 신화의 내용을 모두 그대로 받아들일 수는 없지만, 그 안에는 오래전에 존재했던 고조선에 대한 비밀이 담겨 있다.]

②❶ 가장 먼저, ○단군 신화○는 '환웅이 사람들을 이끌고 하늘에서 내려왔다.'라는 내용에서부터 시작된다. ❷ [이것은 환웅이 다른 지역에서 와서 새로운 세력을 만들었다는 의미로 해석할 수 있다.] ❸ 하늘에서 왔다고 표현한 이유는 환웅을 더 위대하고 신성한 존재로 여겨지게 하기 위함이었다. ❹ 그리고 환웅은 '바람, 구름, 비를 다스리는 신하를 데리고 왔다.'라고 한다. ❺ 바람, 구름, 비는 농사의 성공과 실패를 결정짓는 중요한 요소들이다. ❻ [이를 통해 고조선 시대에는 농사가 먹고사는 데 아주 중요한 것이었음을 짐작해 볼 수 있다.]

③❶ ○단군 신화○에서 가장 믿기 어려운, '백 일 동안 쑥과 마늘을 먹고 동굴에서 견디는 시험에서 호랑이는 견디지 못했고 곰은 끝까지 견뎌 사람으로 변해, 결국 환웅과 결혼했다.'라는 내용은 무슨 의미를 담고 있을까? ❷ 곰과 호랑이는 실제 동물이 아니라 곰과 호랑이를 수호신으로 믿고 있던 부족으로 추측된다. ❸ [즉, 곰을 믿고 있던 부족이 호랑이를 믿고 있던 부족을 이기고 환웅의 세력과 합쳐졌다는 의미로 해석할 수 있다.]

④❶ 마지막으로 ○단군 신화○는 '웅녀(사람으로 변한 곰)가 낳은 아들이 단군왕검이 되어 고조선을 세우고 약 2000살까지 살다가 산신이 되었다.'라는 내용으로 끝난다. ❷ [이것을 통해서는 고조선을 다스리던 지배자를 단군왕검이라 불렀고, 단군의 후손이 고조선을 다스린 기간이 약 2000년 동안 이어졌다고 짐작해 볼 수 있다.]

⑤❶ ▨이처럼 ○단군 신화○ 속 믿을 수 없는 이야기들은 고조선에 대한 중요한 정보를 담고 있다.▨ ❷ 그러므로 단군 신화를 단순히 믿을 수 없는 거짓말로 여길 것이 아니라, _____

_____ (가) _____ .

1 단락 요약
고조선에 대한 비밀이 담긴 단군 신화

2 단락 요약
단군 신화에 담긴 고조선에 대한 정보 ①

3 단락 요약
단군 신화에 담긴 고조선에 대한 정보 ②

4 단락 요약
단군 신화에 담긴 고조선에 대한 정보 ③

5 단락 요약
단군 신화를 읽는 바람직한 태도

✱ **지문 이해**

● 이 글은 단군 신화에 담겨 있는 고조선에 대한 정보들을 알려 주는 설명문입니다. 단군 신화에는 믿기 어려운 이야기들이 많아요. 하지만 이런 믿을 수 없는 이야기들 속에는 고조선에 대한 중요한 정보들이 담겨 있지요. 따라서 단군 신화를 읽을 때는 단순히 지어낸 거짓말로 여길 것이 아니라, 고조선의 역사가 담겨 있다고 생각하며 읽는 태도가 필요해요.

● **단락 간의 관계**
①단락에서는 글 전체의 중심 낱말인 '단군 신화' 속 믿을 수 없는 이야기들에는 고조선에 대한 비밀이 담겨 있음을 이야기하고 있어요.
②~④단락에서는 단군 신화에 담긴 고조선에 대한 정보들을 자세히 설명하고 있어요.
⑤단락에서는 단군 신화를 읽는 바람직한 태도를 말하며 글을 마무리하고 있어요.

● **글의 구조도**

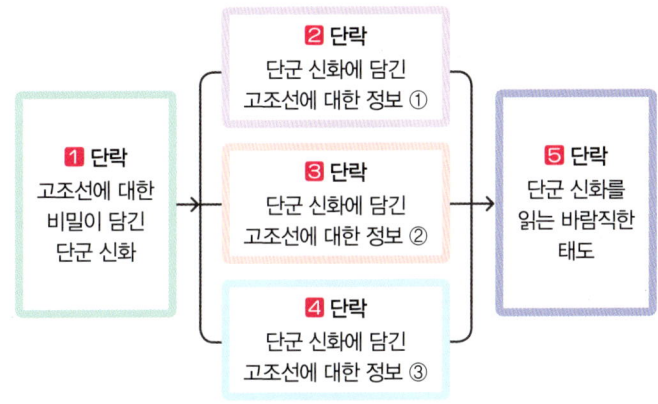

● **주제**: 단군 신화에 담긴 고조선에 대한 정보

01 [정답] ③ ⸺⸺⸺⸺⸺ 중심 문장 찾기

>왜 정답?

근거: [1]단락 ❸번째 문장

[1]단락의 중심 내용은 단군 신화에는 그대로 믿을 수 없는 이야기가 많지만, 그 안에는 고조선에 대한 정보가 담겨 있다는 것이에요. 따라서 이 내용이 담겨 있는 중심 문장은 '단군 신화의 내용을 모두 그대로 받아들일 수는 없지만, 그 안에는 오래전에 존재했던 고조선에 대한 비밀이 담겨 있다.'예요.

02 [정답] 환웅, 단군왕검 ⸺⸺⸺ 내용 이해하기

>왜 정답?

㉠ **근거:** [2]단락 ❶, ❹번째 문장

'단군 신화는 '환웅이 사람들을 이끌고 하늘에서 내려왔다.'라는 내용에서부터 시작된다.'라고 했어요. 또한 '환웅은 '바람, 구름, 비를 다스리는 신하를 데리고 왔다.''라고 했으므로 ㉠에는 '환웅'이 들어가야 해요.

㉡ **근거:** [4]단락 ❶번째 문장

'웅녀(사람으로 변한 곰)가 낳은 아들이 단군왕검이 되어 고조선을 세우고'라고 했으므로 ㉡에는 '단군왕검'이 들어가야 해요.

03 [정답] ⑤ ⸺⸺⸺⸺⸺ 내용 이해하기

>왜 정답?

⑤ **근거:** [4]단락 ❷번째 문장

'이것을 통해서는 고조선을 다스리던 지배자를 단군왕검이라 불렀고, 단군의 후손이 고조선을 다스린 기간이 약 2000년 동안 이어졌다고 짐작해 볼 수 있다.'라고 했으므로 틀린 정보예요.

>왜 오답?

① **근거:** [2]단락 ❷번째 문장

'환웅이 다른 지역에서 와서 새로운 세력을 만들었다는 의미로 해석할 수 있다.'라고 했으므로 맞는 정보예요.

② **근거:** [2]단락 ❻번째 문장

'이를 통해 고조선 시대에는 농사가 먹고사는 데 아주 중요한 것이었음을 짐작해 볼 수 있다.'라고 했으므로 맞는 정보예요.

③ **근거:** [3]단락 ❸번째 문장

'곰을 믿고 있던 부족이 호랑이를 믿고 있던 부족을 이기고'라고 했으므로 맞는 정보예요.

④ **근거:** [3]단락 ❸번째 문장

'곰을 믿고 있던 부족이 호랑이를 믿고 있던 부족을 이기고 환웅의 세력과 합쳐졌다는 의미로 해석할 수 있다.'라고 했으므로 맞는 정보예요.

04 [정답] ⑤ ⸺⸺⸺⸺⸺ 내용 추측하기

>왜 정답?

⑤ ㈎가 결론 문장이고, ㈎의 앞 문장인 '단군 신화 속 믿을 수 없는 이야기들은 고조선에 대한 중요한 정보를 담고 있다.'라는 문장은 판단의 근거가 되는 문장이에요. 따라서 ㈎에는 단군 신화에 담긴 고조선의 정보에 대한 내용이 담겨야 해요. '고조선에 대한 정보'는 '우리 민족의 역사'에 포함될 수 있으므로 '그 안에 담긴 우리 민족의 역사를 이해하려는 태도를 가져야 한다.'가 정답이에요.

>왜 오답?

① ㈎의 앞 문장에는 신화를 써 보는 내용은 나오지 않으므로 맞지 않아요.

② ㈎의 앞 문장에서 '믿을 수 없는 이야기'라고 했으므로 맞지 않아요.

③ ㈎의 앞 문장에서 '믿을 수 없는 이야기'라고 했으므로 맞지 않아요.

④ ㈎의 앞 문장에는 외국의 신화와 관련지을 수 있는 내용은 나오지 않으므로 맞지 않아요.

05 [정답] 예) 환웅을 더 위대하고 신성한 존재로 여겨지게 하기 위함이었다.

서술형 **채점 기준 – 근거:** [2]단락 ❸번째 문장

'하늘에서 왔다고 표현한 이유는 환웅을 더 위대하고 신성한 존재로 여겨지게 하기 위함이었다.'라고 했으므로 이와 같은 내용이 들어가야 정답이에요.

배경지식

하늘의 자손, 주몽과 박혁거세

고조선을 세운 단군은 하늘에서 내려온 환웅의 아들이에요. 그런데 고구려를 세운 주몽과 신라를 세운 박혁거세도 하늘에서 내려온 사람이라고 해요. 주몽과 박혁거세의 탄생 신화를 살펴볼까요?

주몽은 어느 날 하늘에서 이상한 빛을 받은 유화가 낳은 알에서 태어났어요. 그 알은 도끼로 내리쳐도 깨지지 않고, 들에 던져 버려도 동물들이 건드리지 않았어요. 그래서 유화가 다시 알을 가져와 정성스럽게 돌보자 알을 깨고 아이가 태어났다고 해요. 아이는 어릴 적부터 활 솜씨가 뛰어나 '주몽'이라는 이름으로 불렸고 훗날 고구려를 세웠답니다.

서라벌(신라의 옛 이름)의 여섯 부족장들이 모여 있었는데, 하늘에서 하얀 말이 내려오더니 커다란 알을 놓고 갔어요. 그때 알이 쩍 하고 갈라지더니 그 속에서 아이가 태어났지요. 그렇게 박혁거세는 하늘에서 내려온 말이 놓고 간 알에서 태어났어요. 부족장들은 박처럼 생긴 알에서 나왔다고 해서 '박'이라는 성을 붙여 주고, 나라를 밝게 비춰 준다는 뜻의 '혁거세'라는 이름을 지어 주었어요. 박혁거세는 늠름하게 자라서 신라의 첫 번째 왕이 되었답니다.

무게와 질량은 어떻게 다를까?

◯ 각 단락 중심 낱말　◯ 전체 중심 낱말　[　] 각 단락 중심 문장　▮ 전체 중심 문장

① ① 몸무게가 42 kg인 재연이가 달에 가면 몸무게가 7 kg이 된다고 한다. ② 달에서는 몸무게가 $\frac{1}{6}$로 줄어들기 때문이다. ③ 그럼 힘들게 살 뺄 필요 없이 달에 가면 몸이 확 가벼워지는 것일까? ④ 그렇지 않다. ⑤ 달에 가면 몸무게는 줄지만 질량은 변하지 않는다. ⑥ 무게와 질량은 무엇이 다른 것일까?

1 단락 요약
무게와 질량의 차이에 대한 궁금증

② ① 무게는 지구가 물체를 잡아당기는 힘을 말하는 것으로, 중력의 크기와 같다. ② 달이나 다른 행성에도 중력이 있지만 그 크기는 지구와 같지 않다. ③ 게다가 중력은 행성의 중심에서 멀리 떨어질수록 당기는 힘이 약해진다. ④ 그래서 높은 산에 올라가면 중력이 약해져서 그만큼 몸무게가 줄어든다. ⑤ [즉, 중력은 장소가 바뀌면 그 크기가 달라지고, 이에 따라 무게 역시 값이 달라지는 것이다.]

2 단락 요약
무게의 개념과 성질

③ ① [반면 질량은 물체가 가진 고유의 양으로 중력의 크기와 상관없다.] ② 물체를 쪼개거나 다른 물체를 더하지 않는 이상 물체 고유의 양은 변하지 않는다. ③ 지구나 달, 다른 행성 어디에서든지 물체의 질량은 변함이 없다.

3 단락 요약
질량의 개념과 성질

④ ① [무게와 질량이 이렇게 서로 다른 것인데 왜 우리는 그동안 같은 것이라고 오해했을까?] ② 과학적으로 정확히 따지면, 우리가 무게를 잴 때 쓰는 단위인 그램(g)이나 킬로그램(kg)은 질량을 나타낼 때 쓰는 것이다. ③ 다만 지구에서는 같은 장소에서 무게와 질량을 재면 그 값이 똑같아 질량의 단위를 무게를 나타낼 때도 사용한다. ④ 사실 무게를 나타낼 때는 힘의 크기를 나타내는 단위인 뉴턴(N)을 사용하는 게 정확한 표현이다.

4 단락 요약
서로 다른 무게와 질량을 같다고 오해한 이유

⑤ ① [정리하면, 달은 중력의 크기가 지구의 $\frac{1}{6}$이기 때문에 달에 가서 몸무게를 재면 $\frac{1}{6}$로 줄어들지만, 우리 몸의 질량은 줄어들지 않는다.] ② 실제로 가벼워지고 싶으면 살을 빼서 우리 몸의 질량을 줄여야 한다.

5 단락 요약
질량과 무게의 차이에 대한 정리

✶ 지문 이해

● 이 글은 무게와 질량의 차이에 대해 알려 주는 설명문입니다. 무게는 지구가 물체를 잡아당기는 힘을 말하는 것으로 중력의 크기와 같아요. 그런데 중력은 장소에 따라 크기가 달라져요. 그래서 무게 값도 달라진답니다. 반면 질량은 물체가 가진 고유한 양으로 중력의 크기와는 관련이 없어요. 장소가 변해도 질량은 같아요. 지구에서는 질량이나 무게나 같은 단위를 쓰기 때문에 이 같은 오해가 일어나기 쉬운데, 정확히 따지면 무게를 나타낼 때는 힘의 단위인 뉴턴(N)을 사용해야 해요.

● 단락 간의 관계
1단락에서는 지구와 달에서의 무게 차이를 예로 들어 질량과 무게의 차이에 대한 물음을 던지고 있어요.
2단락에서는 무게의 개념과 성질에 대해 이야기하고 있어요.
3단락에서는 질량의 개념과 성질에 대해 이야기하고 있어요.
4단락에서는 무게와 질량을 같다고 오해하기 쉬운 이유를 밝히고 있어요.
5단락에서는 앞에서 한 질문의 답을 내리며 글을 마무리하고 있어요.

● 글의 구조도

1 단락
무게와 질량의 차이에 대한 궁금증
↓
2 단락
무게의 개념과 성질
↓
3 단락
질량의 개념과 성질
↓
4 단락
서로 다른 무게와 질량을 같다고 오해한 이유
↓
5 단락
질량과 무게의 차이에 대한 정리

● 주제: 무게와 질량의 차이

01 정답 ④ ················· 중심 문장 찾기

>왜 정답?

근거: ②단락 ❺번째 문장

②단락은 무게는 중력의 크기와 같으며, 중력은 장소에 따라 달라지기 때문에 무게도 달라진다고 설명하고 있어요. 따라서 이 내용이 포함된 '즉, 중력은 장소가 바뀌면 그 크기가 달라지고, 이에 따라 무게 역시 값이 달라지는 것이다.'가 중심 문장이에요.

02 정답 (1) ○ (2) × (3) × (4) ○ ·········· 내용 이해하기

>왜 정답?

(1) **근거:** ①단락 ❷번째 문장
'달에서는 몸무게가 $\frac{1}{6}$로 줄어들기 때문이다.'라고 했으므로 맞는 내용이에요.

(2) **근거:** ②단락 ❸번째 문장
'중력은 행성의 중심에서 멀리 떨어질수록 당기는 힘이 약해진다.'라고 했으므로 틀린 내용이에요.

(3) **근거:** ③단락 ❷번째 문장
'물체를 쪼개거나 다른 물체를 더하지 않는 이상 물체 고유의 양은 변하지 않는다.'라고 했어요. 여기서 물체 고유의 양은 질량을 나타내므로, 달라지지 않는 것은 무게가 아니라 질량이에요.

(4) **근거:** ④단락 ❹번째 문장
'무게를 나타낼 때는 힘의 크기를 나타내는 단위인 뉴턴(N)을 사용하는 게 정확한 표현이다.'라고 했으므로 맞는 내용이에요.

03 정답 ④ ······················· 내용 이해하기

>왜 정답?

④ 이 글에서는 지구와 달에서의 몸무게 차이를 예로 들어 무게와 질량의 차이를 알려 주고 있어요. 지구의 크기에 대한 내용은 나오지 않아요.

>왜 오답?

① **근거:** ②단락 ❶번째 문장
'무게는 지구가 물체를 잡아당기는 힘을 말하는 것'이라고 해서, 무게의 뜻이 설명되어 있어요.

② **근거:** ③단락 ❶번째 문장
'질량은 물체가 가진 고유의 양'이라고 해서, 질량의 뜻이 설명되어 있어요.

③ **근거:** ④단락 ❷번째 문장
'우리가 무게를 잴 때 쓰는 단위인 그램(g)이나 킬로그램(kg)은 질량을 나타낼 때 쓰는 것'이라고 해서, 질량의 단위가 설명되어 있어요.

⑤ **근거:** ④단락 ❹번째 문장
'무게를 나타낼 때는 힘의 크기를 나타내는 단위인 뉴턴(N)을 사용하는 게 정확'하다고 해서, 힘의 크기의 단위가 설명되어 있어요.

04 정답 (1) 약해서 (2) 변하지 않기 ······· 내용 이해하기

다음은 동생이 지훈이에게 질문한 내용입니다. 빈칸에 들어갈 말로 알맞은 것을 골라 쓰세요.

• **동생이 지훈이에게 질문한 내용:** 달에 가면 몸무게가 저절로 줄어드는지를 묻고 있습니다.

• **지훈이의 대답:** 무게가 변하는 이유를 중력의 크기와 관련지어 설명하고 있습니다.

즉 무게는 중력의 크기에 비례해서 어떻게 변하는지, 질량은 달에서 변함이 있는지, 없는지를 묻는 문제입니다.

>왜 정답?

(1) **근거:** ①단락 ❷번째 문장
'달에서는 몸무게가 $\frac{1}{6}$로 줄어'든다고 했으므로 달의 중력은 지구보다 약해요.

(2) **근거:** ③단락 ❷번째 문장
'물체를 쪼개거나 다른 물체를 더하지 않는 이상 물체 고유의 양은 변하지 않는다.'라고 했으므로 질량은 변하지 않아요.

05 정답 예 지구에서는 같은 장소에서 무게와 질량을 재면 그 값이 똑같아 질량의 단위를 무게를 나타낼 때도 사용한다.

서술형 **채점 기준 – 근거:** ④단락 ❸번째 문장

'다만 지구에서는 같은 장소에서 무게와 질량을 재면 그 값이 똑같아 질량의 단위를 무게를 나타낼 때도 사용한다.'라고 했어요. 따라서 이 내용이 들어가야 정답이에요.

---- 배경지식

지구가 잡아당기는 힘, 중력

중력은 지구가 물체를 지구의 중심으로 잡아당기는 힘을 말해요. 중력이 있기 때문에 우리는 땅에 서 있을 수 있고, 공을 차도 지구 밖으로 튀어 나가지 않지요. 지구가 둥글게 생긴 것도 지구의 중심으로 잡아당기는 중력 때문이에요.

그렇다면 지구는 지구 위에 있는 물체만 잡아당길까요? 하늘에 떠 있는 달도 지구가 잡아당기고 있어요. 그래서 달이 지구에서 멀어지지 않고 항상 같은 거리를 유지하면서 지구 주위를 도는 것이랍니다.

중력이 아주 아주 크다면 어떻게 될까요? 바로 우리가 잘 알고 있는 블랙홀(black hole)이 생겨요. 중력이 한없이 크다면 주위의 물체는 물론, 빛까지 모두 잡아당겨요. 그래서 블랙홀은 마치 우주에 구멍이 뚫린 것처럼 온통 검은색으로 보이는 것이랍니다.

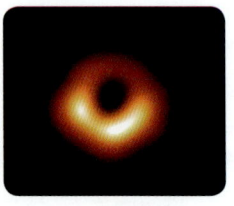
▲ 블랙홀

5.5를 자연수로 나타내면 5일까? 6일까?

◯ 각 단락 중심 낱말   ⬭ 전체 중심 낱말   [ ] 각 단락 중심 문장   ▨ 전체 중심 문장

① ① 계산한 값이 5.5가 나왔을 때, 자연수로 나타내라고 하면 5를 써야 할까? ② 6을 써야 할까? ③ 소수점 아래에 붙은 5를 어떻게 해야 할지 고민이 된다. ④ [실생활에서는 대부분의 경우 반올림을 사용하여 문제를 해결한다.]   *1단락 요약: 반올림으로 소수를 자연수로 나타내기

② ① 반올림은 우리가 수를 어림할 때 많이 사용하는 방법으로, 구하려는 자리의 한 자리 아래 숫자가 0, 1, 2, 3, 4이면 버리고 5, 6, 7, 8, 9이면 윗자리에 1을 더하여 어림하는 것이다. ② 5를 기준으로 5 미만이면 버리고, 5 이상이면 올려서 나타내는 것이다. ③ 5.5를 반올림하여 자연수로 나타내려면 소수점 첫째 자리 수를 잘 살펴보아야 한다. ④ 소수점 첫째 자리 수가 5이므로 윗자리에 1을 더해 6으로 나타낼 수 있다.   *2단락 요약: 반올림의 의미와 방법

③ ① 그렇다면 다음 문제의 답은 무엇일까?

> ② 2345를 십의 자리에서 반올림하여 나타내시오. / 2345를 반올림하여 백의 자리까지 나타내시오.

③ 2345의 십의 자리 수인 4는 5 미만이므로 버려서 나타내야 한다. ⑤ 그러므로 2345를 십의 자리에서 반올림하여 나타내면 2300이다. ⑥ 2345를 반올림하여 백의 자리까지 나타내려면 구하려는 자리의 한 자리 아래 숫자, 즉 십의 자리 숫자가 무엇인지 봐야 한다. ⑦ 십의 자리 숫자인 4가 5 미만이므로 버려서 나타낸다. ⑧ 2345를 반올림하여 백의 자리까지 나타내도 2300이 되는 것이다. ⑨ [결국 십의 자리에서 반올림한 수와 반올림하여 백의 자리까지 나타낸 수는 _____ (가) _____]   *3단락 요약: 십의 자리에서 반올림한 수와 반올림하여 백의 자리까지 나타낸 수 비교

④ ① [반올림은 십의 자리, 백의 자리, 소수 첫째 자리 등 구하고자 하는 자리까지 수를 간단하게 나타낼 수 있는 편리한 방법이다.] ② 반올림할 때는 구하고자 하는 자리의 바로 아래 자리의 수만 잘 따지면 된다. ③ 그리고 이것 하나만 기억하자. ④ 5를 기준으로 반은 올리고 반은 버리는 것이 반올림이다.   *4단락 요약: 반올림하는 방법 정리

---

01 정답 **반올림**

④단락은 반올림하는 방법을 다시 정리해 주고 있어요. 따라서 ④단락의 중심 낱말은 '반올림'이에요.

02 정답 **④**

③단락 ⑥번째 문장을 근거로 반올림하여 백의 자리까지 나타내려면 십의 자리 숫자가 무엇인지 봐야 해요.

03 정답 (1) **이상, 327**
(2) **미만, 1290**

(1) 6은 5보다 크므로 첫 번째 빈칸에는 '이상'을, ②단락 ①번째 문장을 근거로 두 번째 빈칸에는 326에 1을 더한 '327'을 써야 해요.

(2) 3은 5보다 작으므로 첫 번째 빈칸에는 '미만'을, ②단락 ①번째 문장을 근거로 두 번째 빈칸에는 '1290'을 써야 해요.

04 정답 **①**

③단락 ⑤, ⑧번째 문장을 근거로 밑줄 친 (가)에 들어갈 내용은 '같다'예요.

★ 지문 이해

● 이 글은 반올림의 의미와 방법을 알려 주는 설명문입니다. 반올림은 수를 어림하여 간단하게 나타내는 방법으로, 구하려는 한 자리 아래 숫자가 5 미만이면 버리고, 5 이상이면 1을 더해 올리는 방법입니다. 반올림은 '~ 자리에서 반올림', '반올림하여 ~ 자리까지 나타내는' 방법이 있는데, '십의 자리에서 반올림하는 것'과 '반올림하여 백의 자리까지 나타내는 것'의 값이 같은 관계에 있답니다.

● 단락 간의 관계
①단락에서는 소수를 자연수로 나타내는 예를 들어 중심 낱말인 '반올림'에 대해 소개하고 있어요.
②단락에서는 반올림의 의미와 방법을 설명하고 있어요.
③단락에서는 십의 자리에서 반올림한 수와 반올림하여 백의 자리까지 나타낸 수를 비교하고 있어요.
④단락에서는 반올림하는 방법을 다시 정리하며 글을 마무리하고 있어요.

● 글의 구조도

① 단락
반올림으로 소수를 자연수로 나타내기

↓

② 단락
반올림의 의미와 방법

↓

③ 단락
십의 자리에서 반올림한 수와 반올림하여 백의 자리까지 나타낸 수 비교

↓

④ 단락
반올림하는 방법 정리

● 주제: 반올림의 의미와 방법

우리나라 지형의 특징을 나타내는 말

◯ 각 단락 중심 낱말   ◯ 전체 중심 낱말   [ ] 각 단락 중심 문장   ▨ 전체 중심 문장

1 산, 강, 평야, 해안 등과 같은 땅의 모양을 '지형'이라고 한다. 지리산, 한강, 김포평야, 동해안 등 우리나라에는 다양한 지형이 있다. 우리나라 지형의 특징을 나타내는 말 중에는 우리가 흔히 접했던 것들이 많다. 우리나라의 지형적 특징을 잘 담아낸 말들을 알아보도록 하자.

2 한반도는 어떤 지형적 특징을 담고 있는 말일까? '반도'는 삼면이 바다로 둘러싸이고 한 면은 육지에 이어진 땅을 말한다. [우리나라는 북쪽이 동아시아 대륙과 연결되어 있고, 나머지 삼면을 동해, 서해, 남해가 둘러싸고 있는 반도이다. 여기에 우리 민족을 의미하는 한민족의 '한'을 붙여 '한반도'라는 말이 생겨난 것이다.]

3 [금수강산이라는 말은 '비단에 수를 놓은 것처럼 아름다운 산과 강'이라는 뜻이다.] 우리 국토는 약 70%가 산으로 이루어져 있는데, 그 사이로 강들이 굽이굽이 흐르고 있다. 높은 산에 올라 내려다보면 초록빛 산과 푸른 강이 어우러져 말 그대로 비단에 수를 놓은 것처럼 아름다운 경치가 펼쳐진다. 애국가에 나오는 화려 강산도 바로 이러한 우리나라의 지형을 표현하는 말이다.

4 그런데 우리 국토의 많은 면적을 차지하는 산지는 대부분 동쪽에 몰려 있다. [그래서 산이 많은 동쪽의 지형이 높고 서쪽의 지형이 낮은데, 이를 '동고서저'라고 한다.] 우리나라의 북쪽과 동쪽에는 큰 산맥과 높은 산지가 많아 지형이 높다. 반면 큰 산맥에서 나온 작은 산맥들이 서쪽을 향해 뻗어 나가며 점점 낮아져 평야를 이루기 때문에 남쪽과 서쪽은 지형이 낮다.

5 [이처럼 다양한 우리나라의 지형은 사람들이 사는 모습이나, 기후 등에 큰 영향을 미친다.] 내가 사는 지역은 바다와 가까운지 육지 안쪽인지, 동쪽인지 서쪽인지 등을 살펴보며 우리나라 지형의 특징을 이해해 보자.

1 단락 요약
우리나라 지형의 특징을 나타내는 말에 대한 궁금증

2 단락 요약
'한반도'에 담긴 우리나라의 지형적 특징

3 단락 요약
'금수강산'과 '화려 강산'에 담긴 우리나라의 지형적 특징

4 단락 요약
'동고서저'에 담긴 우리나라의 지형적 특징

5 단락 요약
지형이 미치는 영향

✱ 지문 이해

● 이 글은 우리나라의 지형적 특징을 담은 말을 알아보는 설명문입니다. 우리나라의 지형을 나타내는 말에는 '한반도', '금수강산', '화려 강산', '동고서저' 등이 있죠. '한반도'는 한민족이 살고 있는 반도라는 의미예요. '금수강산'은 비단에 수를 놓은 것처럼 아름다운 산과 강이라는 뜻이에요. '화려 강산'도 비슷한 의미지요. 마지막으로 '동고서저'는 동쪽의 지형이 높고 서쪽이 낮은 지형을 뜻하는 말이랍니다. 우리나라 지형의 특징을 나타내는 말들을 알아보면 사람들의 삶에 지형이 미치는 영향이 크다는 것을 알 수 있어요.

● **단락 간의 관계**
1단락에서는 글 전체의 중심 낱말인 '우리나라의 지형적 특징'을 담은 말에 대해 소개하고 있어요.
2~4단락에서는 각각의 지형적 특징을 나타내는 말에 담긴 의미를 자세히 설명하고 있어요.
5단락에서는 지형이 미치는 영향을 이야기하며 글을 마무리하고 있어요.

● **글의 구조도**

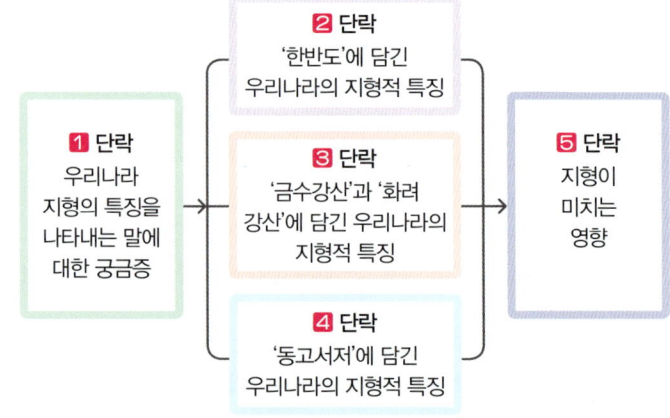

● **주제:** 우리나라의 지형적 특징을 나타내는 말에 담긴 의미

01 [정답] 지형 ·················· 단락 요약하기

> **왜 정답?**

1 단락에서는 글 전체의 중심 낱말인 '우리나라의 지형적 특징'을 소개하고 있어요.

2 ~ 4 단락에서는 우리나라 지형의 특징을 나타내는 말에 대해 자세히 설명하고 있어요.

그러므로 빈칸에 공통으로 들어갈 말은 '지형'이에요.

02 [정답] ②, ③ ·················· 글쓰기 방식 이해하기

> **왜 정답?**

② 근거: 2 단락 ❶, ❸, ❹번째 문장

"한반도'는 어떤 지형적 특징을 담고 있는 말일까?'라는 물음에 '우리나라는 북쪽이 동아시아 대륙과 연결되어 있고, 나머지 삼면을 동해, 서해, 남해가 둘러싸고 있는 반도이다. 여기에 우리 민족을 의미하는 한민족의 '한'을 붙여 '한반도'라는 말이 생겨난 것이다.'라고 했어요. 이를 통해 2 단락이 물음으로 시작하여, 그에 대한 답을 제시하는 것으로 구성되어 있음을 알 수 있으므로 맞는 설명이에요.

③ 근거: 2 단락 전체, 3 단락 전체, 4 단락 전체

2 단락에서 한반도, 3 단락에서 금수강산과 화려 강산, 4 단락에서 동고서저의 예시를 나란히 제시하고 있으므로 맞는 설명이에요.

> **왜 오답?**

① 이 글에 일이 일어난 차례대로 설명하는 방식은 나오지 않아요.

④ 이 글에 어떤 문제의 원인과 결과에 대한 설명은 나오지 않아요.

⑤ 이 글에 일본의 지형에 대한 설명은 나오지 않아요.

03 [정답] ④ ·················· 내용 이해하기

> **왜 정답?**

④ 근거: 2 단락 ❸, ❹번째 문장

'우리나라는 북쪽이 동아시아 대륙과 연결되어 있고, 나머지 삼면을 동해, 서해, 남해가 둘러싸고 있는 반도이다. 여기에 우리 민족을 의미하는 한민족의 '한'을 붙여 '한반도'라는 말이 생겨난 것이다.'라고 했어요. '한'은 '유일한'의 뜻이 아니라 '우리 민족'을 의미하는 것이므로 틀린 설명이에요.

> **왜 오답?**

① 근거: 3 단락 ❷번째 문장

'우리 국토는 약 70%가 산으로 이루어져 있'다고 했으므로 맞는 설명이에요.

② 근거: 2 단락 ❸번째 문장

'우리나라는 ~ 삼면을 동해, 서해, 남해가 둘러싸고 있는 반도이다.'라고 했으므로 맞는 설명이에요.

③ 근거: 2 단락 ❸번째 문장

'우리나라는 북쪽이 동아시아 대륙과 연결되어 있'다고 했으므로 맞는 설명이에요.

⑤ 근거: 3 단락 ❸번째 문장

'초록빛 산과 푸른 강이 어우러져 말 그대로 비단에 수를 놓은 것처럼 아름다운 경치가 펼쳐진다.'라고 했으므로 맞는 설명이에요.

04 [정답] (1) 서쪽 (2) 동쪽 ·················· 내용 적용하기

다음은 '내가 사는 지역의 지형적 특징'에 대해 학생들이 발표한 내용입니다. '동고서저'의 지형적 특징을 고려할 때, 빈칸에 들어가기에 알맞은 말을 고르세요.

• '내가 사는 지역의 지형적 특징': 지은이는 김포에, 민현이는 평창에 살고 있습니다.

• '동고서저'의 지형적 특징: 우리나라의 동쪽은 지형이 높고 서쪽은 지형이 낮습니다.

즉 김포와 평창, 두 지역 땅의 쓰임을 보고 지형적 특징을 알아내는 문제입니다.

> **왜 정답?**

(1) 근거: 4 단락 ❹번째 문장

'큰 산맥에서 나온 작은 산맥들이 서쪽을 향해 뻗어 나가며 점점 낮아져 평야를 이루기 때문에 남쪽과 서쪽은 지형이 낮다.'라고 했어요. 지은이가 사는 김포는 평야가 많다고 했으므로 서쪽이 낮은 동고서저의 한반도의 지형적 특징을 봤을 때, 김포는 서쪽에 있을 것이라고 추측해 볼 수 있어요.

(2) 근거: 4 단락 ❶, ❸번째 문장

'산지는 대부분 동쪽에 몰려 있다.'라고 했어요. 또, '우리나라의 북쪽과 동쪽에는 큰 산맥과 높은 산지가 많아 지형이 높다.'라고도 했지요. 민현이가 사는 평창에는 높은 산이 많다고 했으므로 동쪽이 높은 동고서저의 한반도의 지형적 특징을 봤을 때, 평창은 동쪽에 있을 것이라고 추측해 볼 수 있어요.

05 [정답] 예 높은 산에 올라 내려다보면 초록빛 산과 푸른 강이 어우러져 말 그대로 비단에 수를 놓은 것처럼 아름다운 경치가 펼쳐지기 때문이다.

서술형 채점 기준 – 근거: 3 단락 ❶, ❸번째 문장

3 단락에서 '금수강산'이라는 말은 '비단에 수를 놓은 것처럼 아름다운 산과 강'이라는 뜻이다.'라고 하여 금수강산의 의미를 이야기하고, 그에 해당하는 우리나라의 지형적 특징을 설명하고 있어요.

따라서 '높은 산에 올라 내려다보면 초록빛 산과 푸른 강이 어우러져 말 그대로 비단에 수를 놓은 것처럼 아름다운 경치가 펼쳐진다.'라는 내용이 들어가면 정답이에요.

여럿이 힘을 합해 문제를 해결하는 토의

◯ 각 단락 중심 낱말 ◯ 전체 중심 낱말 [ ] 각 단락 중심 문장 🟨 전체 중심 문장

①1️⃣ 교실 청소 당번을 어떻게 정할 것인지, 가족끼리 집안일을 어떻게 나눌 것인지 등 우리는 살아가면서 여럿이 의견을 나누고 가장 좋은 해결 방법을 찾아야 하는 경우를 겪는다. ②이러한 경우에 알맞은 의사소통 방법은 ◯토의◯이다. ③[토의란 공통의 문제에 대한 해결 방법을 찾기 위해 여러 사람이 모여서 의견을 나누는 협동적인 말하기 방법이다.] ④🟨토의에 적합한 문제는 무엇이며, 어떻게 해야 토의를 잘 진행할 수 있을까?🟨

②2️⃣①◯토의◯의 목적을 생각해 보면 토의에 적합한 문제가 무엇인지 알 수 있다. ②토의를 하는 목적은 어떤 문제에 대한 해결 방법을 찾기 위해서이다. ③[따라서 해결 방법에 대한 사람들의 의견이 엇갈리기 때문에 여럿이 함께 생각해 보아야 하는 문제, 토의 참가자들이 직접 관련되어 있어 관심을 끌 수 있는 문제, 실제로 해결이 가능한 문제를 토의의 주제로 삼아야 한다.]

③3️⃣①[그렇다면 ◯토의◯는 어떻게 진행되어야 할까?] ②토의는 사회자가 토의할 문제를 소개하는 것으로 시작되며, 토의 참가자들은 자유롭게 의견을 주고받는다. ③이때 누구에게나 말할 기회가 공평하게 주어져야 한다. ④그리고 토의 참가자들은 적절한 근거를 바탕으로 자신의 의견을 간결하고 명확하게 말하고, 다른 사람의 말을 들을 때는 근거가 올바른지 생각하면서 주의 깊게 들어야 한다. ⑤토의가 어느 정도 진행되면 사회자는 그동안 나온 의견들을 정리하고 최종 의견을 이끌어 낸다. ⑥이 과정에서는 소수의 의견을 존중하는 자세도 필요하다.

④4️⃣①[어떤 주제를 가지고 ◯토의◯를 하면, 그 과정에서 참가자들은 주제에 대한 문제점을 알게 되고 관련 지식도 얻을 수 있다.] ②게다가 같은 문제를 두고 서로 다른 의견을 들을 수 있으므로 더 넓은 관점에서 생각해 볼 기회를 얻는다. ③[그리고 다른 사람의 의견을 이해하는 과정에서 상대방을 존중하는 자세를 배울 수도 있다.]

1️⃣ 단락 요약
토의의 의미와 잘하는 방법에 대한 궁금증

2️⃣ 단락 요약
토의의 목적과 적합한 주제

3️⃣ 단락 요약
토의를 진행하는 방법

4️⃣ 단락 요약
토의를 하면 이로운 점

✱ 지문 이해

● 이 글은 토의의 의미, 토의의 목적과 적합한 주제, 진행 방법과 이점에 대해 알려 주는 설명문입니다. 토의는 여럿이 모여 의견을 나누는 협동적 말하기 방법이에요. 토의는 해결 방법을 찾는 것이 목적이므로, 여럿이 함께 생각해 보아야 하는 문제, 토의 참가자들과 관련된 문제, 실제로 해결 가능한 문제를 주제로 삼는 것이 좋아요. 또한 토의를 제대로 진행하는 과정에서 토의 참가자들은 다양한 이점을 얻을 수 있어요.

● 단락 간의 관계
1️⃣단락에서는 글 전체의 중심 낱말인 '토의'에 대해 소개하고 있어요.
2️⃣단락에서는 토의의 목적과 토의에 적합한 주제를 설명하고 있어요.
3️⃣단락에서는 토의를 제대로 진행하는 방법을 설명하고 있어요.
4️⃣단락에서 토의를 하면 이로운 점을 이야기하며 글을 마무리하고 있어요.

● 글의 구조도

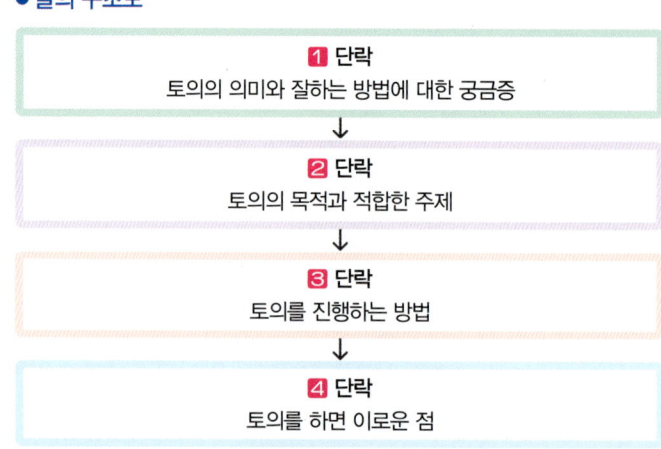

1️⃣ 단락
토의의 의미와 잘하는 방법에 대한 궁금증

↓

2️⃣ 단락
토의의 목적과 적합한 주제

↓

3️⃣ 단락
토의를 진행하는 방법

↓

4️⃣ 단락
토의를 하면 이로운 점

● 주제: 토의의 목적과 적합한 주제 및 제대로 진행하는 방법

01 [정답] 토의 ·· 단락 요약하기

>왜 정답?
①단락에서는 글 전체의 중심 낱말인 '토의'의 의미를 설명하고 토의를 잘 진행하는 방법에 대해 묻고 있어요.
②단락에서는 토의의 목적과 토의에 적합한 주제에 대해 설명하고 있어요.
③단락에서는 토의를 진행하는 방법을 자세하게 설명하고 있어요.
④단락에서는 토의를 하면 이로운 점을 알려주고 있어요.
따라서 빈칸에 공통으로 들어갈 말은 '토의'예요.

02 [정답] (1) ○ (2) × (3) ○ ················· 내용 이해하기

>왜 정답?
(1) 근거: ②단락 ❷번째 문장
'토의를 하는 목적은 어떤 문제에 대한 해결 방법을 찾기 위해서이다.'라고 했으므로 맞는 설명이에요.
(2) 근거: ②단락 ❸번째 문장
'여럿이 함께 생각해 보아야 하는 문제, 토의 참가자들이 직접 관련되어 있어 관심을 끌 수 있는 문제, 실제로 해결이 가능한 문제를 토의의 주제로 삼아야 한다.'라고 했으므로 틀린 설명이에요.
(3) 근거: ④단락 ❶번째 문장
'어떤 주제를 가지고 토의를 하면, 그 과정에서 참가자들은 주제에 대한 문제점을 알게 되고 관련 지식도 얻을 수 있다.'라고 했으므로 맞는 설명이에요.

03 [정답] ③ ···································· 내용 적용하기

다음은 민석이네 반에서 이루어진 토의입니다. 토의의 진행에 대한 설명으로 틀린 것은 무엇인가요?

• **민석이네 반에서 이루어진 토의:** '학급비를 어디에 사용할까?'라는 주제로 다양한 의견을 나누며 토의를 하고 있습니다.

• **토의의 진행:** 의견을 잘 나누기 위해서 토의를 진행하는 방법을 따라야 합니다.

즉 민석이네 반에서 이루어진 토의가 토의를 진행하는 방법에 맞게 진행되었는지에 대한 설명으로 틀린 것을 고르는 문제입니다.

>왜 정답?
③ 근거: ③단락 ❷, ❸번째 문장
'토의 참가자들은 자유롭게 의견을 주고받'고, '누구에게나 말할 기회가 공평하게 주어져야 한다.'라고 했어요. 은미와 현아에게 말할 기회가 공평하게 주어졌으므로 틀린 설명이에요.

>왜 오답?
① 근거: ③단락 ❺번째 문장
'토의가 어느 정도 진행되면 사회자는 그동안 나온 의견들을 정리하고 최종 의견을 이끌어 낸다.'라고 했으므로 맞는 설명이에요.
② 근거: ③단락 ❹번째 문장
'토의 참가자들은 적절한 근거를 바탕으로 자신의 의견을' 말해야 한다고 했으므로 맞는 설명이에요.
④ 근거: ③단락 ❻번째 문장
'소수의 의견을 존중하는 자세도 필요하다.'라고 했으므로 맞는 설명이에요.
⑤ 근거: ③단락 ❷번째 문장
'토의는 사회자가 토의할 문제를 소개하는 것으로 시작'된다고 했으므로 맞는 설명이에요.

배경지식

토의의 여러 가지 유형

토의는 목적이 무엇인지, 참가하는 사람들이 누구인지, 어떻게 앉아 있는지에 따라 다양한 유형으로 나눌 수 있어요.

원탁 토의는 가장 기본적인 토의의 형태로, 보통 5~10명 정도의 사람들이 참여할 때 이루어져요. 원탁 토의는 과거에 기사들이 토의를 할 때 자리다툼이 일어나지 않도록 원형 테이블을 만들어 둘러앉은 것에서 시작되었어요. 참가자들은 둥글게 둘러앉아 정해진 주제에 대해 자유롭게 의견을 나눠요. 또한 토의가 비공개로 진행되기 때문에 최종 의견을 결정하기 쉬운 편이에요.

공개 토의는 전문가와 청중들의 참여로 이루어져요. 1~3명 정도의 전문가가 강연을 하고 청중과 토의를 하는 방식이지요. 강연 내용을 중심으로 질문과 대답을 하며 진행되어요. 공개 토의는 청중들이 적극적으로 참여할 수 있는 토의 형태랍니다.

패널 토의는 사회자와 패널(각 의견의 대표자), 청중이 참여하는 토의예요. 패널 토의에서는 먼저 패널들이 자신의 의견을 발표하고 토의하는 시간을 가져요. 이후 사회자의 진행에 따라 청중도 토의에 참여해서 다양한 의견을 나누지요. 패널 토의는 여러 가지의 결론이 나올 수 있는 주제를 토의하는 데 알맞은 방식이에요.

나도 대통령을 뽑고 싶어요!

⌒ 각 단락 중심 낱말   ◯ 전체 중심 낱말   [ ] 각 단락 중심 문장   ▨ 전체 중심 문장

1 ❶ 장래 희망이 대통령인 수호는 부모님을 따라 투표를 하러 갔지만, 대통령 선거에 참여할 수 없었다. ❷[학교에서는 여러 선거에 참여해 본 적이 있는데 왜 대통령 선거는 할 수 없는 것일까?]❸ 민주주의의 꽃이라고 불리는 선거의 4대 원칙을 이해하면 그 이유를 알 수 있다.

2 ❶ 우선, 우리나라의 선거는 보통 선거와 직접 선거의 원칙을 따른다. ❷[보통 선거의 원칙은 만으로 18세 이상(선거일 기준)의 국민이라면 남녀노소를 따지지 않고 누구나 선거에 참여할 수 있다는 것이다. ❸직접 선거란 투표권을 가진 사람이 직접 국민의 대표를 뽑는다는 원칙이다.]❹ 아무리 친한 친구나 가족이라도 대신 투표해 줄 수 없고 반드시 투표권을 가진 사람이 직접 투표해야 한다.

3 ❶ 또한 선거는 평등 선거, 비밀 선거의 원칙을 지켜야 한다. ❷[평등 선거의 원칙은 선거권을 가진 사람이라면 누구나 공평하게 한 표씩 투표할 수 있다는 것이다.]❸ 옛날에는 지위가 높은 사람, 권력이 많은 사람에게 투표권을 더 준 적도 있었지만, 오늘날에는 평등 선거의 원칙을 철저하게 지키고 있다. ❹[비밀 선거란 투표한 사람이 누구를 찍었는지 다른 사람은 알 수 없게 하는 원칙이다.]❺ 내가 누구를 찍었는지 다른 사람이 알 수 있다면 눈치를 보느라 혹은 강요에 의해서 자신이 원하는 사람을 뽑지 못할 수도 있다. ❻ 이를 막기 위해 비밀 선거의 원칙을 정한 것이다.

기 표 소

4 ❶ 정리하면, 선거의 4대 원칙은 보통 선거, 직접 선거, 평등 선거, 비밀 선거로 공정하고 민주적인 선거를 위해 모두, 반드시 지켜져야 한다. ❷[이 중에서 보통 선거의 원칙에 어긋나기 때문에 수호는 대통령 선거에 참여할 수 없는 것이다.]❸ 이번 경험을 통해 수호는 국회 의원, 대통령 등을 뽑는 선거는 만으로 18세 이상이 되었을 때 참여할 수 있다는 것을 알 수 있었다.

---

1 단락 요약
대통령 선거에 참여할 수 없는 수호

2 단락 요약
선거의 원칙 – 보통 선거와 직접 선거

3 단락 요약
선거의 원칙 – 평등 선거와 비밀 선거

4 단락 요약
수호가 대통령 선거에 참여하지 못한 이유

✱ 지문 이해

● 이 글은 선거의 4대 원칙을 알려 주는 설명문입니다. 민주주의의 꽃이라고 불리는 선거에는 보통 선거, 직접 선거, 평등 선거, 비밀 선거라는 총 4개의 원칙이 있어요. 보통 선거는 만 18세 이상의 국민이라면 누구나 선거에 참여할 수 있다는 것이고, 직접 선거란 투표권을 가진 사람이 직접 대표를 뽑는다는 원칙이죠. 평등 선거는 선거권을 가진 사람이라면 누구나 공평하게 한 표씩 투표할 수 있다는 것이고, 비밀 선거란 투표자가 누구를 뽑았는지 다른 사람은 알 수 없게 한다는 원칙이랍니다. 공정하고 민주적인 선거를 위해 선거의 4대 원칙은 반드시 지켜져야 해요.

● 단락 간의 관계
1 단락에서는 수호의 사례를 통해 물음을 던지며 선거의 4대 원칙을 소개하고 있어요.
2, 3 단락에서는 선거의 4대 원칙을 각각 자세히 설명하고 있어요.
4 단락에서는 1 단락에서 한 질문에 답을 하며 글을 마무리하고 있어요.

● 글의 구조도

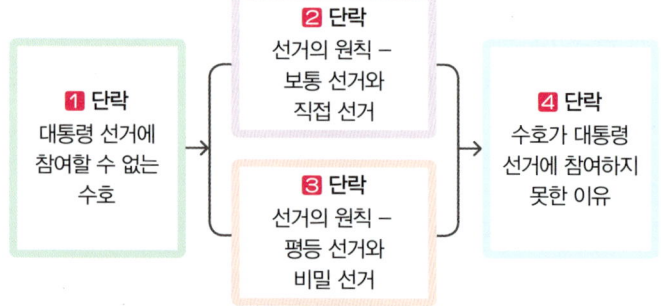

1 단락
대통령 선거에 참여할 수 없는 수호

→

2 단락
선거의 원칙 – 보통 선거와 직접 선거

3 단락
선거의 원칙 – 평등 선거와 비밀 선거

→

4 단락
수호가 대통령 선거에 참여하지 못한 이유

● 주제: 우리나라 선거의 4대 원칙을 이해하고 수호가 대통령 선거에 참여할 수 없는 까닭 알아보기

01 [정답] 보통 ·········· 단락 요약하기

>왜 정답?

②단락은 '우선, 우리나라의 선거는 보통 선거와 직접 선거의 원칙을 따른다.'라고 시작하고 그 후에 각각 보통 선거와 직접 선거의 원칙이 무엇인지 자세히 설명하고 있어요.
따라서 빈칸에 공통으로 들어갈 말은 '보통'이에요.

02 [정답] ⑤ ·········· 내용 이해하기

>왜 정답?

⑤ 근거: ③단락 ❸번째 문장
'옛날에는 지위가 높은 사람, 권력이 많은 사람에게 투표권을 더 준 적도 있었지만, 오늘날에는 평등 선거의 원칙을 철저하게 지키고 있다.'라고 했어요. 평등 선거의 원칙은 선거권을 가진 사람이라면 누구나 공평하게 한 표씩 투표할 수 있다는 원칙을 말하므로 맞는 내용이에요.

>왜 오답?

① 근거: ②단락 ❷번째 문장
'만으로 18세 이상(선거일 기준)의 국민이라면 남녀노소를 따지지 않고 누구나 선거에 참여할 수 있다'라고 했어요. 대한민국 국민이라도 만 18세 이상이 아니면 대통령 선거에 참여할 수 없어요.

② 근거: ④단락 ❶번째 문장
'선거의 4대 원칙은 보통 선거, 직접 선거, 평등 선거, 비밀 선거'라고 했으므로 맞지 않아요.

③ 근거: ③단락 ❹번째 문장
'비밀 선거란 투표한 사람이 누구를 찍었는지 다른 사람은 알 수 없게 하는 원칙'이라고 했어요. 누구에게 투표했는지 다른 사람이 볼 수 있게 하는 것은 비밀 선거의 원칙에 어긋나요.

④ 근거: ④단락 ❷번째 문장
'보통 선거의 원칙에 어긋나기 때문에 수호는 대통령 선거에 참여할 수 없는 것이다.'라고 했으므로 맞지 않아요.

03 [정답] ④ ·········· 내용 적용하기

다음은 투표하기 전 주민들이 나눈 대화입니다. 이 글의 내용을 바탕으로 할 때 빈칸에 들어가기에 알맞은 내용은 무엇인가요?

• **주민들이 나눈 대화**: 주민 1은 아픈 남편을 대신해 투표를 할 수 있는지 묻고, 주민 2는 남편 몫까지 투표하는 것은 안 된다고 설명하고 있습니다.

🔴**족** 주민 2가 무엇을 근거로 남편 몫까지 투표하는 것은 안 된다고 판단했는지 그 내용을 찾는 문제입니다.

>왜 정답?

④ 근거: ②단락 ❹번째 문장
직접 선거의 원칙에 따르면 '아무리 친한 친구나 가족이라도 대신 투표해 줄 수 없고 반드시 투표권을 가진 사람이 직접 투표해야 한다.'라고 했어요. 이를 통해 남편을 대신해 부인이 투표해 줄 수 없고 투표권을 가진 주민 1의 남편이 직접 투표해야 함을 알 수 있어요.

04 [정답] ⑤ ·········· 알맞은 반응 찾기

>왜 정답?

⑤ 근거: ④단락 ❸번째 문장
'국회 의원, 대통령 등을 뽑는 선거는 만으로 18세 이상이 되었을 때 참여할 수 있다는 것을 알 수 있었다.'라고 했어요. 이를 통해 국회 의원 선거와 대통령 선거 모두 보통 선거의 원칙이 적용됨을 알 수 있어요.

>왜 오답?

① 근거: ④단락 ❶번째 문장
'선거의 4대 원칙은 보통 선거, 직접 선거, 평등 선거, 비밀 선거로 공정하고 민주적인 선거를 위해 모두, 반드시 지켜져야 한다.'라고 했어요. 이를 통해 선거의 4대 원칙을 모두 지켜야 투표에 참여할 수 있음을 알 수 있어요.

② 근거: ③단락 ❹번째 문장
'비밀 선거란 투표한 사람이 누구를 찍었는지 다른 사람은 알 수 없게 하는 원칙'이라고 했으므로 칸막이로 가려 누구에게 투표하는지 알 수 없게 하는 것은 비밀 선거의 원칙 때문임을 알 수 있어요.

③ 근거: ③단락 ❸번째 문장
'옛날에는 지위가 높은 사람, 권력이 많은 사람에게 투표권을 더 준 적도 있었지만'이라고 했으므로 맞는 반응이에요.

④ 근거: ②단락 ❷번째 문장
'보통 선거의 원칙은 만으로 18세 이상(선거일 기준)의 국민이라면 남녀노소를 따지지 않고 누구나 선거에 참여할 수 있다는 것'이라고 했으므로 맞는 반응이에요.

05 [정답] 예 내가 누구를 찍었는지 다른 사람이 알 수 있다면 눈치를 보느라 혹은 강요에 의해서 자신이 원하는 사람을 뽑지 못할 수도 있기 때문이다.

서술형 채점 기준 – 근거: ③단락 ❺번째 문장
③단락에서 비밀 선거의 뜻을 설명하고 이를 실시하는 이유를 밝히고 있어요. '내가 누구를 찍었는지 다른 사람이 알 수 있다면 눈치를 보느라 혹은 강요에 의해서 자신이 원하는 사람을 뽑지 못할 수도 있'기 때문에 비밀 선거의 원칙을 정했다고 했으므로 이와 같은 내용이 들어가야 정답이에요.

반려동물과 함께 건강하게 살아가려면?

○ 각 단락 중심 낱말   ○ 전체 중심 낱말   [ ] 각 단락 중심 문장   ▨ 전체 중심 문장

① ❶사람은 아주 오랜 옛날부터 동물과 함께 살아왔다. ❷야생 동물을 가축으로 길들였고, 나아가 동물과 함께 생활하며 가족으로 대하는 사람들이 생겨났다. ❸[이렇게 마음으로 의지하고자 가까이 두고 기르는 동물을 반려동물이라고 하는데, 현대 사회에 들어서 반려동물을 기르는 사람의 수가 크게 늘고 있다.]

② ❶[반려동물을 기르는 것에는 다양한 장점이 있다.] ❷과학자들의 연구를 보면, 반려동물과 함께 사는 사람은 그렇지 않은 사람에 비해 정서적으로 안정되고 운동량이 많아지며 면역력이 높아지는 등 건강에 큰 도움을 받는다고 한다.

③ ❶그렇지만 사람과 반려동물이 함께 살면서 오히려 사람의 건강을 해치는 경우도 있다. ❷[어떻게 해야 반려동물과 건강하고 행복하게 살 수 있을까?]

④ ❶동물과 사람이 가까이 살다 보면 동물이 가진 세균과 바이러스가 사람을 공격해 병을 일으키기도 한다. ❷이렇게 동물에게서 사람한테 옮을 수 있는 병을 '인수 공통 전염병'이라고 하는데, 대표적인 것이 광견병이다. ❸광견병에 걸린 동물이 사람을 물면 침을 통해 바이러스가 옮게 되고, 치료하지 않으면 죽음에 이를 만큼 중한 병이다. ❹[반려동물이나 사람이 광견병에 걸리는 것을 막기 위해서는 반려동물에게 예방 주사를 맞혀야 한다.]

⑤ ❶이 밖에도 반려동물의 피부병이 사람에게 옮거나, 반려동물의 배설물에서 나온 세균이나 기생충이 피해를 주기도 한다. ❷[이를 막기 위해서는 반려동물에게 이나 벼룩, 피부병 등이 생기지 않도록 평소에 반려동물을 깨끗하게 관리해 주고, 배설물을 처리한 후에는 손을 깨끗이 씻어야 한다.]

⑥ ❶사랑스럽고 우리들 마음에 힘이 되는 반려동물이지만, 함께 살아가는 데는 기르는 사람의 책임감이 필요하다. ❷반려동물과 함께 건강하고 행복하게 살아가려면 예방 접종을 해 주고 청결하게 관리해 주는 등 끊임없이 노력해야 한다.

❶ 단락 요약
반려동물의 의미

❷ 단락 요약
반려동물을 기를 때의 장점

❸ 단락 요약
반려동물과 잘 살 수 있는 방법에 대한 궁금증

❹ 단락 요약
반려동물로 인한 위험과 예방법 – 광견병

❺ 단락 요약
반려동물로 인한 위험과 예방법 – 피부병과 배설물

❻ 단락 요약
책임감 있게 반려동물 기르기

❋ 지문 이해

● 이 글은 반려동물과 함께 건강하게 살아가려면 어떻게 해야 하는지를 알려 주는 설명문입니다. 반려동물은 마음으로 의지하고자 가까이 두고 기르는 동물을 말해요. 반려동물을 기르면 건강에 큰 도움을 받기도 하지만 사람의 건강을 해칠 수도 있어요. 동물로부터 사람에게 전염병이나 피부병 등이 옮을 때도 있고, 동물의 배설물이 사람에게 피해를 주기도 하지요. 따라서 반려동물과 함께 건강하게 살아가기 위해서 책임감 있게 노력해야 해요.

● 단락 간의 관계
  ① 단락에서는 글 전체의 중심 낱말인 '반려동물'을 소개하고 있어요.
  ② 단락에서는 반려동물을 기를 때의 장점을 설명하고 있어요.
  ③ 단락에서는 반려동물과 잘 살 수 있는 방법에 대한 질문을 하고 있어요.
  ④, ⑤ 단락에서는 반려동물로 인한 위험과 예방법을 설명하고 있어요.
  ⑥ 단락에서는 반려동물을 기르려면 책임감이 필요하다고 이야기하며 글을 마무리하고 있어요.

● 글의 구조도

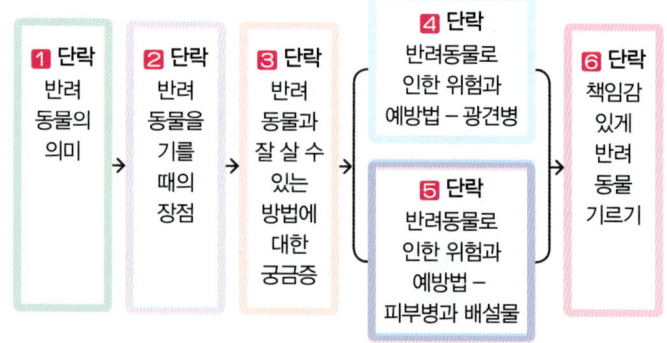

| ① 단락 반려동물의 의미 | → | ② 단락 반려동물을 기를 때의 장점 | → | ③ 단락 반려동물과 잘 살 수 있는 방법에 대한 궁금증 | → | ④ 단락 반려동물로 인한 위험과 예방법 – 광견병 / ⑤ 단락 반려동물로 인한 위험과 예방법 – 피부병과 배설물 | → | ⑥ 단락 책임감 있게 반려동물 기르기 |

● 주제: 반려동물과 함께 건강하게 살아가기 위해 노력해야 할 점

01 [정답] 반려동물, 장점, 책임감 ·········· 단락 요약하기

> **왜 정답?**

㉠ **근거:** ①단락 ❸번째 문장

'마음으로 의지하고자 가까이 두고 기르는 동물을 반려동물이라고 하는데'라고 반려동물의 의미를 이야기하고 있으므로 ㉠에 들어갈 말은 '반려동물'이에요.

㉡ **근거:** ②단락 ❶번째 문장

'반려동물을 기르는 것에는 다양한 장점이 있다.'라고 했으므로 ㉡에 들어갈 말은 '장점'이에요.

㉢ **근거:** ⑥단락 ❶번째 문장

'함께 살아가는 데는 기르는 사람의 책임감이 필요'하다고 했으므로 ㉢에 들어갈 말은 '책임감'이에요.

02 [정답] ④ ··········· 글쓰기 방식 이해하기

> **왜 정답?**

㉡ **근거:** ③단락 ❷번째 문장, ④~⑥단락 전체

'어떻게 해야 반려동물과 건강하고 행복하게 살 수 있을까?'라는 물음을 던지고 ④~⑥단락에 대답이 나오고 있으므로 맞는 설명이에요.

㉣ **근거:** ④, ⑤단락 전체

④단락은 인수 공통 전염병의 위험과 그 예방법에 대해 말하고 있고, ⑤단락 역시 피부병이나 기생충에 대한 위험과 그에 대한 예방법을 설명하고 있으므로 맞는 설명이에요.

> **왜 오답?**

㉠ 이 글에 반려동물의 종류에 따라 나누어 설명하는 내용은 나오지 않으므로 맞지 않아요.

㉢ 이 글에 사람과 반려동물의 차이점에 대한 내용은 나오지 않으므로 맞지 않아요.

03 [정답] ③ ··········· 내용 이해하기

> **왜 정답?**

③ **근거:** ①단락 ❷, ❸번째 문장

'야생 동물을 가축으로 길들였고, 나아가 동물과 함께 생활하며 가족으로 대하는 사람들이 생겨났다.'라고 했어요. 또, '현대 사회에 들어서 반려동물을 기르는 사람의 수가 크게 늘고 있다.'라고 했어요. 따라서 현대 사회에 들어서 반려동물을 가축으로 기르기 시작했다는 설명은 맞지 않아요.

> **왜 오답?**

① **근거:** ②단락 ❷번째 문장

'반려동물과 함께 사는 사람은 그렇지 않은 사람에 비해 정서적으로 안정되고 운동량이 많아지며 면역력이 높아지는 등'이라고 했으므로 맞는 내용이에요.

② **근거:** ①단락 ❸번째 문장

'이렇게 마음으로 의지하고자 가까이 두고 기르는 동물을 반려동물이라고' 한다고 했으므로 맞는 내용이에요.

④ **근거:** ②단락 ❷번째 문장

'반려동물과 함께 사는 사람은 그렇지 않은 사람에 비해 정서적으로 안정되고'라고 했으므로 맞는 내용이에요.

⑤ **근거:** ②단락 ❷번째 문장, ③단락 ❶번째 문장

'반려동물과 함께 사는 사람은 그렇지 않은 사람에 비해 정서적으로 안정되고 운동량이 많아지며 면역력이 높아지는 등 건강에 큰 도움을 받는다'라고 했어요. 또한 '사람과 반려동물이 함께 살면서 오히려 사람의 건강을 해치는 경우도 있'다고 했으므로 맞는 설명이에요.

04 [정답] 침, 예방 주사, 피부병 ·········· 내용 적용하기

다음은 수의사 선생님의 뉴스 인터뷰입니다. ㉠~㉢에 들어가기에 알맞은 말을 쓰세요.

• **수의사 선생님의 뉴스 인터뷰:** 반려동물의 병이 사람에게 옮는 사례에 대해 이야기하고 있습니다.

[측] 인수 공통 전염병의 위험과 예방법을 알고 ㉠~㉢에 들어갈 말을 쓰는 문제입니다.

> **왜 정답?**

㉠ **근거:** ④단락 ❸번째 문장

'광견병에 걸린 동물이 사람을 물면 침을 통해 바이러스가 옮게 되고'라고 했으므로 ㉠에 들어갈 말은 '침'이에요.

㉡ **근거:** ④단락 ❹번째 문장

'반려동물이나 사람이 광견병에 걸리는 것을 막기 위해서는 반려동물에게 예방 주사를 맞혀야 한다.'라고 했으므로 ㉡에 들어갈 말은 '예방 주사'예요.

㉢ **근거:** ⑤단락 ❶번째 문장

'반려동물의 피부병이 사람에게 옮'을 수 있다고 했으므로 ㉢에 들어갈 말은 '피부병'이에요.

05 [정답] [예] 반려동물의 배설물에서 나온 세균이나 기생충이 사람에게 피해를 주기도 하기 때문이다.

[서술형] **채점 기준 – 근거:** ⑤단락 ❶번째 문장

'반려동물의 배설물에서 나온 세균이나 기생충이 피해를 주기도 한다.'라고 했으므로 이러한 내용이 들어가야 정답이에요.

아는 만큼 보이는 한국화

○ 각 단락 중심 낱말   ◯ 전체 중심 낱말   [ ] 각 단락 중심 문장   ▨ 전체 중심 문장

1 서양에서 발생하여 발달한 그림을 '서양화'라고 하는 것처럼 한국, 중국, 일본 등 동양에서 발달한 그림을 '동양화'라고 불러왔다. 그런데 비슷한 것을 그린 동양화라도 어느 나라에서 발달했는지에 따라 특징이 다르기 때문에 각 나라의 전통 회화를 따로 부르게 되었다. 한국화라고 하는 우리의 전통 회화는 어떤 특징을 가지며, 어떤 종류가 있을까?

2 [한국화는 붓과 먹을 이용해 그리는 그림이다.] 화선지에 먹이 스며들어 번지는 효과, 짙고 연한 먹색이 어우러지는 효과, 붓의 물기가 많고 적음에 따라 다르게 나타나는 효과 등을 이용하여 다양하게 표현할 수 있다. [또한 한국화에는 우리 조상들이 중요하게 여겼던 정신과 마음이 드러나 있다.] 이러한 한국화는 크게 무엇으로 어떻게 그렸는지에 따라, 무엇을 그렸는지에 따라 나뉜다.

3 [먼저, 한국화는 사용하는 재료와 표현 방법에 따라 수묵화와 채색화로 나눌 수 있다.] 수묵화는 색을 칠하지 않고 먹의 진하고 흐린 정도만 이용하여 그린 그림이다. 반면 채색화는 먹으로 그린 그림에 색을 칠한 것이다. 색을 엷게 칠하는 것은 수묵 담채화, 색을 여러 번 겹쳐 칠해 입체감이나 무게감을 표현한 것은 수묵 채색화라고 한다.

4 [또한, 한국화는 그리는 소재에 따라서도 다양하게 나눌 수 있다.] 산수화는 산과 언덕, 강과 바다, 풀과 나무 등 자연의 모습을, 인물화는 사람을 중심적으로 그린 것이다. 풍속화는 옛사람들의 일상생활을 담은 것이다. 영모화는 새나 동물을, 화조화는 꽃과 새를 그린 것을 말한다.

5 우리가 자주 사용하는 말 중에 '_____(가)_____'라는 것이 있다. 한국화를 잘 모르면 그저 지루하게 느껴질 수 있지만, 다양한 종류와 그 특징을 알면 한국화만의 아름다움을 감상할 수 있다. [우리의 전통 회화를 보존하고 발전시키기 위해서라도 한국화에 관심을 가져 보는 것은 어떨까?]

1 단락 요약
'한국화'에 대한 궁금증

2 단락 요약
한국화의 특징

3 단락 요약
한국화의 구분 – 재료와 표현 방법에 따라

4 단락 요약
한국화의 구분 – 그리는 소재에 따라

5 단락 요약
한국화에 대한 관심 부탁

✹ **지문 이해**

● 이 글은 한국화에 대해 알려 주는 설명문입니다. 한국화는 우리나라의 전통 회화로 붓과 먹을 이용해 그려요. 한국화는 재료와 표현 방법에 따라 수묵화와 채색화로 나눌 수 있는데 수묵화는 먹의 진하고 흐린 정도만 이용하고, 채색화는 먹으로 그린 그림에 채색을 하여 표현해요. 또, 한국화는 그리는 소재에 따라서도 나눌 수 있어요. 산수화는 자연의 모습을, 인물화는 사람을, 풍속화는 옛사람들의 일상생활을, 영모화는 새나 동물을, 화조화는 꽃과 새를 그린 것이에요. 우리의 전통 회화를 보존하고 발전시키기 위해서라도 한국화에 관심을 가져야 해요.

● **단락 간의 관계**
  1 단락에서는 글 전체의 중심 낱말인 '한국화'에 대해 소개하고 있어요.
  2 단락에서는 한국화의 특징을 설명하고 있어요.
  3, 4 단락에서는 한국화의 구분법을 기준에 따라 설명하고 있어요.
  5 단락에서는 한국화에 대한 관심을 부탁하며 글을 마무리하고 있어요.

● **글의 구조도**

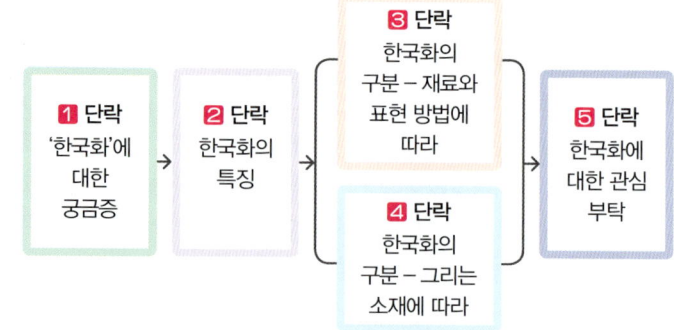

● **주제**: 한국화의 특징과 구분 방법

01 [정답] 재료, 소재 ·················· 단락 요약하기

>왜 정답?

재료 **근거**: ③단락 ❶번째 문장

'한국화는 사용하는 재료와 표현 방법에 따라 수묵화와 채색화로 나눌 수 있다.'라고 했으므로 빈칸에 들어갈 말은 '재료'예요.

소재 **근거**: ④단락 ❶번째 문장

'한국화는 그리는 소재에 따라서도 다양하게 나눌 수 있다.'라고 했으므로 빈칸에 들어갈 말은 '소재'예요.

02 [정답] (1) ㉡ (2) ㉢ (3) ㉠ ·········· 내용 이해하기

>왜 정답?

(1) **근거**: ③단락 ❸, ❹번째 문장

'채색화는 먹으로 그린 그림에 색을 칠한 것이다.'라고 하고 '색을 엷게 칠하는 것은 수묵 담채화'라고 했어요.

(2) **근거**: ③단락 ❹번째 문장

채색화 중에서도 '색을 여러 번 겹쳐 칠해 입체감이나 무게감을 표현한 것은 수묵 채색화'라고 했어요.

(3) **근거**: ③단락 ❷번째 문장

'수묵화는 색을 칠하지 않고 먹의 진하고 흐린 정도만 이용하여 그린 그림'이라고 했어요.

03 [정답] ③ ·················· 내용 적용하기

오른쪽 그림을 보고 알맞은 반응을 보인 사람은 누구인가요?

• **오른쪽 그림**: 색을 칠하지 않고 먹의 진하고 흐린 정도만 이용하여 산과 나무 등 자연의 모습을 그린 산수화입니다.

>왜 정답?

③ **근거**: ④단락 ❷번째 문장

그림에는 산과 나무가 있어요. '산수화는 산과 언덕, 강과 바다, 풀과 나무 등 자연의 모습'을 중심적으로 그린 것이므로 맞는 반응이에요.

>왜 오답?

① **근거**: ④단락 ❹번째 문장

'화조화는 꽃과 새를 그린 것'이라고 했어요. 그림에는 꽃과 새 모두 나오지 않으므로 틀린 반응이에요.

② **근거**: ④단락 ❷번째 문장

'인물화는 사람을 중심적으로 그린 것'이라고 했어요. 그림에는 사람이 나오지 않았기 때문에 인물화라고 할 수 없어요.

④ **근거**: ④단락 ❹번째 문장

'영모화는 새나 동물을' 그린 것이라고 했어요. 따라서 새나 동물이 없는 것을 보고 영모화라고 한 것은 틀린 반응이에요.

⑤ **근거**: ③단락 ❸번째 문장

'채색화는 먹으로 그린 그림에 색을 칠한 것'이라고 했어요. 그림에는 채색이 되어 있지 않으므로 채색화라고 할 수 없어요.

[그리는 소재에 따른 한국화]

▲ 인물화

▲ 풍속화

▲ 산수화

▲ 영모화

▲ 화조화

04 [정답] ② ·················· 상황에 맞는 표현 찾기

>왜 정답?

② **근거**: ⑤단락 ❷번째 문장

'한국화를 잘 모르면 그저 지루하게 느껴질 수 있지만, 다양한 종류와 그 특징을 알면 한국화만의 아름다움을 감상할 수 있다.'라고 했어요. 한국화의 특징을 알고 봐야 한국화의 아름다움을 제대로 감상할 수 있을 것이라는 내용이므로, 이 내용을 설명해 줄 수 있는 '아는 만큼 보인다.'가 정답이에요.

>왜 오답?

① 이 말은 '아무리 작은 것이라도 자꾸 모으면 큰 것을 이룰 수 있다.'라는 뜻이에요. (가) 뒤 문장의 내용과 관련이 없으므로 맞지 않아요.

③ 이 말은 '가까이에 있는 것을 도리어 알아보지 못한다.'라는 뜻이에요. (가) 뒤 문장의 내용과 관련이 없으므로 맞지 않아요.

④ 이 말은 '강한 사람끼리 싸우는 통에 약한 사람이 해를 입게 된다.'라는 뜻이에요. (가) 뒤 문장의 내용과 관련이 없으므로 맞지 않아요.

⑤ 이 말은 '내가 남에게 잘해야 남도 나에게 잘한다.'라는 뜻이에요. (가) 뒤 문장의 내용과 관련이 없으므로 맞지 않아요.

05 [정답] 예 비슷한 것을 그린 동양화라도 어느 나라에서 발달했는지에 따라 특징이 다르기 때문이다.

서술형 채점 기준 – 근거: ①단락 ❷번째 문장

'비슷한 것을 그린 동양화라도 어느 나라에서 발달했는지에 따라 특징이 다르기 때문에 각 나라의 전통 회화를 따로 부르게 되었다.'라고 했으므로 이 내용이 들어가야 정답이에요.

가장 사랑받는 임금, 세종

◯ 각 단락 중심 낱말   ◯ 전체 중심 낱말   [ ] 각 단락 중심 문장   ▨ 전체 중심 문장

1 ❶우리나라 역사상 가장 큰 사랑을 받는 임금은 누구일까? 바로 ❷세종이다. ❸그래서 세종에게는 '대왕' 혹은 '성군'이라는 말이 붙는다. ❹[세종이 지금까지도 큰 사랑을 받는 이유는 그가 백성을 위해 다양한 분야에서 노력한 임금이었기 때문이다.] ❺백성을 사랑하는 마음으로 펼쳤던 세종의 다양한 업적을 알아보자.   *1단락 요약: 세종이 사람들에게 사랑받는 이유

2 ❶[우선, 세종은 집현전이라는 기관을 두고 실력 있는 학자들을 뽑아 그들과 함께 좋은 나라를 만들기 위한 방법을 연구했다.] ❷특히 세종은 백성들이 어려운 한자를 알지 못해 글을 읽지 못하는 것을 늘 안타까워했다. ❸그래서 세종과 집현전 학자들은 백성들이 쉽게 배울 수 있는 글자를 만들기 위해 밤낮으로 노력했고, [그 결과 '백성을 가르치는 바른 소리'라는 뜻의 '훈민정음'을 만들었다.] ❹훈민정음에는 백성들이 글을 몰라 억울한 일을 당하지 않고, 자신의 뜻을 잘 전하며, 사람의 도리를 배울 수 있기를 바라는 세종의 마음이 담겼다.   *2단락 요약: 세종의 업적 - 좋은 나라를 위한 연구, 훈민정음을 만듦.

3 ❶[또한 세종은 신분에 관계없이 재능 있는 사람들을 불러모아 과학을 연구하고, 백성들의 생활에 도움이 될 만한 것들을 만들게 하였다.] ❷하늘의 움직임을 관찰하는 혼천의, 물을 이용하여 스스로 시간을 알리는 자격루, 해의 그림자로 시간을 알려 주는 앙부일구, 강물의 높이를 재는 수표 등이 이때 만들어졌다. ❸특히 측우기가 만들어진 후에는 계절에 따른 비의 양을 알 수 있게 되어서 백성들이 가뭄이나 홍수를 대비하고, 농사지을 시기를 예측할 수 있었다.   *3단락 요약: 세종의 업적 - 백성들의 생활에 도움이 되는 것들을 만듦.

4 ❶이 밖에도 세종은 농사가 잘 안되었을 때는 세금을 적게 걷어 백성들의 부담을 줄여 주는 등 백성을 위한 여러 정책을 실시하였다. ❷그리고 노비들이 부당한 대우를 받지 않도록 애쓰기도 했다. ❸특히 나라에 속해 있던 노비가 아이를 낳은 후 쉴 수 있는 기간을 7일에서 100일로 늘려 주었다. ❹이와 같이 세종은 신분의 높고 낮음을 따지지 않고 모든 백성을 사랑하는 마음으로 여러 분야에서 다양한 업적을 남긴 훌륭한 임금이었다.   *4단락 요약: 모든 백성을 사랑하는 마음으로 다양한 업적을 남긴 세종

01 [정답] ③

4단락 ❶~❸번째 문장에서 앞에서 이야기하지 않은 세종의 또 다른 업적을 소개하고 있어요.

02 [정답] (1) ◯ (2) ◯ (3) ×

(1) 3단락 ❷번째 문장에서 '물을 이용하여 스스로 시간을 알리는 자격루, 해의 그림자로 시간을 알려 주는 앙부일구'라고 했어요.
(2) 3단락 ❸번째 문장에서 '측우기가 만들어진 후에는 ~ 가뭄이나 홍수를 대비'할 수 있었다고 했어요.
(3) 3단락 ❶번째 문장에서 '세종은 신분에 관계없이 ~ 과학을 연구'하게 했다고 했어요.

03 [정답] 훈민정음, 도리

2단락 ❹번째 문장에서 '훈민정음에는 ~ 마음이 담겼다.'라고 했으므로 빈칸에 들어갈 말은 '훈민정음', '도리'예요.

04 [정답] ③

2단락 ❷, ❸번째 문장에서 '세종은 백성들이 어려운 한자를 알지 못해 ~ '훈민정음'을 만들었다.'라고 했어요.

✦ 지문 이해

● 이 글은 세종의 업적에 대한 설명문입니다. 세종이 역사상 가장 큰 사랑을 받는 이유는 세종이 백성들을 사랑하는 마음으로 많은 업적을 남겼기 때문이에요. 세종은 백성들을 위해 훈민정음과, 백성들의 생활에 도움이 될 만한 것들을 만들었어요. 또한 농사가 잘 안되면 세금을 덜 걷고, 노비들의 대우를 신경 쓰는 등 백성들을 위한 여러 가지 정책을 실시했어요.

● 단락 간의 관계
   1단락에서 글 전체의 중심 낱말인 '세종'에 대해 소개하고 있어요.
   2, 3단락에서는 세종의 업적을 자세히 설명하고 있어요.
   4단락에서는 앞에서 설명하지 않은 또 다른 세종의 업적을 소개한 뒤, 세종의 훌륭함을 이야기하며 글을 마무리하고 있어요.

● 글의 구조도

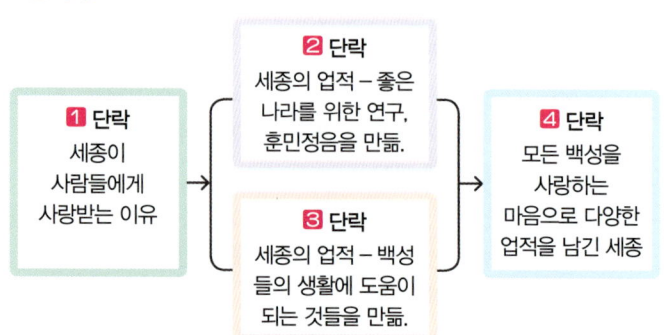

1단락
세종이 사람들에게 사랑받는 이유

2단락
세종의 업적 - 좋은 나라를 위한 연구, 훈민정음을 만듦.

3단락
세종의 업적 - 백성들의 생활에 도움이 되는 것들을 만듦.

4단락
모든 백성을 사랑하는 마음으로 다양한 업적을 남긴 세종

● 주제: 역사상 가장 큰 사랑을 받는 세종의 다양한 업적

유의어와 반의어의 쓰임

◯ 각 단락 중심 낱말　◯ 전체 중심 낱말　[ ] 각 단락 중심 문장　▢ 전체 중심 문장

1 국어사전에는 낱말의 뜻 외에도 다양한 정보가 담겨 있다. '방언'을 국어사전에서 찾으면 '어느 한 지방에서만 쓰는 말'이라는 뜻과 함께 '**유의어** 사투리', '**반의어** 표준어'라고 적힌 것을 볼 수 있다. ❸유의어와 반의어는 무엇을 의미할까?

2 [❶유의어는 뜻이 서로 비슷한 말을 의미한다.] ❷유의어는 서로 바꿔 써도 괜찮은 경우가 많지만, 느낌의 차이가 있기 때문에 모든 경우에 바꿔 쓸 수는 없다. ❸아래의 표현들을 보자.

3 　• ❶가족 단위의 손님들이 많았다.(○) / 식구 단위의 손님들이 많았다.(×)
　• ❷우리 집은 네 식구이다.(○) / 우리 집은 네 가족이다.(×)

❸[가족과 식구는 유의어이지만 가족은 한집에 모여 생활하는 사람 모두를, 식구는 한집에 모여 생활하는 사람 하나하나를 가리키기 때문에 상황에 따라 적절한 낱말을 사용해야 한다.]

4 [❶반의어는 뜻이 서로 반대되는 말로, 반의어 관계에 있는 낱말들은 공통점이 있으면서 동시에 차이점을 가져야 한다.] ❷예를 들어, '남자'와 '여자'는 사람이라는 공통점이 있으면서 성별에서 차이점을 가진다. ❸또한 하나의 낱말임에도 상황에 따라 반의어가 달라지기도 한다.

5 　❶창문을 열다. ↔ 창문을 닫다. / 대문을 열다. ↔ 대문을 잠그다. / 자물쇠를 열다. ↔ 자물쇠를 채우다.

❷[위 경우에서 '열다'는 어떤 상황에서 쓰이는지에 따라 '닫다', '잠그다', '채우다'라는 각기 다른 반의어를 가진다.] ❸그러므로 반의어를 공부할 때는 무조건 외우기보다 문장을 읽으면서 낱말이 어떻게 쓰였는지를 잘 살펴봐야 한다.

6 ❶우리말은 유의어와 반의어가 풍부하게 발달해 있다. ❷[유의어를 잘 사용하면 생각을 더 정확하고 효과적으로 표현할 수 있고, 반의어를 잘 사용하면 대상의 반대되는 특성을 드러내어 의미를 더욱 분명하게 전할 수 있다.] ❸다양한 유의어와 반의어를 익히고 적절하게 사용하여 자신의 생각을 더 풍성하면서도 정확하게 표현해 보는 것은 어떨까?

---

1 단락 요약
유의어와 반의어가 무엇인지에 대한 물음

2 단락 요약
유의어의 의미와 쓰임

3 단락 요약
유의어에 대한 예시

4 단락 요약
반의어의 의미와 쓰임

5 단락 요약
반의어에 대한 예시

6 단락 요약
유의어와 반의어를 사용하는 것의 장점

✳ **지문 이해**

● 이 글은 유의어와 반의어에 대한 설명문이에요. 유의어는 뜻이 서로 비슷한 말이에요. 유의어끼리는 서로 바꿔 써도 괜찮은 경우가 많지만, 느낌의 차이가 있으므로 서로 바꿔 쓰기 힘든 경우도 있어요. 반의어는 서로 반대되는 말로, 반의어끼리는 공통점이 있으면서도 차이점을 가져요. 또, 하나의 낱말임에도 상황에 따라 반의어가 달라지기도 해요. 유의어와 반의어를 적절하게 사용하면 자신의 생각을 더 풍성하면서도 정확하게 표현할 수 있어요.

● **단락 간의 관계**
　1단락에서 글 전체의 중심 낱말인 '유의어와 반의어'를 소개하고 있어요. 2단락에서는 유의어를 설명하고 3단락에서 그 예시를 들고 있어요. 4단락에서는 반의어를 설명하고 5단락에서 그 예시를 들고 있어요. 6단락에서는 유의어와 반의어를 사용할 때의 장점을 설명하며 글을 마무리하고 있어요.

● **글의 구조도**

● **주제**: 유의어, 반의어의 의미와 쓰임

01 [정답] ① ·· 단락 간의 관계 이해하기

>왜 정답?

1단락에서는 이 글 전체의 중심 낱말인 '유의어와 반의어'를 소개하고 있어요. 이때 국어사전에서 '방언'이라는 낱말을 찾는 상황을 예시로 들고 있지요. 그렇지만 국어사전을 사용하는 방법에 대해 설명하고 있지는 않아요.

02 [정답] (1) ○ (2) ○ (3) × (4) × ··········· 내용 이해하기

>왜 정답?

(1) 근거: 3단락 ❸번째 문장

'가족과 식구는 유의어'라고 했으므로 맞는 설명이에요.

(2) 근거: 6단락 ❶번째 문장

'우리말은 유의어와 반의어가 풍부하게 발달해 있다.'라고 했으므로 맞는 설명이에요.

(3) 근거: 2단락 ❷번째 문장

'유의어는 서로 바꿔 써도 괜찮은 경우가 많지만, 느낌의 차이가 있기 때문에 모든 경우에 바꿔 쓸 수는 없다.'라고 했으므로 틀린 설명이에요.

(4) 근거: 4단락 ❶번째 문장

'반의어 관계에 있는 낱말들은 공통점이 있으면서 동시에 차이점을 가져야 한다.'라고 했으므로 틀린 설명이에요.

03 [정답] ④ ·· 내용 적용하기

이 글을 바탕으로 다음 대화를 이해할 때, 빈칸에 들어가기에 가장 알맞은 말은 무엇인가요?

- **이 글을 바탕**: 이 글에서 설명하고 있는 유의어와 반의어의 의미와 쓰임, 예시를 활용하라는 것입니다.
- **다음 대화**: '벗다'의 반의어에 대해 이야기하는 민지와 현성이의 대화입니다. 현성이가 '벗다'의 다양한 반의어를 이야기하고 있습니다.

즉 반의어의 의미와 쓰임을 이해하고, '벗다'의 반의어가 다양한 것이 반의어의 어떤 특징에 해당하는지 고르는 문제입니다.

>왜 정답?

④ 근거: 4단락 ❸번째 문장, 5단락 ❷번째 문장

4단락에서 '하나의 낱말임에도 상황에 따라 반의어가 달라지기도 한다.'라고 했어요. 그리고 5단락에서 그 예시로 '열다'가 상황에 따라 '닫다', '잠그다', '채우다'라는 반의어를 갖는 것을 이야기하고 있어요. 주어진 대화에서도 현성이가 '벗다'의 반의어가 상황에 따라 '입다', '쓰다'로 달라지는 것을 이야기하고 있으므로 빈칸에는 '상황에 따라 반의어가 달라지는구나'라는 말이 들어가야 해요.

>왜 오답?

① 근거: 4단락 ❸번째 문장, 5단락 ❷번째 문장

4단락에서 '하나의 낱말임에도 상황에 따라 반의어가 달라지기도 한다.'라고 하며, 5단락에서 그 예시를 들고 있어요. 따라서 '반의어는 늘 하나만 있구나'라는 말은 이 글의 내용과 맞지 않아요.

② 유의어가 여러 개일 수 있다는 내용은 이 글에 나오지 않아요. 또한 이는 현성이가 이야기하고 있는 '벗다'의 예시와도 관련이 없어요.

③ 다양한 발음에 대한 내용은 이 글에 나오지 않아요. 또한 이는 현성이가 이야기하고 있는 '벗다'의 예시와도 관련이 없어요.

⑤ 유의어와 반의어가 똑같을 수 있다는 내용은 이 글에 나오지 않아요. 또한 이는 현성이가 이야기하고 있는 '벗다'의 예시와도 관련이 없어요.

04 [정답] 공통점, 반대되는 ·················· 내용 추측하기

>왜 정답?

'올라가다'는 '낮은 곳에서 높은 곳으로 또는 아래에서 위로 가다.'라는 뜻이고, '내려가다'는 '높은 곳에서 낮은 곳으로 또는 위에서 아래로 가다.'라는 뜻이에요. 즉, '올라가다'와 '내려가다'는 서로 반의어이지요.

4단락 ❶번째 문장에서는 '반의어 관계에 있는 낱말들은 공통점이 있으면서 동시에 차이점을 가져야 한다.'라고 했어요. 이 내용을 바탕으로 이해하면, '올라가다'와 '내려가다'는 모두 다른 곳으로 움직인다는 공통점이 있으면서 움직이는 방향은 서로 반대된다는 차이점이 있어요.

따라서 빈칸에 들어갈 말은 각각 '공통점', '반대되는'이에요.

05 [정답] 유의어를 잘 사용하면 생각을 더 정확하고 효과적으로 표현할 수 있고, 반의어를 잘 사용하면 대상의 반대되는 특성을 드러내어 의미를 더욱 분명하게 전할 수 있다.

서술형 채점 기준 – 근거: 6단락 ❷번째 문장

'유의어를 잘 사용하면 생각을 더 정확하고 효과적으로 표현할 수 있고, 반의어를 잘 사용하면 대상의 반대되는 특성을 드러내어 의미를 더욱 분명하게 전할 수 있다.'라면서 유의어와 반의어를 사용할 때의 장점을 이야기하고 있어요. 따라서 이 내용을 찾아 쓰면 정답이에요.

길이의 기준이 된 왕의 몸

◯ 각 단락 중심 낱말   ◯ 전체 중심 낱말   [   ] 각 단락 중심 문장   ▨ 전체 중심 문장

1 ❶ 전 세계 대부분의 나라에서는 길이의 표준 단위로 미터(m)와 킬로미터(km)를 사용한다. ❷ 프랑스에서 만든 이 단위를 전 세계가 함께 쓰기로 약속했기 때문이다. ❸ [그런데 영국이나 미국 등 일부 나라에서는 ⟨피트(ft)⟩와 ⟨야드(yd)⟩라는 낯선 단위를 사용하기도 한다.] ❹ 피트와 야드는 어떻게 만들어진 단위일까? ❺ 여기에는 흥미로운 이야기가 담겨 있다.

2 ❶ 옛날 로마 사람들은 발이나 팔 등 자신의 몸을 기준으로 길이를 쟀다. ❷ 그런데 사람마다 발 길이가 다르고 팔 길이가 다르다 보니 제대로 소통이 되지 않았다. ❸ [보다 못한 왕이 자신의 발 길이(발가락 끝에서부터 뒤꿈치까지의 길이)를 ⟨피트⟩라고 하는 표준 단위로 사용하도록 했다.] ❹ 그런데 왕이 죽고 새로운 왕이 탄생할 때마다 발 길이가 달라진다는 문제가 생겼고, 결국 오랜 논의 끝에 성인 발 길이의 평균을 구하여 피트의 공식 단위로 정했다. ❺ 1피트는 약 30.48cm라고 하니 당시 성인의 발 길이가 꽤 길었던 모양이다.

3 ❶ [⟨야드⟩ 역시 왕의 몸과 관련이 있는 길이 단위이다.] ❷ 영국의 왕 헨리 1세는 피트보다 더 큰 길이 단위를 만들고자 하였다. ❸ 그래서 자신이 팔을 쭉 뻗었을 때 코끝에서 엄지손가락 끝까지의 거리를 야드라고 정했다. ❹ 1야드는 1피트보다 3배 정도 긴 약 91.44cm이다.

4 ❶ 이처럼 ⟨피트와 야드⟩는 모두 _____(가)_____ 을/를 기준으로 만들어진 길이 단위이다. ❷ 영국과 미국뿐만 아니라 우리나라에서도 간혹 산의 높이를 이야기할 때 피트를 사용하거나, 운동 경기에서 거리를 나타낼 때 야드를 사용하기도 한다. ❸ 옛날 유럽에서 만들어진 길이 단위가 지금까지 남아 사용되고 있는 것이다.

1 단락 요약
일부 나라에서 사용하는 피트와 야드

2 단락 요약
피트 단위의 유래

3 단락 요약
야드 단위의 유래

4 단락 요약
왕의 몸을 기준으로 만들어진 피트와 야드

✱ **지문 이해**

● 이 글은 길이 단위인 피트와 야드의 유래를 알려 주는 설명문입니다. 전 세계 대부분의 나라는 길이의 표준 단위로 미터(m)와 킬로미터(km)를 사용하지만, 일부 나라에서는 피트와 야드를 사용하기도 해요. 피트는 로마 왕의 발 길이에서 유래되었고, 야드는 영국의 왕 헨리 1세의 코끝에서 엄지 손가락 끝까지의 거리예요. 즉, 피트와 야드는 모두 왕의 몸을 기준으로 만들어진 길이 단위예요.

● **단락 간의 관계**
1 단락에서는 글 전체의 중심 낱말인 '피트와 야드'에 대해 소개하고 있어요.
2 단락과 3 단락에서는 피트와 야드의 유래를 각각 설명하고 있어요.
4 단락에서는 피트와 야드의 공통점을 밝히면서 글을 마무리하고 있어요.

● **글의 구조도**

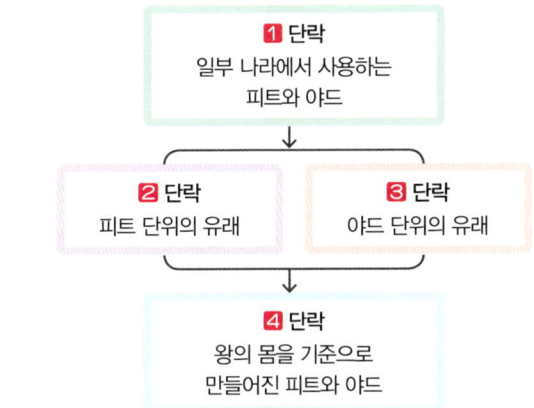

1 단락
일부 나라에서 사용하는 피트와 야드
↓
2 단락
피트 단위의 유래
3 단락
야드 단위의 유래
↓
4 단락
왕의 몸을 기준으로 만들어진 피트와 야드

● **주제:** 왕의 몸을 기준으로 만들어진 피트와 야드

01 [정답] ① ··········· 단락 간의 관계 이해하기

>왜 정답?

1단락 ❸번째 문장에서 '영국이나 미국 등 일부 나라에서는 피트 (ft)와 야드(yd)라는 낯선 단위를 사용하기도 한다.'라고 했어요. 하지만 2단락과 3단락에서 피트와 야드를 일부 나라에서만 사용 하는 이유를 밝히고 있지는 않아요.

02 [정답] ㉣, ㉡, ㉠, ㉢ ··········· 내용 이해하기

다음은 '피트'를 사용하게 된 과정입니다. ㉠~㉣을 순서대로 정리해 보세요.

- **'피트'를 사용하게 된 과정:** 2단락에서 피트를 만들고 사용하 게 된 과정을 설명하고 있습니다.
- **㉠~㉣:** 피트를 사용하게 된 과정을 네 가지로 구분해 놓은 것 입니다.
- 즉 글의 내용에 따라 ㉠~㉣을 시간 순서대로 정리해 보는 문제 입니다.

>왜 정답?

2단락에서 설명하고 있는 피트를 사용하게 된 과정을 살펴볼게요. 가장 먼저는, '옛날 로마 사람들은 발이나 팔 등 자신의 몸을 기준으 로 길이를 쟀다.'라고 했어요.
그런데 이로 인해 소통이 제대로 되지 않는 문제가 생기자 '보다 못 한 왕이 자신의 발 길이(발가락 끝에서부터 뒤꿈치까지의 길이)를 피트라고 하는 표준 단위로 사용하도록 했다.'라고 했어요.
하지만 이후에 '왕이 죽고 새로운 왕이 탄생할 때마다 발 길이가 달 라진다는 문제가 생겼다'고 했고, 결국에는 '성인 발 길이의 평균을 구하여 피트의 공식 단위로 정했다.'라고 했어요.
따라서 피트를 사용하게 된 과정을 순서대로 정리하면 '㉣ → ㉡ → ㉠ → ㉢'이에요.

03 [정답] ③ ··········· 내용 이해하기

>왜 정답?

③ 근거: 1단락 ❶, ❷번째 문장

'전 세계 대부분의 나라에서는 길이의 표준 단위로 미터(m)와 킬 로미터(km)를 사용한다. 프랑스에서 만든 이 단위를 전 세계가 함께 쓰기로 약속했기 때문이다.'라고 했어요. 즉, 프랑스에서 만 든 단위이자 전 세계가 함께 쓰기로 약속한 단위는 미터(m)와 킬 로미터(km)이므로 틀린 설명이에요.

>왜 오답?

① 근거: 3단락 ❷, ❸번째 문장

'영국의 왕 헨리 1세는 피트보다 더 큰 길이 단위를 만들고자 하 였다. 그래서 자신이 팔을 쭉 뻗었을 때 코끝에서 엄지손가락 끝 까지의 거리를 야드라고 정했다.'라고 했으므로 맞는 설명이에요.

② 근거: 3단락 ❹번째 문장

'1야드는 1피트보다 3배 정도 긴 약 91.44 cm이다.'라고 했으므로 맞는 설명이에요.

④ 근거: 4단락 ❷번째 문장

'우리나라에서도 간혹 산의 높이를 이야기할 때 피트를 사용하거 나, 운동 경기에서 거리를 나타낼 때 야드를 사용하기도 한다.'라 고 했으므로 맞는 설명이에요.

⑤ 근거: 3단락 ❷, ❸번째 문장

'영국의 왕 헨리 1세는 피트보다 더 큰 길이 단위를 만들고자 하 였다. 그래서 자신이 팔을 쭉 뻗었을 때 코끝에서 엄지손가락 끝 까지의 거리를 야드라고 정했다.'라고 했으므로 맞는 설명이에요.

04 [정답] 왕의 몸 ··········· 내용 추측하기

>왜 정답?

근거: 2단락 ❸번째 문장, 3단락 ❸번째 문장

2단락에서 '왕이 자신의 발 길이(발가락 끝에서부터 뒤꿈치까지의 길이)를 피트라고 하는 표준 단위로 사용하도록 했다.'라고 했어요.
또한 3단락에서 영국의 왕 헨리 1세가 '자신이 팔을 쭉 뻗었을 때 코끝에서 엄지손가락 끝까지의 거리를 야드라고 정했다.'라고 했 어요.
즉, 피트와 야드는 모두 '왕의 몸'을 기준으로 만들어진 단위이므로 ㈎에 들어갈 말은 '왕의 몸'이에요.

-------- 배경지식

우리나라에서는 어떤 단위를 썼을까?

미터(m)와 킬로미터(km)가 생기기 전에 우리나라에서는 어떤 단 위를 썼을까요? 옛날에 우리나라에서는 길이를 잴 때 '치'와 '척'이 라는 단위를 썼어요.

'치'는 가운뎃손가락의 첫째 마디와 둘째 마디 사이의 길이를 의 미하는 말로, 1치는 약 3cm 정도예요. 비교적 짧은 길이를 나타내 는 단위였기 때문에 '치'는 아주 가깝거나 아주 조금인 정도를 비 유적으로 나타낼 때 자주 쓰였어요. '한 치 앞을 못 보다'라는 말은 '가까이 있는 것도 보지 못하다'라는 뜻이고, '한 치의 양보도 없다' 라는 말은 '조금도 양보하지 않는다'라는 뜻이지요.

한편 '척'은 주로 사람의 키를 나타낼 때 쓰이던 말로, 1척은 약 30cm 정도 되는 길이예요. 역사책 ≪삼국사기≫, ≪삼국유사≫를 보면 신라 법흥왕의 키는 7척이고, 백제 무령왕의 키는 8척이라고 기록되어 있어요. 옛날 왕들의 키를 센티미터(cm) 단위로 바꿔 보 면 법흥왕의 키는 '7×약 30cm'로 약 210cm이고, 무령왕의 키는 '8×약 30cm'로 약 240cm예요. 옛날 왕들의 키가 정말로 이렇게 컸던 것이 아니라, 왕의 권위를 세우기 위해 실제 키보다 더 크게 기록한 것이었어요.

어떤 것을 음악이라고 할까?

◯ 각 단락 중심 낱말   ◯ 전체 중심 낱말   [ ] 각 단락 중심 문장   ▨ 전체 중심 문장

①❶음악은 우리의 귀를 즐겁게 해 주는 소리이다. ❷그렇지만 우리가 모든 소리를 음악이라고 하지는 않는다. ❸[어떤 것을 음악이라고 부를 수 있을까?]❹음악을 이루는 3가지 요소인 리듬, 멜로디, 하모니를 통해 무엇을 음악이라고 하는지 살펴보자.

②❶[음악은 길고 짧은 음이나 강하고 여린 음이 일정한 순서에 따라 반복되는데, 이를 리듬이라고 한다.]❷박자나 빠르기 등으로 표현되는 리듬은 음악의 뼈대가 되기 때문에 음악의 가장 기본적인 요소라고 할 수 있다. ❸리듬은 흔히 심장이 뛰는 것에서 시작되었다고 한다. ❹그래서인지 서양 음악의 기초가 된 바로크 음악에서는 보통 빠르기의 박자가 사람의 심장이 일반적으로 뛰는 박자와 같다.

③❶[멜로디는 연속되는 음들의 높낮이 변화를 말한다.]❷우리는 음악을 들으면 '도, 레, 미, 파, 솔, 라, 시'의 7음계가 올라가거나 내려가며 움직이는 것처럼 느낀다. ❸각각의 음악마다 특징적인 멜로디를 가지기 때문에 대부분의 사람들은 멜로디로 음악을 기억한다.

④❶[음악을 이루는 마지막 요소는 하모니로, 두 개 이상의 음을 동시에 표현하면 하모니가 된다.]❷멜로디가 음을 순서대로 늘어놓는 것이라면 하모니는 음을 차곡차곡 쌓는 것이다. ❸음의 높낮이에 하모니가 더해지면 음악에 깊이, 공간감 등이 생겨 음악이 더 풍성해진다.

⑤❶보통 리듬, 멜로디, 하모니를 음악의 3요소라고 한다. ❷그런데 음악 중에는 하모니가 없는 것도 있으므로 음악을 이루는 데 꼭 필요한 요소는 리듬과 멜로디이다. ❸따라서 우리는 리듬과 멜로디를 가진 소리를 음악이라고 부를 수 있다.

1 단락 요약
무엇을 음악이라고 하는지에 대한 물음

2 단락 요약
음악의 3요소 – 리듬

3 단락 요약
음악의 3요소 – 멜로디

4 단락 요약
음악의 3요소 – 하모니

5 단락 요약
음악이 무엇인지에 대한 정리

✱ **지문 이해**

● 이 글은 음악의 3요소를 통해 음악이 무엇인지 알려 주는 설명문입니다. 음악을 이루는 3가지 요소는 리듬, 멜로디, 하모니예요. 리듬은 길고 짧은 음이나 강하고 여린 음이 일정한 순서에 따라 반복되는 것이고, 멜로디는 연속되는 음들의 높낮이 변화를 말해요. 또한 하모니는 두 개 이상의 음을 동시에 표현하는 것이에요. 그런데 음악 중에는 하모니가 없는 것도 있으므로 음악의 필수 요소는 리듬과 멜로디예요. 소리가 리듬과 멜로디를 가지면 음악이라고 할 수 있어요.

● **단락 간의 관계**
①단락에서는 어떤 것을 음악이라고 하는지 질문을 던지고, 음악의 3요소를 소개하고 있어요.
②~④단락에서는 음악의 3요소인 리듬, 멜로디, 하모니에 대해 각각 설명하고 있어요.
⑤단락에서는 ①단락의 질문에 답하며 무엇을 음악이라고 할 수 있는지 정리하고 있어요.

● **글의 구조도**

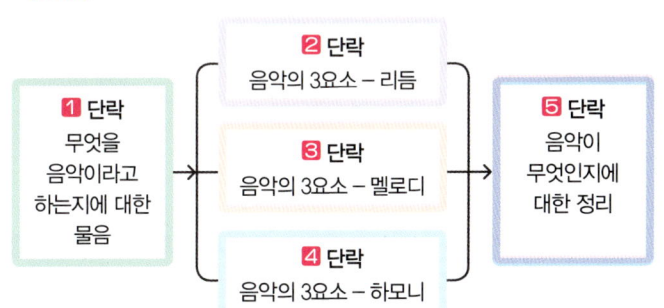

● **주제:** 음악의 개념과 음악의 3요소

01 정답 ③ ⸱⸱ 단락 간의 관계 이해하기

왜 정답?

②~④단락에서는 음악의 3요소인 리듬, 멜로디, 하모니에 대해 각각 설명하고 있어요. 하지만 이것들의 문제점을 이야기하고 있지는 않아요.

[02~03]

다음은 음악의 3요소를 정리한 것입니다. 이 표를 보고 **02, 03**에 답하세요.

- **음악의 3요소**: ②~④단락에서 이야기하고 있는 리듬, 멜로디, 하모니를 가리킵니다.

- 즉 ②~④단락에서 설명하고 있는 음악의 3요소를 이해하고, 각 요소의 의미와 특징을 이해하는 문제입니다.

02 정답 반복되는, 풍성하게 ⸱⸱⸱⸱⸱⸱⸱⸱⸱⸱⸱⸱⸱⸱⸱⸱⸱⸱⸱⸱⸱⸱⸱⸱⸱ 내용 이해하기

왜 정답?

반복되는 근거: ②단락 ❶번째 문장

'음악은 길고 짧은 음이나 강하고 여린 음이 일정한 순서에 따라 반복되는데, 이를 리듬이라고 한다.'라고 했어요. 따라서 첫 번째 빈칸에 들어갈 말은 '반복되는'이에요.

풍성하게 근거: ④단락 ❸번째 문장

'음의 높낮이에 하모니가 더해지면 음악에 깊이, 공간감 등이 생겨 음악이 더 풍성해진다.'라고 했어요. 따라서 두 번째 빈칸에 들어갈 말은 '풍성하게'예요.

03 정답 ⓒ ⸱⸱ 내용 이해하기

왜 정답?

ⓒ **근거:** ⑤단락 ❷번째 문장

'음악을 이루는 데 꼭 필요한 요소는 리듬과 멜로디이다.'라고 했어요. 따라서 하모니는 음악을 이루는 데 꼭 필요한 기본 요소가 아니에요.

왜 오답?

ⓐ **근거:** ②단락 ❹번째 문장

'바로크 음악에서는 보통 빠르기의 박자가 사람의 심장이 일반적으로 뛰는 박자와 같다.'라고 했으므로 맞는 내용이에요.

ⓑ **근거:** ③단락 ❸번째 문장

'각각의 음악마다 특징적인 멜로디를 가지기 때문에 대부분의 사람들은 멜로디로 음악을 기억한다.'라고 했으므로 맞는 내용이에요.

04 정답 ④ ⸱⸱⸱ 알맞은 반응 찾기

왜 정답?

④ **근거:** ②단락 ❷번째 문장

'리듬은 음악의 뼈대가 되기 때문에 음악의 가장 기본적인 요소라고 할 수 있다.'라고 했으므로 맞는 반응이에요.

왜 오답?

① **근거:** ②단락 ❷번째 문장

'박자나 빠르기 등으로 표현되는 리듬'이라고 했어요. 따라서 박자나 빠르기로 표현되는 것은 멜로디가 아니라 리듬이에요.

② **근거:** ③단락 ❸번째 문장

'각각의 음악마다 특징적인 멜로디를 가지기 때문에 대부분의 사람들은 멜로디로 음악을 기억한다.'라고 했어요. 즉, 사람들은 보통 각각의 음악을 하모니가 아니라 멜로디로 기억해요.

③ **근거:** ①단락 ❷번째 문장

'모든 소리를 음악이라고 하지는 않는다.'라고 했어요. 즉, 우리가 살면서 듣는 모든 소리를 음악이라고 할 수는 없어요.

⑤ **근거:** ⑤단락 ❸번째 문장

'우리는 리듬과 멜로디를 가진 소리를 음악이라고 부를 수 있다.'라고 했어요.

05 정답 음을 차곡차곡 쌓는 것이다

서술형 채점 기준 – 근거: ④단락 ❷번째 문장

'멜로디가 음을 순서대로 늘어놓는 것이라면 하모니는 음을 차곡차곡 쌓는 것이다.'라고 하며 멜로디와 하모니를 비교하고 있어요. 빈칸에는 멜로디와 비교되는 하모니의 특징을 써넣어야 해요. 따라서 '하모니는 음을 차곡차곡 쌓는 것이다.'라는 내용을 찾아 쓰면 정답이에요.

배경지식

음악의 속도, 빠르기

음악은 너무 느려도, 너무 빨라도 제대로 듣기 어려워요. 그래서 듣는 사람이 편안하게 들을 수 있도록 적당한 속도를 유지하는 것이 중요하지요. 이러한 음악의 속도를 '빠르기'라고 해요.

빠르기는 사람의 맥박을 기준으로 정해졌어요. 손목 안쪽을 꾹 누르면 1분에 약 80번 정도 맥박이 뛰는 것을 느낄 수 있어요. 이를 음악에 적용해서 1분에 약 80개의 음표를 연주하는 것을 보통 빠르기라고 정했어요.

같은 곡이라도 빠르기에 따라서 느낌이 완전히 달라져요. 그래서 악보의 첫머리에는 빠르기를 나타내는 기호를 써서 곡을 연주하기에 적당한 속도를 알려 준답니다. '안단테(Andante)'는 조금 느리게, '모데라토(Moderato)'는 보통 빠르게, '알레그로(Allegro)'는 빠르게 연주하라는 뜻이에요. 또한 곡을 다양한 느낌으로 표현하기 위해서 한 곡이 연주되는 중간에 빠르기가 바뀌기도 해요.

어린이들의 마음을 잡아라!

○ 각 단락 중심 낱말　◯ 전체 중심 낱말　[　] 각 단락 중심 문장　▨ 전체 중심 문장

1 ❶ 햄버거 가게나 음식점에서 특정 메뉴를 시키면 장난감을 함께 주는 것을 본 적이 있을 것이다. ❷ 이처럼 어린이와 부모가 함께 갈 만한 음식점, 서점, 백화점 등에는 어린이 고객이 좋아할 만한 메뉴나 상품들이 따로 준비되어 있는 경우가 많다. ❸ 어린이 고객을 대상으로 홍보를 하는 것이다. ❹ [실제로 돈을 쓰는 사람은 어른인데, 왜 어린이 고객에게 맞춰 홍보를 하는 것일까?]

2 ❶ 마케팅이란 상품을 더 팔기 위해 벌이는 다양한 활동으로, 시장 조사, 상품화 계획, 광고 등이 모두 마케팅에 해당한다. ❷ [특히 어린이 고객을 대상으로 마케팅을 하는 것을 '키즈 마케팅'이라고 한다.] ❸ 여러 기업에서 키즈 마케팅을 하는 이유는 무엇일까? ❹ 어린이가 중요한 소비자이기 때문이다. ❺ 자녀가 있는 부모들은 자녀의 뜻에 따라 물건을 고르는 경우가 많다. ❻ 특히 최근에는 어린이들이 옷, 신발, 장난감, 학용품 등 자신이 쓸 상품을 스스로 선택하는 경우가 늘어나 키즈 마케팅이 더욱 활발히 이루어지고 있다.

3 ❶ [단순히 어린이 고객이 살 만한 상품을 내놓는 것 외에도 키즈 마케팅은 다양한 방식으로 이루어진다.] ❷ 백화점이나 서점에서 뮤지컬, 인형극 등 어린이를 대상으로 한 행사를 열고, 은행에서 어린이 경제 교육 프로그램을 진행하는 것도 키즈 마케팅이다. ❸ 어린이 고객이 행사에 참여하면 보통 부모가 함께 온다. ❹ 즉, 이런 행사나 프로그램은 어린이 고객과 함께 어른 고객을 방문하게 하는 전략인 것이다. ❺ 더불어 어린이가 어른이 되었을 때 자연스럽게 고객이 되게 하려는 의도도 깔려 있다.

4 ❶ 키즈 마케팅은 기업이 이익을 얻기 위해 어린이들을 이용하는 것이라는 비판을 받기도 한다. ❷ [하지만 그럼에도 키즈 마케팅은 앞으로 더 활발해질 것으로 예상된다.] ❸ 최근에는 어린이가 한 명 혹은 두 명만 있는 가족이 늘면서 부모들이 어린이의 의견에 더욱 귀 기울여 어린이가 점점 더 중요한 소비자가 되고 있기 때문이다.

1 단락 요약
어린이 고객을 대상으로 홍보하는 것에 대한 물음

2 단락 요약
키즈 마케팅의 의미와 키즈 마케팅을 하는 이유

3 단락 요약
다양한 방식으로 이루어지는 키즈 마케팅

4 단락 요약
키즈 마케팅의 미래

- ✱ 지문 이해

● 이 글은 키즈 마케팅에 대한 설명문입니다. 키즈 마케팅이란 어린이 고객을 대상으로 마케팅을 하는 것이에요. 기업들이 키즈 마케팅을 하는 이유는 어린이가 중요한 소비자이기 때문이에요. 키즈 마케팅은 어린이 고객이 살 만한 상품을 내놓는 것 외에도 다양한 방식으로 진행돼요. 이러한 키즈 마케팅은 기업의 이익을 위해 어린이를 이용한다는 비판을 받기도 하지만, 그럼에도 키즈 마케팅은 앞으로 더 활발해질 것으로 예상되고 있어요.

● **단락 간의 관계**
　① 단락에서 어린이 고객을 대상으로 홍보를 하는 상황을 예시로 들고, 이에 대해 물음을 던지고 있어요.
　② 단락에서는 키즈 마케팅이 무엇인지 설명하고, ① 단락의 질문에 대한 답으로 키즈 마케팅을 하는 이유를 알려 주고 있어요.
　③ 단락에서는 키즈 마케팅의 다양한 방식을 설명하고 있어요.
　④ 단락에서는 키즈 마케팅의 미래를 이야기하며 글을 마무리하고 있어요.

● **글의 구조도**

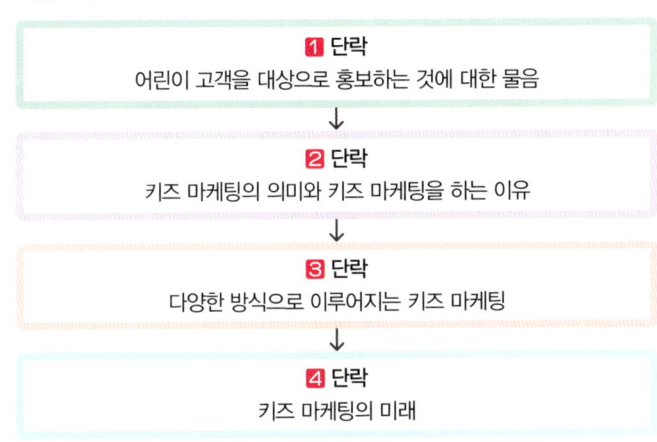

1 단락
어린이 고객을 대상으로 홍보하는 것에 대한 물음

↓

2 단락
키즈 마케팅의 의미와 키즈 마케팅을 하는 이유

↓

3 단락
다양한 방식으로 이루어지는 키즈 마케팅

↓

4 단락
키즈 마케팅의 미래

● **주제:** 키즈 마케팅의 의미와 다양한 방식, 미래

01 [정답] ③ ·················· 단락 간의 관계 이해하기

>왜 정답?
③단락에서는 키즈 마케팅이 다양한 방식으로 진행된다는 것을 설명하고 있어요.
④단락에서는 키즈 마케팅이 받는 비판과, 키즈 마케팅의 미래에 대해 이야기하고 있어요.
하지만 ④단락에서 키즈 마케팅이 언제부터 시작되었는지 설명하고 있지는 않아요.

02 [정답] ④ ·························· 내용 이해하기

>왜 정답?
④ 근거: ②단락 ❺번째 문장
　'자녀가 있는 부모들은 자녀의 뜻에 따라 물건을 고르는 경우가 많다.'라고 했으므로 틀린 내용이에요.

>왜 오답?
① 근거: ④단락 ❷번째 문장
　'키즈 마케팅은 앞으로 더 활발해질 것으로 예상된다.'라고 했으므로 맞는 내용이에요.
② 근거: ②단락 ❷번째 문장
　'어린이 고객을 대상으로 마케팅을 하는 것을 '키즈 마케팅'이라고 한다.'라고 했으므로 맞는 내용이에요.
③ 근거: ③단락 ❷번째 문장
　'은행에서 어린이 경제 교육 프로그램을 진행하는 것도 키즈 마케팅이다.'라고 했으므로 맞는 내용이에요.
⑤ 근거: ③단락 ❸번째 문장
　'어린이 고객이 행사에 참여하면 보통 부모가 함께 온다.'라고 했으므로 맞는 내용이에요.

03 [정답] ④ ·························· 내용 이해하기

>왜 정답?
④ 근거: ④단락 ❶번째 문장
　'키즈 마케팅은 기업이 이익을 얻기 위해 어린이들을 이용하는 것이라는 비판을 받기도 한다.'라고 했어요. 따라서 키즈 마케팅이 비판을 받는 이유는 '기업이 이익을 얻기 위해 어린이들을 이용하는 것이기 때문에'예요.

>왜 오답?
① 키즈 마케팅이 부모와 자녀의 싸움을 일으킨다는 내용은 이 글에 나오지 않으므로, 이는 키즈 마케팅이 비판을 받는 이유가 아니에요.
② 키즈 마케팅이 거짓말로 홍보하여 고객을 속인다는 내용은 이 글에 나오지 않으므로, 이는 키즈 마케팅이 비판을 받는 이유가 아니에요.

③ 근거: ③단락 ❶번째 문장
　'어린이 고객이 살 만한 상품을 내놓는 것 외에도 키즈 마케팅은 다양한 방식으로 이루어진다.'라고 했으므로, 키즈 마케팅이 어린이 고객이 살 만한 상품을 내놓지 않는다는 것은 틀린 내용이에요. 따라서 이는 키즈 마케팅이 비판을 받는 이유가 아니에요.
⑤ 키즈 마케팅이 어린이 고객이 부모와 함께 와야만 상품을 살 수 있도록 한다는 내용은 이 글에 나오지 않으므로, 이는 키즈 마케팅이 비판을 받는 이유가 아니에요.

04 [정답] ⑤ ·························· 내용 적용하기

이 글을 바탕으로 〈보기〉를 이해할 때, ㉠에 들어갈 내용으로 가장 알맞은 것은 무엇인가요?

· **이 글을 바탕**: 이 글에서 설명하고 있는 키즈 마케팅의 의미와 방식을 활용하라는 것입니다.
· **〈보기〉**: ○○회사의 휴대 전화 행사에 담긴 의도를 설명하는 뉴스 내용입니다. 이 행사는 '어린이들을 위한' 것이므로 키즈 마케팅에 해당합니다.
🟥 키즈 마케팅의 의미와 방식을 이해하고, 이를 통해 ○○회사의 키즈 마케팅에 담긴 의도를 찾는 문제입니다.

>왜 정답?
⑤ 근거: ③단락 ❹, ❺번째 문장
　다양한 키즈 마케팅 행사에 대해 '이런 행사나 프로그램은 어린이 고객과 함께 어른 고객을 방문하게 하는 전략'이라고 하며, '더불어 어린이가 어른이 되었을 때 자연스럽게 고객이 되게 하려는 의도도 깔려 있다.'라고 했어요. 따라서 ㉠에 들어갈 내용은 '어린이가 어른이 되었을 때 자연스럽게 고객이 되게 하려는'이에요.

>왜 오답?
①, ②, ③, ④ 이 글과 〈보기〉의 내용과 관련이 없으므로 ㉠에 들어갈 내용이 아니에요.

05 [정답] 어린이가 한 명 혹은 두 명만 있는 가족이 늘면서 부모들이 어린이의 의견에 더욱 귀 기울여 어린이가 점점 더 중요한 소비자가 되고 있기 때문이다

서술형 채점 기준 – 근거: ④단락 ❷, ❸번째 문장
'키즈 마케팅은 앞으로 더 활발해질 것으로 예상된다.'라면서 그 이유를 '어린이가 한 명 혹은 두 명만 있는 가족이 늘면서 부모들이 어린이의 의견에 더욱 귀 기울여 어린이가 점점 더 중요한 소비자가 되고 있기 때문이다.'라고 했어요. 따라서 이 내용을 찾아 쓰면 정답이에요.

끊임없이 움직이는 열

○ 각 단락 중심 낱말   ⬭ 전체 중심 낱말   [　] 각 단락 중심 문장   ▨ 전체 중심 문장

1 ❶ 겨울에 난로를 쬐면 따뜻함이 느껴지고 얼음을 손에 쥐고 있으면 차가움이 느껴진다. ❷ 이렇게 우리가 '따뜻하다, 차갑다'라고 느끼는 것은 열을 얻거나 잃는 현상이다. ❸ 열은 물체의 온도를 높이거나 상태를 변화시키는 에너지로, 머물러 있는 것이 아니라 계속 이동한다. ❹ 다양한 열의 이동에 대해 알아보자.

2 ❶ 쇠막대의 한쪽 끝에 열을 가하면 곧 다른 쪽 끝도 뜨거워진다. ❷ 열을 받은 쪽의 분자들이 아주 빠르게 움직이면서 옆의 분자와 부딪치면, 부딪힌 분자들이 또 옆의 분자와 부딪친다. ❸ 이런 식으로 분자의 충돌이 열을 받지 않은 쪽까지 이어지면서 열에너지가 전해지는 것이다. ❹ [이처럼 충돌이나 접촉으로 열이 이동하는 것을 '전도'라고 한다.]

3 ❶ 물을 끓일 때는 열이 어떻게 이동할까? ❷ 물질에 열을 가하면 대부분 부피가 커지고, 부피가 커지면 가벼워진다. ❸ 그래서 물을 끓이면 아래쪽의 물이 따뜻해져 위로 올라가고 대신 위쪽의 차가운 물이 아래를 채우게 된다. ❹ [이렇게 물질이 직접 움직이면서 열을 전달하는 것을 '대류'라고 한다.]

4 ❶ 태양열이 이동하는 방법은 또 다르다. ❷ 태양열은 태양에서 지구로 전해지는데, 그 가운데에는 열을 전해 주는 물질이 아무것도 없다. ❸ [이렇게 중간에 전해 주는 물질 없이 열이 이동하는 것을 '복사'라고 하며, 복사를 통해 전해진 에너지를 '복사열'이라고 한다.] ❹ 태양뿐만 아니라 모든 물체가 복사열을 흡수하거나 내보낸다. ❺ 사람도 체온으로 인해 복사열을 내뿜기 때문에 여러 사람이 같이 있는 방안은 바깥보다 더 따뜻하다.

5 ❶ 열이 이동하는 방법은 물질의 상태에 따라 달라진다. ❷ 그래서 주로 전도는 고체 상태의 물질에서, 대류는 액체나 기체 상태의 물질에서 잘 일어난다. ❸ [다만 어떤 방법으로 열이 이동하든지 열은 항상 따뜻한 곳에서 차가운 곳으로 이동한다.] ❹ 내 손보다 차가운 친구의 손을 잡을 때면 내 손에 있던 열이 친구의 손으로 이동하면서 친구의 손이 점점 따뜻해지는 것을 느껴 보도록 하자.

1 단락 요약	끊임없이 이동하는 열
2 단락 요약	열의 이동 방법 – 전도
3 단락 요약	열의 이동 방법 – 대류
4 단락 요약	열의 이동 방법 – 복사
5 단락 요약	열이 이동하는 것의 특징

✳ **지문 이해**

● 이 글은 열이 이동하는 다양한 방법을 알려 주는 설명문입니다. 열 에너지는 머물러 있는 것이 아니라 계속 이동하는데, 열이 이동하는 방법에는 전도, 대류, 복사가 있어요. 전도는 충돌이나 접촉에 의해 열이 이동하는 것을 말하고, 대류는 물질이 직접 움직이면서 열을 전달하는 것을 말해요. 그리고 복사란 중간에 전해 주는 물질 없이 열이 이동하는 것이에요. 주로 전도는 고체 상태에서, 대류는 액체나 기체 상태에서 잘 일어나요. 다만 어떤 방법으로 이동하든 열은 항상 따뜻한 곳에서 차가운 곳으로 이동해요.

● **단락 간의 관계**
　1 단락에서는 글 전체의 중심 낱말인 '열의 이동'에 대해 소개하고 있어요.
　2 ~ 4 단락에서는 열의 3가지 이동 방법을 각각 설명하고 있어요.
　5 단락에서는 열이 이동하는 것의 특징을 이야기하며 글을 마무리하고 있어요.

● **글의 구조도**

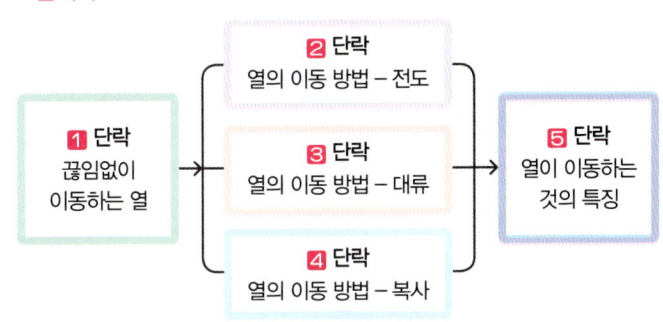

● **주제:** 끊임없이 움직이는 열의 다양한 이동 방법

01 [정답] ③ ⸱⸱⸱⸱⸱⸱⸱⸱⸱⸱⸱⸱⸱⸱⸱⸱⸱⸱⸱⸱⸱⸱⸱⸱⸱⸱⸱⸱⸱⸱⸱⸱ 단락 간의 관계 이해하기

>왜 정답 ?
⑤단락에서는 열이 이동하는 것의 특징을 설명하고 있어요. ④단락에서 '복사열'에 대해 설명하고 있는 것은 맞지만, ⑤단락에서 '복사열이 얼마나 위험한지'를 이야기하고 있지는 않아요.

02 [정답] ④ ⸱⸱ 내용 이해하기

>왜 정답 ?
④ 근거: ③단락 ❷번째 문장
'물질에 열을 가하면 대부분 부피가 커지고, ～ 가벼워진다.'라고 했어요. 즉, 열을 받은 물질은 부피가 커지고 가벼워져요.

>왜 오답 ?
① 근거: ④단락 ❹번째 문장
'태양뿐만 아니라 모든 물체가 복사열을 흡수하거나 내보낸다.'라고 했으므로 맞는 내용이에요.

② 근거: ②단락 ❹번째 문장
'충돌이나 접촉으로 열이 이동하는 것을 '전도'라고 한다.'라고 했으므로 맞는 내용이에요.

③ 근거: ⑤단락 ❸번째 문장
'어떤 방법으로 열이 이동하든지 열은 항상 따뜻한 곳에서 차가운 곳으로 이동한다.'라고 했으므로 맞는 내용이에요.

⑤ 근거: ①단락 ❸번째 문장
'열은 물체의 온도를 높이거나 상태를 변화시키는 에너지'라고 했으므로 맞는 내용이에요.

03 [정답] 전도 ⸱⸱ 내용 적용하기

다음은 민수와 지희가 나눈 대화입니다. 빈칸에 들어가기에 알맞은 열의 이동 방법을 쓰세요.

- 민수와 지희가 나눈 대화: 열을 받은 냄비가 손잡이까지 뜨거워지는 것에 대해 이야기하고 있습니다. 특히 지희는 냄비의 분자들이 서로 부딪치면서 열을 전달한다고 설명하고 있습니다.

즉 지희가 말하고 있는 열의 이동 방법이 이 글에서 설명하고 있는 열의 이동 방법 중 무엇에 해당하는지 써넣는 문제입니다.

>왜 정답 ?
근거: ②단락 전체
쇠막대를 예로 들어 충돌이나 접촉으로 열이 이동하는 방법인 '전도'를 설명하고 있어요. 이때 '열을 받은 쪽의 분자들이 아주 빠르게 움직이면서 ～ 부딪친다. 이런 식으로 분자의 충돌이 열을 받지 않은 쪽까지 이어지면서 열에너지가 전해지는 것이다.'라고 했어요.
지희 역시 분자들이 서로 부딪치면서 열을 전달한다고 이야기하고 있으므로 빈칸에 들어갈 열의 이동 방법은 '전도'예요.

04 [정답] ⑤ ⸱⸱ 내용 적용하기

다음은 이 글을 읽고 적은 메모입니다. ㉠에 들어갈 말로 가장 알맞은 것은 무엇인가요?

- 메모: 열이 이동하는 것의 특징을 이야기하고, 열의 이동에 해당하는 여러 가지 예시를 들고 있습니다.
- ㉠: ㉠이 포함된 문장을 보면 '(㉠) 역시 열이 이동하는 현상이다.'라고 했으므로, ㉠에는 열의 이동에 해당하는 예시가 들어가야 합니다.

즉 이 글에서 이야기하고 있는 열의 이동에 대해 이해하고, 열의 이동으로 인해 나타나는 현상을 고르는 문제입니다.

>왜 정답 ?
⑤ 근거: ①단락 ❷번째 문장
'우리가 '따뜻하다, 차갑다'라고 느끼는 것은 열을 얻거나 잃는 현상'이라고 했어요. 따라서 ㉠에는 따뜻하거나 차갑다고 느끼는, 열의 이동으로 인해 나타나는 현상이 들어가야 해요.
모닥불을 피우면 주위가 따뜻해지는 것은 모닥불의 열이 주위 공기로 이동하는 현상이므로, 이는 ㉠에 들어갈 말로 알맞아요.

>왜 오답 ?
① 비가 올 때 하늘에 구름이 끼는 것은 열의 이동과 관계없는 현상이에요.
② 풍선을 불면 풍선의 크기가 커지는 것은 열의 이동과 관계없는 현상이에요.
③ 자석을 서로 가까이 대면 달라붙는 것은 열의 이동과 관계없는 현상이에요.
④ 얼음에 힘을 가하면 잘게 부서지는 것은 열의 이동과 관계없는 현상이에요.

05 [정답] 예 교실 안에 있는 친구들이 체온으로 인해 복사열을 내뿜기 때문이다.

[서술형] 채점 기준 – 근거: ④단락 ❺번째 문장
'사람도 체온으로 인해 복사열을 내뿜기 때문에 여러 사람이 같이 있는 방안은 바깥보다 더 따뜻하다.'라고 했어요. 교실에 친구들과 함께 있는 것은 여러 사람이 방안에 같이 있는 것과 같아요.
따라서 교실에 혼자 있을 때보다 친구들과 함께 있을 때 더 더운 이유는 교실에 있는 친구들이 체온으로 인해 복사열을 내뿜기 때문이에요. 이러한 내용을 바탕으로 '복사열을 내뿜는다.'라는 내용을 쓰면 정답이에요.

지구가 남겨 준 보물, 화석

◯ 각 단락 중심 낱말   ◯ 전체 중심 낱말   [ ] 각 단락 중심 문장   ▨ 전체 중심 문장

1 ❶ 실제로 공룡을 본 사람은 이 세상에 아무도 없다. ❷ 하지만 살아 숨 쉬는 듯한 공룡의 모습을 담고 있는 영화나 공룡에 대한 다양한 정보를 담고 있는 책은 쉽게 찾아볼 수 있다. ❸ [우리는 본 적도 없는 공룡에 대해 어떻게 알 수 있을까? ❹ 바로 ◯화석◯ 덕분이다.] ❺ 화석은 무엇이며, 화석을 통해 어떤 것을 알 수 있는지 살펴보자.

*1단락 요약: 공룡에 대한 정보를 알려 주는 화석

2 ❶ ◯화석◯이란 아주 옛날에 살았던 생물의 뼈나 몸의 흔적이 돌이 되어 남아 있는 것을 말한다. ❷ 그런데 지구에 사는 생물이 모두 화석이 되지는 않는다. ❸ 죽은 동물이나 식물이 화석이 되려면 뼈나 껍데기, 줄기나 씨앗 등 잘 썩지 않는 단단한 부분이 있어야 한다. ❹ 그리고 죽은 후에는 썩기 전에 공기가 통하지 않도록 퇴적물 속에 묻혀야 한다. ❺ 땅속에서 다른 물질과 합쳐진 상태로 강하게 눌려 딱딱해지면 화석이 된다. ❻ 그렇게 화석이 된 뒤에는 화석이 묻힌 지층이 지각 변동으로 솟아올라 바람이나 비에 깎여야 비로소 우리가 화석을 발견할 수 있다.

*2단락 요약: 화석의 의미와 죽은 생물이 화석이 되는 조건

3 ❶ [◯화석◯을 통해 우리가 알 수 있는 것은 무엇일까?] ❷ 먼저 화석으로 남은 생물이 어떤 모습으로, 어떻게 살았는지 알 수 있다. ❸ 이뿐만 아니라 화석이 발견된 곳의 자연환경이 예전에는 어땠는지를 짐작해 볼 수 있다. ❹ 게다가 화석이 묻힌 지층이 만들어진 시기와 순서도 알 수 있다. ❺ 특히 공룡이나 매머드처럼 짧은 기간 동안 살고 지구상에서 사라진 동물의 화석이 나왔다면, 그 화석이 발견된 지층이 만들어진 시기를 바로 알 수 있다.

*3단락 요약: 화석을 통해 알 수 있는 정보

4 ❶ [◯화석◯은 아주 먼 과거의 여러 가지 정보를 우리에게 알려 준다. ❷ 또한 오늘날 연료로 사용하는 석탄과 석유도 화석을 통해 얻을 수 있다.] ❸ 이러한 점을 생각한다면 화석은 지구가 우리에게 남겨 준 보물이라고 할 수 있지 않을까?

*4단락 요약: 화석의 이로운 점

01 [정답] 화석

1단락에서 '화석'을 소개하고, 2단락에서는 화석의 의미와 화석이 만들어지는 조건을, 3단락에서는 화석을 통해 알 수 있는 정보를 설명하고 있어요. 4단락에서는 화석의 이로운 점을 이야기하고 있어요.

02 [정답] ④

1단락 ❸, ❹번째 문장에서 '우리는 본 적도 없는 공룡에 대해 어떻게 알 수 있을까? 바로 화석 덕분이다.'라고 했어요.

03 [정답] 생물, 자연환경, 지층

3단락 ❷~❹번째 문장에서 '화석으로 남은 생물이 어떤 모습으로, 어떻게 살았는지 ~ 지층이 만들어진 시기와 순서도 알 수 있다.'라고 했어요.

04 [정답] ⑤

2단락 ❻번째 문장에서 '화석이 묻힌 지층이 ~ 바람이나 비에 깎여야 비로소 우리가 화석을 발견할 수 있다.'라고 했어요.

✱ 지문 이해

● 이 글은 화석에 대해 알려 주는 설명문입니다. 화석이 무엇이며 어떻게 생기고, 화석을 통해 무엇을 알 수 있는지 설명하고 있어요. 화석이란 아주 옛날에 살았던 생물의 뼈나 몸의 흔적이 돌이 되어 남아 있는 것이며, 죽은 생물이 화석이 되려면 여러 가지 조건이 필요해요. 또한 화석은 우리에게 많은 정보를 알려 주고, 오늘날 연료로 사용하는 석탄과 석유도 화석을 통해 얻을 수 있어요.

● 단락 간의 관계
1단락에서는 글 전체의 중심 낱말인 '화석'에 대해 소개하고 있어요.
2단락에서는 화석의 의미와 화석이 만들어지는 조건을 설명하고 있어요.
3단락에서는 화석을 통해 알 수 있는 정보를 설명하고 있어요.
4단락에서는 화석의 이로운 점을 이야기하며 글을 마무리하고 있어요.

● 글의 구조도

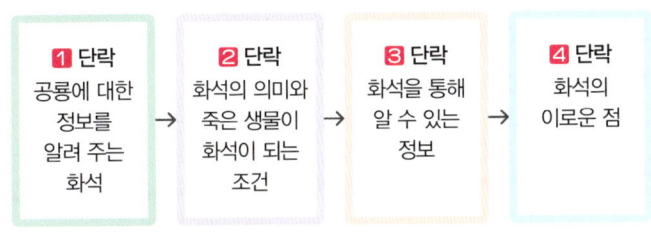

| 1 단락 공룡에 대한 정보를 알려 주는 화석 | → | 2 단락 화석의 의미와 죽은 생물이 화석이 되는 조건 | → | 3 단락 화석을 통해 알 수 있는 정보 | → | 4 단락 화석의 이로운 점 |

● 주제: 화석의 의미와 이로운 점

천 년의 역사를 품고 있는 경주

◯ 각 단락 중심 낱말   ◯ 전체 중심 낱말   [ ] 각 단락 중심 문장   ▨ 전체 중심 문장

1 ❶우리나라 경주는 도시 전체가 역사 박물관이라고 불릴 만큼 곳곳에 유적과 문화재가 많다. ❷우스갯소리로 아직도 발견되지 않은 유적이 많아 땅을 파기만 하면 유물이 나온다는 말이 있을 정도이다. ❸경주에 유적과 문화재가 이렇게 많이 남아 있는 이유는 이곳이 약 천 년 동안 신라의 수도였기 때문이다. ❹경주가 간직하고 있는 신라의 문화유산에는 어떤 것들이 있을까?

2 ❶[가장 대표적인 문화유산으로는 불국사와 석굴암을 꼽을 수 있다.] ❷이 두 가지는 모두 신라 사람들의 뛰어난 건축 기술과 불교에 대한 믿음을 보여 준다. ❸불국사는 부처님이 산다는 이상 세계를 표현한 절로, 신라인들이 바라던 세상을 담은 곳이다. ❹그리고 석굴암은 불국사가 있는 토함산 중간쯤에 사람들이 굴을 파서 만든 사원이다. ❺불국사와 석굴암은 일제 강점기에 많은 부분이 훼손되었지만, 그 우수성과 아름다움을 인정받아 유네스코 세계 문화유산으로 지정되었다.

3 ❶[신라의 뛰어난 과학 기술을 보여 주는 문화유산으로는 첨성대와 성덕 대왕 신종이 있다.] ❷첨성대는 동아시아에 남아 있는 가장 오래된 천문대로, 신라 사람들은 이곳에서 하늘의 움직임을 관찰하고 연구했다고 한다. ❸성덕 대왕 신종은 현재까지 우리나라에 남아 있는 가장 큰 종으로, 현재는 국립 경주 박물관에 있다. ❹이 종의 신비롭고 아름다운 종소리는 지금의 과학 기술로도 따라잡을 수 없을 정도이다.

4 ❶[이 밖에도 문무대왕릉, 동궁과 월지, 감은사지 3층 석탑, 분황사 모전 석탑 등 경주에 가면 신라의 아름답고 우수한 문화재들을 많이 만나볼 수 있다.] ❷경주에 가게 된다면 신라 사람들의 자취를 따라 문화재를 살펴보는 역사 여행을 해 보면 어떨까?

---

1 단락 요약
경주에 많이 남아 있는 신라의 문화유산

2 단락 요약
신라의 문화유산 – 불국사, 석굴암

3 단락 요약
신라의 문화유산 – 첨성대, 성덕 대왕 신종

4 단락 요약
경주에 가면 볼 수 있는 다양한 신라의 문화재들

✱ 지문 이해

● 이 글은 경주에 남아 있는 신라의 문화유산을 소개하는 설명문입니다. 약 천 년 동안 신라의 수도였던 경주에는 신라 사람들의 자취를 느낄 수 있는 문화재가 많이 남아 있어요. 대표적으로 불교와 관련한 문화유산으로는 불국사와 석굴암이 있고, 뛰어난 과학 기술을 보여 주는 문화유산으로는 첨성대와 성덕 대왕 신종이 있어요. 이 밖에도 경주에 가면 신라의 우수하고 아름다운 문화재들을 많이 만나볼 수 있어요.

● 단락 간의 관계
  1 단락에서 경주에 신라의 문화유산이 많이 남아 있다고 설명하고 있어요.
  2 단락과 3 단락에서는 대표적인 신라의 문화유산들을 소개하고 있어요.
  4 단락에서는 앞에서 이야기하지 않은 문화유산들을 추가로 소개한 후, 경주에 가면 역사 여행을 해 보자고 하며 글을 마무리하고 있어요.

● 글의 구조도

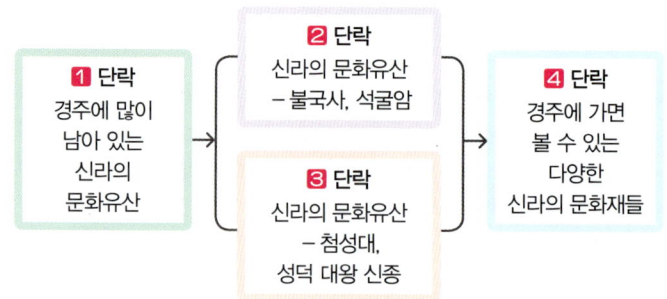

● 주제: 경주에 남아 있는 다양한 신라의 문화유산

01 [정답] 신라 ·········· 글의 구조 이해하기

>왜 정답?

①단락에서는 경주에 신라의 문화유산이 많이 남아 있음을 설명하고, ②단락과 ③단락에서 대표적인 신라의 문화유산들을 소개하고 있어요. ④단락에서는 앞에서 이야기하지 않은 문화유산들을 추가로 소개하며, 경주에 가면 다양한 신라의 문화재들을 만나볼 수 있다고 했어요. 따라서 빈칸에 공통으로 들어갈 말은 '신라'예요.

02 [정답] ⑤ ·········· 내용 이해하기

>왜 정답?

⑤ 근거: ②단락 ❺번째 문장

'불국사와 석굴암은 일제 강점기에 많은 부분이 훼손되었지만, 그 우수성과 아름다움을 인정받아 유네스코 세계 문화유산으로 지정되었다.'라고 했어요. 즉, 불국사와 석굴암은 많은 부분이 손상되기는 했지만, 오늘날까지 남아 유네스코 세계 문화유산으로 지정되었어요.

>왜 오답?

① 근거: ②단락 ❹번째 문장

'석굴암은 불국사가 있는 토함산 중간쯤에 사람들이 굴을 파서 만든 사원이다.'라고 했으므로 맞는 내용이에요.

② 근거: ②단락 ❺번째 문장

'불국사와 석굴암은 ~ 우수성과 아름다움을 인정받아 유네스코 세계 문화유산으로 지정되었다.'라고 했으므로 맞는 내용이에요.

③ 근거: ③단락 ❷번째 문장

'첨성대는 동아시아에 남아 있는 가장 오래된 천문대'라고 했으므로 맞는 내용이에요.

④ 근거: ③단락 ❸번째 문장

'성덕 대왕 신종은 현재까지 우리나라에 남아 있는 가장 큰 종'이라고 했으므로 맞는 내용이에요.

03 [정답] 불국사, 석굴암, 이상 세계 ·········· 내용 추측하기

다음은 기자와 역사학자의 인터뷰 내용입니다. ㉠~㉢에 들어갈 말을 이 글에서 찾아 쓰세요.

- **인터뷰 내용**: 기자가 경주에 불교 유물이 많은 이유를 묻고, 역사학자가 이에 답하는 내용입니다. 역사학자는 불교와 관련된 신라의 문화재를 이야기하고 있습니다.
- ㉠, ㉡: 불교와 관련된 신라 문화재의 이름을 써넣어야 합니다. 그중 ㉠은 신라 사람들이 바라던 세상이 담겨 있는 것입니다.
- ㉢: ㉠에 표현되어 있는 것이 무엇인지 써넣어야 합니다.

🔴 ②단락에 나온 불교와 관련된 신라의 문화유산을 이해하고, 이를 바탕으로 ㉠~㉢에 들어갈 말을 추측하는 문제입니다.

>왜 정답?

근거: ②단락 ❷, ❸번째 문장

②단락에서 가장 대표적인 문화유산으로 불국사와 석굴암을 소개하면서, '이 두 가지는 모두 신라 사람들의 뛰어난 건축 기술과 불교에 대한 믿음을 보여 준다.'라고 했어요. 또한 '불국사는 부처님이 산다는 이상 세계를 표현한 절'이라고 했어요.

따라서 ㉠에는 '불국사', ㉡에는 '석굴암', ㉢에는 '이상 세계'를 써넣어야 해요.

04 [정답] ③ ·········· 알맞은 반응 찾기

>왜 정답?

③ 근거: ①단락 ❷번째 문장

'우스갯소리로 아직도 발견되지 않은 유적이 많아 땅을 파기만 하면 유물이 나온다는 말이 있을 정도이다.'라고 했어요. 따라서 경주에 더 이상 발견될 유적이 없다는 것은 틀린 반응이에요.

>왜 오답?

① 근거: ③단락 ❷번째 문장

'첨성대는 동아시아에 남아 있는 가장 오래된 천문대로, 신라 사람들은 이곳에서 하늘의 움직임을 관찰하고 연구했다고 한다.'라고 했어요. 이를 통해 신라 사람들이 하늘의 움직임에 관심을 가졌음을 알 수 있으므로 맞는 반응이에요.

② 근거: ④단락 ❷번째 문장

'경주에 가게 된다면 신라 사람들의 자취를 따라 문화재를 살펴보는 역사 여행을 해 보면 어떨까?'라고 했으므로 맞는 반응이에요.

④ 근거: ①단락 ❶번째 문장

'우리나라 경주는 도시 전체가 역사 박물관이라고 불릴 만큼 곳곳에 유적과 문화재가 많다.'라고 했으므로 맞는 반응이에요.

⑤ 근거: ③단락 ❶번째 문장

'신라의 뛰어난 과학 기술을 보여 주는 문화유산으로는 첨성대와 성덕 대왕 신종이 있다.'라고 했으므로 맞는 반응이에요.

05 [정답] 예 경주가 약 천 년 동안 신라의 수도였기 때문이다.

서술형 채점 기준 – 근거: ①단락 ❸번째 문장

'경주에 유적과 문화재가 이렇게 많이 남아 있는 이유는 이곳이 약 천 년 동안 신라의 수도였기 때문이다.'라고 했어요.

따라서 '경주가 신라의 수도였다.'라는 내용이 들어가면 정답이에요.

아름답고 고운 색들을 모두 섞으면?

○ 각 단락 중심 낱말   ○ 전체 중심 낱말   [ ] 각 단락 중심 문장   ▨ 전체 중심 문장

① ❶ 아주 먼 옛날, 하느님이 이 세상의 모든 것을 처음으로 만들 때 까마귀는 욕심을 부려 '제 깃털 색깔은 세상에 있는 아름답고 고운 색을 모두 섞어 주세요.'라고 소원을 빌었다. ❷ 그리고 하느님은 까마귀의 소원을 들어주었다. ❸ [이 흥미로운 옛날이야기에서 까마귀는 결국 어떤 색깔의 깃털을 가지게 되었을까?]

② ❶ 우리 주위의 모든 것은 색을 가지고 있다. ❷ 그런데 이 모든 색은 세 가지 색만 있으면 만들 수 있다. ❸ 그 세 가지 색은 무엇일까? ❹ [바로 빨강, 파랑, 노랑이다. ❺ 이 세 가지 색은 모든 색의 기본이 된다고 하여 삼원색이라고 불린다.]

③ ❶ 삼원색을 서로 섞으면 어떻게 될까? ❷ 빨강과 파랑을 섞으면 보라가, 파랑과 노랑을 섞으면 초록이, 노랑과 빨강을 섞으면 주황이 된다. ❸ 삼원색을 섞었을 때 나오는 보라, 초록, 주황을 2차색이라고 한다. ❹ 그리고 주황을 제외한 2차색과 삼원색을 한 번 더 섞으면 또 새로운 색이 나온다. ❺ 빨강과 보라를 섞으면 자주가, 파랑과 보라를 섞으면 남색이, 파랑과 초록을 섞으면 청록이, 초록과 노랑을 섞으면 연두가 나온다. ❻ 이렇게 나온 자주, 남색, 청록, 연두를 3차색이라고 한다. ❼ 우리가 교과서에서 본 10색상환은 삼원색, 2차색, 3차색을 색의 변화에 따라 둥근 모양으로 모아 놓은 것이다. ❽ [이런 식으로 서로 다른 색을 계속 섞다 보면 세상의 모든 색을 만들 수 있다.]

④ ❶ 그렇다면 삼원색을 모두 섞으면 어떤 색이 나올까? ❷ 세상의 모든 색을 만들 수 있는 세 가지 색을 섞었으므로 화려하고 아름다운 색이 나올 것 같지만, 삼원색을 모두 섞으면 검정이 된다. ❸ 마찬가지로 아무리 아름답고 고운 색이라도 그 색들을 모두 섞으면 검정이 될 확률이 높다. ❹ 그래서 옛날이야기 속 까마귀도 결국에는 검정 깃털을 갖게 되었다고 한다.

1 단락 요약
까마귀의 깃털 색깔에 대한 옛날이야기

2 단락 요약
모든 색을 만들 수 있는 삼원색 – 빨강, 파랑, 노랑

3 단락 요약
삼원색으로 세상의 모든 색을 만드는 원리

4 단락 요약
삼원색을 모두 섞으면 나오는 색 – 검정

✱ **지문 이해**

● 이 글은 삼원색의 개념과 삼원색을 섞는 것에 대해 알려 주는 설명문입니다. 삼원색은 모든 색의 기본이 되는 색으로, 빨강, 파랑, 노랑을 이야기해요. 삼원색끼리 섞으면 2차색이 나오고, 주황을 제외한 2차색과 삼원색을 한 번 더 섞으면 3차색이 나와요. 이런 식으로 삼원색을 계속 섞어 나가면 세상의 모든 색을 만들 수 있어요. 그런데 삼원색을 모두 섞으면 검정이 돼요.

● **단락 간의 관계**
① 단락에서는 까마귀 이야기를 소개하며 까마귀가 어떤 색깔의 깃털을 갖게 되었을지 물음을 던지고 있어요.
이에 답하기 위해 ② 단락에서 삼원색을 설명하고 있어요.
③ 단락에서는 삼원색을 섞어 세상의 모든 색을 만드는 원리를 알려 주고 있어요.
④ 단락에서는 삼원색을 모두 섞으면 검정이 된다고 하면서 까마귀가 검정 깃털을 갖게 되었다고 이야기하고 있어요.

● **글의 구조도**

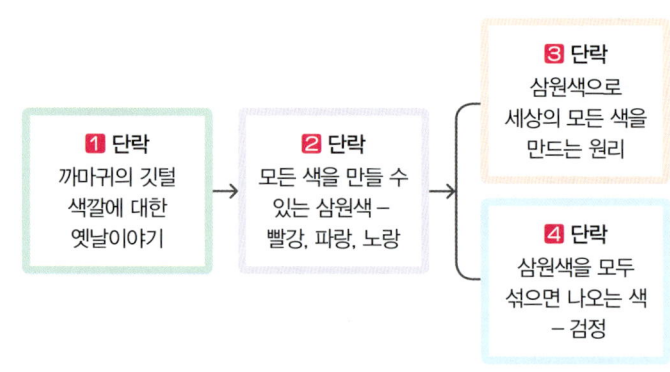

● **주제:** 삼원색의 개념과 삼원색을 섞으면 나오는 색

01 [정답] 삼원색 ·············· 글의 구조 이해하기

>왜 정답 ?

②단락에서는 모든 색의 기본이 되는 삼원색을 소개하고 있어요.
③단락에서는 삼원색을 계속 섞다 보면 세상의 모든 색을 만들 수
있다고 설명하고 있어요.
따라서 빈칸에 공통으로 들어갈 말은 '삼원색'이에요.

02 [정답] (1) × (2) ○ (3) ○ ········· 글쓰기 방식 이해하기

>왜 정답 ?

(1) 이 글에서 빨강과 파랑의 공통점과 차이점을 설명하고 있지는 않
   으므로 틀린 설명이에요.
(2) 근거: ①단락 전체, ④단락 ❹번째 문장
   ①단락에서 까마귀 이야기를 하며 질문을 던지고, 이에 대해 ④단
   락에서 답하고 있으므로 맞는 설명이에요.
(3) 근거: ③단락 전체
   삼원색을 계속 섞어서 2차색, 3차색을 만드는 여러 가지 경우를
   늘어놓고 있으므로 맞는 설명이에요.

03 [정답] ③ ·············· 내용 이해하기

>왜 정답 ?

③ 근거: ③단락 ❽번째 문장
   '서로 다른 색을 계속 섞다 보면 세상의 모든 색을 만들 수 있다.'
   라고 했으므로 틀린 설명이에요.

>왜 오답 ?

① 근거: ④단락 ❷번째 문장
   '삼원색을 모두 섞으면 검정이 된다.'라고 했으므로 맞는 설명이에
   요.
② 근거: ②단락 ❹, ❺번째
   '빨강, 파랑, 노랑'은 '모든 색의 기본이 된다고 하여 '삼원색'이라
   고 불린다.'라고 했으므로 맞는 설명이에요.
④ 근거: ③단락 ❹~❻번째
   '주황을 제외한 2차색과 삼원색을 한 번 더 섞으면 또 새로운 색
   이 나온다. ~ 이렇게 나온 자주, 남색, 청록, 연두를 3차색이라고
   한다.'라고 했으므로 맞는 설명이에요.
⑤ 근거: ③단락 ❸번째 문장
   '삼원색을 섞었을 때 나오는 보라, 초록, 주황을 2차색이라고 한다.'
   라고 했으므로 맞는 설명이에요.

04 [정답] (1) ⓒ (2) ⓒ (3) ⓒ ·············· 내용 이해하기

>왜 정답 ?

(1) 근거: ③단락 ❷번째 문장
   '노랑과 빨강을 섞으면 주황이 된다.'라고 했으므로 (1)은 ⓒ과 연
   결해야 해요.
(2) 근거: ③단락 ❷번째 문장
   '빨강과 파랑을 섞으면 보라가' 된다고 했으므로 (2)는 ⓒ과 연결
   해야 해요.
(3) 근거: ③단락 ❺번째 문장
   '초록과 노랑을 섞으면 연두가 나온다.'라고 했으므로 (3)은 ⓒ과
   연결해야 해요.

----- 배경지식

빛의 삼원색은 무엇일까?

색의 삼원색은 빨강, 파랑, 노랑이에요. 그렇다면 빛의 삼원색은
무엇일까요? 빛의 삼원색은 빨강, 초록, 파랑이에요.

색의 삼원색을 서로 섞으면 여러 가지 색을 만들 수 있듯이, 빛
의 삼원색을 서로 섞으면 여러 가지 색의 빛을 만들 수 있어요. 빨
간빛과 초록빛을 겹치면 노란빛이, 빨간빛과 파란빛을 겹치면 분
홍빛이, 초록빛과 파란빛을 겹치면 청록빛이 나타나요.

그렇다면 빛의 삼원색을 모두 섞으면 어떤 색이 나올까요? 바로
흰색이에요. 그래서 노란빛과 파란빛을 겹치거나, 분홍빛과 초록
빛을 겹치거나, 청록빛과 빨간빛을 겹치면 흰색이 나타나지요.

우리가 스마트폰이나 컴퓨터로 보는 색깔은 모두 빛의 삼원색을
섞어서 만든 것이에요. 화면은 빨간빛, 초록빛, 파란빛을 내는 수
많은 점으로 이루어져 있어요. 이 점들이 켜지거나 꺼지면서 빛을
섞어서 다양한 색의 빛을 만드는 것이지요. 화면 속 사진을 아주
크게 확대하면 빛의 삼원색으로 이루어진 작은 점들이 보인답니다.

색의 삼원색과 빛의 삼원색이 다른 이유는 무엇일까요? 바로 물
감의 색은 빛을 흡수하고 조명의 색은 빛을 반사하기 때문이에요.
색이 우리 눈에 보이는 것은 물체가 빛을 반사하거나 흡수하기 때
문이며, 물체가 모든 빛을 반사하면 흰색으로 보이고, 모든 빛을
흡수하면 검은색으로 보여요. 그래서 색의 삼원색은 빛을 흡수하
는 성질을 가졌으므로 이를 모두 섞으면 검은색이 되고, 빛의 삼원
색은 빛을 반사하는 성질을 가졌으므로 이를 모두 섞으면 흰색으
로 보이는 것이랍니다.

▲ 빛의 삼원색

어디까지가 우리나라일까?

◯ 각 단락 중심 낱말　◯ 전체 중심 낱말　[ ] 각 단락 중심 문장　▨ 전체 중심 문장

1 ❶뉴스를 보면 가끔씩 다른 나라가 우리나라의 바다 혹은 하늘에 허락 없이 들어와 문제가 된다는 이야기가 나온다. ❷이를 보면 '우리나라'라는 범위에는 땅뿐만 아니라 바다와 하늘도 포함된다는 것을 알 수 있다. ❸이때 우리나라의 범위를 (국토)라고 한다. ❹[국토란 한 나라의 힘이 미치는 범위를 말하며 영토, 영해, 영공으로 이루어져 있다.] ❺영토는 땅, 영해는 바다, 영공은 하늘의 범위를 말한다. ❻그렇다면 어디까지가 우리나라의 국토일까?

1 단락 요약
국토의 개념과 요소

2 ❶[우리나라의 (영토)는 한반도와 서해안, 남해안, 동해안에 있는 섬으로 이루어져 있다.] ❷영토의 크기는 대략 1,003만 3,948.62 ha(1 ha는 10,000 ㎡)로 세계 107위에 해당하며, 갯벌을 메우는 간척 사업으로 해마다 조금씩 커지고 있다. ❸영토를 기준으로 영해와 영공의 범위가 정해지기 때문에 영토는 국토의 요소 중에서 가장 중요하다.

2 단락 요약
영토의 개념

3 ❶[(영해)는 영토에 닿아 있는 일정한 범위의 바다를 말한다.] ❷해안선이 복잡한 서해와 남해는 가장 바깥쪽에 있는 섬끼리 이은 선을 기준으로, 해안선이 단조로운 동해는 썰물일 때의 해안선을 기준으로 12해리(1해리는 1,852 km)까지를 영해로 정하고 있다. ❸제주도와 울릉도, 독도의 해안선에서부터 12해리 떨어진 곳도 우리나라의 영해이다. ❹_____(가)_____ 우리나라의 부산과 일본의 쓰시마 섬 사이는 너무 좁아서 각 나라에서 3해리까지만 영해로 정하고 있다.

3 단락 요약
영해의 개념

4 ❶[(영공)은 영토와 영해의 하늘을 말하며, 영토와 영해를 구분하는 선을 하늘을 향해 수직으로 그은 범위가 영공에 해당한다.] ❷원래는 대기권까지만 영공이라고 보았지만, 최근에는 비행기 등의 항공 교통과 인공위성이 발달하면서 대기권 위쪽까지도 영공으로 봐야 한다는 의견이 나오고 있다.

4 단락 요약
영공의 개념

5 ❶영토, 영해, 영공에 속한 모든 것은 그 나라의 자원이며, 각 나라의 (국토)를 지날 때는 그 나라에 미리 허락을 받아야 한다. ❷우리의 삶의 터전인 국토를 우리가 제대로 알아야 다른 나라로부터 지키고 발전시킬 수 있음을 기억하자.

5 단락 요약
우리 국토를 제대로 아는 것의 중요성

✱ **지문 이해**

● 이 글은 국토의 개념을 알려 주는 설명문입니다. 국토는 한 나라의 힘이 미치는 범위로 영토, 영해, 영공으로 이루어져 있어요. 우리나라의 영토는 한반도와 서해안, 남해안, 동해안에 있는 섬으로 이루어져 있어요. 영해는 영토를 기준으로 12해리로 설정되어 있어요. 다만 부산과 일본의 쓰시마 섬 사이는 너무 좁아서 각 나라에서 3해리까지만 영해로 정하고 있어요. 영공은 영토와 영해를 구분하는 선을 하늘을 향해 수직으로 그은 범위를 말해요. 우리나라의 국토를 지키기 위해서는 국토에 대해 잘 알아야 해요.

● **단락 간의 관계**
1 단락에서는 글 전체의 중심 낱말인 '국토'를 소개하고 있어요.
2 ~ 4 단락에서는 국토의 세 요소인 영토, 영해, 영공을 각각 설명하고 있어요.
5 단락에서는 국토를 제대로 아는 것이 중요하다고 이야기하며 글을 마무리하고 있어요.

● **글의 구조도**

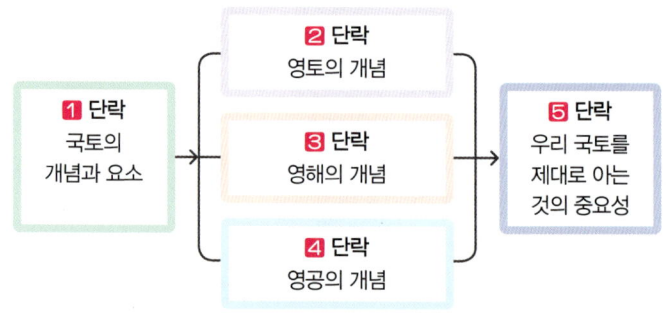

● **주제**: 국토의 개념과 이를 제대로 아는 것의 중요성

01 [정답] 국토 ························· 글의 구조 이해하기

>왜 정답?

①단락에서는 이 글 전체의 중심 낱말인 '국토'에 대해 소개하고, ②~④단락에서는 국토의 요소인 영토, 영해, 영공에 대해 각각 자세히 설명하고 있어요.
⑤단락에서는 '우리의 삶의 터전인 국토를 우리가 제대로 알아야' 한다고 하며 국토를 제대로 아는 것의 중요성을 이야기하고 있어요. 따라서 빈칸에 공통으로 들어갈 말은 '국토'예요.

02 [정답] ④ ························· 내용 이해하기

>왜 정답?

④ 근거: ③단락 ❸번째 문장
'제주도와 울릉도, 독도의 해안선에서부터 12해리 떨어진 곳도 우리나라의 영해이다.'라고 했으므로 틀린 내용이에요. 해안선으로부터 3해리까지만 영해로 정하고 있는 곳은 부산과 일본의 쓰시마 섬 사이예요.

>왜 오답?

① 근거: ①단락 ❹번째 문장
'국토란 한 나라의 힘이 미치는 범위를 말'한다고 했으므로 맞는 내용이에요.

② 근거: ②단락 ❷번째 문장
우리나라 영토에 대해 '영토의 크기는 대략 1,003만 3,948.62㏊로 세계 107위에 해당'한다고 했으므로 맞는 내용이에요.

③ 근거: ⑤단락 ❶번째 문장
'영토, 영해, 영공에 속한 모든 것은 그 나라의 자원'이라고 했으므로 맞는 내용이에요.

⑤ 근거: ②단락 ❶번째 문장
'우리나라의 영토는 한반도와 서해안, 남해안, 동해안에 있는 섬으로 이루어져 있다.'라고 했으므로 맞는 내용이에요.

03 [정답] ③ ························· 알맞은 반응 찾기

>왜 정답?

③ 근거: ③단락 ❷번째 문장
'해안선이 단조로운 동해는 썰물일 때의 해안선을 기준으로 12해리까지를 영해로 정하고 있다.'라고 했어요. 동해의 영해가 썰물일 때를 기준으로 정해지는 것은 맞지만, 동해는 해안선이 복잡하지 않고 단조로워요.

>왜 오답?

① 근거: ⑤단락 ❷번째 문장
'우리의 삶의 터전인 국토를 우리가 제대로 알아야 다른 나라로부터 지키고 발전시킬 수 있'다고 했으므로 맞는 반응이에요.

② 근거: ②단락 ❷번째 문장
'영토의 크기는 ~ 갯벌을 메우는 간척 사업으로 해마다 조금씩 커지고 있다.'라고 했으므로 맞는 반응이에요.

④ 근거: ⑤단락 ❶번째 문장
'각 나라의 국토를 지날 때는 그 나라에 미리 허락을 받아야 한다.'라고 했으므로 맞는 반응이에요.

⑤ 근거: ③단락 ❷번째 문장
'해안선이 복잡한 서해와 남해는 가장 바깥쪽에 있는 섬끼리 이은 선을 기준으로, ~ 12해리까지를 영해로 정하고 있다.'라고 했으므로 맞는 반응이에요.

04 [정답] ③ ························· 올바른 접속어 찾기

>왜 정답?

③ (가)의 앞부분을 보면, 해안선이 복잡한 서해와 남해는 가장 바깥쪽에 있는 섬끼리 이은 선을 기준으로, 동해와 제주도, 울릉도, 독도는 해안선을 기준으로 12해리까지를 영해로 정하고 있다고 했어요. 모두 기준으로부터 12해리까지가 영해라는 점이 똑같아요. 그런데 (가)의 뒷부분에서는 '우리나라의 부산과 일본 쓰시마 섬 사이는 ~ 3해리까지만 영해로 정하고 있다.'라고 했어요. (가)의 앞부분 내용과 다르게 부산과 쓰시마 섬 사이만 영해의 범위가 3해리인 것이에요.
따라서 (가)에는 서로 같지 않은 사실을 나타내는 두 문장을 이어 줄 때 사용되는 말인 '하지만'이 들어가야 해요.

>왜 오답?

① '결국'은 '일의 마무리에 이르러서'를 뜻하므로 (가)에 들어갈 말이 아니에요. '결국'의 뒤에는 앞 내용에 대한 결과가 이어져야 해요.

② '그래서'는 앞 내용이 뒤 내용의 이유나 근거가 될 때 쓰이는 말이므로 (가)에 들어갈 말이 아니에요.

④ '왜냐하면'은 앞 내용에 대한 이유가 이어질 때 쓰는 말이므로 (가)에 들어갈 말이 아니에요.

⑤ '마찬가지'는 '일의 형편이 서로 같음.'을 뜻해요. 따라서 '마찬가지로'의 뒤에는 앞 내용과 비슷한 내용이 이어져야 하므로, 이는 (가)에 들어갈 말이 아니에요.

05 [정답] (예) 영토를 기준으로 영해와 영공의 범위가 정해지기 때문이다

서술형 채점 기준 – 근거: ②단락 ❸번째 문장
'영토를 기준으로 영해와 영공의 범위가 정해지기 때문에 영토는 국토의 요소 중에서 가장 중요하다.'라면서 영토, 영해, 영공 중 영토가 가장 중요한 이유를 설명하고 있어요. 따라서 '영토를 기준으로 영해와 영공의 범위를 정한다.'라는 내용이 들어가면 정답이에요.

국어사전에서 원하는 낱말을 찾는 방법

◯ 각 단락 중심 낱말　◯ 전체 중심 낱말　[ ] 각 단락 중심 문장　🟨 전체 중심 문장

❶ 글을 읽다가 뜻을 모르는 낱말이 있을 때 가장 확실하게 해결하는 방법은 ◯국어사전◯을 찾아보는 것이다. ❷ 그런데 국어사전에는 수많은 낱말이 모여 있다. ❸ [그중에서 내가 원하는 낱말을 찾으려면 어떻게 해야 할까?] ❹ 국어사전에 낱말이 실려 있는 규칙을 알면 그 방법을 쉽게 알 수 있다.

❷ 한글은 처음 소리인 자음, 중간 소리인 모음, 끝소리인 자음이 모여 글자를 이룬다. ❷ 예를 들어 '밥'이란 낱말은 'ㅂ+ㅏ+ㅂ', '빵'이란 낱말은 'ㅃ+ㅏ+ㅇ'으로 이루어져 있다. ❸ 🟨그리고 ◯국어사전◯에는 이러한 자음, 모음이 짜인 순서대로 낱말이 실려 있다.🟨 ❹ 글자가 짜인 순서는 아래의 표와 같다.

처음 소리인 자음	ㄱ, ㄲ, ㄴ, ㄷ, ㄸ, ㄹ, ㅁ, ㅂ, ㅃ, ㅅ, ㅆ, ㅇ, ㅈ, ㅉ, ㅊ, ㅋ, ㅌ, ㅍ, ㅎ
중간 소리인 모음	ㅏ, ㅐ, ㅑ, ㅒ, ㅓ, ㅔ, ㅕ, ㅖ, ㅗ, ㅘ, ㅙ, ㅚ, ㅛ, ㅜ, ㅝ, ㅞ, ㅟ, ㅠ, ㅡ, ㅢ, ㅣ
끝소리인 자음	ㄱ, ㄲ, ㄳ, ㄴ, ㄵ, ㄶ, ㄷ, ㄹ, ㄺ, ㄻ, ㄼ, ㄽ, ㄾ, ㄿ, ㅀ, ㅁ, ㅂ, ㅄ, ㅅ, ㅆ, ㅇ, ㅈ, ㅊ, ㅋ, ㅌ, ㅍ, ㅎ

❸ [모양이 바뀌지 않는 '공부', '밥' 등의 낱말은 곧바로 위의 표와 같이 ◯글자가 짜인 순서◯대로 찾으면 된다.] ❷ 그렇다면 모양이 바뀌는 낱말은 어떻게 찾아야 할까? ❸ [모양이 바뀌는 낱말은 기본형으로 만든 뒤에 같은 방법으로 찾으면 된다.] ❹ 예를 들어 '갸우뚱하더니'는 기본형인 '갸우뚱하다'를 사전에서 찾으면 되는 것이다.

❹ 한편, ◯국어사전◯에는 하나의 낱말이 여러 개의 뜻을 가지거나 똑같이 생긴 낱말인데 뜻이 다른 경우가 많다. ❷ [내가 알고자 하는 낱말의 뜻이 여러 개라면, 다양한 뜻 중에서 어느 것이 내가 읽고 있던 문장에 어울리는지 확인해야 한다.]

❺ 교과서를 읽거나 독서를 할 때, 인터넷 게시글을 읽을 때 모르는 낱말이 나오면 직접 ◯국어사전◯을 찾아보도록 하자. ❷ [글자의 짜임에 따라 낱말을 찾으며 뜻을 익히면 어휘력이 높아지고 글을 읽는 일이 더욱 재미있어질 것이다.]

1 단락 요약
국어사전에서 낱말을 찾는 방법에 대한 물음

2 단락 요약
자음, 모음이 짜인 순서대로 낱말이 실려 있는 국어사전

3 단락 요약
글자가 짜인 순서대로 낱말을 찾는 방법

4 단락 요약
낱말의 뜻이 여러 개인 경우

5 단락 요약
국어사전을 사용하면 좋은 점

✱ 지문 이해

● 이 글은 국어사전에서 낱말을 찾는 방법을 알려 주는 설명문입니다. 국어사전에는 자음과 모음이 짜인 순서대로 낱말이 실려 있어요. 그래서 글자가 짜인 순서대로 낱말을 찾으면 되는데, 모양이 바뀌는 낱말은 기본형을 만든 후에 찾으면 돼요. 또한 국어사전에 낱말의 뜻이 여러 개 나와 있다면, 다양한 뜻 중에서 어느 것이 그 낱말이 쓰인 문장에 어울리는지 살펴봐야 해요.

● 단락 간의 관계
①단락에서 국어사전에서 낱말을 찾는 방법에 대해 물음을 던지고, ②단락과 ③단락에서 이에 답하고 있어요.
④단락에서는 국어사전에 낱말의 뜻이 여러 개인 경우 어떻게 해야 하는지 설명하고 있어요.
⑤단락에서는 국어사전을 사용하면 어떤 점이 좋은지를 이야기하며 글을 마무리하고 있어요.

● 글의 구조도

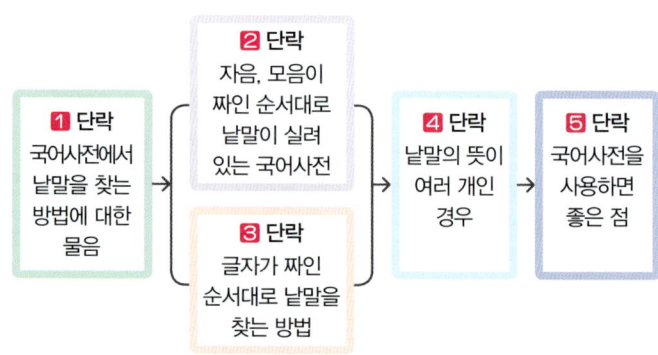

● 주제: 국어사전에 낱말이 실려 있는 원리와 국어사전에서 낱말을 찾는 방법

01 [정답] **국어사전** ································· 글의 구조 이해하기

>**왜** 정답?

1 단락에서는 국어사전에서 낱말을 찾는 방법에 대해 물음을 던지고 있어요.
5 단락에서는 국어사전을 사용하면 어떤 점이 좋은지 이야기하고 있어요.
따라서 빈칸에 공통으로 들어갈 말은 '국어사전'이에요.

02 [정답] ② ··· 내용 이해하기

>**왜** 정답?

② 근거: 2 단락 ❶, ❷번째 문장
    '한글은 처음 소리인 자음, 중간 소리인 모음, 끝소리인 자음이 모여 글자를 이룬다.'라면서 '빵'은 'ㅃ+ㅏ+ㅇ'으로 이루어져 있다고 했어요. 여기서 'ㅏ'는 중간 소리인 모음에 해당해요. 따라서 '빵'에 중간 소리인 모음이 없다는 것은 틀린 내용이에요.

>**왜** 오답?

① 근거: 3 단락 ❶번째 문장
    '모양이 바뀌지 않는 '공부', '밥' 등의 낱말'이라고 했으므로 맞는 내용이에요.
③ 근거: 2 단락 ❸번째 문장
    '국어사전에는 이러한 자음, 모음이 짜인 순서대로 낱말이 실려 있다.'라고 했으므로 맞는 내용이에요.
④ 근거: 5 단락 ❷번째 문장
    '글자의 짜임에 따라 낱말을 찾으며 뜻을 익히면 어휘력이 높아지고 글을 읽는 일이 더욱 재미있어질 것이다.'라고 했으므로 맞는 내용이에요.
⑤ 근거: 2 단락 ❶번째 문장
    '한글은 처음 소리인 자음, 중간 소리인 모음, 끝소리인 자음이 모여 글자를 이룬다.'라고 했으므로 맞는 내용이에요.

03 [정답] (1) ○ (2) × (3) ○ ··················· 내용 적용하기

이 글을 바탕으로 〈보기〉의 상황을 이해한 내용으로 맞으면 ○표, 틀리면 ×표를 하세요.

• **이 글을 바탕:** 이 글에서 설명하고 있는 국어사전에 낱말의 뜻이 여러 개인 경우에 대한 내용을 활용하라는 것입니다.
• **〈보기〉의 상황:** '기호'라는 낱말을 국어사전에서 찾은 결과를 보여 주고 있습니다. '기호¹, 기호², 기호³'은 사전에 각각 다른 뜻을 가진 여러 개의 '기호'가 실려 있음을 의미합니다.

즘 찾는 낱말의 뜻이 여러 개인 경우를 이해하고, 이를 통해 〈보기〉의 상황을 이해하는 문제입니다.

>**왜** 정답?

(1) 근거: 4 단락 ❶번째 문장
    '국어사전에는 ~ 똑같이 생긴 낱말인데 뜻이 다른 경우가 많다.'라고 했어요. 그리고 〈보기〉의 '기호¹, 기호², 기호³'을 보면, '기호'라는 똑같이 생긴 낱말들이 각각 다른 뜻을 가지고 있음을 확인할 수 있어요.
(2) 근거: 3 단락 ❶번째 문장
    '모양이 바뀌지 않는 '공부', '밥' 등의 낱말'은 곧바로 글자가 짜인 순서대로 찾으면 된다고 했어요. 그리고 〈보기〉에서 성은이는 '기호'라는 낱말을 국어사전에서 찾았고, 그 결과를 보니 국어사전에도 '기호'라는 낱말이 그대로 실려 있어요. 따라서 '기호'는 모양이 바뀌지 않는 낱말이며, 이를 사전에서 찾을 때는 기본형으로 바꾸지 않고 곧바로 찾으면 돼요.
(3) 근거: 4 단락 ❷번째 문장
    '내가 알고자 하는 낱말의 뜻이 여러 개라면, ~ 문장에 어울리는지 확인해야 한다.'라고 했어요. 〈보기〉에서 '기호'의 뜻 역시 '기호¹, 기호², 기호³'으로 세 가지가 나와 있으므로, 성은이는 다양한 뜻의 '기호' 중에서 어느 것이 자신이 읽던 문장에 어울리는지 확인해야 해요.

04 [정답] **바뀌는, 속삭이다** ··················· 내용 적용하기

>**왜** 정답?

근거: 3 단락 ❷~❹번째 문장
국어사전에서 모양이 바뀌는 낱말을 찾을 때는 '기본형으로 만든 뒤에' 글자가 짜인 순서대로 찾으면 된다고 했어요. 또한 그 예시로 '갸우뚱하더니'를 기본형 '갸우뚱하다'로 바꾸는 것을 들고 있어요.
이를 바탕으로 민주와 준영이의 대화를 이해하면, '속삭이는'은 '속삭여서, 속삭이고'와 같이 모양이 바뀌는 낱말이므로 기본형 '속삭이다'로 바꾼 후에 사전에서 찾아야 해요.
따라서 빈칸에 들어갈 말은 순서대로 '바뀌는', '속삭이다'예요.

05 [정답] **ㄱ+ㅐ+ㄴ+ㅏ+ㄹ+ㅣ, 개나리** ········· 내용 적용하기

>**왜** 정답?

㉠ 근거: 2 단락 ❶번째 문장
    '한글은 처음 소리인 자음, ~ 모여 글자를 이룬다.'라고 했으므로 '개나리'를 처음 소리, 중간 소리, 끝소리의 짜임으로 나눠야 해요. 따라서 개나리의 짜임은 'ㄱ+ㅐ+ㄴ+ㅏ+ㄹ+ㅣ'예요.
㉡ 근거: 2 단락 ❸번째 문장
    국어사전에는 2 단락의 표와 같이 '자음, 모음이 짜인 순서대로 낱말이 실려 있다.'라고 했어요. 따라서 구멍과 개나리의 글자가 짜인 순서를 비교해야 해요.
    첫 글자 '구'와 '개'의 처음 소리는 둘 다 'ㄱ'으로 같아요. 이어서 중간 소리를 비교해 보면, 'ㅜ'와 'ㅐ' 중 'ㅐ'의 순서가 더 먼저이므로 '개나리'가 '구멍'보다 앞에 실린 낱말임을 알 수 있어요.

분수와 소수를 왜 따로 사용할까?

각 단락 중심 낱말　　⬭ 전체 중심 낱말　　[　] 각 단락 중심 문장　　🟨 전체 중심 문장

1 ① 0과 1 사이의 수는 어떻게 나타낼까? ② 분수와 소수를 이용하면 된다. ③ 분모가 10인 분수는 소수 한 자리 수로, 분모가 100인 분수는 소수 두 자리 수로 나타낼 수 있다. ④ $\frac{7}{10}$=0.7, $\frac{7}{100}$=0.07처럼 말이다. ⑤ [그런데 분수로 나타내든 소수로 나타내든 결국 같은 수를 표현하는 것인데 굳이 분수와 소수를 따로 사용하는 이유가 무엇일까?]

2 ① 분수와 소수는 사용하기 시작한 시기도, 사용하게 된 계기도 무척 다르다. ② [분수는 아주 오래전부터 사냥한 음식이나 거둔 곡식을 나눌 때 사용했다.] ③ 지금으로부터 약 5000년 전에 시작된 이집트 문명에서도 이미 분수가 사용되었다는 기록이 있다. ④ 그만큼 분수는 사람들이 무언가를 나눌 때 꼭 필요한 수였다.

3 ① [소수는 1585년 네덜란드의 스테빈이라는 사람이 《10분의 1에 관하여》라는 책에서 처음 사용한 것으로 알려진다. ② 그는 돈을 계산할 때 분수를 사용하는 것이 너무 복잡해서 연구 끝에 소수를 사용하기 시작했다.] ③ 예를 들어 $\frac{1}{11}$은 실제로 0.090909……라는 복잡한 수인데, 분수의 분모를 10, 100, 1000 등으로 바꾸어 $\frac{9}{100}$로 나타내면 0.09로 간단히 표현할 수 있다. ④ 스테빈이 소수를 사용한 후로 사람들은 물건의 양이나 길이, 가격 등을 나타낼 때 1보다 작은 단위의 수까지 정확히 나타낼 수 있게 되었다. ⑤ 스테빈 이후로도 소수는 수학자들에 의해 쓰기 더 편리하게 바뀌어 왔고, 오늘날 우리가 사용하는 소수가 되었다.

4 ① 이처럼 분수와 소수는 쓰이기 시작한 시기와 계기가 각각 다르다. ② 🟨분수는 어떤 몫을 얼마 만큼씩 나눌 때 쓰기 편리하고, 소수는 어떤 값을 더 간단히 나타낼 때 사용하기 좋다.🟨 ③ 게다가 0.33333……처럼 끝없이 반복하며 이어지는 수는 소수로는 정확히 표현할 수 없으나 분수로는 $\frac{1}{3}$로 정확하게 나타낼 수 있다. ④ 이러한 이유들로 분수와 소수는 지금까지도 따로 사용되고 있다.

---

1 단락 요약
분수와 소수를 따로 사용하는 이유에 대한 물음

2 단락 요약
분수를 사용하기 시작한 시기와 계기

3 단락 요약
소수를 사용하기 시작한 시기와 계기

4 단락 요약
분수와 소수를 따로 사용하는 이유

✱ 지문 이해

● 이 글은 분수와 소수를 따로 사용하는 이유를 알려 주는 설명문입니다. 분수는 오래전부터 무엇인가를 나눌 때 사용되었고, 소수는 1585년 스테빈이라는 사람이 돈을 더 편하게 계산하기 위해 사용하기 시작했어요. 즉, 분수는 어떤 몫을 얼마 만큼씩 나눌 때, 소수는 어떤 값을 더 간단히 나타낼 때 사용하기 좋아요. 이런 이유로 분수와 소수를 따로 사용하는 것이에요.

● 단락 간의 관계
　1단락에서 분수와 소수를 따로 사용하는 이유가 무엇인지 물음을 던지고 있어요.
　이와 관련하여 2단락과 3단락에서는 분수와 소수가 쓰이기 시작한 시기와 계기를 각각 설명하고 있어요.
　4단락에서는 2단락과 3단락의 내용을 바탕으로 분수와 소수를 따로 사용하는 이유를 정리하며 글을 마무리하고 있어요.

● 글의 구조도

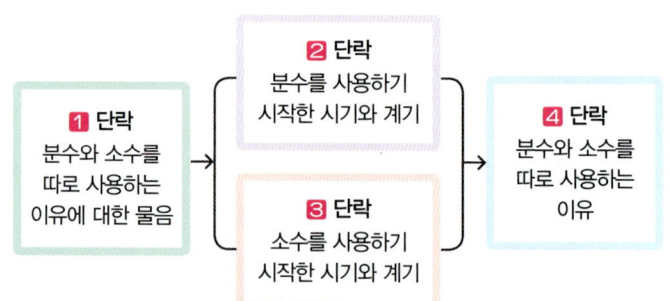

1 단락
분수와 소수를 따로 사용하는 이유에 대한 물음

2 단락
분수를 사용하기 시작한 시기와 계기

3 단락
소수를 사용하기 시작한 시기와 계기

4 단락
분수와 소수를 따로 사용하는 이유

● 주제: 분수와 소수를 따로 사용하는 이유

01 [정답] 분수 ·················· 글의 구조 이해하기

오왜 정답?

①단락에서는 분수와 소수를 따로 사용하는 이유에 대해 물음을 던지고, ④단락에서 이에 답하고 있어요.
이때, ②단락에서는 분수를 사용하기 시작한 시기와 계기를, ③단락에서는 소수를 사용하기 시작한 시기와 계기를 각각 설명하고 있어요. ②단락과 ③단락의 내용을 바탕으로 ④단락에서 분수와 소수를 따로 사용하는 이유를 정리하고 있는 것이에요.
따라서 빈칸에 공통으로 들어갈 말은 '분수'예요.

02 [정답] ③ ·················· 글쓰기 방식 이해하기

오왜 정답?

ㄴ 근거: ①단락 ❺번째 문장, ④단락 ❹번째 문장
①단락에서 '굳이 분수와 소수를 따로 사용하는 이유가 무엇일까?'라는 물음을 던지고, ④단락에서 '이러한 이유들로 분수와 소수는 지금까지도 따로 사용되고 있다.'라고 답하고 있으므로 맞는 설명이에요.

ㄷ 근거: ③단락 ❶번째 문장
'소수는 1585년 네덜란드의 스테빈이라는 사람이 ~ 처음 사용한 것으로 알려진다. 그는 돈을 계산할 때 분수를 사용하는 것이 너무 복잡해서 연구 끝에 소수를 사용하기 시작했다.'라고 했으므로 맞는 설명이에요.

오왜 오답?

ㄱ 이 글에 나오는 학자는 ③단락의 '스테빈' 한 명뿐이에요. 그와 반대되는 생각을 가진 학자에 대한 내용은 나오지 않아요. 따라서 두 학자의 반대되는 생각을 소개하고 있다는 것은 틀린 설명이에요.

ㄹ ②단락 ❸번째 문장에서 '이집트 문명에서도 이미 분수가 사용되었다는 기록이 있다.'라고 했을 뿐, 이집트 문명에서 분수를 만들어 낸 일을 시간 순서대로 설명하고 있지는 않아요.

03 [정답] (1) ○ (2) ○ (3) × (4) × ·········· 내용 이해하기

오왜 정답?

(1) 근거: ②단락 ❸번째 문장
'지금으로부터 약 5000년 전에 시작된 이집트 문명에서도 이미 분수가 사용되었다는 기록이 있다.'라고 했으므로 맞는 설명이에요.

(2) 근거: ②단락 ❷번째 문장
'분수는 아주 오래전부터 사냥한 음식이나 거둔 곡식을 나눌 때 사용했다.'라고 했으므로 맞는 설명이에요.

(3) 근거: ③단락 ❺번째 문장
'스테빈 이후로도 소수는 수학자들에 의해 쓰기 더 편리하게 바뀌어 왔고, 오늘날 우리가 사용하는 소수가 되었다.'라고 했으므로 틀린 설명이에요.

(4) 근거: ③단락 ❹번째 문장
'스테빈이 소수를 사용한 후로 사람들은 물건의 양이나 길이, 가격 등을 나타낼 때 1보다 작은 단위의 수까지 정확히 나타낼 수 있게 되었다.'라고 했으므로 틀린 설명이에요.

04 [정답] 10, 100, $\frac{1}{3}$ ·················· 내용 적용하기

다음은 민정이와 선생님의 대화입니다. ㉠~㉢에 들어가기에 알맞은 말을 순서대로 쓰세요.

• 민정이와 선생님의 대화: 소수를 분수로 나타내는 것에 대해 민정이가 질문하고, 선생님이 이에 답하고 있습니다.

• ㉠, ㉡: 소수 한 자리 수와 소수 두 자리 수를 분수로 나타낼 때, 분모에 어떤 숫자가 들어가는지 써넣어야 합니다.

• ㉢: 0.33333……이라는 끝없이 반복하는 수를 분수로 나타내면 얼마인지 써넣어야 합니다.

즉 이 글에서 설명하고 있는 소수를 분수로 나타내는 방법을 이해하고, 이를 바탕으로 ㉠~㉢에 들어갈 숫자를 알아내는 문제입니다.

오왜 정답?

㉠, ㉡ 근거: ①단락 ❸, ❹번째 문장
'분모가 10인 분수는 소수 한 자리 수로, 분모가 100인 분수는 소수 두 자리 수로 나타낼 수 있다. $\frac{7}{10}$=0.7, $\frac{7}{100}$=0.07처럼 말이다.'라고 했어요. 즉, 소수 한 자리 수는 분모가 10인 분수로, 소수 두 자리 수는 분모가 100인 분수로 나타낼 수 있어요.
따라서 ㉠과 ㉡에 들어갈 말은 각각 '10', '100'이에요.

㉢ 근거: ④단락 ❸번째 문장
'0.33333……처럼 끝없이 반복하며 이어지는 수는 소수로는 정확히 표현할 수 없으나 분수로는 $\frac{1}{3}$로 정확하게 나타낼 수 있다.'라고 했어요. 즉, 0.33333……이라는 수는 $\frac{1}{3}$로 표현할 수 있어요.
따라서 ㉢에 들어갈 말은 '$\frac{1}{3}$'이에요.

05 [정답] 분수는 어떤 몫을 얼마 만큼씩 나눌 때 쓰기 편리하고, 소수는 어떤 값을 더 간단히 나타낼 때 사용하기 좋다.

서술형 채점 기준 – 근거: ④단락 ❷번째 문장
'분수는 어떤 몫을 얼마 만큼씩 나눌 때 쓰기 편리하고, 소수는 어떤 값을 더 간단히 나타낼 때 사용하기 좋다.'라면서 분수와 소수를 각각 언제 사용하면 좋은지 설명하고 있어요. 따라서 이 내용을 찾아 쓰면 정답이에요.

시장과 상품

○ 각 단락 중심 낱말   ◎ 전체 중심 낱말   [ ] 각 단락 중심 문장   ▨ 전체 중심 문장

1 빵이 먹고 싶은데 내가 가진 것은 떡뿐일 때, 여기저기 돌아다니며 빵과 떡을 교환해 줄 사람을 찾아야 한다면 어떨까? 아주 불편하고 시간도 많이 낭비하게 될 것이다. 이러한 방식으로 거래를 하는 것을 '물물 교환'이라고 하며, 아주 먼 옛날에 살던 사람들은 물물 교환을 통해 자신이 원하는 것을 구했다. [시간이 지나 사람들은 날짜와 장소를 정해 모두 모여서 물건을 교환하는 시장을 만들었고, 돈이 생긴 후에는 물건끼리 교환하는 것이 아니라 돈을 주고 물건을 사는 지금과 같은 형태의 거래를 하게 되었다.]
*1단락 요약: 시장의 발달

2 한편, 사람들의 경제 활동이 점점 더 자유로워지고 다양해지자 경제를 연구하던 사람들은 시장이라는 개념을 더 넓은 의미로 사용하기 시작했다. [무언가를 팔려는 사람과 사려는 사람이 거래를 하는, 눈에 보이거나 보이지 않는 모든 곳을 시장이라고 정한 것이다. 이때 시장에서 사고파는 모든 것을 상품이라고 하는데, 상품은 크게 재화와 용역으로 나눌 수 있다.]
*2단락 요약: 시장과 상품의 개념

3 [재화는 눈에 보이고 만질 수 있는 쓸모 있는 상품으로, 음식 재료와 학용품, 가전제품 등을 가리킨다. 반면 용역은 쓸모는 있지만 눈에 보이지도 않고 만질 수도 없는 상품을 말한다.] 우리가 돈을 내고 병원에서 받는 치료, 오락실에서 즐기는 게임 등은 모두 만질 수는 없지만 사고파는 상품, 즉 용역에 해당한다.
*3단락 요약: 상품의 종류 – 재화, 용역

4 현대 사회에 들어서는 온라인에서 물건을 사고파는 전자상거래가 활발해지고, 손님이 케이크를 직접 만드는 빵집, 낮잠을 자는 카페 등 다양한 시장이 끊임없이 생기고 있다. 사회가 발달할수록 사람들이 원하는 것이 더욱 다양해짐에 따라 눈에 보이지 않는 시장이 점점 커지고, 상품이 다양해지고 있는 것이다. 우리는 '시장에는 없는 게 없다.'라는 말이 딱 맞는 시대를 살아가고 있는 셈이다.
*4단락 요약: 사회가 발달할수록 커지는 시장과 다양해지는 상품

01 정답 **시장, 상품**

이 글에서는 시장과 상품이 무엇인지 설명하고, 시장과 상품이 점점 더 다양해지고 있다고 이야기하고 있어요. 따라서 이 글 전체의 중심 낱말은 '시장'과 '상품'이고, 주제는 '시장과 상품의 개념, 다양해지는 시장과 상품'이에요.

02 정답 **⑤**

3단락 ❶번째 문장에서 '재화는 눈에 보이고 만질 수 있는 쓸모 있는 상품'이라고 했으므로 틀린 내용이에요.

03 정답 **③**

3단락 ❸번째 문장에서 '우리가 돈을 내고 병원에서 받는 치료'는 용역에 해당한다고 했으므로 맞는 설명이에요.

04 정답 **전자상거래**

4단락 ❶번째 문장에서 '온라인에서 물건을 사고파는 전자상거래'라고 했어요. 따라서 빈칸에 들어갈 말은 '전자상거래'예요.

✱ 지문 이해

● 이 글은 시장과 상품에 대해 알려 주는 설명문입니다. 아주 옛날에 살던 사람들은 물물 교환을 했지만, 시간이 지나면서 사람들이 모여서 물건을 사고파는 시장이 만들어졌어요. 그러다가 시장의 개념이 더 확대되어 눈에 보이지 않는 곳도 시장의 개념에 포함되었어요. 시장에서 거래되는 모든 것을 상품이라고 하며, 상품은 재화와 용역으로 구분돼요. 사회가 발달함에 따라 시장은 점점 커지고, 상품은 다양해지고 있어요.

● 단락 간의 관계
1단락에서는 시장의 발달에 대해 이야기하고 있어요.
2단락에서는 더 확대된 시장의 개념과 상품의 개념을 설명하고 있어요.
3단락에서는 상품의 두 가지 종류를 설명하고 있어요.
4단락에서는 앞에서 설명한 시장과 상품이 점점 더 다양해지고 있다고 이야기하며 글을 마무리하고 있어요.

● 글의 구조도

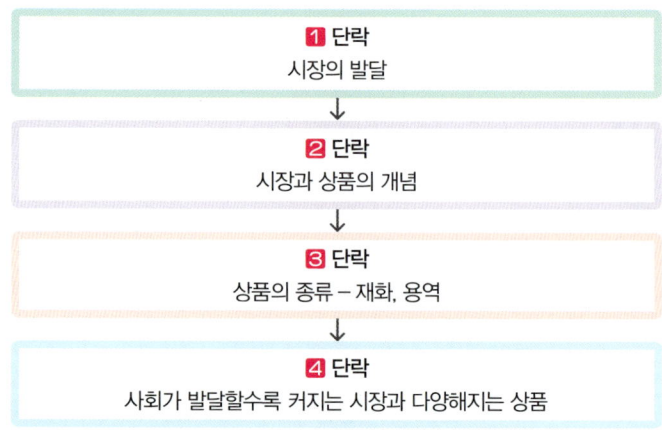

1 단락
시장의 발달
↓
2 단락
시장과 상품의 개념
↓
3 단락
상품의 종류 – 재화, 용역
↓
4 단락
사회가 발달할수록 커지는 시장과 다양해지는 상품

● 주제: 시장과 상품의 개념, 다양해지는 시장과 상품

인공위성의 역할은 무엇일까?

○ 각 단락 중심 낱말 　◎ 전체 중심 낱말 　[ ] 각 단락 중심 문장 　▨ 전체 중심 문장

① 날씨가 좋은 날 밤하늘을 보면 언제나 달을 볼 수 있다. 달은 지구가 지구 주위를 끌어당기는 힘으로 인해 항상 지구 주위를 돌고 있는 위성이다. 그런데 지구 주위에는 달 말고도 사람이 만들어 쏘아 올린 위성도 있다. 이것을 인공위성이라고 한다. 사람은 인공위성을 왜 만드는 것일까? 그 이유는 인공위성이 종류에 따라 여러 가지 일을 할 수 있기 때문이다.

② 먼저, 통신 위성은 우리의 생활을 편리하게 해 준다. [통신 위성은 먼 거리 사이의 전파 통신을 이어 주는 데 쓰이는 인공위성이다.] 우리가 텔레비전으로 다른 나라에서 하는 축구 경기를 보고, 언제 어디서나 휴대 전화를 사용할 수 있는 것은 통신 위성이 있기 때문이다.

③ [기상 위성은 지구의 기상 상태를 관찰하는 데 쓰이는 인공위성이다.] 기상 위성은 일정한 시간마다 지구의 사진을 찍어 보내는데, 이 사진에는 구름의 모양과 흐름 등 지구 대기의 상태가 나와 있다. 전문가들은 이 사진을 통해 비의 양, 바람의 세기, 태풍의 이동 경로 등을 예측한다. 즉, 우리가 일기 예보를 통해 날씨를 미리 알 수 있는 것은 기상 위성 덕분이다.

④ [또한 군사적인 목적으로 이용되는 군사 위성도 있다.] 특히 사진기나 특수한 장치가 달려 있는 군사 위성을 이용하면 위협이 되는 나라의 군사적 비밀을 알아내거나, 위험하다고 생각되는 곳을 조사하고 감시할 수 있다. 최근에는 정보력이 국가의 힘이라고 여겨지는 만큼 군사 위성의 중요성이 커지고 있다.

⑤ [이 밖에도 바다를 건너는 배의 위치를 정확히 알려 주는 항행 위성, 우주를 관찰하기 위한 천문 위성 등 인공위성은 종류에 따라 다양한 역할을 한다.] 그래서 우리나라뿐만 아니라 여러 나라에서 통신, 기상, 군사, 과학 등의 목적으로 인공위성을 많이 이용하고 있다.

1 단락 요약
인공위성의 개념과 인공위성을 만드는 이유

2 단락 요약
인공위성의 종류에 따른 역할 – 통신 위성

3 단락 요약
인공위성의 종류에 따른 역할 – 기상 위성

4 단락 요약
인공위성의 종류에 따른 역할 – 군사 위성

5 단락 요약
종류에 따라 다양한 역할을 하는 인공위성

★ 지문 이해

● 이 글은 인공위성의 개념과 다양한 역할을 알려 주는 설명문입니다. 인공위성은 사람이 만들어 쏘아 올린 위성을 말하며, 종류에 따라 여러 가지 역할을 해요. 통신 위성은 우리의 삶을 편리하게 만들어 주고, 기상 위성은 일기 예보를 통해 우리가 날씨를 미리 알 수 있게 해 줘요. 또, 군사 위성을 통해 위협이 되는 나라나 위험한 곳을 감시할 수 있어요. 이처럼 여러 가지 역할을 하는 인공위성을 많은 나라에서 다양한 목적으로 이용하고 있어요.

● 단락 간의 관계
　① 단락에서는 글 전체의 중심 낱말인 '인공위성'의 개념을 설명하고 있어요.
　② ~ ④ 단락에서는 인공위성의 종류에 따라 통신 위성, 기상 위성, 군사 위성의 역할을 각각 설명하고 있어요.
　⑤ 단락에서는 인공위성이 종류에 따라 다양한 역할을 한다는 것을 정리하며 글을 마무리하고 있어요.

● 글의 구조도

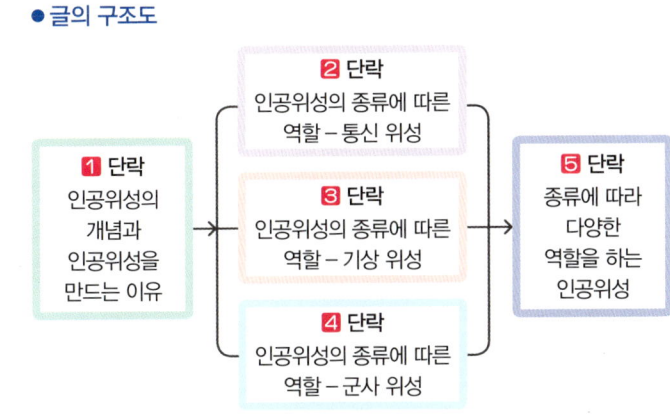

● 주제: 인공위성의 개념과 다양한 역할

01 정답 인공위성 ······························· 주제 알아보기

⟩왜 정답?

이 글에서는 인공위성이 무엇인지 설명하고 있어요. 그리고 인공위성의 종류를 통신 위성, 기상 위성, 군사 위성으로 나누어 각각의 역할을 설명하고 있어요.

따라서 이 글 전체의 중심 낱말은 '인공위성'이며, 주제는 '인공위성의 개념과 다양한 역할'이에요.

빈칸에 공통으로 들어갈 말은 '인공위성'이에요.

02 정답 ② ······························· 글쓰기 방식 이해하기

⟩왜 정답?

ⓐ **근거:** 1 단락 ❻번째 문장, 2 ~ 4 단락 전체

1 단락에서 '인공위성이 종류에 따라 여러 가지 일을 할 수 있다'고 했어요. 그리고 이와 관련하여 2 단락에서 통신 위성, 3 단락에서 기상 위성, 4 단락에서 군사 위성의 역할을 각각 설명하고 있어요. 따라서 인공위성의 역할을 종류에 따라 나누어 설명하고 있다는 것은 맞는 설명이에요.

ⓔ **근거:** 1 단락 ❶, ❷번째 문장

'날씨가 좋은 날 밤하늘을 보면 언제나 달을 볼 수 있다. 달은 지구가 지구 주위를 끌어당기는 힘으로 인해 항상 지구 주위를 돌고 있는 위성이다.'라고 했어요. 따라서 평소 쉽게 접할 수 있는 달에 대해 이야기하며 읽는 사람의 흥미를 이끌어 내고 있다는 것은 맞는 설명이에요.

⟩왜 오답?

ⓑ 이 글에 인공위성을 만들기 힘든 이유는 나오지 않으므로 틀린 설명이에요.

ⓒ 이 글에 인공위성이 발달한 과정은 나오지 않으므로 틀린 설명이에요.

03 정답 ③ ······························· 내용 이해하기

⟩왜 정답?

③ **근거:** 5 단락 ❷번째 문장

'우리나라뿐만 아니라 여러 나라에서 통신, 기상, 군사, 과학 등의 목적으로 인공위성을 많이 이용하고 있다.'라고 했어요. 즉, 우리나라에서는 인공위성을 군사적 목적만이 아니라 다양한 목적으로 이용하고 있어요.

⟩왜 오답?

① **근거:** 5 단락 ❶번째 문장

'우주를 관찰하기 위한 천문 위성'이 있다고 했으므로 맞는 내용이에요.

② **근거:** 1 단락 ❸, ❹번째 문장

'지구 주위에는 달 말고도 사람이 만들어 쏘아 올린 위성도 있다. 이것을 인공위성이라고 한다.'라고 했으므로 맞는 내용이에요.

④ **근거:** 2 단락 ❷번째 문장

'통신 위성은 먼 거리 사이의 전파 통신을 이어 주는 데 쓰이는 인공위성이다.'라고 했으므로 맞는 내용이에요.

⑤ **근거:** 4 단락 ❷번째 문장

'사진기나 특수한 장치가 달려 있는 군사 위성을 이용하면 ~ 위험하다고 생각되는 곳을 조사하고 감시할 수 있다.'라고 했으므로 맞는 내용이에요.

04 정답 ③ ······························· 알맞은 반응 찾기

⟩왜 정답?

③ 이 글에 인공위성을 이용해 에너지를 만들 수 있다는 내용은 나오지 않으므로 틀린 반응이에요.

⟩왜 오답?

① **근거:** 4 단락 ❷번째 문장

'사진기나 특수한 장치가 달려 있는 군사 위성을 이용하면 ~ 위험하다고 생각되는 곳을 조사하고 감시할 수 있다.'라고 했으므로 맞는 반응이에요.

② **근거:** 3 단락 ❹번째 문장

'우리가 일기 예보를 통해 날씨를 미리 알 수 있는 것은 기상 위성 덕분이다.'라고 했으므로 맞는 반응이에요.

④ **근거:** 2 단락 ❸번째 문장

'우리가 텔레비전으로 다른 나라에서 하는 축구 경기를 보고, 언제 어디서나 휴대 전화를 사용할 수 있는 것은 통신 위성이 있기 때문이다.'라고 했으므로 맞는 반응이에요.

⑤ **근거:** 2 단락 ❸번째 문장

'우리가 텔레비전으로 다른 나라에서 하는 축구 경기를 보고, ~ 통신 위성이 있기 때문이다.'라고 했으므로 맞는 반응이에요.

05 정답 예 일정한 시간마다 지구의 대기 상태가 나와 있는 사진을 찍어 보냄.

서술형 채점 기준 – **근거:** 3 단락 ❷번째 문장

'기상 위성은 일정한 시간마다 지구의 사진을 찍어 보내는데, 이 사진에는 구름의 모양과 흐름 등 지구 대기의 상태가 나와 있다.'라고 했어요. 그리고 이 사진을 통해 전문가들이 날씨를 예측하고, 이에 따라 우리가 일기 예보를 통해 날씨를 미리 알 수 있다고 했어요.

따라서 '대기 상태'와 '사진을 찍어 보냄.'이라는 말이 모두 들어가면 정답이에요.

글을 매력적으로 만드는 제목

○ 각 단락 중심 낱말   ◎ 전체 중심 낱말   [ ] 각 단락 중심 문장   ▨ 전체 중심 문장

① 거리를 다니다 보면 기발한 이름의 가게들이 많다. 가게의 이름은 그 가게의 얼굴 역할을 하기 때문에 신중하게 결정된다. ❸[그렇다면 글에서 얼굴 역할을 하는 것은 무엇일까? 바로 글의 (제목)이다.] 제목을 잘 지으면 읽는 사람의 기억에 오래 남고, 글의 내용이 궁금해진다. 제목을 잘 지으려면 어떻게 해야 할까?

② ▨글을 매력적으로 만드는 (제목)을 짓기 위해서는 글의 종류에 따라 각각의 특성을 고려해야 한다.▨ 설명하는 글은 설명하고자 하는 대상을 제목에 넣어 무엇을 알려 주는 글인지 나타내고, 주장하는 글은 글쓴이의 의견을 제목에 표현하여 주제가 드러나도록 하는 것이 좋다. 시는 읽는 사람이 여러 가지 느낌을 받을 수 있도록 다양한 것을 상상할 수 있는 말을 제목으로 쓴다. 또한 이야기 글은 중심이 되는 이야기와 관련 있는 말을 제목에 넣고, 읽는 사람의 호기심을 불러일으킬 수 있도록 표현하면 좋다.

③ [그렇다면 글의 (제목)을 정할 때 주의해야 할 점은 무엇일까?] 첫째, 글의 제목은 과장되지 않아야 한다. 글의 내용과 상관없이 너무 거창한 제목은 읽는 사람에게 실망감을 줄 수 있다. 둘째, 이모티콘이나 신조어를 너무 많이 사용하거나 문장 부호만 늘어놓는 것은 피해야 한다. 제목은 단순히 흥미만 끄는 것이 아니라 글의 내용을 잘 요약하여 무슨 말을 하려는 것인지 알려 줄 수 있어야 하기 때문이다.

④ [좋은 (제목)은 없는 내용을 지어서 만드는 것이 아니라 글에 담긴 내용을 잘 간추려 자연스럽게 읽는 사람의 흥미를 이끌어 내야 한다.] 글이 말하고자 하는 바를 간단하지만 분명하게 드러내는 것이 글을 매력적으로 만드는 제목인 것이다.

1 단락 요약
글의 얼굴 역할을 하는 제목

2 단락 요약
글의 종류에 따라 제목을 짓는 방법

3 단락 요약
제목을 정할 때 주의해야 할 점

4 단락 요약
좋은 제목의 특징

✱ **지문 이해**

● 이 글은 좋은 제목을 짓는 방법을 알려 주는 설명문입니다. 글의 얼굴 역할을 하는 제목을 정할 때는 글의 종류에 따른 특성을 고려해야 해요. 또한 제목은 과장되지 않고, 글의 내용을 잘 요약하여 무슨 말을 하려는 것인지 분명하게 알려 줄 수 있어야 해요. 글에 담긴 내용을 잘 간추려 읽는 사람의 흥미를 이끌어 내는 제목은 글을 매력적으로 만들어 줘요.

● **단락 간의 관계**
  ① 단락에서는 글 전체의 중심 낱말인 '제목'에 대해 소개하고 있어요.
  ② 단락에서는 글의 종류에 따라 제목을 짓는 방법을 설명하고 있어요.
  ③ 단락에서는 제목을 지을 때 주의해야 할 점을 설명하고 있어요.
  ④ 단락에서는 좋은 제목의 특징을 정리하며 글을 마무리하고 있어요.

● **글의 구조도**

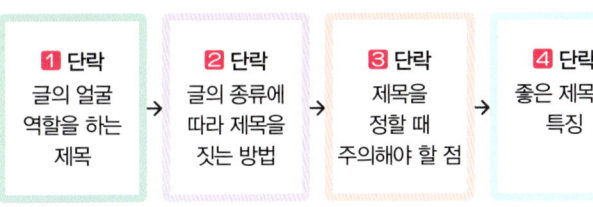

1 단락	**2** 단락	**3** 단락	**4** 단락
글의 얼굴 역할을 하는 제목	글의 종류에 따라 제목을 짓는 방법	제목을 정할 때 주의해야 할 점	좋은 제목의 특징

● **주제:** 글을 매력적으로 만드는 좋은 제목을 짓는 방법

01 [정답] 제목 ·· 주제 알아보기

왜 정답?

이 글에서는 제목을 잘 지으면 글을 매력적으로 만들 수 있다고 이야기하며 글의 종류에 따라 제목을 정하는 방법과 제목을 정할 때 주의할 점을 설명하고 있어요.

따라서 이 글 전체의 중심 낱말은 '제목'이고, 주제는 '글을 매력적으로 만드는 좋은 제목을 짓는 방법'이에요.

빈칸에 공통으로 들어갈 말은 '제목'이에요.

02 [정답] (1) 주장하는 글 (2) 이야기 글 (3) 시 (4) 설명하는 글 ·· 내용 이해하기

왜 정답?

(1) 근거: [2]단락 ❷번째 문장

'주장하는 글은 글쓴이의 의견을 제목에 표현하여 주제가 드러나도록 하는 것이 좋다.'라고 했으므로 (1)은 '주장하는 글'의 제목을 짓는 방법이에요.

(2) 근거: [2]단락 ❹번째 문장

'이야기 글은 중심이 되는 이야기와 관련 있는 말을 제목에 넣고, 읽는 사람의 호기심을 불러일으킬 수 있도록 표현하면 좋다.'라고 했으므로 (2)는 '이야기 글'의 제목을 짓는 방법이에요.

(3) 근거: [2]단락 ❸번째 문장

'시는 읽는 사람이 여러 가지 느낌을 받을 수 있도록 다양한 것을 상상할 수 있는 말을 제목으로 쓴다.'라고 했으므로 (3)은 '시'의 제목을 짓는 방법이에요.

(4) 근거: [2]단락 ❷번째 문장

'설명하는 글은 설명하고자 하는 대상을 제목에 넣어 무엇을 알려 주는 글인지 나타낸'는 것이 좋다고 했으므로 (4)는 '설명하는 글'의 제목을 짓는 방법이에요.

03 [정답] (1) ○ (2) ○ (3) × ·· 내용 이해하기

왜 정답?

(1) 근거: [3]단락 ❷번째 문장

'글의 제목은 과장되지 않아야 한다.'라고 했으므로 맞는 설명이에요.

(2) 근거: [3]단락 ❺번째 문장

'제목은 단순히 흥미만 끄는 것이 아니라 글의 내용을 잘 요약하여 무슨 말을 하려는 것인지 알려 줄 수 있어야' 한다고 했으므로 맞는 설명이에요.

(3) 근거: [3]단락 ❹번째 문장

'신조어를 너무 많이 사용하거나 문장 부호만 늘어놓는 것은 피해야 한다.'라고 했으므로 틀린 설명이에요.

04 [정답] ⓐ 읽는 사람의 기억에 오래 남는다. 글의 내용이 궁금해진다. 글이 말하고자 하는 바를 간단하지만 분명하게 드러낼 수 있다. 등

(서술형) 채점 기준 – 근거: [1]단락 ❺번째 문장, [4]단락 ❷번째 문장

[1]단락에서 '제목을 잘 지으면 읽는 사람의 기억에 오래 남고, 글의 내용이 궁금해진다.'라고 했어요. 또한 [4]단락에서 '글이 말하고자 하는 바를 간단하지만 분명하게 드러내는 것'이 좋은 제목이라고 했어요. 따라서 이러한 내용들 중 하나를 쓰면 정답이에요.

---- 배경지식

책의 예고편, 목차

책을 펼쳐 보면 글이 시작되기 전에 1, 2, 3 등의 숫자와 함께 여러 개의 제목이 적혀 있는 것을 본 적이 있을 거예요. 이를 '목차'라고 하는데, 거의 모든 책에는 목차가 적혀 있어요. 목차가 무엇인지 자세히 알아볼까요?

목차는 책의 내용을 간단하게 정리한 목록이에요. 책은 많은 내용의 글로 이루어져 있기 때문에 읽고 싶은 부분을 빠르게 찾을 수 있는 장치가 필요해요. 그래서 목차에는 보통 각 부분의 제목과 쪽수가 함께 적혀 있어요.

목차는 각 부분에서 말하고자 하는 가장 중요한 내용을 담고 있어요. 책을 읽기 전에 전체 내용을 요약해서 보여 주는 것이기 때문에 주요 내용을 한눈에 파악할 수 있게 목차를 짜는 것이 중요하지요.

또한 목차는 읽는 사람의 궁금증을 이끌어 내는 역할을 하기도 해요. 목차에 흥미로운 내용이 가득할수록 읽는 사람은 앞으로 읽게 될 내용에 대한 기대감을 갖게 돼요. 따라서 목차를 정할 때는 사람들이 관심을 가지거나 재미를 느낄 만한 표현을 사용하는 것이 좋아요. 오늘은 도서관이나 서점에 가서 목차를 쭉 훑어보고 읽고 싶은 책을 골라 보면 어떨까요?

필리핀의 민속춤, 티니클링

DAY 34 여ㅆ능

⬭ 각 단락 중심 낱말　⬭ 전체 중심 낱말　[ ] 각 단락 중심 문장　▨ 전체 중심 문장

1 [덥고 습해서 대나무가 많이 자라는 필리핀에는 대나무를 이용하여 즐기는 ⬭티니클링 이라는 민속춤이 있다.] ❷티니클링은 두 사람이 양쪽에서 대나무 막대기 두 개를 잡고 바닥을 두드리면, 다른 사람들이 대나무의 안팎으로 막대기를 피해 뛰며 추는 춤이다.

2 ❶⬭티니클링이라는 말은 어디에서 왔을까? ❷필리핀에는 '티클링'이라는 잘 날지 못하는 새가 있다. ❸티클링은 쌀을 먹는 것을 좋아해 농부들에게 골칫거리였다. ❹그래서 농부들은 농사에 피해를 주는 티클링을 잡으려고 대나무 덫을 곳곳에 놓아두었는데, 티클링은 튼튼한 다리로 이리저리 뛰며 그 덫을 피해 다녔다고 한다. ❺[티니클링은 이러한 티클링의 모습에서 유래된 춤으로, 덫을 놓아 새를 잡으려는 농부의 마음과 그런 농부에게 잡히지 않으려고 폴짝폴짝 덫을 피해 달아나는 새의 모습을 나타낸 것이다.]

3 ❶[한편, ⬭티니클링에는 스페인의 지배를 받았던 필리핀의 아픈 역사도 담겨 있다.] ❷스페인 사람들은 필리핀 사람들에게 혹독히 일을 시키면서 일하는 속도가 느려지면 사람들의 발목을 대나무에 끼이게 했다. ❸대나무에 발목이 조여 아프게 해 작업 속도를 올리려고 한 것이다. ❹필리핀 노동자들은 대나무에 발목이 끼이지 않도록 재빨리 뛰어다니며 일을 해야만 했다.

4 ❶이처럼 ⬭티니클링에는 필리핀의 자연환경, 문화, 역사 등이 담겨 있기 때문에 티니클링은 필리핀을 이해하는 데 좋은 자료가 된다. ❷티니클링을 하는 방법을 익혀 즐겨 봄으로써 필리핀의 문화와 역사에 대해 더 알아가 보면 어떨까?

1 단락 요약
필리핀의 민속춤 티니클링

2 단락 요약
티니클링의 유래

3 단락 요약
티니클링에 담긴 필리핀의 아픈 역사

4 단락 요약
필리핀의 문화와 역사를 이해하는 데 도움이 되는 티니클링

✶ **지문 이해**

● 이 글은 필리핀의 민속춤인 티니클링에 담긴 역사와 문화에 대해 알려 주는 설명문입니다. 티니클링은 두 개의 대나무 막대기를 피해 뛰며 추는 춤으로, 티클링이라는 새가 농부들이 놓은 덫을 피해 이리저리 뛰어다니던 모습에서 유래되었어요. 또한 티니클링에는 스페인의 지배를 받았던 필리핀의 아픈 역사도 담겨 있어요. 이처럼 티니클링에는 필리핀의 문화, 역사 등이 담겨 있어 티니클링은 필리핀을 이해하는 데 좋은 자료가 돼요.

● **단락 간의 관계**
1 단락에서는 필리핀의 민속춤인 '티니클링'을 소개하고 있어요.
2 단락에서는 티니클링의 유래를 설명하고 있어요.
3 단락에서는 티니클링에 담긴 필리핀의 아픈 역사를 설명하고 있어요.
4 단락에서는 앞 내용을 바탕으로 티니클링이 필리핀을 이해하는 데 도움이 된다고 하며 글을 마무리하고 있어요.

● **글의 구조도**

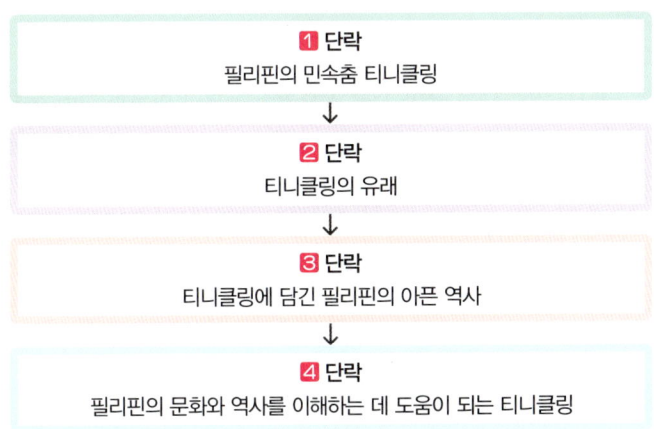

1 단락
필리핀의 민속춤 티니클링

↓

2 단락
티니클링의 유래

↓

3 단락
티니클링에 담긴 필리핀의 아픈 역사

↓

4 단락
필리핀의 문화와 역사를 이해하는 데 도움이 되는 티니클링

● **주제**: 티니클링을 통해 이해하는 필리핀의 문화와 역사

01 정답 티니클링 ·························· 주제 알아보기

왜 정답?

이 글에서는 필리핀의 민속춤인 티니클링을 소개한 후, 티니클링의 유래와 티니클링에 담긴 필리핀의 아픈 역사를 설명하고 있어요. 그리고 이러한 내용을 바탕으로 티니클링을 통해 필리핀의 문화와 역사를 이해할 수 있다고 했어요. 따라서 이 글 전체의 중심 낱말은 '티니클링'이며, 주제는 '티니클링을 통해 이해하는 필리핀의 문화와 역사'예요. 빈칸에 공통으로 들어갈 말은 '티니클링'이에요.

02 정답 ④ ·························· 글쓰기 방식 이해하기

왜 정답?

④ **근거:** 2 단락 ❶번째 문장

'티니클링이라는 말은 어디에서 왔을까?'라는 질문을 통해 읽는 사람이 티니클링이라는 말에 흥미를 가지도록 하고 있으므로 맞는 설명이에요.

왜 오답?

① 이 글에서 티니클링이 어떻게 변화해 왔는지 이야기하고 있지는 않으므로 틀린 설명이에요.

② 이 글에서 티니클링이 세계로 뻗어 나갈 수 있을지 추측하고 있지는 않으므로 틀린 설명이에요.

③ 이 글에서 스페인이 필리핀을 지배했던 이유를 설명하고 있지는 않으므로 틀린 설명이에요.

⑤ 이 글에서 다른 나라의 티니클링에 대해 이야기하고 있지는 않으므로 틀린 설명이에요.

03 정답 ④ ·························· 내용 이해하기

왜 정답?

④ **근거:** 2 단락 ❺번째 문장

티니클링은 '덫을 놓아 새를 잡으려는 농부의 마음과 그런 농부에게 잡히지 않으려고 폴짝폴짝 덫을 피해 달아나는 새의 모습을 나타낸 것'이라고 했어요. 즉, 필리핀 사람들은 티클링을 귀하게 여겼던 것이 아니라 잡으려고 했어요. 따라서 티니클링에 티클링을 귀하게 여겼던 필리핀의 문화가 담겨 있다는 것은 틀린 내용이에요.

왜 오답?

① **근거:** 1 단락 ❶번째 문장

'필리핀에는 대나무를 이용하여 즐기는 '티니클링'이라는 민속춤이 있다.'라고 했으므로 맞는 내용이에요.

② **근거:** 1 단락 ❷번째 문장

'티니클링은 두 사람이 양쪽에서 대나무 막대기 두 개를 잡고 바닥을 두드리면, 다른 사람들이 대나무의 안팎으로 막대기를 피해 뛰며 추는 춤이다.'라고 했으므로 맞는 내용이에요.

③ **근거:** 2 단락 전체

'티니클링이라는 말은 어디에서 왔을까? ~ '티클링'이라는 잘 날지 못하는 새가 있다.'라고 하며 '티니클링'이라는 말이 '티클링'에서 유래되었음을 설명하고 있으므로 맞는 내용이에요.

⑤ **근거:** 1 단락 ❶번째 문장

'덥고 습해서 대나무가 많이 자라는 필리핀에는 대나무를 이용하여 즐기는 '티니클링'이라는 민속춤이 있다.'라고 했으므로 맞는 내용이에요.

04 정답 ⑤ ·························· 내용 이해하기

왜 정답?

⑤ **근거:** 2 단락 ❹, ❺번째 문장

'농부들은 농사에 피해를 주는 티클링을 잡으려고 대나무 덫을 곳곳에 놓아두었는데, 티클링은 튼튼한 다리로 이리저리 뛰며 그 덫을 피해 다녔다고 한다. 티니클링은 이러한 티클링의 모습에서 유래된 춤'이라고 했으므로 맞는 설명이에요.

왜 오답?

① 이 글에 티클링이 사람을 잘 따랐다는 내용은 나오지 않으므로 틀린 설명이에요.

② 이 글에 티클링에게 혹독히 일을 시켰다는 내용은 나오지 않으므로 틀린 설명이에요.

③ 이 글에 필리핀 사람들이 티클링을 잡아먹기 위해 사냥했다는 내용은 나오지 않으므로 틀린 설명이에요.

④ **근거:** 2 단락 ❸, ❹번째 문장

'티클링은 쌀을 먹는 것을 좋아해 농부들에게 골칫거리였다.'라며 '농사에 피해를 주는 티클링'이라고 했으므로 틀린 설명이에요.

05 정답 예 다른 나라의 지배를 받았던 아픈 역사가 담겨 있다.

다음을 읽고, 모리셔스의 전통춤 '세가'와 필리핀의 전통춤 '티니클링'의 공통점을 쓰세요.

• **다음:** 모리셔스 섬의 전통춤인 '세가'에 대해 설명하고 있습니다. 세가에는 프랑스와 영국의 지배를 받던 노예들의 아픔이 담겨 있다고 합니다.

즉 티니클링에 관련된 역사를 이해하고, 그 역사와 세가에 담긴 역사 간의 공통점을 찾는 문제입니다.

서술형 채점 기준 – **근거:** 3 단락 ❶번째 문장

'티니클링에는 스페인의 지배를 받았던 필리핀의 아픈 역사도 담겨 있다.'라고 했어요. 그리고 모리셔스는 '프랑스와 영국의 지배를 받던 섬'으로, '세가는 노예들의 아픔이 표현되어 있는 춤이다.'라고 했어요. 즉, 모리셔스의 세가 역시 프랑스와 영국의 지배를 받았던 아픈 역사가 담겨 있는 춤이에요. 따라서 '다른 나라의 지배를 받았던 역사'라는 말이 들어가면 정답이에요.

지역이 이기적이라고?

사회

DAY 35

○ 각 단락 중심 낱말   ◯ 전체 중심 낱말   [ ] 각 단락 중심 문장   ▨ 전체 중심 문장

1 핵폐기물 처리장, 쓰레기 매립장, 화장장 등의 공통점은 무엇일까? 바로 사람들이 꺼리는 시설이라는 것이다. [이런 시설들을 만들려고 할 때는 지역 이기주의로 인해 지역 주민, 지방 자치 단체, 중앙 정부 사이에 갈등이 생기는 경우가 많다.] 지역 이기주의란 무엇일까?

1 단락 요약
지역 이기주의로 인해 갈등이 생기는 경우가 많음.

2 지역 이기주의는 다른 지역의 사정은 생각하지 않고 자기 지역의 이익이나 행복만을 추구하는 태도를 말한다. 자신이 사는 지역에 이익이 되는 것은 무조건 받아들이고 손해가 되는 것은 무조건 거부하려는 집단적 움직임이 지역 이기주의의 대표적인 모습이다. 이러한 모습은 크게 두 가지로 나타난다.

2 단락 요약
지역 이기주의의 개념

3 [님비(NIMBY) 현상은 '내 집 뒷마당에는 안 된다(Not In My Backyard).'라는 영어 문장의 일부 글자를 딴 말로, 모두를 위해서는 필요한 시설임에도 내가 사는 지역에 세우는 것은 반대하는 현상이다.] 산업 활동으로 생긴 폐기물이나 핵폐기물 등을 처리하는 시설, 교도소 등은 사회적으로 꼭 필요한 시설이다. 이것을 사람들도 인정하지만, 이 시설들이 자기가 사는 지역에 들어오면 땅값이 떨어지는 등 지역 발전에 좋지 않기 때문에 자신의 지역에 들어오는 것을 반대하는 것이다.

3 단락 요약
지역 이기주의의 종류
– 님비 현상

4 [반대로 핌피(PIMFY) 현상은 '내 집 앞마당에 와 달라(Please In My Front Yard).'라는 뜻으로, 지하철역이나 박물관 등 생활을 편리하게 하거나 지역 발전에 도움이 되는 시설은 다른 지역이 아닌 자신의 지역에 들어오게 만들려는 현상이다.] 이 현상은 님비 현상과 반대되는 개념이다.

4 단락 요약
지역 이기주의의 종류
– 핌피 현상

5 [지역 이기주의로 인한 갈등을 해결하기 위해서는 시설을 세우려고 계획할 때부터 일어날 수 있는 다양한 문제를 주민들과 함께 의논하고 합의해야 한다.] 이때, 모든 사람은 사회라는 공동체 안에서 함께 살아가고 있다는 생각을 바탕으로 서로의 상황과 생각을 존중하는 것이 중요하다.

5 단락 요약
지역 이기주의로 인한 갈등을 해결하는 방법

✶ 지문 이해

● 이 글은 지역 이기주의의 개념과 종류에 대해 알려 주는 설명문입니다. 지역 이기주의는 다른 지역의 사정은 생각하지 않고 자기 지역의 이익이나 행복만을 추구하는 태도로, 님비 현상과 핌피 현상으로 나타나요. 님비 현상은 모두를 위한 시설임에도 내가 사는 지역에 세우는 것을 반대하는 현상이고, 핌피 현상은 편의 시설을 자신의 지역에 들어오게 만들려는 현상이에요. 지역 이기주의로 인한 갈등을 해결하기 위해서는 지역 주민과 함께 의논하고 합의해야 해요.

● **단락 간의 관계**
  1 단락에서는 글 전체의 중심 낱말인 '지역 이기주의'를 소개하고 있어요.
  2 단락에서는 지역 이기주의의 개념을 설명하고 있어요.
  3 단락과 4 단락에서는 지역주의의 종류인 님비 현상과 핌피 현상에 대해 각각 설명하고 있어요.
  5 단락에서는 지역 이기주의로 인한 갈등을 해결하는 방법을 설명하고 있어요.

● **글의 구조도**

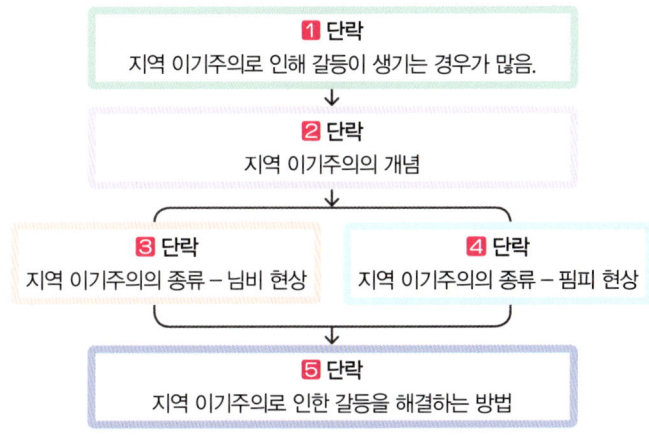

● **주제:** 지역 이기주의의 개념과 종류

01 [정답] 지역 이기주의 ·············· 주제 알아보기

>왜 정답?

이 글에서는 '지역 이기주의'가 무엇인지 소개하고, 지역 이기주의의 두 가지 종류인 님비 현상과 핌피 현상에 대해 설명하고 있어요. 따라서 이 글 전체의 중심 낱말은 '지역 이기주의'이고, 주제는 '지역 이기주의의 개념과 종류'예요.
빈칸에 공통으로 들어갈 말은 '지역 이기주의'예요.

02 [정답] ④ ·············· 내용 이해하기

>왜 정답?

④ 근거: ①단락 ❸번째 문장
사람들이 꺼리는 시설을 이야기하며 '이런 시설들을 만들려고 할 때는 지역 이기주의로 인해 지역 주민, 지방 자치 단체, 중앙 정부 사이에 갈등이 생기는 경우가 많다.'라고 했어요. 따라서 사람들이 꺼리는 시설을 지을 때 지역 주민과 정부 사이에 갈등이 생기는 일이 거의 없다는 것은 틀린 내용이에요.

>왜 오답?

① 근거: ④단락 ❷번째 문장
핌피 현상에 대해 설명하며 '이 현상은 님비 현상과 반대되는 개념이다.'라고 했으므로 맞는 내용이에요.
② 근거: ③단락 ❶번째 문장, ④단락 ❶번째 문장
③단락에서 '님비(NIMBY) 현상은 '내 집 뒷마당에는 안 된다(Not In My Backyard).'라는 영어 문장의 일부 글자를 딴 말'이라고 했고, ④단락에서 '핌피(PIMFY) 현상은 '내 집 앞마당에 와 달라(Please In My Front Yard).'라는 뜻'이라고 했으므로 맞는 내용이에요.
③ 근거: ③단락 ❸번째 문장
님비 현상에 대해 설명하며 사람들이 꺼리는 시설이 '자기가 사는 지역에 들어오면 땅값이 떨어지는 등 지역 발전에 좋지 않음을 걱정하는 모습을 이야기하고 있으므로 맞는 내용이에요.
⑤ 근거: ③단락 ❶번째 문장
'님비(NIMBY) 현상은 ～ 모두를 위해서는 필요한 시설임에도 내가 사는 지역에 세우는 것은 반대하는 현상이다.'라고 했으므로 맞는 내용이에요.

03 [정답] ④ ·············· 내용 이해하기

>왜 정답?

④ 근거: ⑤단락 ❶번째 문장
'지역 이기주의로 인한 갈등을 해결하기 위해서는 시설을 세우려고 계획할 때부터 일어날 수 있는 다양한 문제를 주민들과 함께 의논하고 합의해야 한다.'라고 했어요.

>왜 오답?

①～③ 지역 이기주의로 인한 갈등을 해결하는 방법이 아니에요.
⑤ 근거: ⑤단락 ❷번째 문장
지역 이기주의로 인한 갈등을 해결하기 위해서는 '모든 사람은 사회라는 공동체 안에서 함께 살아가고 있다는 생각을 바탕으로 서로의 상황과 생각을 존중하는 것이 중요하다.'라고 했어요.
따라서 지역 주민들에게 손해를 받아들이라고 강요하는 것은 지역 주민들의 상황과 생각을 존중하지 않는 것이므로, 이는 지역 이기주의로 인한 갈등을 해결하는 방법이 아니에요.

04 [정답] ② ·············· 내용 적용하기

>왜 정답?

② 근거: ②단락 ❶, ❷번째 문장
'지역 이기주의는 다른 지역의 사정은 생각하지 않고 자기 지역의 이익이나 행복만을 추구하는 태도를 말한다.'라고 하며, '자신이 사는 지역에 이익이 되는 것은 무조건 받아들이고 손해가 되는 것은 무조건 거부하려는 집단적 움직임이 지역 이기주의의 대표적인 모습이다.'라고 했어요.
홍수로 인해 망가진 학교 건물을 주민들이 힘을 합해 고치는 모습은 지역 이기주의에 해당하지 않아요.

>왜 오답?

① '화장장'은 사람들이 꺼리는 시설로, 이를 거부하는 ㄱ아파트 주민들의 행동은 지역 이기주의 중 '님비 현상'에 해당해요.
③ '쓰레기 매립장'은 사람들이 꺼리는 시설로, 이를 거부하는 ㄷ동 주민들의 행동은 지역 이기주의 중 '님비 현상'에 해당해요.
④ '지하철역'은 생활을 편리하게 하는 시설로, 이 시설을 자신의 지역에 들어오게 하려는 ㄹ동 주민들의 행동은 지역 이기주의 중 '핌피 현상'에 해당해요.
⑤ '핵폐기물 처리장'은 사람들이 꺼리는 시설로, 이를 거부하는 ㅁ마을 주민들의 행동은 지역 이기주의 중 '님비 현상'에 해당해요.

05 [정답] 생활을 편리하게 하거나 지역 발전에 도움이 되는 시설은 다른 지역이 아닌 자신의 지역에 들어오게 만들려는 현상

[서술형] 채점 기준 - 근거: ④단락 ❶번째 문장
'핌피(PIMFY) 현상은 ～ 생활을 편리하게 하거나 지역 발전에 도움이 되는 시설은 다른 지역이 아닌 자신의 지역에 들어오게 만들려는 현상이다.'라면서 핌피 현상의 개념을 설명하고 있어요. 따라서 이 내용을 찾아 쓰면 정답이에요.

달에서 소리를 듣지 못하는 이유는 무엇일까?

○ 각 단락 중심 낱말   ○ 전체 중심 낱말   [ ] 각 단락 중심 문장   ▨ 전체 중심 문장

① ❶옆에 있는 친구와 대화를 주고받고, 좋아하는 가수의 노래를 듣는 일은 우리의 일상에서 그리 특별하지 않은 일이다. ❷[그런데 달에서는 특수한 장비가 없으면 옆 사람이 내는 목소리를 들을 수도, 대화를 주고받을 수도 없다고 한다. ❸그 이유는 무엇일까?] ❹소리의 특성을 이해하면 그 이유를 알 수 있다.

② ❶소리는 물체가 떨릴 때 생기고, 이렇게 물체가 떨리는 현상을 '진동'이라고 한다. ❷목소리는 목의 성대가 떨리면서 만들어지는데, 이 성대의 떨림이 입 밖으로 나와 주위의 공기를 진동시키고, 진동된 공기는 또 그 옆의 공기를 진동시킨다. ❸이러한 진동이 계속 이어져 귓속의 고막까지 떨리게 하면 우리는 소리를 들을 수 있는 것이다. ❹즉, 우리가 소리를 들을 수 있으려면 소리를 전달해 주는 공기가 있어야 한다. ❺하지만 달에는 공기가 없기 때문에 특수한 장비 없이는 옆 사람의 소리를 들을 수 없다.

③ ❶공기만 소리를 전달할 수 있을까? ❷소리, 즉 떨림을 전달하는 것은 물질을 이루고 있는 분자들이다. ❸[그래서 분자로 이루어진 것들은 모두 소리를 전달할 수 있다.] ❹물, 실, 유리, 종이 등 다양한 물질을 통해 소리를 전달할 수 있는 것이다. ❺그래서 우리는 물속에서도 소리를 들을 수 있고, 벽에 귀를 대면 옆방에서 나는 소리가 들리기도 한다.

④ ❶[게다가 소리를 전달하는 물질에 따라 소리가 다르게 들릴 뿐만 아니라 전달되는 속도도 달라진다.] ❷물질마다 분자의 구성이 다르기 때문이다. ❸기체보다는 액체가, 액체보다는 고체가 분자의 구성이 더 촘촘하여 소리를 더 빠르게 전달한다.

⑤ ❶[평소 목소리를 내거나 여러 가지 소리를 들을 때 우리는 의식하지 못하지만 물체가 진동하고, 그 진동이 우리 귀에까지 전달되는 일이 일어나고 있다.] ❷(가)실과 종이컵으로 만든 전화기, 유리잔 악기 등 다양한 물체를 통해 소리가 나고 전달되는 것에 좀 더 관심을 가져 보면 어떨까?

---

1 단락 요약
달에서 소리를 듣지 못하는 이유에 대한 물음

2 단락 요약
소리의 원리와 달에서 소리를 듣지 못하는 이유

3 단락 요약
소리를 전달할 수 있는 다양한 물질

4 단락 요약
물질에 따라 달라지는 소리의 전달

5 단락 요약
물체의 진동으로 생기고 전달되는 소리

✱ 지문 이해

● 이 글은 소리가 나고 전달되는 원리를 통해 달에서 소리를 듣지 못하는 이유를 알려 주는 설명문입니다. 소리는 물체가 진동할 때 생기고, 그 진동이 공기를 통해 우리 귀의 고막까지 전해지면 우리는 소리를 들을 수 있어요. 달에서 소리를 들을 수 없는 이유는 소리를 전달해 주는 공기가 없기 때문이에요. 또한 분자로 이루어진 모든 물질은 소리를 전달할 수 있는데, 물질에 따라 소리와 소리의 전달 속도가 달라져요.

● **단락 간의 관계**
①단락에서는 달에서 소리를 듣지 못하는 이유에 대해 물음을 던지고, ②단락에서 소리의 원리를 설명하며 그에 대해 답하고 있어요.
③단락에서는 소리를 전달할 수 있는 물질이 다양함을 이야기하고, ④단락에서는 물질에 따라 소리의 전달이 달라짐을 설명하고 있어요.
⑤단락에서는 소리가 나고 전달되는 것에 대해 정리하며 글을 마무리하고 있어요.

● **글의 구조도**

① 단락: 달에서 소리를 듣지 못하는 이유에 대한 물음
↓
② 단락: 소리의 원리와 달에서 소리를 듣지 못하는 이유
↓
③ 단락: 소리를 전달할 수 있는 다양한 물질
↓
④ 단락: 물질에 따라 달라지는 소리의 전달
↓
⑤ 단락: 물체의 진동으로 생기고 전달되는 소리

● **주제**: 소리가 나고 전달되는 원리와 달에서 소리를 듣지 못하는 이유

01 [정답] 소리 ···························· 주제 알아보기

>왜 정답?

이 글에서는 소리가 생기고 전달되는 원리를 통해 달에서 소리를 듣지 못하는 이유를 설명하고 있어요.
따라서 이 글의 중심 낱말은 '소리'이고, 주제는 '소리가 나고 전달되는 원리와 달에서 소리를 듣지 못하는 이유'예요.
빈칸에 공통으로 들어갈 말은 '소리'예요.

02 [정답] ㉠, ㉢, ㉣, ㉡ ···················· 내용 이해하기

>왜 정답?

근거: ②단락 ❷, ❸번째 문장
'목소리는 목의 성대가 떨리면서 만들어지는데, 이 성대의 떨림이 입 밖으로 나와 주위의 공기를 진동시키고, 진동된 공기는 또 그 옆의 공기를 진동시킨다. 이러한 진동이 계속 이어져 귓속의 고막까지 떨리게 하면 우리는 소리를 들을 수 있는 것이다.'라고 했어요.
따라서 목소리가 귀로 전달되는 과정을 순서대로 정리하면 '㉠ → ㉢ → ㉣ → ㉡'이에요.

03 [정답] ② ···························· 내용 이해하기

>왜 정답?

② **근거:** ③단락 ❸, ❹번째 문장
'분자로 이루어진 것들은 모두 소리를 전달할 수 있다.'라고 하면서 '물, 실, 유리, 종이 등 다양한 물질를 통해 소리를 전달할 수 있'다고 했어요. 즉, 공기와 같은 기체뿐만 아니라 액체, 고체도 소리를 전달할 수 있어요.

>왜 오답?

① **근거:** ②단락 ❶번째 문장
'물체가 떨리는 현상을 '진동'이라고 한다.'라고 했으므로 맞는 내용이에요.

③ **근거:** ②단락 ❶, ❸번째 문장
'소리는 물체가 떨릴 때 생기고, 이렇게 물체가 떨리는 현상을 '진동'이라고 한다.'라고 했어요. 또, '진동이 계속 이어져 귓속의 고막까지 떨리게 하면 우리는 소리를 들을 수 있'다고 했어요. 즉, 소리는 물체의 진동에 의해 생기고 전달돼요.

④ **근거:** ②단락 ❹번째 문장
'우리가 소리를 들을 수 있으려면 소리를 전달해 주는 공기가 있어야 한다.'라고 했으므로 맞는 내용이에요.

⑤ **근거:** ④단락 ❶, ❷번째 문장
'소리를 전달하는 물질에 따라 소리가 다르게 들릴 뿐만 아니라 전달되는 속도도 달라진다. 물질마다 분자의 구성이 다르기 때문이다.'라고 했어요. 즉, 물질마다 분자의 구성이 다른 것은 소리의 전달에 영향을 미쳐요.

04 [정답] ③ ···························· 내용 추측하기

다음은 (개)를 그림으로 나타낸 것입니다. ⓐ, ⓑ에 대한 설명으로 가장 알맞은 것은 무엇인가요?

• (개): '실과 종이컵으로 만든 전화기'를 그림으로 나타냈습니다.
• ⓐ, ⓑ: 각각 종이컵과 실을 가리킵니다. 둘 다 고체이며, 소리를 전달하는 역할을 합니다.

[즉] 소리의 전달 원리를 이해하고, 이를 바탕으로 실과 종이컵으로 만든 전화기에 대해 바르게 설명한 것을 고르는 문제입니다.

>왜 정답?

③ **근거:** ④단락 ❶번째 문장
'소리를 전달하는 물질에 따라 소리가 다르게 들'린다고 했어요. 이를 통해 소리를 전달하는 물질인 ⓐ와 ⓑ가 하나라도 다른 물질로 바뀌면 소리가 다르게 들릴 것이라고 추측할 수 있어요.
따라서 ⓐ와 ⓑ 중 하나라도 다른 물질로 바뀌면 소리가 다르게 들릴 수 있다는 것은 맞는 설명이에요.

>왜 오답?

① **근거:** ④단락 ❸번째 문장
'액체보다는 고체가 분자의 구성이 더 촘촘하여 소리를 더 빠르게 전달한다.'라고 했어요. 즉, 고체인 ⓐ와 ⓑ는 모두 액체보다 소리를 더 빠르게 전달하므로 틀린 설명이에요.

② **근거:** ③단락 ❸, ❹번째 문장
'분자로 이루어진 것들은 모두 소리를 전달할 수 있'으며, '물, 실, 유리, 종이 등 다양한 물체를 통해 소리를 전달할 수 있'다고 했으므로 틀린 설명이에요.

④ **근거:** ③단락 ❸번째 문장
'분자로 이루어진 것들은 모두 소리를 전달할 수 있다.'라고 했으므로 틀린 설명이에요.

⑤ **근거:** ②단락 ❶, ❸번째 문장
'소리는 물체가 떨릴 때 생기고, 이렇게 물체가 떨리는 현상을 '진동'이라고 한다.'라고 했어요. 그리고 '진동이 계속 이어져 귓속의 고막까지 떨리게 하면 우리는 소리를 들을 수 있'다고 했어요. ⓐ가 진동하지 않는다면 ⓐ에 귀를 갖다 대어도 소리는 들리지 않을 것이므로 틀린 설명이에요.

05 [정답] 예) 달에는 소리를 전달해 주는 공기가 없기 때문이다.

[서술형] 채점 기준 – 근거: ②단락 ❹, ❺번째 문장

'우리가 소리를 들을 수 있으려면 소리를 전달해 주는 공기가 있어야 한다. 하지만 달에는 공기가 없기 때문에 특수한 장비 없이는 옆 사람의 소리를 들을 수 없다.'라고 했어요. 즉, 달에서 특수한 장비 없이 소리를 들을 수 없는 이유는 달에 소리를 전달해 주는 공기가 없기 때문이에요.
따라서 '공기가 소리를 전달해 준다.', '공기가 없다.'라는 내용이 들어가면 정답이에요.

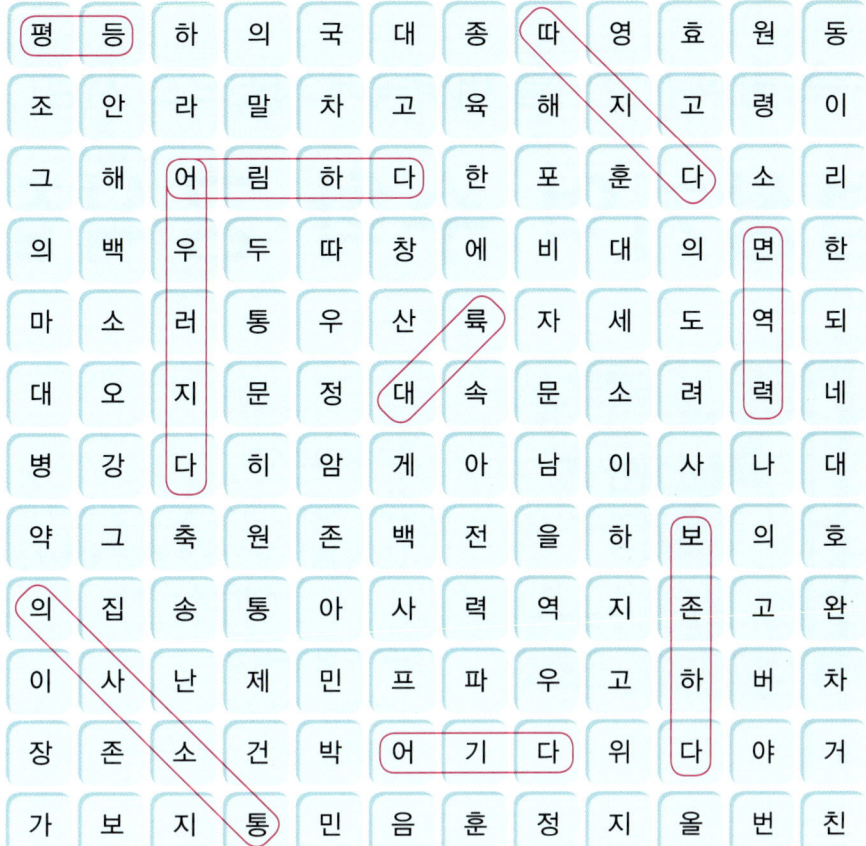

평	등	하	의	국	대	종	따	영	효	원	동
조	안	라	말	차	고	육	해	지	고	령	이
그	해	어	림	하	다	한	포	훈	다	소	리
의	백	우	두	따	창	에	비	대	의	면	한
마	소	러	통	우	산	륙	자	세	도	역	되
대	오	지	문	정	대	속	문	소	려	력	네
병	강	다	히	암	게	아	남	이	사	나	대
약	그	축	원	존	백	전	을	하	보	의	호
의	집	송	통	아	사	력	역	지	존	고	완
이	사	난	제	민	프	파	우	고	하	버	차
장	존	소	건	박	어	기	다	위	다	야	거
가	보	지	통	민	음	훈	정	지	올	번	친

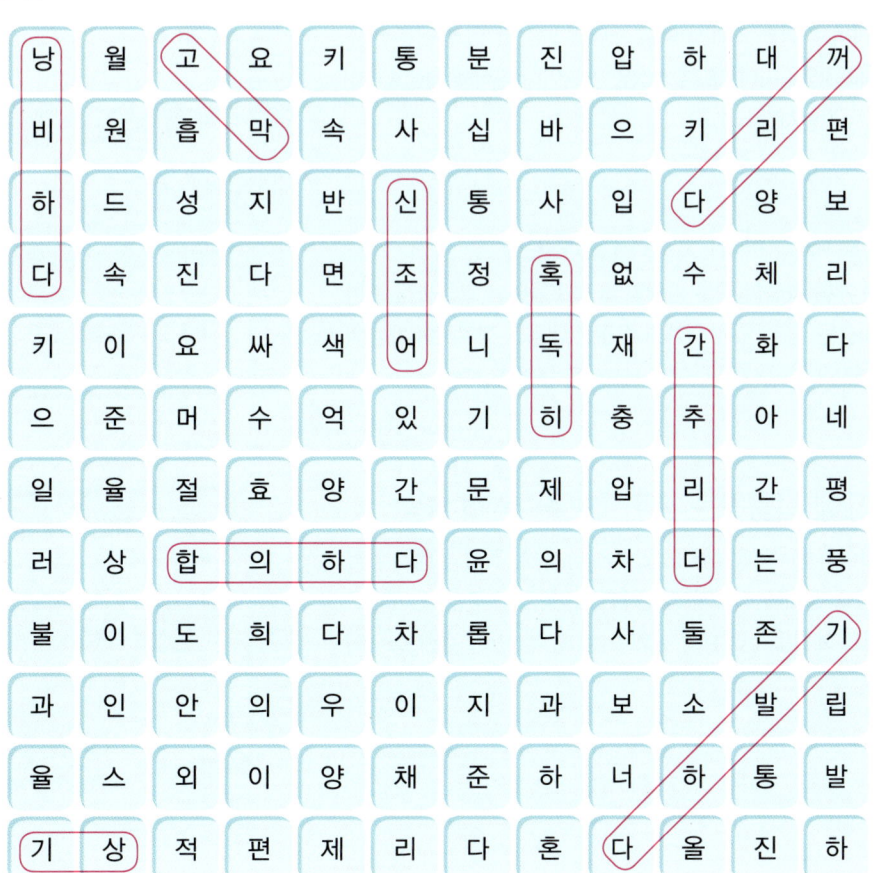

낭	월	고	요	키	통	분	진	압	하	대	꺼
비	원	흡	막	속	사	십	바	으	키	리	편
하	드	성	지	반	신	통	사	입	다	양	보
다	속	진	다	면	조	정	혹	없	수	체	리
키	이	요	싸	색	어	니	독	재	간	화	다
으	준	머	수	억	있	기	히	충	추	아	네
일	율	절	효	양	간	문	제	압	리	간	평
러	상	합	의	하	다	윤	의	차	다	는	풍
불	이	도	희	다	차	롭	다	사	둘	존	기
과	인	안	의	우	이	지	과	보	소	발	립
율	스	외	이	양	채	준	하	너	하	통	발
기	상	적	편	제	리	다	혼	다	올	진	하

수학 공식과 개념을 머릿속에 사진으로 저장!

형상기억 수학 공식집

[고등 수학 공식집]
- **[고1용]** 고1 수학
- **[인문계용]** 수학Ⅰ + 수학Ⅱ + 확률과 통계
- **[자연계용]** 수학Ⅰ + 수학Ⅱ + 확률과 통계
  + 미적분 + 기하

[중등 수학 공식집]
- **[학년편]** 중1 수학 / 중2 수학 / 중3 수학
- **[종합편]** 3개년 수학 종합 (중1+중2+중3)

❶ **개념의 압축 정리 + 공식의 형상화**

내신 + 수능 대비를 위한 교과서 핵심 개념과 공식을 쉽게 공부할 수 있도록 압축 정리하였습니다. 또, 추상적인 개념이나 공식을 형상화하여 머릿속에 확실히 각인시킵니다.

❷ **한 권으로 끝내는 개념 + 공식 총정리**

수학은 연계 + 계통 학습이 매우 중요합니다. 초등부터 고등까지 수학 개념의 연계 과정을 알 수 있게 단계별로 관련 내용을 정리하여 개념의 이해를 돕고, 확장 개념에 대한 수학적 사고력을 높여줍니다.

❸ **공식을 문제에 적용하는 훈련으로 수학 실력 완성**

수학 공식은 단순히 외우기만 해서는 안 됩니다. 핵심 개념 문제와 종합 연습 문제를 통해 문제에 어떻게 적용하고 풀어야 하는지를 단계별로 학습하면 공식과 개념을 한 층 더 깊게 이해 할 수 있어 수학 실력이 쑥쑥 오릅니다.

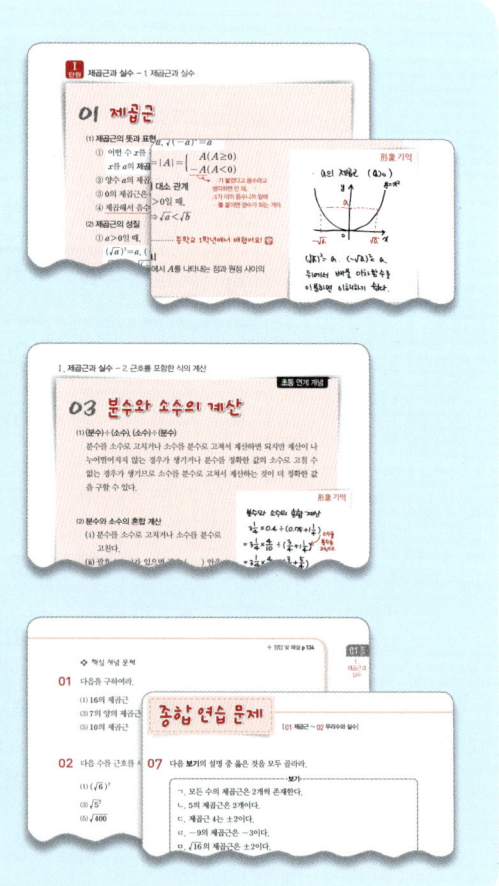

서연비람 고전 문학 전집

전·현직 교수님이 현대어로 옮기고 해설을 덧붙인 고전 문학의 백미

▶ **출간** 금오신화, 홍길동전, 구운몽, 허생전/양반전, 최척전/주생전, 운영전/영영전, 춘향전
▶ **근간** 사씨남정기, 박씨전 외, 유충렬전, 숙향전, 심청전, 토끼전/흥부전, 적벽가/가루지기 타령, 배비장전

서연비람 한국 대표 단편선

전도현 옮김/송하춘 감수/각 12,000원/전 6권

▶ 「작가 소개 - 작품 해설 - 작품 - 선생님이 들려주는 그 시절 이야기」를 읽으면 국어실력이 쑥쑥 자라납니다.

해설과 함께 읽는
01 동백꽃 / 돌다리 외

동백꽃 / 사랑손님과 어머니
화수분 / 수난이대 / 흰 종이수염
학 / 옥상의 민들레 꽃 / 돌다리

해설과 함께 읽는
02 봄봄 / 미스터 방 외

소나기 / 봄봄 / 만무방
미스터 방 / 자전거 도둑
나비를 잡는 아버지 / 별

해설과 함께 읽는
03 빈처 / 벙어리 삼룡이 외

벙어리 삼룡이 / 금 따는 콩밭
독 짓는 늙은이 / 패강랭 / 빈처
무녀도 / 역마

해설과 함께 읽는
04 치숙 / 붉은 산 외

꺼삐딴 리 / 치숙 / 붉은 산
목넘이 마을의 개 / 학마을 사람들
노새 두 마리

해설과 함께 읽는
05 운수 좋은 날 / 날개 외

홍염 / 운수 좋은 날 / 고향
모범 경작생 / 날개 / 무진기행

해설과 함께 읽는
06 메밀꽃 필 무렵 / 사평역 외

서울, 1964년 겨울 / 메밀꽃 필 무렵
복덕방 / 달밤 / 사평역
모래톱 이야기

주소 : 서울시 강남구 도곡로 422, 5층 / 전화번호 : 02)563-5684 / 이메일 : birambooks@daum.net

 최초의 융합 학습 만화

초등 교과 학습은
다빈치로
시작하세요!

교과 내용을
쉽고 재미있게 융합적으로
공부할 수 있습니다.

〈3학년〉 〈4학년〉 〈5학년〉 〈6학년〉

각 학년별 세트(4권) 융합국어, 융합사회, 융합수학, 융합과학

---

1 재미있는 만화를 통해 융합적 사고력과 창의력을 쑥쑥 키워요!

2 다양한 분야의 유용한 상식을 담았어요!

★ 〈한눈에 보는〉 코너를 통해 **학습 원리 복습하기!**

만화를 보면서 자연스럽게 익힌 지식을 다시 한 번 정리할 수 있게 핵심 지식을 체계적으로 정리하여 담았어요.

★ 〈개념 쏙쏙 퀴즈〉로 지식을 **깊이 있게 공부하기!**

무엇을 공부했고, 얼마나 알고 있는지 확인할 수 있어요.

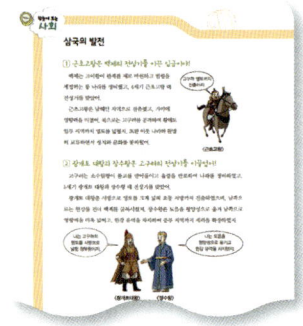

�֎ 수학 개념 충전 연산 훈련서

 판매량 **1위**

 만족도 **1위**

 추천도서 **1위**

수력충전

> 기초를 탄탄히 하고 싶은 학생들을 위한 책

수학의 기본을 잡아주는
개념 충전과 정확한 **연산 훈련**!

❶ 핵심 개념을 한 눈에 알기 쉽게 정리
❷ 반복 연산 학습으로 기본기를 탄탄히!
❸ 수학의 자신감을 회복!

  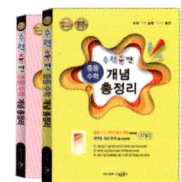

• 초등 수학	• 중등 수학1(상·하)	• 중등 수학 개념 총정리
1-1, 1-2 2-1, 2-2 3-1, 3-2	• 중등 수학2(상·하)	• 초등 수학 개념 총정리
4-1, 4-2 5-1, 5-2 6-1, 6-2	• 중등 수학3(상·하)	

✦ 수학 기초를 더 쉽고 빠르게

NEW

> 수학을 싫어하는
> 학생들을 위한 책

수력충전 스타트

따라 풀면 **술술 풀리는 문제** 구성
기초 연산 능력을 탄탄하게 다져준다!

❶ 필수 개념을 이미지로 쉽게 이해
❷ 따라쓰고 따라풀어 개념 적용 방법 쉽게 습득
❸ 학교 시험 기본 유형 연습

＊**수력충전 스타트** 시리즈
　중등 수학1(상·하), 중등 수학2(상·하), 중등 수학3(상·하)

자이스토리
수학 시리즈

 초등 · 중등 · 고등

★ 초등 수학

• 세분화된 유형 문제로 새 교과서 개념 완성 • 서술형 문제 단계별 집중훈련 ❶ 개념 확인 문제 ❹ 서술형 완성 문제 ❷ 시험 유형 문제 ❺ 단원 총정리 문제 ❸ 고난도 유형 문제 ❻ 생활 속 수학 스토리	• 새 교과서에 따른 개정 발간 (2022 새 교과서) **3-1, 3-2, 4-1, 4-2** • 새 교과서에 따른 개정 발간 (2023 새 교과서) **5-1, 5-2, 6-1, 6-2**

★ 중등 수학

• 세분화된 유형 문제로 개념 적용 반복 훈련 • 서술형 문제를 단계별로 익히는 서술형 완전 학습 ❶ 개념 다지기 ❹ 유형 다지기 ❷ 잘 틀리는 유형 훈련+1UP ❺ 서술형 다지기 STEP 1,2 ❸ 최고난도 만점 문제 ❻ 단계적 풀이 오답 피하기	중등 수학1 (상), (하) 중등 수학2 (상), (하) 중등 수학3 (상), (하)

★ 고등 수학

• 촘촘한 유형 분류와 난이도순 기출 문제 배열 • 1등급, 2등급 킬러 문제 집중 학습 + 특강 해설 ❶ 출제 경향에 따른 개념정리 ❷ 출제 유형에 따른 기출문제 ❸ 1등급 킬러, 2등급 킬러 문제만을 위한 풀이 단서 체크 ❹ 1등급 풀이 Tip, 1등급 심화 특강 ❺ 다양한 풀이법 + 실수, 함정, 주의까지 분석한 입체 첨삭 해설	고등 수학(상) 고3 수학 I 고등 수학(하) 고3 수학 II 고2 수학 I 고3 미적분 고2 수학 II 고3 확률과 통계 고2 미적분 수학 고난도 고2 확률과 통계 1등급 인문, 자연 기하 (고2, 3) 전국연합학력평가 고1 수학